MANFRED GERKE • Wer den Tag mit einem Lächeln beginnt

MANFRED GERKE

Wer den Tag mit einem Lächeln beginnt

365 Andachten, die ermutigen

Ein Jahresbegleiter

neukirchener

MIX
Papier aus verantwortungsvollen Quellen
FSC® C014496

Bibliografische Information der Deutschen Nationalbibliothek:
Die Deutsche Nationalbibliothek verzeichnet diese Publikation in der Deutschen Nationalbibliografie; detaillierte bibliografische Daten sind im Internet über http://dnb.d-nb.de abrufbar.

2. Auflage 2021

Umschlaggestaltung: Grafikbüro Sonnhüter, www.grafikbuero-sonnhueter.de
unter Verwendung eines Bildes von vob © kukiat B (shutterstock.com)
Lektorat: Alena Dörr
DTP: Magdalene Krumbeck, Wuppertal
Verwendete Schrift: Scala
Gesamtherstellung: GGP Media GmbH, Pößneck
Printed in Germany
ISBN 978-3-7615-6751-7

www.neukirchener-verlage.de

Für
Mathis, Janno, Renko, Jella, Mila, Onno, Sina und Elisa

Vorwort

»Wer den Tag mit einem Lächeln beginnt, hat ihn bereits gewonnen.« Ein starkes Sprichwort aus Tschechien! Und ist es Zufall, dass Lady Gaga mitten in der Coronakrise das weltweite Onlinekonzert am 19. April 2020 mit ihrem Song »Smile« eröffnete?
Davon bin ich überzeugt, dass Menschen, die Gott vertrauen, fröhlich sind. Zinzendorf nannte sie ein wenig altmodisch »des Heilands fröhliche Leute«. Und von Christian Morgenstern stammt der schöne Satz: »Lachen und Lächeln sind Tor und Pforte, durch die viel Gutes in den Menschen hineinhuschen kann.«
Und das wünsche ich Ihnen, dass Sie beim Lesen einer Andacht lächeln, vielleicht sogar lachen, auf jeden Fall aber ermutigt werden – und viel Gutes in Sie hineinschlüpft.
Die hier veröffentlichten Andachten sind eine kleine Frucht meiner mehr als vierzigjährigen Tätigkeit als Pfarrer in Ostfriesland und zuletzt auch noch auf den Balearen. Herzlich danke ich allen, die mich dabei unterstützt und ermutigt haben: meiner Frau Marianne, die den Anstoß für eine Veröffentlichung gab und mich bei allen Schritten begleitet und beraten hat, Freunden und Familienangehörigen, dem Kirchenpräsident der Evangelisch-reformierten Kirche Dr. Martin Heimbucher und nicht zuletzt den Mitarbeiterinnen des Neukirchener Verlags: Ruth Atkinson (Verlagsleitung), Alena Dörr (Lektorat) und Lea Meister (Marketing).

Manfred Gerke
Leer, im Sommer 2021

Der Weg für mich

Ich befahl, mein Pferd aus dem Stall zu holen. Der Diener verstand mich nicht. Ich ging selbst in den Stall, sattelte mein Pferd und bestieg es. In der Ferne hörte ich eine Trompete blasen. Ich fragte ihn, was das bedeute. Er wusste nichts und hatte nichts gehört. Beim Tor hielt er mich auf, fragte: »Wohin reitest du, Herr?« »Ich weiß es nicht«, sagte ich, »aber nur so kann ich mein Ziel erreichen.« »Du kennst also dein Ziel?«, fragte er. »Ja«, antwortete ich, »ich sagte doch: Weg von hier, das ist mein Ziel.« »Du hast keinen Proviant mit«, sagte er. »Ich brauche keinen«, sagte ich, »die Reise ist so lang, dass ich verhungern muss, wenn ich auf dem Weg nichts bekomme. Kein Essvorrat kann mich retten. Es ist ja zum Glück eine wahrhaft ungeheure Reise.«

Von Franz Kafka stammt diese Geschichte, »der Aufbruch«. Ich denke, der 1. Januar ist so ein Aufbruchtag. Wir machen uns auf in ein neues Jahr. Eine Reise ins Unbekannte. Wir wissen nicht, was uns auf unserem Lebensweg alles begegnen wird. Und wir wissen nicht, wohin uns die Reise führt, an welches Ziel. 365 Tage liegen vor uns. Werden es gute Tage? Werde ich gesund bleiben? Und wie wird es mit der Arbeit aussehen? Wo werde ich Erfolg haben? Wie wird es unseren Kindern ergehen? Werden wir am Ende dieses Jahres noch so zusammen sein wie jetzt? Oder wird jemand dazukommen? Wird jemand fehlen?

Der Weg ist in großen Teilen noch unsichtbar. Und wir brauchen Proviant für unterwegs. In Josua 1,5 finden wir das großartige Versprechen Gottes: »Ich lasse dich nicht fallen und verlasse dich nicht.« Mit dieser Gewissheit können wir getrost und zuversichtlich nach vorn schauen.

2. JANUAR

Was bleibt

In einem oberbayrischen Kloster erinnert eine Statue an den Kirchenvater Augustinus. Er schreibt gerade an seinem berühmten Buch über die Dreieinigkeit Gottes, eines der schwersten Gebiete der Theologie. Zu seinen Füßen ist aber noch eine weitere kleine Figur. Da spielt ein kleiner Junge. Er hat einen Löffel in der einen und eine kleine Muschel in der anderen Hand.

Augustinus, so wird erzählt, dachte gerade über die Geheimnisse der Dreieinigkeit Gottes nach. Er ging am Rand des Meeres entlang und sah einen kleinen Jungen mit Löffel und Muschel. »Was machst du da?«, fragte der gelehrte Mann ihn erstaunt. »Ich will das Meer in meine Muschel löffeln.« Während Augustin lächelnd weiterging und sich über das kleine Kind amüsierte, wurde ihm plötzlich bewusst, dass er selbst kaum etwas anderes tat. Er versuchte, die großen Geheimnisse Gottes in seinen menschlichen Kopf zu füllen. Er brauchte lange, bis er wieder zur Feder griff.

Gott ist viel größer, als wir ahnen. Wir sind nur ein kleiner Tropfen im großen Meer der Ozeane Gottes. Und doch viel mehr! Denn er verspricht uns: »Himmel und Erde werden vergehen; aber meine Worte werden nicht vergehen« (Mk 13,31). Das Wort Gottes bleibt in Ewigkeit. Es wird alle Zeiten überdauern. Wer sich das vor Augen hält, lebt nicht mehr in Angst und Sorge. Was auch ist und was auch kommt – wir können mit Arno Pötzsch beten: »Dein ist der Tag und dein die Nacht, dein, was versäumt, dein, was vollbracht. So gehen wir, Gott, aus dem, was war, getrost hinein ins neue Jahr.«

Besuch für uns

Wenn sich Königin Viktoria in ihrer Sommerresidenz Balmoral aufhielt, ging sie gern in einfacher Kleidung unerkannt in den Wäldern spazieren. Eines Tages geriet sie in ein schweres Unwetter. Auf der Suche nach Schutz entdeckte sie ein kleines, einsames Bauernhaus. Sie klopfte und fragte die alte Bäuerin, ob sie ihr einen Regenschirm leihen könnte. Sie werde dafür sorgen, dass er schnell zurückgebracht würde.
Die alte Frau wusste nicht, wer da vor ihr stand, und antwortete: »Ich habe zwei Schirme, der eine ist ganz neu, den gebe ich natürlich nicht her, aber den alten können Sie haben!« So brachte sie einen abgetragenen Schirm, der schon ein wenig verschlissen war. Die Königin nahm den alten Schirm und machte sich auf den Heimweg. – Wie groß war der Schreck der Bäuerin, als am nächsten Morgen ein Diener in königlicher Livree ihr mit freundlichen Grüßen der Königin den alten Schirm zurückbrachte. Untröstlich war sie. »Wenn ich es nur gewusst hätte, hätte ich sie doch in mein Haus geladen und ihr nur das Allerbeste angeboten!«
Auch wir haben hohen Besuch bekommen: Gott selbst. Er klopft an unsere Tür, will hinein in unser Haus und unser Leben. Machen wir ihm auf oder weisen wir ihn ab? Ich möchte ihn einlassen, nehme mir am Beginn oder am Ende eines Tages Zeit, und höre auf sein Wort. Es gibt gute Hilfsmittel: Andachtsbücher, Kalender, Bibelleseplan. So werde ich offen für ihn, für meine Mitmenschen und für die Welt. – »Wie viele ihn aber aufnahmen, denen gab er Macht, Gottes Kinder zu werden« (Joh 1,12).

Neues

Eine Frau hatte einen herben Schicksalsschlag erlitten. Plötzlich stand sie ganz allein da und der Lebensmut hatte sie verlassen. Als Jugendliche hatte sie in Krisen gebetet und in der Bibel gelesen. Und das tat sie auch jetzt, nur häufiger und intensiver. Und dann entdeckte sie: Oft sagte Jesus zu den Menschen, die er heil gemacht hatte: Geh! Und mit einem Mal war sie sich sicher: Gott hat noch etwas mit mir vor. Ihre Lebensgeister kehrten zurück und sie wartete gespannt, was Gott Neues für sie wachsen lassen würde.

Eine Nachbarin betreute ein älteres Ehepaar, das ohne sie nicht in der eigenen Wohnung hätte bleiben können. Jetzt merkte die Nachbarin, dass sie das nicht mehr schaffte. So fragte sie die Frau, ob sie diese Aufgabe übernehmen würde. Schnell bekam sie einen guten Kontakt zu den beiden. Sie merkte, es tat ihr gut, mit ihnen zu reden. Sie hörte aufmerksam den Lebenserzählungen zu, mit der Zeit redete sie auch von sich. Es tat ihr gut, gebraucht zu werden. Für sie erfüllten sich die Worte des Propheten (Jes 43,19a): »Siehe, ich will Neues schaffen, jetzt wächst es auf, erkennt ihr's denn nicht?« Und die Frau hat es erkannt. Gott lässt es wachsen. Mitten in der Wüste eine Oase, ein kleines Stückchen Paradies.

Das erfahren wir auch in der Kirchengemeinde und in der Weltgeschichte. Daniel Barenboim, Generalmusikdirektor, gründete ein Orchester für junge israelische und arabische Jugendliche. Hier werden Vorurteile überwunden, und Menschen unterschiedlicher Herkunft verstehen sich. Gott lässt es wachsen. Eine Oase in der Wüste. – Ich könnte noch eine ganze Weile mit Beispielen fortfahren. Doch das überlasse ich Ihnen, weitere Hoffnungspflanzen zu entdecken, die uns vor Augen führen, wie Gott am Werk ist, wie er Neues schafft, wie etwas aufblüht – Oasen in der Wüste.

Jesus unterwegs

In unserer Gemeinde startet seit etlichen Jahren am 1. Dezember die Aktion »Jesus unterwegs«. Unser Krippenkind trägt einen Brustbeutel mit dem Brief: »Ich bin das Jesuskind aus der Krippe der Stapelmoorer Kreuzkirche. Ich freue mich, einen Tag lang bei dir zu sein. Morgen möchtest du mich bitte an jemanden weitergeben, von dem du annimmst, dass ich ihm (ihr) mit meinem Kommen eine Freude machen würde. Du kannst mich persönlich abgeben oder auch heimlich. Am Heiligabend möchte ich zum Gottesdienst um 16.30 Uhr wieder in der Krippe in Stapelmoor ankommen. Die Kirchentür ist den ganzen Tag offen.«
Und es ist schon erstaunlich, was das Krippenkind alles auslösen kann! Wir haben viele dankbare Reaktionen aus der Gemeinde gehört, Briefe, Bilder, Gedichte erhalten. Eine ältere Dame schrieb uns: »Ich kann kaum beschreiben, was alles in mir vorging. Nun war ich eine Nacht nicht allein, fühlte mich gut beschützt und schlief mit vielen Erinnerungen ein. Wenn man so ein hohes Alter erreicht hat und so seine Freude haben kann! Wie gehen die Gedanken in die Kindheit zurück …« Und gegen Ende des Briefes heißt es: »So bleibt nun das Jesuskind unvergessen.«
Eine Familie schrieb: »Es war ein bewegender Moment, das Jesuskind bei uns zu haben.« »Wir haben einen neuen Bruder«, sagte der eine Sohn. »Für uns das schönste Adventsgeschenk«, stand auf einem Zettel. Oder: »Es wurde hell und Friede kehrte bei uns ein.« »In ihm war das Leben, und das Leben war das Licht der Menschen« (Joh 1,4).

Was lernst du?

Ein Einsiedler lebte allein auf einem Berg in einer Hütte. Menschen, die Hilfe brauchten, besuchten ihn dort hin und wieder. Darunter war auch ein junger Mann. »Was lernst du?«, fragte ihn der Alte. »Ich lerne, das Große groß und das Kleine klein zu sehen«, antwortete der Besucher. »So lerne weiter«, entließ ihn der Einsiedler.

Im Jahr darauf kam der Junge wieder. Und wiederum wurde er gefragt: »Was lernst du?« »Ich lerne, dass das Große klein und das Kleine groß sein kann.« »So lerne weiter.« Der alte Mann entließ ihn.

Auch im Jahr darauf fand sich der junge Mann wieder in der Hütte ein. Auf die Frage des Einsiedlers antwortete er: »Ich habe gelernt, dass es nichts Geringes gibt.« »Das ist sehr gut«, erhielt er zur Antwort, »so lerne weiter.«

Danach kam der Junge viele Jahre nicht mehr zur Hütte am Berg. Doch der alte Mann sorgte sich nicht um ihn. Als er dann den Einsiedler wieder besuchte, sah ihn jener lächelnd an. »Ich habe gelernt, auf allen Dingen und in allem den Abglanz Gottes zu sehen«, sprach er. Da umarmte ihn sein Lehrer und segnete ihn.

Das ist Epiphanias, Erscheinung der Herrlichkeit Gottes. »Ich habe gelernt, auf allen Dingen und in allem den Abglanz Gottes zu sehen.« Oder wie es in Jesaja 60,2 heißt: »Über dir geht auf der HERR, und seine Herrlichkeit erscheint über dir.«

Unser Glück

Die hohen geistlichen Herren im Vatikan schlugen die Hände über dem Kopf zusammen: Papst Johannes XXIII. wollte am Weihnachtstag unbedingt dem Gefängnis einen Besuch abstatten. Es wurde ein großartiger Abend. Es war allen anzusehen, welche Ehre es für sie war, den Papst persönlich bei sich zu haben. Es ging laut zu, man dankte, applaudierte. Gegen Ende des Besuches fragte der Papst den Direktor: »Habe ich nun wirklich alle Gefangenen gesehen?« »Nein«, druckste der Direktor herum, »aus Sicherheitsgründen konnten die Schwerstverbrecher und Mörder nicht zur festlichen Versammlung gebracht werden.« »Ich möchte aber auch sie sehen!« So wurde er zu einem großen, nach oben offenen, mehrstöckigen Trakt mit Gittertüren gebracht. Als er durch den Haupteingang eintrat, rief er in die Stille hinein: »Carissimi, meine Lieben! Ich bin es! Euer Bruder Johannes ist da!« Aber dieser Empfang war ganz anders als die Jubelstimmung vorher: Die meisten Männer standen still an ihre Zellentür gelehnt. Viele von ihnen weinten wie kleine Jungen.

Genauso kommt Gott in unsere Welt, kommt hinein in unser Leben, hinein auch in unser Gefängnis. »Carissimi, meine Lieben«, so ruft er uns zu. »Ich bin es, euer Bruder.« Gott wird Mensch, unser Bruder. Wie Johannes XXIII. ins Gefängnis, so kommt Gott auf die Erde. So – aber auch noch ganz anders. Der Papst hat das Gefängnis wieder verlassen, Gott aber bleibt. Das Kind lebt, mitten unter uns. An seiner Seite können auch wir leben, heute und jeden Tag. Mit den Worten des Psalmbeters staune ich: »Gott nahe zu sein, ist mein Glück« (Ps 73,28 EÜ).

Zehn Frösche

Zehn Frösche wollten einen Wettlauf machen. Als Ziel suchten sie sich die Spitze eines hohen Turms. Schnell versammelten sich viele andere Frösche, um ihre Artgenossen anzufeuern. Das große Springen begann, immer eine Stufe weiter hinauf. Allerdings glaubte keiner von den Zuschauern daran, dass auch nur ein Frosch zur Turmspitze gelangen könnte. Man hörte daher ständig Sätze wie: »Das schafft ihr nie!« oder »Der Turm ist viel zu hoch!« Und so gaben die Frösche, einer nach dem anderen, auf. Nur ein einziger erreichte alleine und unter größter Anstrengung die oberste Plattform des Turmes. Die Zuschauer jubelten. Sie riefen nach oben: »Wie hast du das geschafft?« Doch der Frosch antwortete nicht. Da merkten sie, dass er taub war.

Wie gut, dass der Frosch taub war! Gut, dass er die negativen Äußerungen der anderen nicht hörte! Es gibt nicht nur Frösche, die einen »runterziehen« und ausbremsen können. Gut, wenn wir solche Stimmen überhören!

In seinem Lied »Das Leben«, singt Udo Lindenberg davon, dass wir uns das Leben nehmen und es nicht mehr loslassen sollen, denn es ist das einzige, das wir haben. »Nimm dir das Leben und gib's nicht wieder her, denn wenn man es mal braucht, dann findet man's so schwer ...« So ermutigt er sich und andere, nicht auf die negativen Stimmen zu hören, sondern positiv das Leben anzupacken. »Gott gibt einem Kraft«, sagte ein Jugendlicher, als wir über diesen Song diskutierten. Und das stimmt. Jesus baut auf und macht Menschen stark. »Ich bin gekommen«, hat er einmal gesagt, »damit sie das Leben haben und volle Genüge« (Joh 10,10). Das wünsche ich Ihnen, dass Sie sich an seiner Seite das Leben nehmen und es nicht wieder loslassen.

Qué será

Qué será – was wird sein? So fragt ein kleines Mädchen in dem Lied zum Hitchcock-film »Der Mann, der zu viel wusste«. Sie stellt die Frage aller Fragen nach der Zukunft. Was werde ich mal sein? Hübsch? Reich? Die Mutter beantwortet diese Fragen ganz pragmatisch. Was sein wird, wird sein. Wir können nicht in die Zukunft sehen.

Recht hat sie: Es ist nicht an uns, in die Zukunft zu sehen. Was sein wird, wird sein. Im Jakobusbrief 4,15 stehen die Worte: »Wenn der Herr will, werden wir leben und dies oder das tun.«

Schon dass wir leben, ist ein Geschenk Gottes, sein gnädiger Wille. Das Lied »Guten Abend, gute Nacht« enthält die Zeile: »Morgen früh, wenn Gott will, wirst du wieder geweckt.« Ein Schweizer Journalist notierte ein wenig überspitzt: »Memento mori (gedenke des Todes): Setze das laufende Jahr als dein Todesdatum ein und sei dankbar, wenn du es an Neujahr nach oben korrigieren kannst.«

Wenn Gott will! Darum geht's. Wer das ernst nimmt, wird dankbar. Wer das ernst nimmt, der staunt über das große Geschenk. Deshalb unterschrieben holländisch-reformierte Kaufleute ihre Verträge stets mit den Buchstaben SCJ, sub Conditione Jacobeae – unter dem Vorbehalt des Jakobus. »Wenn der Herr will, werden wir leben und dies oder das tun.« Wer das so sagen kann, der schaut gelassen nach vorn.

Rübezahl

Zwei Wanderer im Riesengebirge begegnen Rübezahl und bitten ihn um eine Gabe. Er schneidet zwei Stöcke und überreicht sie den beiden – scheinbar nichts Besonderes! – Der eine ist enttäuscht über das seltsame Geschenk und wirft es nach kurzer Zeit wieder weg. Der andere aber vertraut dem Waldgeist und hält das Geschenk in Ehren. Immer wieder holt er den Stock hervor und erinnert sich an die Begegnung. Eines Tages hält er pures Gold in den Händen. Der Stock hat sich auf geheimnisvolle Weise verwandelt.

So haben wir – im Elternhaus, in der Kirchengemeinde – einen Stock in die Hand gedrückt bekommen. Vielleicht war er manchmal eine Last. Und doch hat sich der Stock seltsam verwandelt: in pures Gold. Wir haben entdeckt, was für eine Macht und Liebe hinter diesem Versprechen stecken: »Alle eure Sorgen werft auf ihn, denn er sorgt für euch« (1. Petr 5,7).

Horst Kanitz, Schriftsteller, erzählt, wie er am Kehlkopf operiert werden musste. »Ich zermarterte mir den Kopf, wie es weitergehen sollte. Was würde aus der Familie werden, dem Beruf, dem Einkommen, dem künftigen Wohnort? Dann merkte ich, wie sinnlos es war, mir unaufhörlich Sorgen zu machen ... Da wurde ich endlich frei und begann, sie wegzuwerfen, so weit wie überhaupt möglich – und sie fielen doch ganz in meiner Nähe zu Boden, weil Gott mir endlich nahegekommen war, so nahe wie noch nie in meinem Leben. Von dieser Nähe habe ich seitdem gelebt. Ich hatte ausgesorgt.«

Und das sollen auch wir: erfahren, dass Gott uns nahe ist, gerade dann nahe kommt, wenn Sorgen und Ängste uns bedrängen und viele Fragezeichen uns nicht weiterschauen lassen.

Gott fügt alles wunderbar

Im fernen Asien hatte der König einen Minister, der zu jeder Gelegenheit zu sagen pflegte: »Gott fügt alles wunderbar.« – Eines Tages sind die beiden auf Jagd und der König schießt einen Hirsch. »Gott fügt alles wunderbar«, ruft der Minister. Die beiden haben Hunger, machen ein Feuer und grillen den Hirsch. Als der König zu essen beginnt, schneidet er sich in seiner Gier einen Finger ab. Der Minister kommentiert: »Gott fügt alles wunderbar.« Jetzt hat der König genug. Wütend entlässt er ihn aus seinen Diensten. Er wolle ihn nie wiedersehen. – Der König, satt vom Hirschbraten, schläft ein. Da wird er von wilden Räubern, Anhängern der Göttin Kali, überrascht, die ihn fesseln und ihrer Göttin opfern und verspeisen wollen. Im letzten Moment bemerkt einer der Kali-Anhänger, dass dem König ein Finger fehlt.
Die Räuber denken nach und entscheiden: »Unserer Göttin darf nur Vollkommenes geopfert werden.« Und so lassen sie ihn frei. – Da erinnert sich der König an das, was der Minister gesagt hatte: »Gott fügt alles wunderbar«. Er begreift: Es stimmt. Er lässt seinen Minister suchen, entschuldigt sich und bittet ihn, wieder in seine Dienste zu treten. Doch der Minister wehrt ab: »Du brauchst dich nicht zu entschuldigen. Ich bin dankbar, dass du mich fortgeschickt hast. Mich hätten die Räuber geopfert. Mir fehlt kein Finger. Gott fügt alles wunderbar!« (Nach Ram Dass)
Oder um es mit den bekannten Worten eines Psalms zu sagen: »Befiehl dem Herrn deine Wege und hoffe auf ihn; er wird's wohl machen« (Ps 37,5). Und das heißt: Er wird es gut machen.

Du siehst mich

Den schönsten Obstgarten im Dorf hatte der Pastor. Mit den leckersten Äpfeln. Das wussten auch die Jungen. Oft saßen sie heimlich in den Bäumen und ließen es sich schmecken. Das ärgerte den Pastor und er stellte eine große Tafel auf mit den Worten »Der liebe Gott sieht alles!« Und daneben den erhobenen Zeigefinger. Als er am nächsten Morgen nach dem Rechten sah, war daruntergeschrieben: »Aber er verrät uns nicht!«

Beides ist wahr. Und die Sklavin Hagar ist froh, dass Gott sie sieht. Sie ist auf der Flucht. Weil immer noch kein Nachkomme bei Abraham und Sara in Sicht ist, wollen sie der Verheißung Gottes nachhelfen und benutzen Hagar als Leihmutter. Und als sie schwanger wird, entsteht ein Machtkampf zwischen ihr und ihrer Herrin und sie erlebt die Hölle auf Erden.

Sie flieht in die Wüste, den Raum des Todes. Von dort gibt es nur dunkle Wege – entweder zurück in die Demütigung oder ein langsames, qualvolles Sterben. Und genau da tritt ihr ein Engel in den Weg, ein Bote Gottes.

Er schickt sie zwar zurück, gibt ihr aber eine doppelte Verheißung mit auf den schweren Weg: Deine Nachkommen werden zahlreich sein. Ein Versprechen, das in der Bibel sonst nur Männern zuteilwird. Und: Dein Sohn wird als freier Mensch im Land wohnen.

Hagars Gesicht hellt sich auf und staunend ruft sie: »Du bist ein Gott, der mich sieht« (1. Mose 16,13)! Damit gibt sie Gott einen Namen, der ihr eigenes Leben umwertet. Sie ist nicht mehr eine rechtlose Frau, sondern von Gott angesehen, gerettet und mit Würde bedacht. Gottes Sehen ist immer zugleich ein Handeln. Bei Hagar. Und auch bei uns.

Zeit

Zum Stichwort Zeit kann man sicher vieles sagen. Da gibt es kluge Sprüche: »Kommt Zeit, kommt Rat.« »Die Zeit macht aus einem Gerstenkorn eine Kanne Bier.« Oder: ein Pfarrer unterbricht sich mitten in seiner langen Predigt: »Es ist mir unangenehm, dass ich so lange gesprochen habe. Aber ich habe keine Uhr dabei.« »Das macht nichts«, ruft jemand aus der Gemeinde, »im Kirchturm hängt ein Kalender.«
Auch viele nette Begegnungen lassen sich erzählen: Kommt ein Mann in den Uhrenladen. »Ich hätte gern eine Uhr, die lange die Zeit genau anzeigt.« Sagt der Verkäufer: »Schauen Sie mal hier, diese Uhr geht in 10 Jahren keine Sekunde falsch. Darauf gebe ich Ihnen sechs Monate Garantie.« – Oder: Da sagt die Frau zu ihrem Liebsten: »Ich gehe mal eben für 10 Minuten zur Nachbarin rüber. Würdest du bitte alle halbe Stunde die Suppe umrühren?«
Doch das Wichtigste, was wir über die Zeit sagen können, hat der Psalmbeter auf den Punkt gebracht: »Meine Zeit steht in deinen Händen« (Ps 31,16). In der hebräischen Sprache nur zwei Worte. Für den Beter bedeuten sie alles. Feinde machen ihm zu schaffen, vielleicht auch eine böse Krankheit. »... ich bin geworden wie ein zerbrochenes Gefäß«, sagt er einige Verse zuvor. Doch er ist nicht in den Händen seiner Gegner, eines bösen Schicksals oder einer heimtückischen Krankheit. Er ist in Gottes Händen. Das macht ihn ruhig und gelassen. »Meine Zeit steht in deinen Händen. Nun kann ich ruhig sein, ruhig sein in dir. Du gibst Geborgenheit, du kannst alles wenden. Gib mir ein festes Herz, mach es fest in dir« (Peter Strauch).

Ein Stück Himmel

Es war vor einigen Jahrzehnten in Amerika. Ein armer Junge schlägt sich als Straßenverkäufer durch, um damit das Schulgeld zu verdienen. Der Hunger macht sich bemerkbar, doch er hat kein Geld. Er entschließt sich, an der nächsten Tür um eine warme Mahlzeit zu bitten. Als ihm jedoch ein hübsches Mädchen öffnet, wird er verlegen und bittet nur um ein Glas Wasser. – Der jungen Frau fällt auf, dass dem jungen Mann etwas Nahrhafteres nicht schaden kann, und bringt ihm ein Glas Milch und ein belegtes Brot. »Und was schulde ich Ihnen?« – »Nichts, meine Mutter sagt immer, eine Gefälligkeit soll man sich nicht bezahlen lassen.«

Jahre später erkrankt die Frau schwer. Die Ärzte in ihrer Umgebung sind ratlos. Man schickt sie zur Behandlung in die nächste Metropole. Dr. Howard Kelly, ein anerkannter Spezialist, nimmt sich ihrer an. Als er die Frau auf seinem Operationstisch sieht, erhellt sich sein Blick und er betet. Der komplizierte Eingriff gelingt. Nach zwei Wochen wird die Frau entlassen. Ängstlich betritt sie das Sekretariat des Arztes. Für die Rechnung wird sie Jahre arbeiten müssen. Doch als sie den Umschlag öffnet, findet sie unter der Aufstellung der ärztlichen Leistungen den Satz: »Diese Rechnung wurde bereits vor Jahren zureichend beglichen – durch ein Glas Milch und ein belegtes Brot. Hochachtungsvoll, Dr. Howard Kelly.« – Davon leben wir, dass Menschen uns nicht nur geben, was uns zusteht. Und davon, »dass der Herr gut zu uns ist und seine Liebe niemals aufhört« (Ps 106,1 GN).

Das Wichtigste

Ein Kollege erzählt mir von seiner Zeit auf der Intensivstation. »Sie bringen einen neuen Patienten. Als er aufwacht, fragt er: ›Wo bin ich? Wie bin ich hierhergekommen?‹ Er war gefunden worden, mit einer Überdosis Heroin, ein gebildeter, feiner, junger Mann. Wir kommen ins Gespräch. Er will wissen, was ich beruflich mache. ›Ich bin Theologe.‹ Lange Pause. Dann stellt er die Frage aller Fragen: ›Können Sie mir in vier Sätzen sagen, was das Wichtigste ist, das Wichtigste an der Theologie?‹

Wäre ich bei Kräften gewesen, hätte ich ihm wohl einen Vortrag gehalten. In meiner Schwachheit fallen mir nicht einmal vier Sätze ein. Nur das: ›Der uns geschaffen hat, schreibt uns vier Worte ins Herz.‹ ›Welche?‹, stößt er hervor, ›welche?‹ ›Ach – nur vier Silben.‹ ›Welche?‹ ›Ich hab dich lieb!‹ Lange Pause. ›Das ist unfassbar‹, flüstert er. ›Ja‹, flüstere ich. Ich spüre, dass er sich freut.«

Ich hab dich lieb! In diesen vier Worten ist das Wichtigste der Theologie, ja, das Wichtigste überhaupt zusammengefasst. Dass Gott uns liebt, so wie wir sind, das ist unfassbar, unbegreiflich, einmalig. »Darin besteht die Liebe: nicht, dass wir Gott geliebt haben, sondern dass er uns geliebt hat und gesandt seinen Sohn zur Versöhnung unserer Sünden« (1. Joh 4,10). Darüber will ich staunen und mich freuen.

16. JANUAR

Deine Hand in Gottes Hand

Sie haben mehrere Möglichkeiten, den neuen Tag zu beginnen. Sie halten sich als Erstes alle Probleme vor Augen, die Ihnen heute begegnen könnten. Frei nach dem Motto von Peter Alexander: »Ich zähle täglich meine Sorgen, denn ich sorg mich sehr ...« Oder Sie erinnern sich an Gott wie der Prophet Jesaja: »Der Herr erlöste sie, weil er sie liebte und Erbarmen mit ihnen hatte. Er nahm sie auf und trug sie allezeit von alters her« (Jes 63,9).

Wie ein roter Faden zieht sich ein Staunen durch die ganze Bibel. Ein zahlreicher Chor bis in die Gegenwart singt das Lied von Gottes Liebe und Erbarmen. Das Lied des Gottes, der mit mir geht, mich führt und trägt, wenn ich nicht mehr kann. Ein Sänger aus diesem Chor ist Arno Pötzsch: »Du bist der große Treue, der unser nie vergisst, der täglich uns aufs Neue ein lieber Vater ist. Hab Dank für Dein Geleite, Dank für das täglich Brot! Hab Dank, dass Du bis heute uns hilfst in so viel Not!«

Das ist ein ganz anderer Start in den Tag: »Du bist der große Treue, der unser nie vergisst.« Mit dieser Zusage beginne und lebe ich. Vielleicht kennen Sie den schönen Text: »Ich sagte zu dem Engel, der an der Pforte des neuen Jahres stand: Gib mir ein Licht, damit ich sicheren Fußes der Ungewissheit entgegengehen kann! Aber er antwortete: Gehe nur hin in die Dunkelheit und lege deine Hand in die Hand Gottes! Das ist besser als ein Licht und sicherer als ein bekannter Weg!«

Und das wünsche ich Ihnen: dass Sie Ihre Hand in Gottes Hand legen und voller Neugier und Hoffnung nach vorn schauen, gespannt auf das, was noch kommt.

Herzlich willkommen

Eine böse Karikatur zum heutigen »Welttag für Migranten und Flüchtlinge« zeigt ein älteres Paar. Es sitzt am gedeckten Frühstückstisch. Sie liest Zeitung und sagt: »Furchtbar, dieses Flüchtlingselend! Da muss man doch was gegen machen!« Er gießt sich gerade Kaffee ein und bemerkt so nebenbei: »Grenzen dicht!« Die »Toten Hosen« haben einen eindrücklichen Song dagegen gesungen – »Europa«. Darin beklagen sie, dass so viele Flüchtlinge sich auf den Weg machen, von denen die meisten niemals ankommen werden. Sie haben ein Ziel vor Augen, »das gelobte Land«, doch sie werden unterwegs von Patrouillen aufgegriffen und zurückgebracht oder ertrinken in tragischen Unfällen im »Massengrab vom Mittelmeer«.

Die »Toten Hosen« haben mehr als 30.000 Unterschriften gesammelt und dem Präsidium des Bundestages übergeben. Hier muss sich was ändern, politisch und auch in unserer Einstellung. Immer noch gibt es Ängste und Panikmache. »Das Boot ist voll«, wird gesagt. Oder »Immer mehr Asylbewerber immer mehr Verbrechen«, wie eine Boulevard-Zeitung schrieb. Parolen, die sich leicht widerlegen lassen.

Und genau das ist der Punkt: dass wir – in der Schule, am Arbeitsplatz, in der Nachbarschaft oder im Freundeskreis – die Ohren nicht auf Durchzug stellen, fremdenfeindliches Gerede nicht hinnehmen, sondern Partei beziehen. Für die Menschen, die alles verloren haben. Und für Gott. »Ich bin ein Fremder gewesen«, sagt er zu uns, »und ihr habt mich aufgenommen. Wahrlich, wahrlich, ich sage euch: Was ihr einem von diesen meinen geringsten Brüdern getan habt, das habt ihr mir getan« (Mt 25,40).

Jim, hier ist Jesus

Dem Pastor einer Gemeinde in Kenia fiel ein alter, ärmlich wirkender Mann auf, der jeden Mittag um 12 Uhr die Kirche betrat und sie schon nach kurzer Zeit wieder verließ. Eines Tages fragte er ihn, was er denn in der Kirche tue. Der Alte antwortete: »Ich gehe hinein, um zu beten.« Als der Pastor verwundert feststellte: »Aber du bist niemals lange genug in der Kirche, um wirklich beten zu können!«, erklärte der alte Mann: »Ich kann kein langes Gebet sprechen, aber ich komme jeden Tag um 12 Uhr vorbei und sage: Jesus, hier ist Jim! Dann warte ich eine Minute, und er hört mich.«

Nach einiger Zeit kam der alte Jim mit einer Verletzung seines Beines in das Krankenhaus. Die Schwestern stellten fest, dass er auf alle anderen Patienten einen heilsamen Einfluss hatte. Nörgler wurden zufrieden, Ängstliche gewannen neue Zuversicht, die Traurigen wurden fröhlich. Und es wurde viel gelacht. »Jim«, sagte die Stationsschwester eines Tages, »die Männer sagen, dass du diese Veränderung herbeigeführt hast. Du bist immer so glücklich!« »Ja, Schwester, ich kann nichts dafür. Das kommt durch meinen Besucher.« Die Schwester hatte bei Jim noch nie Besuch gesehen. »Dein Besucher? Wann kommt der denn?« »Jeden Tag um 12 Uhr mittags«, antwortete Jim. »Er kommt herein, steht am Fußende meines Bettes und sagt: Jim, hier ist Jesus!« (nach einer afrikanischen Erzählung).

Ist das nicht großartig? »Der HERR aber redete mit Mose von Angesicht zu Angesicht, wie ein Mann mit seinem Freund redet« (2. Mose 33,11).

Mensch, hast du es gut!

Auf dem Bahnsteig 17.10 Uhr. Es regnet. Ein Betrunkener mit einer Bierflasche wankt auf mich zu. Ich will mich abwenden, da tippt er mit seiner Flasche gegen meine Brust und fragt: »Glaubst du an Gott?« Darauf war ich nicht gefasst. Mir ist die Sache peinlich. Aber ich kann ihm nicht ausweichen. So sage ich spontan: »Ja.« Ich will noch weiterreden, erwarte eine Reaktion. Aber er sagt nur: »Mensch, hast du es gut!« Erst in diesem Augenblick schaue ich ihn richtig an. Sein Gesicht ist müde, kaputt.

Szenenwechsel. 1563. Seit vier Jahren bestimmt Friedrich III. die Geschicke der kleinen, aber einflussreichen Kurpfalz. Er ist ein eifriger Anhänger der Reformation und beauftragt Zacharias Ursinus, einen jungen Professor, einen Katechismus zu entwerfen, um seine Untertanen in Fragen des Glaubens und Lebens zu fördern. Ausgebildet bei Melanchthon und Luther in Wittenberg, dazu vertraut mit Calvin und Bullinger, scheint er dem Kurfürsten geeignet, die Erkenntnisse der Reformation grenzübergreifend in Frage und Antwort auf den Punkt zu bringen. Am 19. Januar 1563 wird der »Heidelberger Katechismus« feierlich unterzeichnet.

»Was ist wahrer Glaube?« heißt es da in Frage 21. Also ein Glaube, der zum Leben hilft, Mut macht, ansteckt. »Wahrer Glaube ist nicht allein eine zuverlässige Erkenntnis ..., sondern auch ein herzliches Vertrauen.« Glaube ist Kopf- und Bauchsache. Glaube schaltet den Verstand nicht ab. Und Glaube ist Vertrauen – wie das Kind, das Schwimmen lernt, ins Wasser steigt und erfährt: Es trägt mich. Und das alles kann ich nicht erzwingen. Es ist ein Geschenk von Gott. Mensch, hast du es gut!

20. JANUAR

Eine Anleitung

Umfrage in einer Zeitung: »Was halten Sie vom Kirchentag?« Die Antwort von Gerd B.: »Ich freue mich darauf, weil ich neugierig bin auf meinen Quartiergast. Ich hoffe, abends, wenn die Socken qualmen vom vielen Laufen, mit unserem frommen Gast noch auf ein Bier zusammenzusitzen und zu quatschen. Ich bin ja lernfähig und frage mich, ob nicht doch was dran ist an Gott. Man soll sich ja auch seines Unglaubens nicht zu sicher sein.« Ob Gerd B. einen Kirchentagsbesucher zugewiesen bekommen hat, der ihm Auskunft geben konnte?

Das Beispiel zeigt, wie schnell wir uns als Zeugen für unseren Glauben wiederfinden können. Plötzlich steht einer vor uns, der uns auf unsere tiefsten Überzeugungen hin befragt. Grund genug, sich seines Glaubens zu vergewissern. Und genau dabei kann uns der Katechismus helfen. Er ist keine vollständige Wiedergabe von Glaubenswissen, sondern er versucht, das Wesentliche verständlich zu sagen. Genau das hat auch der Heidelberger Katechismus versucht. Ob er uns eine Anleitung sein kann, heute, nach mehr als 450 Jahren, auf den Punkt zu bringen, was es heißt, zu glauben und als Christ zu leben? Die Aufgabe ist klar: Christen sollen sprachfähig und auskunftsfähig sein.

»Seid allezeit bereit zur Verantwortung vor jedermann, der von euch Rechenschaft fordert über die Hoffnung, die in euch ist ...« (1. Petr 3,15). Gerd B. verdient es, dass seine Fragen eine Antwort finden. Und die kleinen und großen Leute, mit denen wir es zu tun haben, ebenso.

Von Scholle zu Scholle

Genau das ist »glauben«: fest damit rechnen, dass Gott mir in meinem Alltag begegnet, dass er bei mir ist, auch heute. Und niemals bin ich allein.

Als Jiri Izrael, einer der Stillen im Getümmel der Welt, vor Ostern im Jahr 1551 bei Torun über die gefrorene Weichsel ging, begann vor seinen Füßen plötzlich das Eis zu brechen. Und Jiri Izrael sprang von Scholle zu Scholle und sang dabei den Psalm 148:

Lobet im Himmel den Herrn, lobet ihn in der Höhe! Von Scholle zu Scholle.

Lobet ihn, alle seine Engel, lobet ihn, all sein Heer! Von Scholle zu Scholle.

Lobet ihn, Sonne und Mond, lobet ihn, alle leuchtenden Sterne! Von Scholle zu Scholle.

Lobet ihn, ihr Himmel aller Himmel und ihr Wasser über dem Himmel! Von Scholle zu Scholle.

Lobet den Namen des Herrn aller Dinge, denn er gebot, da wurden sie geschaffen! Von Scholle zu Scholle.

Lobet den Herrn auf Erden, ihr großen Fische und alle Tiefen des Meeres! Von Scholle zu Scholle.

Lobet den Namen des Herrn, denn sein Name allein ist hoch, seine Herrlichkeit reicht, so weit Himmel und Erde ist! Von Scholle zu Scholle.

Und so gelangte Jiri Izrael aus der Strömung des Flusses glücklich ans Ufer.

Jesus Christus spricht: »Euer Herz erschrecke nicht! Glaubt an Gott und glaubt an mich« (Joh 14,1)!

Freude

Gott ist Freude, darum hat er die Sonne vor sein Haus gestellt«, soll Franz von Assisi gesagt haben. Und das haben Menschen immer wieder erlebt – bis heute. Ich erinnere an Georg Friedrich Händel. Sein »Messias« zählt zu den Meisterwerken der Musikgeschichte. Millionen von Menschen hat dieses Oratorium inspiriert und in Begeisterung versetzt. Sein großes »Hallelujah« rührt zu Tränen, selbst dann noch, wenn es lediglich der Untermalung einer Filmsequenz dient.

Ein erstaunliches Werk. Und das angesichts der dramatischen Umstände seiner Entstehung. Händel komponierte den »Messias« innerhalb von nur drei Wochen. Dabei machten ihm körperliche und auch finanzielle Sorgen das Leben schwer. Immer wieder beeinträchtigten die Folgen eines Schlaganfalls und akute Sehstörungen die Schaffenskraft des Komponisten. Darüber hinaus saßen ihm zahlreiche Gläubiger im Nacken.

Dass es Händel dennoch gelang, sein Meisterstück zu vollenden, verdankte er eigenen Angaben zufolge nur einer einzigen Kraft: der Freude. Er sei beim Komponieren derart mit Freude erfüllt worden, dass er manchmal den Eindruck gehabt habe, Herz und Sinn müssten daran zerbersten. Diese himmlische Freude habe ihm die Hand geleitet. Sie habe die besten der Notenfolgen und Motive aufs Papier gebracht. – Ein beredtes Beispiel, was Freude vermag. Für Stefan Zweig eine Sternstunde der Menschheit.

»Bekümmert euch nicht, denn die Freude am Herrn ist eure Stärke« (Neh 8,10). Ich könnte auch übersetzen: Burg, Bollwerk, Schutz. Wer sich von dieser Freude anstecken lässt, der ist geborgen wie in einer Burg. Der hat Halt, Stärke, Mut.

Der Papst als Chauffeur

Der Papst wird mit einer Luxuslimousine vom Flughafen abgeholt. Nachdem der Fahrer sämtliches Gepäck verstaut hat, sagt er: »Eure Heiligkeit, würde es Ihnen etwas ausmachen, sich ins Auto zu setzen?« »Um ehrlich zu sein, im Vatikan darf ich nie mit einem Auto fahren. Möchten Sie mich nicht fahren lassen?« »Das ist nicht möglich, sonst verliere ich meinen Job.« »Ich würde Sie auch fürstlich entlohnen.« »Na gut«, denkt sich der Fahrer und steigt hinten ein. – Der Papst setzt sich ans Steuer und braust los. Als die Limousine mit 150 km/h durch die Stadt fährt, bereut der Fahrer seine Entscheidung und ruft: »Bitte, Eure Heiligkeit, langsamer!« Kurz darauf hört er hinter sich Sirenen heulen. Der Papst hält an, ein Polizist nähert sich dem Wagen, wirft einen kurzen Blick ins Auto, geht zurück, nimmt sein Funkgerät und erzählt seinem Chef, was passiert ist. »Na, dann verhaften Sie ihn!« »Ich glaube nicht, dass wir das tun sollten. Die Person, die drinsitzt, ist ziemlich wichtig.« »Wer ist denn im Auto? Der Bürgermeister?« »Nein, viel wichtiger.« »Bundeskanzler?« »Noch viel wichtiger.« »Wer ist es dann?« »Ich glaube, es ist Gott!« »Wie kommen Sie darauf, dass es Gott ist?« »Er hat den Papst als Chauffeur!«
Ein köstlicher Witz! Aber nein, ich finde den Polizisten ganz und gar nicht dumm. Für ihn ist Gott Wirklichkeit. Er rechnet damit, dass Gott ihm über den Weg läuft. Und warum nicht auch in der Limousine des Papstes. – Der Beter des 139. Psalms staunt: »Führe ich gen Himmel, so bist du da, bettete ich mich bei den Toten, siehe, so bist du auch da« (Ps 139,8). Gott ist da, heute, überall, auch für mich.

24. JANUAR

Marathon

Es war im Jahr 490 vor Christus. Ohne Rast läuft ein Mann durch die unwegsame Landschaft Griechenlands. Nur ein Gedanke bewegt ihn: Weiter, weiter! In Marathon war er gestartet, einem kleinen Ort an der Küste. Er hat gerade miterlebt, wie dort ein eigentlich schwaches Heer der Griechen einem großen Aufgebot der Perser zu trotzen vermochte – und die Feinde geschlagen abzogen.

Das müssen die Leute von Athen wissen. Denn sie warten voller Sorge. Ein Sieg der Perser – das hätte für sie böse Folgen: Plünderung, Gefangenschaft, Sklaverei. Diomedon, unser Soldat, ahnt, wie sie ihm entgegenzittern. Er läuft, so schnell er kann. Endlich, nach über vierzig Kilometern, sieht er die Stadt. Noch bis zum Marktplatz, dort sind die Leute versammelt. Er schleppt sich weiter. Völlig außer Atem kann er gerade noch die Nachricht vom Sieg herausbringen und bricht dann tot zusammen. Er hat es den Menschen gesagt: das Evangelium, die Frohbotschaft, die Nachricht vom Sieg.

Und genauso geht es Paulus. Er hat nicht nur irgendeinen Sieg miterlebt, sondern den Sieg Jesu Christi über die Mächte des Bösen. Die gute Nachricht vom gekreuzigten und auferstandenen Jesus, das Evangelium, das müssen alle hören: »Aber ich achte mein Leben nicht der Rede wert, wenn ich nur meinen Lauf vollende und das Amt ausrichte, das ich von dem Herrn Jesus empfangen habe, zu bezeugen das Evangelium von der Gnade Gottes« (Apg 20,24).

Dynamit

Es gibt ein spannendes Buch: »Vom Knast zur Kanzel« (1988). Ein ehemaliger Knacki erzählt. Wolfgang Dyck ist im Gefängnis zum Glauben gekommen und war davon so begeistert, dass er es allen sagen wollte. Er predigte in Gaststätten und Bars, auf dem Bahnhof und im Zelt.

Einmal tauchte er in der Fußgängerzone in Herford auf und hielt ein großes Frotteehandtuch in die Höhe. Auf dem war ein 100-Mark-Schein abgedruckt. Dieses Frotteehandtuch hielt er hoch und meinte: das sei doch unser Gott heutzutage und darum sei es an der Zeit, dass du und du und du, dass ihr euch von dem falschen Gott zu dem wahren Gott bekehrt. Und wer das tun wolle, der käme am besten heute Abend da und dorthin, da gäbe es noch mehr zu hören.

Wolfgang Dyck war einer, der gepackt war wie Paulus. Der das Evangelium allen erzählen wollte. Einmal wurde er in einer Bar von einigen angetrunkenen Männern bedrängt. Er trat kurz einen Schritt zurück und sagte: »Stopp, hier in der Jacke habe ich Dynamit.« Erschrocken hielten die Angreifer inne.

Dann zückte er sein Neues Testament und las die Worte vor: »Denn ich schäme mich des Evangeliums nicht; denn es ist eine Kraft Gottes, die selig macht alle, die glauben ...« (Röm 1,16). In der griechischen Sprache steht hier das Wort »dynamis«: eine geballte, explosive Ladung, eine ungeahnte Sprengkraft – die nicht zerstört, sondern »selig macht«, übersetzt Martin Luther. Also auf baut, eine Macht, die Heil und Befreiung schenkt, eine Macht, die Menschen, ja diese ganze Welt verändern kann und verändern wird.

Kloppi

Fußball und Gott – das gehört zusammen. Unnachahmlich bringt Jürgen Klopp das auf den Punkt: »Ich glaube, dass Gott uns Menschen liebt. Und deswegen glaube ich, dass er auch den Fußball liebt.« Und das ist nicht nur so dahingesagt. »Der Glaube an Gott führt mich durchs Leben«, sagt der Fußballtrainer des FC Liverpool. »Er ist meine Reißleine, meine Leitlinie, er ist für mich einfach unendlich wichtig.«

Als evangelischer Christ hat er sich mit anderen Prominenten ehrenamtlich für das Reformationsjubiläum 2017 engagiert. Er mag Luther, bekennt der beliebte und erfolgreiche Trainer. Gerade in dieser Zeit, in der so viel über die Aufnahme von Flüchtlingen diskutiert wird, findet er, dass es uns guttun würde, uns Luther wieder ins Bewusstsein zu rufen. Für Jürgen Klopp steht fest: »Der liebende Gott, an den ich glaube, bei dem sind alle willkommen, ungeachtet ihrer Hautfarbe, ihrer Herkunft und ihrer Bildung.«

Er mag Luther, den Kämpfer für die gute Sache und Rebell um des Glaubens willen. Er hat sein Ziel verfolgt, damit Menschen ihren Glauben »ohne Angst und mündig leben können«. Ein Vorbild. Und auch, dass Luther für Unterprivilegierte und Ausgeschlossene gekämpft hat, gefällt dem gebürtigen Stuttgarter.

Das ist es: Keine Angst, nicht vor Menschen, auch nicht vor Gott. Und mündig leben. Oder mit den Worten des 1. Petrusbriefs: »Ihr seid ... die königliche Priesterschaft, dass ihr verkündigen sollt die Wohltaten dessen, der euch berufen hat« (1. Petr 2,9). In der Öffentlichkeit und in der Gemeinde.

Gedenke

»Gedenke der alten Tage, beachte die Jahre von Generation zu Generation. Frage deinen Vater, dass der dir's verkünde, deine Alten, dass sie dir's sagen« (5. Mose 32,7). Ein Aufruf aus alter Zeit: Gedenke! Warum? Soll man alte Wunden wieder aufreißen? Soll man nicht endlich einen Schlussstrich ziehen und nach vorn schauen? – Nein! Im Lied des Mose heißt es ausdrücklich: Gedenke! Warum? Weil ich das Vergangene nicht abschütteln kann. Weil die Erinnerung wichtig ist für meine Gegenwart und Zukunft.

Das galt damals für Israel. Das gilt heute für uns. Bundespräsident Roman Herzog hat 1996 den 27. Januar zum Tag des Gedenkens für die Opfer des Nationalsozialismus erklärt: »Die Erinnerung darf nicht enden; sie muss auch künftige Generationen zur Wachsamkeit mahnen.« Indem wir gedenken, erklären wir uns solidarisch mit den Opfern. Einer von ihnen ist Elie Wiesel. Nein, die erste Nacht im Lager könne er niemals vergessen. Für ihn hat diese Nacht sein ganzes Leben zur verfluchten Nacht gemacht. Er sieht immer noch alles vor sich: den Rauch, die Flammen und vor allem die Gesichter der Kinder. Und nie werde er das nächtliche Schweigen vergessen. Nie werde er das alles vergessen.

Indem wir gedenken, erkennen wir falsche Wege, Wege der Schuld und des Versagens, Wege, die in den Tod führen. Indem wir gedenken, wenden wir uns an Gott, der uns Leben und Zukunft eröffnet. Indem wir gedenken, übernehmen wir Verantwortung: für uns, für unsere Mitmenschen, für diese Welt. Deshalb: Gedenke!

28. JANUAR

Sterne

In dem alten Film »Der fallende Stern« war es zu sehen: Ein Seiltänzer hatte sein Seil über den weiten Marktplatz gespannt. Es gab eine Spätvorstellung. Von einem Strahler angeleuchtet, wollte der Künstler gerade über das Seil schreiten, als er einen kleinen Jungen erblickte, der ihm nachgestiegen war. Er fragte den Jungen: »Was willst du denn hier oben?«

»Ich möchte mit dir über das Seil«, antwortete der Junge. »Hast du denn keine Angst?«, fragte der Seiltänzer. »Nein, wenn ich bei dir bin, habe ich keine Angst«, entgegnete ihm der kleine Kerl.

Der Mann hob das Kind auf seine Schultern und ging Schritt für Schritt mit dem Kind über das Seil. Um das Kind abzulenken von der Tiefe, dem Dunklen und der großen Gefahr, sagte er zu ihm: »Schau einmal, wie schön dort oben die Sterne leuchten!« Und solange der Junge hineinschaute in den Glanz der leuchtenden Sterne, dachte er nicht an die dunkle Gefahr in der Tiefe und ließ sich über das Seil tragen.

Und das wünsche ich uns allen, dass es uns so geht wie diesem Jungen. »Wenn ich bei dir bin habe ich keine Angst.« Und das brauchen wir auch nicht. Wie der Junge will ich hinaufschauen in den Glanz der leuchtenden Sterne, mich tragen lassen von Gott und staunen: »Dennoch bleibe ich stets an dir; denn du hältst mich bei meiner rechten Hand« (Ps 73,23). Oder mit den Worten von Arno Pötzsch: »Und sein eigen bin auch ich. Gottes Hände halten mich gleich dem Sternlein in der Bahn; keins fällt je aus Gottes Plan« (EG 408,1).

...und wir in seinen Händen

Tünnes hat einmal geträumt, er stünde im Himmel vor Gottes Thron, und Gott selbst habe sich mit ihm in ein Gespräch eingelassen. »Lieber Gott«, fragte Tünnes, »wie lang sind für dich eigentlich eine Million Jahre?« »Ein Minütchen«, antwortete Gott. »Und wie viel sind für dich eine Million Taler?« »Och 'n Jroschen.« »Ach, lieber Gott, dann schenk mir doch einen Jroschen!« »Wart ein Minütchen.«

So ist Gott. Viel größer als wir ahnen. Die Beter des 90. Psalms sprechen: »Herr, du bist unsere Zuflucht für und für. Ehe denn die Berge wurden und die Erde und die Welt erschaffen wurden, bist du, Gott, von Ewigkeit zu Ewigkeit« (Ps 90,1–2). Vielleicht sind sie im Tempel von Jerusalem versammelt und feiern Gottesdienst. Und sie beten und staunen über die Größe Gottes und die Winzigkeit des Menschen.

Vor 4 Milliarden Jahren entstand nach heutiger Kenntnis unser Sonnensystem. Die Entstehung der Alpen begann vor etwa 135 Millionen Jahren und fand ihren Abschluss vor etwa 30 Millionen Jahren. Eine lange Zeit. Gott war vor aller Zeit. Und er ist und bleibt für alle Zeit. So ist Gott. Ganz anders wir Menschen: Wir sind wie Gras. Vergänglich. Sicher, auch das Gras blüht, wächst, ist hübsch – prächtiger als Salomo in all seiner Herrlichkeit. Und doch, am Morgen blüht und sprosst es und am Abend welkt es und vergeht.

Doch das ist nicht der springende Punkt: »Herr, du bist unsere Zuflucht.« – Matthias Claudius sagt das so: »Der Mensch lebt und bestehet nur eine kleine Zeit, und alle Welt vergehet mit ihrer Herrlichkeit. Es ist nur Einer ewig und an allen Enden und wir in seinen Händen.«

Wo wohnt Gott?

Im Kindergarten wird darüber diskutiert. »Im Himmel«, rufen die einen. »Nein«, widersprechen andere, »er wohnt auf der Erde.« Da meldet sich der kleine Arztsohn. »Ich hab's«, sagt er, »Gott ist überall. Er wohnt im Himmel, und auf der Erde hat er seine Praxis.« Dazu eine kleine Geschichte aus der jüdischen Überlieferung: »Rabbi Mendel von Kozk überraschte einst einige gelehrte Männer, die bei ihm zu Gast waren, mit der Frage: ›Wo wohnt Gott?‹ Sie lachten über ihn: ›Wie redet Ihr! Ist doch die Welt seiner Herrlichkeit voll!‹ Er aber beantwortete die eigene Frage: ›Gott wohnt, wo man ihn einlässt.‹«

Gott wohnt überall – wo man ihn einlässt. Wenn ich Gott finden will, muss ich meine Tür öffnen, Sehnsucht haben nach ihm und mich freuen, wenn er kommt. Ich muss ihn einlassen. Und er ist überall und unverfügbar. Dass ich ihm begegne, dass ich ihn finde, das ist eine Überraschung und ein Geschenk.

In der Adventszeit lief in unserer Gemeinde wieder die Aktion »Jesus unterwegs« (siehe 5. Januar). Ein altes Ehepaar schrieb: »Liebes Jesuskind, wir freuen uns, dass Du sichtbar und fühlbar auch zu uns beiden Alten gekommen bist. Was wir empfinden, sagt ein Dichter mit seinen Worten so: ›Wir neigen unsers Alters Gram auf deine kleinen Hände. Und in dem Neigen wundersam geht alle Not zu Ende‹ (Manfred Hausmann). Du hast uns große Freude bereitet.«

Wo wohnt Gott? Überall – da, wo man ihn einlässt. »Siehe, ich stehe vor der Tür und klopfe an. Wenn jemand meine Stimme hören wird und die Tür auftun, zu dem werde ich hineingehen und das Abendmahl mit ihm halten und er mit mir« (Offb 3,20).

Warum mir die Bibel wichtig ist

Viele Gemeinden feiern seit über vierzig Jahren im Januar den Ökumenischen Bibelsonntag – mit dem Ziel: Menschen für die Bibel begeistern. Deshalb lasse ich zwei zu Wort kommen, die schon begeistert sind:

Norman Rentrop, Unternehmer und Verleger, erzählt von seinem Weg zum Glauben. Er war zu einer Fernseh-Talkshow in Baden-Baden eingeladen gewesen. Als er am Abend in seinem Hotel war, fand er dort eine Gideon-Bibel und las in ihr. Das war etwas, das er seit seiner Konfirmation nicht mehr getan hatte. Doch an diesem Abend entdeckte er, was die Bibel ihm alles zu sagen hatte. Seitdem, sagt er, liest er jeden Tag in der Bibel.

Klaus Meine, Lead-Sänger der Scorpions, führt die lange gemeinsame Geschichte und einzigartige Karriere seiner Band auf die Kraft dieses Glaubens zurück, der er immer vertraut hat und die ihn immer inspiriert hat. Das erfüllt ihn mit tiefer Dankbarkeit. In einem Interview sagte er: »Besonders in diesen Zeiten, durch die wir jetzt gehen, wo die Welt jeden Tag ein Stück mehr aus der Balance gerät, brauchen wir alle etwas, an dem wir uns festhalten können.« Zur Bibel sagt er: »Die Bibel ist mein Buch, eine Umarmung des Lebens.«

Und das wünsche ich auch Ihnen, dass Sie sich von der Bibel begeistern lassen. – Warum mir die Bibel wichtig ist? Ich antworte mit einem Bibelvers: »Dein Wort ist meines Fußes Leuchte und ein Licht auf meinem Weg« (Ps 119,105).

1. FEBRUAR

Die Flasche in der Wüste

Ein Mann hatte sich in der Wüste verlaufen, dazu verdammt zu verdursten. Zum Glück erreichte er eine baufällige Hütte und entdeckte im Inneren eine alte, rostige Wasserpumpe. Er schleppte sich hin, ergriff den Hebel und pumpte mit aller Kraft. Aber es kam nichts. Enttäuscht und verzweifelt lehnte er sich an die Wand. Da sah er eine Flasche auf dem Boden, wischte den Staub ab und las: »Schütte das ganze Wasser dieser Flasche in die Pumpe und fülle sie erneut, bevor du weitergehst.«

Mit einem Mal wusste er nicht, was er tun sollte: Das Wasser trinken und seinen Durst löschen oder den Inhalt in die Pumpe füllen – und das Risiko eingehen, dass nichts passiert? Schließlich nahm er allen Mut zusammen und leerte die ganze Flasche in die Pumpe, ergriff den Hebel und pumpte. Es quietschte, knarrte trocken, der Mann wurde nervös. Plötzlich erschien ein Wasserfädchen, das größer wurde und sich schließlich in einen Schwall von frischem Wasser verwandelte. Er trank begierig, füllte seine Feldflasche – und auch die Flasche für den nächsten Reisenden und fügte die Notiz hinzu: »Glauben Sie mir, es funktioniert.«

Genau das ist Glauben: ein Wagnis. Ich kann Gott nur erfahren, wenn ich mich auf ihn einlasse – und wie der Mann dort in der Wüste das Risiko eingehe und es ausprobiere. Heinz Zahrnt, Journalist und Theologe, hat das so formuliert, dass man glauben, denken und handeln müsse, »als ob es Gott gibt«. Nur so werde ich erfahren, ob es ihn gibt. – »... wenn ihr glaubt, so werdet ihr's empfangen« (Mt 21,22).

Alles, was mal war

»Vielen Dank für alles, was mal war«, singen die Toten Hosen. Ihr Song – ein dankbarer Rückblick. Übrigens, in einer afrikanischen Sprache wird das Wort für »danken« mit »rückwärts schauen« übersetzt. Also, die Toten Hosen schauen zurück und danken: »Vielen Dank für alles, was mal war.« Können wir das: für alles danken? Auch für die Tränen, die Niederlagen, das Bittere?

Es war ein Mensch, der konnte nichts Schönes und Gesundes sehen. Als er in einer Oase einen jungen Palmbaum im besten Wuchs fand, nahm er einen schweren Stein und legte ihn der jungen Palme mitten in die Krone. Mit einem hämischen Lachen ging er weiter. Die Palme versuchte, die Last abzuwerfen. Sie schüttelte und bog sich. Vergebens. Sie krallte sich tiefer in den Boden, bis ihre Wurzeln verborgene Wasseradern erreichten. Diese Kraft aus der Tiefe und die Strahlen der Sonne aus der Höhe machten sie zu einer königlichen Palme, die auch den Stein hochstemmen konnte. Nach Jahren kam der Mann wieder, um sich an dem Krüppelbaum zu erfreuen. Da senkte die kräftigste Palme ihre Krone, zeigte den Stein und sagte: »Ich muss dir danken. Deine Last hat mich stark gemacht!«

Albert Schweitzer, der berühmte Urwaldarzt hat einmal gesagt: »So sind es nicht nur heitere und sonnige Ereignisse, welche in deinem Leben die Frucht zeitigen, für die du Gott dankst, sondern es ist auch viel Trübes und Schweres dabei, für das du Gott auch danken musst, weil es dich in deinem Leben weitergebracht hat.« Und der Psalmbeter freut sich: »Gepriesen sei der Herr Tag für Tag, der uns trägt, der Gott, der unsere Hilfe ist« (Ps 68,20 Zürcher Bibel).

3. FEBRUAR

Wunder

Wenn Musik es schaffen kann, mitzureißen, zu berühren und aus dem Alltag zu entführen – und das alles in kraftvollen Rocksongs direkt an die Hörer weiterzugeben –, dann hat man es mit einem perfekten Erfolgsrezept zu tun. Und das ist es, was die Berliner Band »Staubkind« ausmacht. Die Rockband um Sänger und Gitarrist Louis Manke hat sich seit dem Frühjahr 2004 in die Herzen vieler Fans gespielt. Mich beeindruckt besonders der Song »Wunder« (2014), ein Liebeslied.

Mehr noch, es ist ein Lied, in dem es um das Wunder von Beziehungen geht. Eine Liebeserklärung an das Leben, so Staubkind selbst, und die vielen besonderen Momente, die man in jeder Beziehung erlebt. Und so sieht man im Videoclip Bilder eingeblendet: eine Mutter, die ihr Kind umarmt, zwei lachende Freundinnen, eine vergnügte mehrköpfige Familie, ein Liebespaar, das sich küsst, ein festlich gekleidetes Brautpaar und ein altes Ehepaar, das einfach nur strahlt.

Wunder. Lauter Wunder. Und noch mehr. Im Konfirmandenunterricht haben wir den Song gehört und unsere Eindrücke ausgetauscht. Dabei haben wir entdeckt, dass der Text »offen« ist. Wir könnten ihn auch deuten auf unsere Beziehung zu Gott: »Du bist so nah, so unglaublich wahr, denn jedes Wunder, das ich spür, ist ein kleines Stück von dir.« Ja, so können wir beten, zu Gott reden, der uns nahe ist, der sich um uns sorgt, der uns begleitet und niemals im Stich lässt. Oder mit den Worten des Psalmbeters: »Und ob ich schon wanderte im finsteren Tal, fürchte ich kein Unglück; denn du bist bei mir, dein Stecken und Stab trösten mich« (Ps 23,4).

Aufruhr im Wald

Großer Aufruhr im Wald! Es geht das Gerücht um, der Bär habe eine Todesliste. Alle fragen sich, wer da draufsteht. Als Erster nimmt der Hirsch allen Mut zusammen, geht zum Bären und fragt: »Sag mal Bär, stehe ich auch auf deiner Liste?« »Ja«, sagt der Bär, »auch dein Name steht auf der Liste.« Voller Angst dreht sich der Hirsch um und geht. Und wirklich, nach zwei Tagen wird der Hirsch tot aufgefunden.
Die Angst bei den Waldbewohnern steigt, die Gerüchteküche brodelt. Dem Keiler reißt der Geduldsfaden, er sucht den Bären auf und fragt, ob er auch auf der Liste stehe. »Ja«, antwortet der Bär, »auch du stehst auf der Liste.« Verängstigt verabschiedet sich der Keiler. Und auch ihn findet man nach zwei Tagen tot auf. Nun bricht die Panik bei den Waldbewohnern aus. Nur der Hase traut sich noch, den Bären aufzusuchen. »Bär, steh ich auch auf der Liste?« »Ja, auch du stehst auf der Liste.« »Kannst du mich da streichen?« »Ja klar, kein Problem.«
Fazit: Kommunikation ist alles! – Na gut, nicht unbedingt alles, aber viel. Toll, dass der Hase so mutig ist und mit dem Bären redet. Worte sind wichtig. Nicht nur, wenn es um mich geht. – Jemand schreibt:

> *»Worte können dich verletzen. Worte können Zeichen setzen.*
> *Worte können Träume wecken.*
> *Worte können dich verschrecken. Worte sind oft unbedacht, haben schnell etwas kaputt gemacht. Worte sind von Menschen gemacht, die darüber nicht nachgedacht. Worte können sagen ›Ich liebe dich‹ oder auch ›Schön, dass es dich gibt.‹ –*

Und genau das sagt Gott zu uns: ›Ich habe dich je und je geliebt, darum habe ich dich zu mir gezogen aus lauter Güte‹ (Jer 31,3).

5. FEBRUAR

Geschenk

Markus Hänni ist Schweizer, geboren in der Nähe von Bern, heute vierzig Jahre alt, obwohl seine statistische Lebenserwartung bei nur dreißig liegt. Er leidet an der unheilbaren Erbkrankheit Mukoviszidose. Dadurch ist er in seinem Leben sehr eingeschränkt. Zeitintensive Therapien und ein hoher Tablettenkonsum sind nötig, damit er überhaupt atmen kann. Dazu kommen viele Aufenthalte in Krankenhäusern. Seinen Lebenstraum, Pilot oder Arzt, konnte er zwar nicht erfüllen. Trotzdem ist er Gott dankbar, weil er ihm die Gewissheit schenkt, dass auch sein Leben etwas wert ist, und dass er immer wieder Kraft und Mut bekommt. »Ich kenne den, der mein Herz nicht verbittern lässt.« Und so freut er sich, dass er nicht alleine unterwegs ist.

2012 hat er sein erstes Buch veröffentlicht unter dem bezeichnenden Titel »Eigentlich müsste ich längst tot sein. Leben lernen von einem, der jeden Tag als Geschenk begreift«. Und in einem Interview sagte er: »Gottes Liebe ist die Quelle, aus der ich schöpfe.« Seit 2012 ist er verheiratet und seit 2015 stolzer Vater von gesunden Zwillingen. Und für ihn steht fest: »Mein Leben ist ein Geschenk von Gott.« Trotz aller Behinderung. Wie der Psalmbeter freut er sich: »Bei dir ist die Quelle des Lebens und in deinem Licht sehen wir das Licht« (Ps 36,10).

Und die Chöre singen für dich

Das ist ein toller Song von Marc Forster, ein echtes Mutmachlied. Im Oktober 2016 veröffentlicht, lag er lange Zeit vorn in den deutschsprachigen Charts. Dazu ist er der offizielle Soundtrack zu »Willkommen bei den Hartmanns«. Und es ist schon ein besonderer Chor, der mit ihm für uns singt: die Harlem Gospel Singers aus New York.

Ein Aufruf, mutig nach vorn zu gehen, die Sorgenfalten einfach mal gegen ein Lächeln einzutauschen, statt sich gegen das Glücklichsein zu wehren. Denn da ist jemand, der den roten Teppich für uns ausrollt, Konfetti regnen lässt und uns zuruft: »Der beste Mensch bist du!«

Deshalb: Komm raus aus deiner Deckung. Die Chöre singen für dich. Wirklich? Ja, mehr noch: Gott, der Himmel und Erde gemacht hat, stimmt mit ein. Er sagt zu uns »Ich habe dich lieb«: »Kann auch eine Frau ihr Kindlein vergessen, dass sie sich nicht erbarme über den Sohn ihres Leibes? Und ob sie seiner vergäße, so will ich doch deiner nicht vergessen. Siehe, in die Hände habe ich dich gezeichnet; deine Mauern sind immerdar vor mir« (Jes 49,15–16).

Wenn schon der Song von Marc Forster und den Harlem Gospel Singers so viel bewirkt, dass Menschen wieder Mut bekommen zum Leben, wie viel mehr das Versprechen unseres Gottes. Dass er zu mir steht, dass er mich nicht vergisst, meinen Namen in seine Hand eingraviert hat, das ist mehr als ein Lichtblick. Das ist ein heller Schein, der jede Dunkelheit zerreißt und mich voller Hoffnung nach vorn schauen lässt. »Du bist das Ding für mich.« Das ist auch Gottes Song für uns.

Ernst Ginsberg

Am 7. Februar 1904 wurde Ernst Ginsberg in Berlin geboren, in den 50er-Jahren des letzten Jahrhunderts ein gefeierter Schauspieler und Regisseur am Zürcher Schauspielhaus. Plötzlich überfiel ihn eine heimtückische Krankheit – Lateralsklerose – unheilbar. Den Schauspieler erwartete eine fortschreitende Lähmung und früher oder später der Rollstuhl. In seinen Lebenserinnerungen schreibt er: »Nun habe ich im Frühling 1964 die Krücken für immer mit dem Rollstuhl vertauscht.«
Dennoch verliert er nicht den Lebensmut. Er blickt dankbar zurück auf vierzig Jahre seines Theaterlebens in denen er so viele und schöne Rollen gespielt und so unsäglich viele Dinge erlebt hat, »dass es für ein achtzigjähriges Leben reichen würde«. Er habe zwar Arme, Beine und Stimme verloren, das äußere Handwerkszeug des Schauspielers, doch Kopf und Herz seien weiterhin gesund und »haben die Kraft, für alles, was mir im Leben in so reichem Maße geschenkt worden ist, Dank zu sagen. Nichts als Dank!«
Eins seiner letzten Gedichte trägt den Titel »Choral«. Und darin zählt er alles auf, wofür er danken kann – und dazu gehören auch die Tränen. Für das Lachen dankt er, ebenso wie für die Not. Und dann schließt er mit den Worten: »Doch du nimm den Verstummten, Herr, wortlos heim ins Licht.« Am Ende steht der Dank, auch wenn er ihn nicht mehr mit eigenem Mund aussprechen kann. Und die Hoffnung auf Heimat, Licht und Frieden. »Wenn auch meine Kräfte schwinden und mein Körper mehr und mehr verfällt, so gibt doch Gott meiner Seele Halt. Er ist alles, was ich brauche – und das für immer« (Ps 73,26, NGÜ).

Gute Mächte

In seinem letzten Brief schreibt Dietrich Bonhoeffer im Dezember 1942 aus dem Gefängnis an seine Verlobte:
»Meine liebe Maria! Ich bin so froh, dass ich Dir zu Weihnachten schreiben kann, und durch Dich auch die Eltern und Geschwister grüßen und Euch danken kann. Es werden sehr stille Tage in unsern Häusern sein. Aber ich habe immer wieder die Erfahrung gemacht, je stiller es um mich herum geworden ist, desto deutlicher habe ich die Verbindung mit Euch gespürt. So habe ich mich noch keinen Augenblick allein und verlassen gefühlt. Du, die Eltern, Ihr alle, die Freunde und Schüler im Feld, Ihr seid mir immer ganz gegenwärtig. Eure Gebete und guten Gedanken, Bibelworte, längst vergangene Gespräche, Musikstücke, Bücher bekommen Leben und Wirklichkeit wie nie zuvor. Wenn es im alten Kinderlied von den Engeln heißt: ›zweie, die mich decken, zweie, die mich wecken‹, so ist diese Bewahrung am Abend und am Morgen durch gute unsichtbare Mächte etwas, was wir Erwachsenen heute nicht weniger brauchen als die Kinder ... Hier noch ein paar Verse, die mir in den letzten Abenden einfielen. Sie sind der Weihnachtsgruß für Dich und die Eltern und Geschwister.«
Und dann folgt: »Von guten Mächten treu und still umgeben ...«
Die guten Mächte – das sind die Engel, die ihm begegnen: seine Braut Maria, die Eltern, Freunde, Schüler. Mehr noch: Gebete und gute Gedanken, Bibelworte, Musikstücke, Bücher. »Sind sie nicht alle dienende Geister, ausgesandt zum Dienst um derer willen, die das Heil erben werden« (Hebr 1,14, Zürcher Bibel)? Ob mir heute ein Engel begegnet? Oder ich für jemanden zum Engel werde?

9. FEBRUAR

Die unendliche Liebe Gottes

Fjodor Michailowitsch Dostojewski, der große russische Dichter, lag im Sterben. Seine Tochter erzählt: »Nach zwei Blutstürzen am Ende einer unruhigen Nacht wusste meine Mutter, dass seine Stunden gezählt waren. Auch mein Vater wusste es. Wie immer in ernsten Stunden seines Lebens griff er zum Evangelium. Er bat meine Mutter, die Bibel aufzuschlagen und uns die Geschichte vom verlorenen Sohn vorzulesen.

Er hörte mit geschlossenen Augen nachdenklich zu. Dann sagte er mit schwacher Stimme: ›Meine Kinder, vergesst nie, was ihr eben gehört habt! Habt unbedingtes Vertrauen auf Gott und zweifelt niemals an seiner Barmherzigkeit. Ich liebe euch sehr – aber meine Liebe ist nichts gegen die unendliche Liebe Gottes für alle Menschen, die er geschaffen hat. Wenn es euch sogar geschehen sollte, im Laufe eures Lebens ein Verbrechen zu begehen, so verzweifelt doch niemals an Gott. Ihr seid seine Kinder. Darum erfleht seine Verzeihung und er wird sich über eure Reue freuen, wie er sich über die Heimkehr des verlorenen Sohnes gefreut hat.‹«

»Und er machte sich auf und kam zu seinem Vater. Als er aber noch weit entfernt war, sah ihn sein Vater, und es jammerte ihn; er lief und fiel ihm um den Hals und küsste ihn« (Lk 15,20).

Heute ist Dostojewskis Todestag. Er starb am 9. Februar 1881 in St. Petersburg.

Die Sonne

Das höchste Ziel des Menschen«, so heißt es im Westminster-Katechismus von 1647, »ist, Gott zu verherrlichen und immer sich an ihm zu erfreuen.« Es geht darum, sich an ihm zu erfreuen und ihm die Ehre zu geben! Dem großen Gott, der regiert, der alles schuf, der auch uns gemacht hat und zu dem wir gehören dürfen.

Die Größe Gottes: Wissenschaftler wissen, dass das Licht sich mit einer Geschwindigkeit von 9,46 Billionen Kilometern pro Jahr fortbewegt. Sie wissen auch, dass die Galaxie, zu der unser Sonnensystem gehört, einen Durchmesser von etwa 100.000 Lichtjahren hat – also etwa 946.000 Billionen Kilometer. Kommen Sie noch mit? – Und das ist nur eine von ungefähr einer Million solcher Galaxien, die unsere stärksten Teleskope erfassen können. Schätzungen zufolge gibt es in unserer Galaxie über 200 Milliarden Sterne. Einer davon ist die Sonne, ein eher bescheidener Stern, der an der Oberfläche etwa 6.000 Grad heiß ist und sich mit etwa 220 Kilometern pro Sekunde in seiner Umlaufbahn bewegt, was heißt, dass es ungefähr 250 Millionen Jahre dauern wird, bis sie die Galaxie einmal umkreist hat.

Ich kann nur staunen und denke an Worte aus Jesaja 40: »Mit wem wollt ihr mich also vergleichen, dem ich gleich sei?, spricht der Heilige. Hebt eure Augen in die Höhe und seht: Wer hat all dies erschaffen? Er führt ihr Heer vollständig heraus und ruft sie alle mit Namen; seine Macht und starke Kraft ist so groß, dass nicht eins von ihnen fehlt« (Jes 40,25–26). – Unbegreiflich groß ist Gott. Und dieser Gott hat die Welt nicht nur in Gang gesetzt wie ein Uhrmacher seine Uhr, sondern er umgibt uns mit seiner Liebe und Fürsorge, auch heute.

Du bist so gut zu uns

Michelle Cox erzählt von einem Einsatz in Costa Rica, bei dem ihre Gruppe ein kleines Wellblechhaus für Familie Garcia bauen wollte, die ihre Bleibe durch einen Erdrutsch verloren hatte. Sie trafen sich in der Notunterkunft und waren betroffen, wie wenig diese Familie besaß und wie selbstverständlich es für sie selbst war, in Luxus zu leben. Die Gruppe hatte ein paar belegte Brote mitgebracht und sie versammelten sich in der winzigen Hütte zum Essen.

Carlos Garcia dankte allen dafür, dass sie gekommen waren, um zu helfen. Und dann sagte er inmitten all der Armut Worte, die keiner von ihnen vergessen wird. »Gott, ich danke dir dafür, wie du meine Familie segnest. Du bist so gut zu uns.« Das Helferteam war bewegt von diesem Gebet. Der Mann, der fast nichts besaß, hatte entdeckt, dass an Gottes Seite wenig viel ist. Ihm war klar, dass er reich war, weil Gott in seinem Leben war.

Ja, wir sind reich, steinreich. Vielleicht nehmen Sie sich heute mal ein wenig Zeit und ein leeres Blatt Papier. Und dann schreiben Sie auf, was Gott Ihnen alles schenkt – und schon geschenkt hat. Wir können aufstehen ohne Angst, haben ein Dach über dem Kopf. Wir freuen uns auf das Frühstück. Wir haben Luft zum Atmen, kennen Menschen, die uns mögen, die uns helfen ... Unser Leben, unsere Hoffnung, alles, was wir sind und haben – ein Geschenk aus Gottes Hand!

Mit Carlos Garcia will ich danken, immer wieder: »Du bist so gut zu uns!« »Ich danke dem HERRN von ganzem Herzen und erzähle alle deine Wunder. Ich freue mich und bin fröhlich in dir und lobe deinen Namen, du Allerhöchster« (Ps 9,2–3).

Toll

Das empfehlenswerte Buch »Worauf du dich verlassen kannst« (herausgegeben von Klaus Möllering) enthält Briefe von bekannten Leuten an ihre Enkel. Ausgerechnet Dorothee Sölle, die man lange Zeit abgestempelt hatte als Gott-ist-tot-Theologin, schreibt in ihrem Brief über das Singen. Kein Tag solle vergehen, ohne dass man gesungen hat, ob gemeinsam mit anderen oder allein, mit Instrumenten oder a cappella.

Und das Zweite, was ihr am Herzen liegt, ist loben. Sie erinnert an Lottchen, ihre Enkeltochter, deren erstes Wort ein Lobwort gewesen sei. Alles, was sie im Garten gesehen habe, habe sie »toll« genannt. Für Dorothee Sölle hat das mit Loben zu tun. Ein Ausdruck davon, dass man Teil eines großen Ganzen, der Schöpfung, ist. Und Loben kann man schon die ganz kleinen Dinge, wie eine Pfütze am Straßenrand oder einen schönen Kieselstein.

Und dann ergänzt Frau Sölle zum Schluss, dass zu diesen beiden Dingen unbedingt noch das Beten gehört.

Singen – loben – beten. Und damit sind wir bei Psalm 66, ein einziger Aufruf an uns alle, mit einzustimmen in den Jubel, in das Lob unseres Gottes. Und das will auch ich: singen und loben und beten, Gott zujubeln, der Herr ist über die ganze Welt und mich kleinen Menschen liebt. Deshalb: »Jauchzet Gott, alle Lande! Lobsinget zur Ehre seines Namens; rühmet ihn herrlich! Sprecht zu Gott: Wie wunderbar sind deine Werke« (Ps 66,1–3a)!

Engel

»Wer nicht an Engel glaubt«, schreibt Günther Nenning, Journalist aus Österreich, »verweigert sich der menschlichen Erfahrung, dass so wunderbar vieles gut geht, dessen schlechtes Ende gemäß rationalem Denken schon sicher schien; dass der Mensch aus Situationen heil herauskommt, wo rationales Denken wahrscheinliches Schiefgehen erwarten musste. Ob es Menschen gibt, ist zweifelhaft, wenn man sich die Menschen genauer anschaut. Ob es Engel gibt, ist gar keine Frage.«

Nur eines von vielen Beispielen: Sie hingen hoffnungslos mit ihrem Wagen fest. Zuerst hatten sie sich im Regen und Dunkeln verfahren, dann gerieten sie beim Wenden auf eine Betonschräge, die jetzt die Räder in der Luft hängen ließ. Nichts ging mehr!

Nach einer Zeit der Hoffnungslosigkeit näherten sich zwei Lichter. Sie liefen in den Lichtkegel, um auf sich aufmerksam zu machen. Ein Auto hielt, der Fahrer stieg aus, besah sich das Ganze und lächelte. Schließlich zog er mit seinem Auto den Wagen vom Betonklotz. Das Benzin lief nicht aus, der Wagen sprang an! – »Da haben Sie aber Glück gehabt«, sagte der Fremde, »total tote Gegend hier!« Geld nahm er nicht an. »Sie sind ein Engel!« »Ja«, sagte der, gab Gas und fuhr davon. Den beiden blieb nur die Verwunderung.

Vielleicht haben Sie schon Ähnliches erlebt. Plötzlich ist er da, der Engel – und hilft, um gleich wieder zu verschwinden. »Denn er hat seinen Engeln befohlen, dass sie dich behüten auf allen deinen Wegen« (Ps 91,11).

Was wir brauchen

In dem Buch »Nachtzug nach Lissabon« (Peter Bieri) nennt jemand die Kathedralen unverzichtbar und bekennt, dass er niemals in einer Welt leben wolle, in der es keine Kathedralen gäbe. Für ihn haben diese Gebäude eine besondere Bedeutung. Er spricht vom Glanz der Fenster, der kühlen Stille und dem gebieterischen Schweigen, das dort herrscht. Auch die Fluten der Orgeln und die Atmosphäre der betenden Menschen sind ihm wichtig.– Und das brauchen auch wir. Und wir können staunend erfahren: Gott bindet sich. Natürlich ist er überall. Doch hier ist das »Haus«, von dem er gesagt hat: Da soll mein Name sein.

Ich möchte eine alte Kirche sein
voll Stille, Dämmerung und Kerzenschein.
Wenn du dann diese trüben Stunden hast,
gehst du herein zu mir mit deiner Last.
Du senkst den Kopf, die große Tür fällt zu.
Nun sind wir ganz allein, ich und du.
Ich kühle dein Gesicht mit leisem Hauch,
ich hülle dich in meinen Frieden auch.
Ich fange mit der Orgel an zu singen ...
nicht weinen, nicht die Hände heimlich ringen!
Hier hinten, wo die beiden Kerzen sind,
komm setz dich hin, du liebes Menschenkind!
Ob Glück, ob Unglück ... alles trägt sich schwer.
Du bist geborgen hier, was willst du mehr?

So hat es Manfred Hausmann einfühlsam in Worte gekleidet. So flüstert uns die Kirche zu. Und lädt uns ein, Sonntag und Alltag. »Lass deine Augen offen stehen über diesem Haus Nacht und Tag, über der Stätte, da du gesagt hast: Da soll mein Name sein« (1. Kön 8,29).

Büttenrede

Eine Narrenandacht nicht nur zum Rosenmontag! Weil mir der Narr gefällt: Er ist freundlich, hält uns einen Spiegel vor und bringt Dinge auf den Punkt. Wie der Apostels Paulus. »Und er hat zu mir gesagt«, schreibt er in 2. Kor 12,9, »meine Gnade genügt dir; denn meine Kraft vollendet sich in der Schwachheit. Darum will ich mich am allerliebsten rühmen meiner Schwachheit, damit die Kraft Christi bei mir wohne.«

Paulus redet wie ein Narr (2. Kor 12,11), hält den Christen in Korinth einen Spiegel vor. Denn blind laufen sie Gefahr, ihre Freiheit zu verlieren und ihren Glauben aufzugeben. Andere Missionare tauchten in der Gemeinde auf, »Superapostel« werden sie genannt. Ihre Rede ist locker, ihr Auftreten selbstbewusst. Na gut, sagt Paulus, und legt los mit seiner Narrenrede. Er zählt alle seine Vorzüge und Leistungen auf. Doch viel lieber will er sich seiner Schwachheiten rühmen. Denn hier kommt etwas ganz anderes zur Vollendung: die Kraft Christi. Im Griechischen »dynamis«. Wie Dynamit, das alles, was einengt, sprengt und verändert.

Und ich merke: Es sind nicht die Superapostel, die stark sind, es ist Paulus. Nicht Hitler war stark, sondern Bonhoeffer. Nicht die Kolonialmacht England war stark, sondern Gandhi mit seinen Leuten. Nicht der Ku-Klux-Klan war stark, sondern Martin Luther King. Nicht der Stein ist stark, sondern das Wasser, nicht das Schwert, sondern das Kreuz, nicht der Hass, sondern die Liebe, nicht die Macht des Bösen, sondern Christus, nicht der Tod, sondern das Leben.

So, meine Andacht ist nun aus, zum Schluss, und nur heute in diesem Rahmen, ein leises Helau und ein kräftiges Amen.

Heine und das Buch

Ich weiß nicht, was soll es bedeuten, dass ich so traurig bin.« Das wusste Heinrich Heine, der Dichter der »Loreley«, offensichtlich selbst nicht so recht. Denn er versuchte sein Leben lang, die eigene Traurigkeit loszuwerden. Das führte zu einer sehr ungewöhnlichen Biografie: Heine wird in eine jüdische Kaufmannsfamilie hineingeboren, tritt mit 28 in die evangelische Kirche ein, heiratet mit 44 katholisch und gilt dann lange als Vorreiter des Atheismus. Und dabei ist er sogar in der Lage, Jesus liebevoll zu verspotten: »Mit Wehmut erfüllt mich jedes Mal / Dein Anblick, mein armer Vetter, / Der Du die Welt erlösen gewollt, / Du Narr, Du Menschheitsretter.« – Als ihn eine unheilbare Krankheit ans Bett fesselt, ändert sich sein Ton: »Das himmlische Heimweh überfiel mich und trieb mich fort durch Wälder und Schluchten, über die schwindligsten Bergpfade.« So sucht er verzweifelt einen Gesprächspartner, mit dem er über seine anhaltende Traurigkeit reden kann – und landet am Ende wieder bei Gott.

Am 17. Februar 1856 ist Heinrich Heine in Paris gestorben. Die Experten diskutieren immer noch darüber, ob der Dichter seine Traurigkeit losgeworden ist. Gerhard Theißen, evangelischer Theologe, ist sich ziemlich sicher, dass Heine am Ende zu seinem jüdischen Glauben zurückgefunden habe. Und dies verdanke er einem Buch – der Bibel. Heine wörtlich: »... wer seinen Gott verloren hat, der kann ihn in diesem Buche wiederfinden, und wer ihn nie gekannt, dem weht hier entgegen der Odem des göttlichen Wortes.« – In manchen Kirchen steht groß an die Wand gemalt der Spruch: »Selig sind, die Gottes Wort hören und bewahren« (Lk 11,28).

17. FEBRUAR

Nelson Mandela

Seht, wir gehen hinauf nach Jerusalem«, sagt Jesus zu seinen Jüngern, »und es wird vollendet werden, was geschrieben ist durch die Propheten vom Menschensohn« (Lk 18,31). Er schaut nach vorn. Es geht um Vollendung, zum Ziel kommen: Der Tod wird besiegt, das Leben triumphiert, eine neue Welt bricht auf. Doch vorher geht der Weg durch Konflikte, Leiden und ans Kreuz. Nun mag mancher denken: Gut, bei Jesus war das so. Doch was habe ich damit zu tun?

Als Nelson Mandela, der erste schwarze Staatspräsident Südafrikas, vereidigt wurde, entdeckte er zwischen den vielen Zuschauern einen Menschen, den er gut kannte. Es war der Mann, der ihn während seiner langjährigen Haft auf der Gefängnisinsel Robben Island bewacht hatte. Jetzt kam es zu einer bewegenden Szene: Er rief den Mann zu sich nach vorne. Der ehemalige Gefängniswärter war ängstlich und kam nur langsam auf ihn zu. Er fürchtete, öffentlich beschimpft zu werden, weil er dem Apartheidregime gedient hatte. Doch das Gegenteil geschah. Präsident Mandela führte den Mann zur Ehrenloge seiner Familie. »Wir haben so viel zusammen erlebt«, sagte Mandela, »du gehörst hierhin.«

Diese Geste Nelson Mandelas demonstriert Vergebung und Feindesliebe. Und sie zeigt, dass es möglich ist, sich mit schmerzhaften Erfahrungen der Vergangenheit zu versöhnen. »Seht, wir gehen hinauf nach Jerusalem ...« das Leben siegt, eine neue Welt. Doch vorher geht es durch das »dunkle Tal«. Ich muss den Weg von Jesus nicht wiederholen. Aber ich entdecke, dass auch schmerzhafte Erfahrungen zu meinem Leben gehören. Ich kann mich mit meiner Vergangenheit versöhnen und gestärkt nach vorn schauen.

Das Wichtigste

Eine großartige Geschichte erzählt Siegfried Lenz: »Hamilkar Schaß, mein Großvater ... hatte sich gerade das Lesen beigebracht, als die Sache losging. Die Sache: darunter ist zu verstehen der Überfall des General Wawrila«, der unter Sengen und Plündern »nach Suleyken, seine Hand ausstreckte ...«. Im Dorf erfolgt die große Mobilmachung. Adolf Abromeit holt Schaß ab, doch der muss erst noch seinen Abschnitt aus dem Masurenkalender zu Ende lesen. Widerwillig nimmt er die Flinte und bezieht mit besagtem Abromeit seinen Posten in einem Jagdhaus vor Suleyken und findet zu seinem großen Glück – ein Buch.

Während Abromeit aufgeregt Wache schiebt, versinkt Schaß ganz und gar in seiner Lektüre. Der gefürchtete General Wawrila kommt, Adolf Abromeit ruft und schießt – doch Hamilkar Schaß liest. Wawrila stürmt mit seinen Soldaten ins Jagdhaus – doch Hamilkar Schaß liest. Der Räuber brüllt ihn an, droht ihm, drückt ihm schließlich die Flinte an den Hals – doch Schaß sagt: »Gleich, nur noch zehn Zeilen, dann wird alles geregelt werden, wie es sein soll.« Da packt Wawrila und seine Bagage ein solch unheimliches Entsetzen, dass sie, ihre Flinten zurücklassend, dahin fliehen, woher sie gekommen sind ...

Adolf Abromeit und Hamilkar Schaß – wie Martha und Maria. Die eine besorgt, aktiv, voller Unruhe – die andere sitzt zu Jesu Füßen und lauscht. Maria wusste im richtigen Augenblick, was für ihr Leben wichtig war. Sie konnte alles um sich herum vergessen und sich auf das konzentrieren, was Jesus ihr sagt. Sie »hat das gute Teil erwählt; das soll ihr nicht genommen werden« (Lk 10,42).

Für uns

Mutter Elisabeth, mit bürgerlichem Namen Élise Rivet, war eine mutige Frau. Mit 23 Jahren trat sie in Lyon ins Kloster ein und wurde dort mehrfach hintereinander zur Priorin gewählt. Nach dem Sieg der Deutschen 1940 nahm sie französische Widerstandskämpfer auf. Im März 1944 verhaftete die Gestapo sie und überführte sie ins Untersuchungsgefängnis, wo sie sich der anderen inhaftierten Frauen annahm.

Am 1. Juli 1944 wurde sie ins Frauen-KZ Ravensbrück deportiert. Überlebende des polnischen und des schwedischen Roten Kreuzes bezeichneten die Ordensfrau als »Seele von Ravensbrück«, deren Lächeln alle erhellte. Am Karfreitag, dem 30. März 1945, werden 500 Frauen für ein Vernichtungslager ausgesucht. Hierzu gehört eine Mutter, die ihr Kind mit im Lager hat. Schwester Elisabeth, die trösten will, hört die Worte: »Wie können Sie mit mir über Gott sprechen, wenn mein Kind allein zurückbleibt?«

Die 500 warten in der Baracke. »Heraustreten zum Abtransport!« Schwester Elisabeth zeigt der Mutter, wie sie durch ein Fenster fliehen kann. Sie selbst geht anstelle dieser Mutter zum Lastwagen. Ihr letztes Wort zu der Geretteten: »Ich gehe in den Himmel!« Auf dem Auto segnet sie mit einem aus zwei Hölzchen gebundenen Kreuz die dicht zusammengedrängten Todeskandidatinnen. »Gehen wir zusammen. Ich will euch helfen, gut zu sterben.« So fahren die Todgeweihten davon. Im festen Glauben an Gott ging Mutter Elisabeth für einen anderen Menschen in den Tod.

Jesus hat einmal gesagt: »Niemand hat größere Liebe als die, dass er sein Leben lässt für seine Freunde« (Joh 15,13).

Freude im Himmel

Eindrücklich erzählt Dostojewski, wie eine junge Bäuerin in ihrer Verzweiflung den berühmten Starzen (Mönch) Sosima aufsucht. Sie hat ihren Mann, der ihr viel Böses angetan hatte, in einer schweren Krankheit sterben lassen. Nun ist sie voller Angst und Schuld und wendet sich Rat suchend an den Starzen.
»Fürchte nichts«, sagt er zu ihr. »Wenn nur die Reue in dir nicht erlahmt – dann wird Gott dir alles vergeben. Solch eine Sünde gibt es nicht in der ganzen Welt und kann es gar nicht geben, die Gott der Herr einem wahrhaft Reuigen nicht verziehe. Ein Mensch kann gar nicht eine so große Sünde begehen, dass sie die unendliche Liebe Gottes erschöpfe.
Glaube daran, dass Gott dich so sehr liebt, wie du es dir nicht einmal vorstellen kannst, dich sogar mit deiner Sünde und in deiner Sünde liebt. Über einen Sünder, der Buße tut, wird im Himmel mehr Freude sein als über zehn Gerechte, so steht es seit Langem geschrieben. Geh also und fürchte dich nicht. Lass dich nicht erbittern gegen die Menschen, ärgere dich nicht, wenn dir Unrecht geschieht. Dem Verstorbenen vergib in deinem Herzen alles, womit er dich gekränkt hat, versöhne dich mit ihm in Wahrheit.«
Er segnet sie dreimal mit dem Zeichen des Kreuzes. Sie verneigt sich schweigend vor ihm bis zur Erde und geht.
»Fürwahr, er trug unsere Krankheit und lud auf sich unsere Schmerzen. (…) Er ist um unserer Missetat willen verwundet und um unserer Sünde willen zerschlagen. Die Strafe liegt auf ihm, auf dass wir Frieden hätten, und durch seine Wunden sind wir geheilt« (Jes 53,4a.5).

Das Böse besiegt

Bernhard Leemhuis war viele Jahrzehnte Bürgermeister in Stapelmoor, dann auch noch Gemeindedirektor der Samtgemeinde Oberrheiderland und engagiert im Kirchenrat. In kleiner Runde erzählte er, wie kurz vor Ende des Krieges die Geschütze aus dem Emsland angerollt kamen und die Kapitulation unmittelbar bevorstand. Trotzdem sollte noch mal alles mobil gemacht werden, sowohl junge Leute als auch alte Männer. Leemhuis äußerte sich negativ: Das habe doch alles keinen Zweck mehr. – Seine Bemerkungen wurden gemeldet. In Leer verurteilte man ihn wegen Vaterlandsverrat und Wehrkraftzersetzung zum Tod. Er selbst hatte sich bereits versteckt. Zum Glück gab es damals noch keine Handys. Andere Möglichkeiten der Überbringung scheiterten. Die Kanadier marschierten ein, der Krieg war aus, das Urteil hinfällig.

Genau darum geht es in 1. Johannesbrief 3,8: »Dazu ist erschienen der Sohn Gottes, dass er die Werke des Teufels zerstöre.« Die Macht des Bösen ist besiegt. Und doch ist er noch hier und da am Werk, verbreitet Unruhe, Angst und Schrecken. Deshalb spricht Martin Luther: »Wohlan, Teufel, lass mich ungeschoren, ich kann jetzt nicht deiner Gedanken warten! Ich muss reiten, fahren, essen, trinken, das oder das tun; ich muss jetzt fröhlich sein, komm morgen wieder! Lieber Teufel, kannst du mir nicht näher, so lecke mich et cetera, ich kann dein jetzt nicht warten!«

Die Macht des Bösen ist am Ende. Auch wenn ich sie manchmal noch spüre, vor ihr fliehen muss, wie damals Bernhard Leemhuis am Ende des Krieges. Doch der Teufel hat längst verloren. Denn »dazu ist erschienen der Sohn Gottes, dass er die Werke des Teufels zerstöre«.

Motiviert

Satan trifft sich mit seinen Helfern: »Wie können wir die Christen von diesem Jesus wegbringen? Wie können wir sie am wirksamsten verführen?« Die einen schlagen vor: »Wir gaukeln ihnen die Freuden vor, die sie erwarten, wenn sie noch tausend Dinge mehr besitzen und noch mehr Spaß erleben!« »Nein, die Menschen merken langsam, dass es das ›Mehr‹ nicht bringt. Der Überdruss und die Enttäuschungen nehmen zu. Dieses Eis ist zu dünn!«
Dann kommt der zweite Vorschlag: »Wir müssen ihnen vor Augen führen, was für ein Opfer sie bringen müssen, ihnen klarmachen, dass solidarisches Handeln gegen alle Ungerechtigkeit ein noch viel konsequenteres und spürbareres Teilen erfordert.« »Nein, ein Christ weiß doch von vorneherein, dass das Leben in der Nachfolge eines Gekreuzigten kein Honigschlecken ist!«
Schließlich der dritte Vorschlag. Und dieser findet allgemeine Zustimmung, ja, lauten Beifall: »Wir müssen die Christen entmutigen. Hoffnungslosigkeit und Angst sind das wirksamste Gift. Sie löschen den Willen zum Guten und öffnen den Weg zu allen Verirrungen. Traurige, hoffnungslose und ängstliche Christen werden uns zur leichten Beute.« Und so gehen sie ans Werk.
Und das spüren wir, wie sie Hoffnungslosigkeit und Angst verbreiten und uns oft nach unten ziehen. Deshalb motiviert uns der Prophet: »Die auf den HERRN harren, kriegen neue Kraft, dass sie auffahren mit Flügeln wie Adler, dass sie wandeln und nicht müde werden« (Jes 40,31). Und das wünsche ich uns, dass wir auf den Herrrn harren, Kraft schöpfen und ermutigt werden. Er geht mit uns.

23. FEBRUAR

In der Hölle

Von Basilius, einem Kirchenvater aus dem 4. Jahrhundert gibt es viele großartige Geschichten. Als Bischof von Caesarea baute er eine ganze Sozialstadt mit Spitälern für Arme, Ärztekliniken, Werkstätten und Obdachlosenheimen.

Eine Legende erzählt: Als Basilius stirbt, wird er zum Tor der Ewigkeit gebracht. Der Himmel wartet auf ihn. Aber durch ein Versehen des Pförtners kommt er in die Hölle. Inmitten der Flammen sitzt er da, von höllischem Feuer und qualvollem Geschrei umgeben. Basilius versteht das nicht, aber er tut, was er immer getan hat, er beginnt, Gott zu loben. Er lobt Gott für seine Gnadenerweisungen.

Und je mehr er Gott lobt, desto kleiner werden die höllischen Flammen, desto mehr erstirbt das leidvolle Geschrei um ihn her. Ganz erschrocken funkt der Oberteufel in den Himmel: »Holt schleunigst den Basilius ab, der macht uns die ganze Hölle kaputt.«

Basilius – einer, der Gottes Führung traut und eine unbezwingbare Freude ausstrahlt, eine Freude, die sogar die Hölle zerstört. »Der HERR ist meine Stärke und mein Schild; auf ihn traut mein Herz und mir ist geholfen. Nun ist mein Herz fröhlich, und ich will ihm danken mit meinem Lied« (Ps 28,7). Wer so betet, schaut gelassen nach vorn, nicht wie der Pessimist, der zu jeder Lösung das passende Problem parat hat. Sondern in der fröhlichen Gewissheit, dass Gott uns führt.

Der Mandelzweig

Freunde, dass der Mandelzweig wieder blüht und treibt« – so beginnt ein Hoffnungslied von Schalom Ben-Chorin. Der Mandelbaum vor seinem Fenster ist ihm ein Fingerzeig, dass die Liebe bleibt. Schalom Ben-Chorin ist deutscher Jude, Jahrgang 1913. In München geboren, wurde er als Student mehrfach verhaftet und misshandelt. 1935 folgt die Flucht aus Deutschland. Nach dem Krieg steht er ganz im Dienst der Versöhnung zwischen Juden und Deutschen.

Das Lied vom Mandelzweig. Es ist ein Lied gegen Krieg und Tod. Und wie der Mandelzweig blüht und treibt – so wird auch das Leben blühen, die Liebe und der Frieden. Kein Krieg kann das zerstampfen. – Woher nimmt Schalom Ben-Chorim diese Hoffnung? Aus den Worten der Propheten: »Und es geschah des HERRN Wort zu mir: Jeremia, was siehst du? Ich sprach: Ich sehe einen erwachenden Zweig. Und der HERR sprach zu mir: Du hast recht gesehen; denn ich will wachen über mein Wort, dass ich's tue« (Jer 1,11–12).

Auch wenn alles wie tot aussieht, die kleinen Sprossen zeigen es an: in einigen Wochen wird der Baum in voller Pracht stehen. Noch sieht alles kaputt und tot aus. Tausende zerstampft der Krieg. Das sehen wir. Davon hören wir. Doch da ist der erwachende Zweig, da sind die ersten Blüten. Gott, der Herr, wacht über seinem Wort. Und das ist kein teilnahmsloses Zuschauen. Er wird aktiv. In der Passionszeit denken wir an Jesus. Er leidet. Er stirbt am Kreuz. Tot. Alles aus. So denken die Jünger – und viele andere. Doch sie haben sich gründlich verrechnet. Das Leben lässt sich nicht einsperren. Das Grab wird aufgesprengt. Jesus lebt. Er ist auferstanden. Der erwachende Zweig lässt etwas erahnen von der Macht unseres Gottes.

Das Echo

Der jüdische Religionsphilosoph Abraham Joshua Heschel (1907–1972) demonstrierte einst gemeinsam mit Martin Luther King gegen Rassismus, protestierte gegen den Vietnamkrieg und beschäftigte sich intensiv mit dem Verhältnis von Juden und Christen. Eine traurige Geschichte verbindet sie, angefangen von der frühen Kirche bis in die Gegenwart. Und wir können nur mit Scham und Entsetzen auf das zurückschauen, was Juden auch im Namen Jesu Christi angetan wurde.

Doch Heschel geht es nicht um Abgrenzung, sondern um gemeinsame Verantwortung. Was eint uns?, fragt er. Eben, dass wir Gott Rechenschaft schulden, wir von seiner Zuwendung leben und in seinen Augen kostbar sind. Mehr noch: Wir sind sein Ebenbild, ein Echo auf seinen heimlichen Gesang und als solches »singen wir Gottes unvollendetes Lied weiter«, indem wir lieben. Er hat uns dazu bestimmt, als seine Stellvertreter Leiden zu lindern und Freude zu bringen.

Hans Walter Wolff, Professor für Altes Testament, erinnert an Pharao Ramses II.: Im 13. Jahrhundert vor Christus ließ er nördlich von Beirut sein Bild in den Felsen hauen als sichtbares Zeichen seiner Herrschaft. »Dementsprechend wird der Mensch als Standbild Gottes in die Schöpfung eingesetzt. Er dokumentiert, dass Gott der Herr der Schöpfung ist.« »Gott schuf den Menschen nach seinem Bild« (1. Mose 1,27). Wir sind sein lebendiges Standbild, sein Echo, indem wir »Leiden lindern und Freude bringen«.

Befreit

Die Jüdin Eva Mozes Kor und ihre Zwillingsschwester Miriam sind zehn Jahre alt, als sie nach Auschwitz gebracht werden. Ihre Eltern sehen die Schwestern an der Entladerampe zum letzten Mal. Dann bringt man sie in eine Baracke voller Mädchen im Alter von 1–13 Jahren. Sie werden zu einem der 1500 Versuchs-Zwillingspärchen, die von Mengele Keime und Chemikalien gespritzt bekommen. Am 27. Januar 1945, vier Tage vor dem 11. Geburtstag, werden die Schwestern gemeinsam mit den anderen noch lebenden Häftlingen befreit. Der Rest der Familie war in Auschwitz umgekommen. Auch Miriam stirbt kurz nach der Befreiung durch die Sowjets.

Am 27. Januar 1995 wurde in Auschwitz des 50. Jahrestages der Befreiung durch die Rote Armee gedacht. An diesem Tag an diesem Ort hat Eva Mozes Kor dem ehemaligen KZ-Arzt Dr. Hans Münch öffentlich verziehen. In einem Interview spricht sie 2012 davon, wie sie »kleines Versuchskaninchen« die Kraft gefunden hat, ihnen allen, Münch, Mengele, Hitler und allen, die ihr Leid zugefügt haben, zu vergeben. Sie wollte ihnen keine Macht mehr über sich geben, indem sie auf eine Entschuldigung von ihnen wartete. Für sie hat die Vergebung eine heilende Kraft. Durch die Vergebung ist sie frei geworden und sie geht sogar so weit zu sagen, dass ihr Leben durch die Vergebung wieder ganz geworden ist.

Eva Mozes Kor – eine starke Frau! Durch Vergeben erhalten wir die Möglichkeit, heil zu werden – und Frieden zu schaffen, anstatt Rache zu üben. Ein gebrochenes Leben wird wieder ein Ganzes. »Seid gütig zueinander, seid barmherzig, vergebt einander, wie auch Gott euch in Christus vergeben hat« (Eph 4,32).

27. FEBRUAR

Liebesbeweis

Wir Menschen brauchen Beweise. Wir sitzen zusammen und diskutieren. Der eine behauptet dies, der andere das. Und irgendwann heißt es: Kannst du mir das beweisen? Oder es hat an der Kreuzung gekracht. Zwei Autos sind ineinandergefahren. Die Polizei kommt, sichert die Spuren, befragt Zeugen. Die Fakten sprechen oft eine deutliche Sprache. Doch kann man alles beweisen? Und wie ist das mit der Liebe? Vor Jahren ging es durch die Zeitung: Da hatte ein hoffnungslos verliebter junger Mann ein Flugzeug gechartert. Das kreiste eine Stunde lang mit einem großen Transparent über Hamburg, der Heimatstadt seiner Angebeteten. Und darauf stand: »Heidi, ich liebe dich!« Doch ob eine solche Aktion Liebe wirklich beweisen kann?

Zwei junge Frauen rufen König Salomo als Richter an. Sie lebten in einem Haus, und beide hatten ein Baby bekommen und sich gefreut. Eines Morgens liegt ein Kind tot im Bett. Und nun streiten sie sich um das lebende Kind. Die eine sagt: »Die hat ihr Kind im Schlaf erdrückt und dann ihren toten Sohn gegen meinen ausgetauscht.« »Nein, das ist gar nicht wahr«, schreit die andere und erzählt die Geschichte genau anders herum. Da lässt der König ein Schwert holen, nimmt das lebende Kind und will es mitten durchteilen, damit jede eine Hälfte bekommt. »Halt«, ruft die eine, »tötet es nicht, gebt es der anderen!« Da weiß der König: Das ist die richtige Mutter, ein überzeugender Beweis (1. Kön 3,16–28). – Gott geht in seiner Liebe noch einen Schritt weiter: »Gott aber erweist seine Liebe zu uns darin, dass Christus für uns gestorben ist, als wir noch Sünder waren« (Röm 5,8).

Der Hahn

Mit den neuen Konfirmanden stehe ich vor unserer Kirche. Wir staunen über den mächtigen Bau. Der Blick fällt auf den Hahn ganz oben. »Warum ausgerechnet ein Hahn?« Einer kommt drauf: »Da gab es doch die Geschichte mit Petrus und dem Hahn. Und dreimal hat er gesagt: ›Ich kenne diesen Menschen nicht!‹« »Ja«, sage ich, »dieser Hahn soll uns daran erinnern, dass wir zu unserem Glauben stehen und Gott bekennen.«

So wie der Husarengeneral von Zieten. Friedrich der Große mochte ihn besonders gern und lud ihn immer wieder in seine abendliche Tischrunde ein. So auch an einem Karfreitag. Von Zieten ließ sich entschuldigen, da er zum Abendmahl ginge. Eine Woche nach Ostern saß von Zieten wieder an der Tafel Friedrichs des Großen. Da sprach ihn der König an: »Na, mein lieber von Zieten, wie ist ihm denn das Abendmahl am Karfreitag bekommen, hat er den Leib und das Blut Christi auch ordentlich verdaut?« Gespannte Stille. Von Zieten erhob sich: »Königliche Majestät, Ihr wisst, dass ich bereit bin, auf Euren Befehl alles einzusetzen, Leben, Leib und Gut. Aber es ist noch eine Majestät über Euch, die lasse ich nicht antasten. Ich gebe Euch einen Rat, Majestät: Wenn Ihr dem Volk den Heiland abspenstig macht, grabt Ihr Euch selbst das Grab. Halten zu Gnaden, Majestät!« Die ganze Versammlung hielt den Atem an. Der König erhob sich, legte seine Hand auf die Schulter des Generals und sagte: »Von Zieten, glücklicher von Zieten. Um einen solchen Glauben beneide ich ihn!«

Ein Bekenntnis mit Mut und Risiko. Und ein Beispiel für uns, unseren Glauben zu bekennen. Jesus verspricht uns: »Ich habe für dich gebeten, dass dein Glaube nicht aufhöre« (Lk 22,32).

29. FEBRUAR

Es wächst

Ich gehe durch die Fußgängerzone von Leer, ein junger Mann grüßt mich freundlich und bleibt stehen. Ich hatte ihn gar nicht erkannt. »Wissen Sie noch, damals in Möllenbeck, auf der Freizeit, da war ich dabei. Singen und Bibelgespräche fand ich nicht so prickelnd. Aber die Gemeinschaft. Und wie das Mitarbeiterteam sich eingesetzt hat. Das hat mir imponiert. Irgendwann hat es bei mir »Klick« gemacht.« Und dann erzählt er mir von seinem weiteren Lebensweg, von Ausbildung und Beruf, von Umzug und Familie. Und schließlich: »Ja, und heute bin ich selbst in der Kirche aktiv, mache mit im Kindergottesdienstteam.«

Oder ich denke an eine Taufanmeldung. Ich stelle dann immer auch Kinderbibeln vor und wir sprechen ganz praktisch darüber, wie wir Kindern unseren Glauben vermitteln können. Da erzählte eine junge Mutter, wie sie das abends macht: ihre Kinder zu Bett bringen, mit ihnen beten, eine Geschichte aus der Kinderbibel vorlesen. Sie erzählte, was ihr am Glauben wichtig ist und was sie für ihre Kinder erhofft.

Hört, sagt Jesus zu seinen mutlosen Jüngern (siehe Lk 8,4–8) und auch zu uns. So ist das mit dem Reich Gottes. Auch wenn wir noch nicht viel sehen und denken, aller Einsatz sei umsonst – es wächst. Wie der Same, den der Landmann ausgestreut hat. Es wächst und bringt Frucht! So ist Gottes Reich! Es bricht sich Bahn, auch in unserem Alltag – trotz vieler Widerstände und Schwierigkeiten, trotz Trampelpfad und Spatzen, trotz Dornen und felsigem Boden. Die Saat geht auf. Der Weizen wächst. Die Ernte naht. »Wer Ohren hat zu hören«, sagt Jesus, »der höre« (Lk 8,8)!

Für meine Freunde

Es war im 2. Weltkrieg. In ganz Europa wurden Juden gejagt, verschleppt und ermordet. Jüdische Widerstandskämpfer versuchten verzweifelt, ihre gefangenen Brüder zu befreien. Nachts verübten sie Blitzangriffe gegen die gefürchtete SS. Jitzchak Wittenberg war der Anführer der Widerstandskämpfer in Wilna. Die SS hatte einen hohen Preis auf seinen Kopf ausgesetzt und eines Tages wurde er schließlich gefangen genommen. Doch Wittenberg konnte fliehen und im jüdischen Viertel von Wilna untertauchen.

Da befahl der SS-General, das ganze jüdische Viertel durch starke Bewachung einzuschließen. Dann schickte er eine Botschaft an die Juden: Entweder wird Wittenberg ausgeliefert oder alle Einwohner werden ins Vernichtungslager abtransportiert. Angst lag über den unglücklichen Menschen. Aber Wittenberg nahm sie ihnen. Von Mund zu Mund lief die Nachricht: »Er stellt sich freiwillig!« Als es so weit war, stand an beiden Seiten der Straße zum Stadttor die jüdische Bevölkerung. Er schritt durch die leere Mitte der Straße auf das Tor zu. Tapfer ging er dem Tod entgegen. Er tat es, um seine Volksgenossen in Wilna vor dem Abtransport ins Vernichtungslager zu bewahren. Freiwillig, damit nicht alle sterben mussten.

Jesus Christus geht den Weg von der Krippe bis zum Kreuz. Er geht durch die Straßen Jerusalems, gesäumt von Gaffern und Gleichgültigen, gefolgt von sensationslüsternen Menschen und von wenigen Freunden. Er schleppt sich mit Mühe, bricht zusammen und leidet. Er stirbt nach Stunden voller Qual am Kreuz. Er stirbt für uns, für alle Menschen auf dieser Erde. »Niemand hat größere Liebe als die, dass er sein Leben lässt für seine Freunde. Ihr seid meine Freunde ...« (Joh 15,13–14).

Oskar

In dem großartigen Buch »Oskar und die Dame in Rosa« erzählt Eric Emmanuel Schmitt von einem zehnjährigen Kind. Oskar ist lebensgefährlich an Leukämie erkrankt. Er überschüttet seine treue Besucherin, eine »rosa Dame«, die er »Oma« nennt, mit Fragen nach Gott. Eines Tages schlägt sie Oskar vor, Gott in der Kapelle des Krankenhauses zu besuchen. Beim Betreten sieht Oskar sofort das Kruzifix an der Wand und erschrickt. »Dem geht's aber auch nicht gut!«, stellt er fest, und zu Oma Rosa sagt er: »Der ist ja so arm dran. Der kann mir auch nicht helfen!« Doch die entgegnet ihm: »Möchtest du einen Gott, der keine Ahnung hat, wie es dir geht, der keine Schmerzen und keine Angst kennt? Oder möchtest du einen, der aus eigener Erfahrung weiß, wie das ist, wenn es einem so geht wie dir?« Da wird Oskar nachdenklich und fängt an, sich Gott anzuvertrauen, der weiß, wie sich Schmerzen anfühlen und wie es ist, wenn es dunkel in einem wird.

Gerade in der Passionszeit halten wir uns vor Augen, dass Gott leidet. Eine starke Reaktion ist das von Oskar, als er das Kruzifix an der Wand sieht: »Dem geht es aber auch nicht gut.« »Mein Gott, mein Gott«, schreit der Mann am Kreuz, »warum hast du mich verlassen« (Mk 15,34)? Genau das hat er erlebt: Verlassenheit, Einsamkeit, Angst, Schmerzen und Tod. So ist Gott, der das alles auf sich nimmt. Für uns.

Und der ist auch bei uns, wenn wir ganz unten sind. »Wenn ich auch gleich nichts fühle von deiner Macht, du führst mich doch zum Ziele, auch durch die Nacht« (EG 376,3). So weit reicht Gottes Gnade, so weit sein Erbarmen, so tief beugt er sich – er lässt uns nicht im Stich. Das ist ein starker Trost, eine Perspektive für Oskar und für uns auch.

Ein fröhliches Herz

An einem schönen Sommertag im 14. Jahrhundert machte sich die Pest auf den Weg nach Köln. Im Rheintal bei Koblenz überholte sie das Boot eines Schiffers. »Wohin so schnell?«, fragte der Schiffer. »Nach Köln!«, antwortete der Schwarze Tod. »Ich habe vor, mir tausend Seelen zu holen.« Als die Pest sich einige Tage später wieder auf dem Rückweg befand, kam sie erneut am Boot des Rheinschiffers vorbei. Der Mann schleuderte dem Tod seinen Zorn entgegen: »Ein unverfrorener Lügner bist du! Sagtest du nicht, du wollest tausend Seelen mit dir nehmen? – Fünfzigtausend hast du dahingerafft!« – »Oh nein«, sagte die Pest, »ich holte mir wirklich nur tausend. Es war die Angst, die die Übrigen nahm.«

Angst macht uns kopflos. Sie lässt jeden Schrecken schrecklicher, jeden Abgrund tiefer und jede Bedrohung gefährlicher erscheinen. Die Angst lähmt unser Denken und Handeln. Aber Gott will sie uns nehmen. »Er wird sich unser wieder erbarmen«, ruft der Prophet Micha, »und alle unsere Sünden in die Tiefen des Meeres werfen« (Mi 7,19). Und die Sorgen und Ängste auch.

Wir schreiben das Jahr 1647. Immer noch herrscht der Dreißigjährige Krieg. Schon als Kind hat Paul Gerhardt Bitteres erlebt: Er war zwölf Jahre alt, als sein Vater starb, zwei Jahre später seine Mutter. In Grimma – dorthin hat ihn sein Onkel in die Fürstenschule geschickt – bricht die Pest aus. Nun, am Ende des Krieges, liegt alles in Trümmern, auch sein Heimatort Gräfenhainichen. Trotzdem betet Paul Gerhardt: »Er gebe uns ein fröhlich Herz, erfrische Geist und Sinn. Und werf' all Angst, Furcht, Sorg und Schmerz ins Meeres Tiefe hin« (EG 322,5).

4. MÄRZ

Desmond Tutu

Der Friedensnobelpreisträger und ehemaliger Bischof Südafrikas, Desmond Tutu wurde einmal gefragt, warum er sich dazu entschieden habe, anglikanischer Priester zu werden. Als Antwort erzählte er eine Geschichte. Er war mit seiner Mutter auf der Straße unterwegs und sie begegneten einem hochgewachsenen, ehrwürdigen weißen Mann, der einen Priesterkragen trug. Damals, in den Tagen der Apartheid, mussten schwarze Menschen einem Weißen Platz machen und mit gesenktem Kopf vom Bürgersteig heruntergehen.
Doch es war der weiße Mann, der Desmond und seiner Mutter zuvorkam und den Bürgersteig verließ. Er tippte sich respektvoll an den Hut, als er an dem Jungen und seiner Mutter vorüberging, und ging dann seines Weges. Desmond Tutu erzählte, wie er daraufhin seine Mutter fragte: »Warum hat dieser Mann das getan?« Ihre Antwort veränderte sein Leben. Sie erklärte ihm, dass der Mann ein anglikanischer Priester sei. Die Güte, die er in der Heiligen Schrift erfahren hat, habe ihn zu einem Menschen gemacht, der Freundlichkeit und Liebenswürdigkeit auch dann an den Tag legt, wenn man es nicht unbedingt erwartet. Dies, so Desmond Tutu, war der Moment, in dem er sich entschied, anglikanischer Priester zu werden!
Die Geste des weißen Geistlichen – nur eine Kleinigkeit. Doch die Freundlichkeit Gottes strahlte hindurch und veränderte sein Leben. Wer Gottes Liebe erfahren hat, der muss und der wird sie weitergeben. Deshalb ermuntert der Apostel Paulus die Christen in Philippi und auch uns: »Eure Güte lasst kund sein allen Menschen! Der Herr ist nahe« (Phil 4,5).

Luise Rinser

Die Schriftstellerin Luise Rinser engagierte sich immer auch zu gesellschaftlichen und politischen Themen. Im Oktober 1944 wurde sie wegen Wehrkraftzersetzung verhaftet, und 1984 kandidierte sie für die Wahl zum Bundespräsidenten. In ihrem Buch »Mitte des Lebens« erzählt sie, wie sie einer alten Frau gegenübersaß und sich plötzlich selbst in ihr sah, alt und aufgequollen und schon halb tot. Das war für sie kein angenehmes Bild. Ergriffen von Angst ging sie nach draußen, um sich stattdessen die Blumen anzusehen, die sie dort gepflanzt hatte. Plötzlich erkannte sie jedoch, dass sie so der Wahrheit und damit auch neuer Erkenntnis aus dem Weg ging. Sie wusste, dass sie wieder hineingehen und die alte Frau und auch sich selbst ansehen musste. Sie erkannte, dass auch das Erschaudern zum Leben dazu gehört und dass man das Wichtigste nicht erfährt, wenn man das Hässliche nicht sehen will.

Ja, das gehört mit zum Leben: das Altwerden und die Krankheit, das Leid und der Tod. Und man erfährt das Wichtigste nicht, wenn man das Hässliche nicht sehen will. Der Beter des 39. Psalms sagt (V.5–6): »HERR, lehre mich doch, dass es ein Ende mit mir haben muss und mein Leben ein Ziel hat und ich davon muss. Siehe, meine Tage sind eine Handbreit bei dir, und mein Leben ist wie nichts vor dir. Wie gar nichts sind alle Menschen, die doch so sicher leben!«

Jeder Gang über den Friedhof erinnert uns daran, dass der Tod zu unserem Leben gehört. Wir wollen vor dem Hässlichen die Augen nicht verschließen. Und das müssen wir auch nicht. Denn wir wissen um den, der den Tod besiegt hat. In der Haft schreibt Paulus: »Christus, der ist mein Leben, und Sterben ist mein Gewinn« (Phil 1,21).

Vom U-Boot zur Kanzel

1934 erschien Martin Niemöllers frühe Autobiografie mit diesem Titel, der einen ungewöhnlichen Weg andeutet: vom begeisterten Soldaten zum Kämpfer für den Frieden. Im 1. Weltkrieg kommandierte er ein U-Boot. 1933 hat er den Pfarrernotbund gegründet, später war er persönlicher Gefangener Hitlers. Am 6. März 1984 verstarb er im Alter von 92 Jahren.
1917 lag er mit seiner U151 vor Dakar, Senegal. An Bord eines Schiffes im Hafen von Dakar waren Albert und Helene Schweitzer. Sie warteten auf die Verschiffung nach Frankreich. In einem Brief Ende der Fünfzigerjahre wandte sich Schweitzer an Niemöller und scherzte, dass er, wenn ihm sein Einsatz geglückt wäre, nun einen Verbündeten weniger im Anti-Atom-Kampf hätte. Die Tatsache, dass es anders gekommen war, sah er als einen Grund umso mehr zusammenzuhalten. – So hat sich Martin Niemöller verändert: von einem überzeugten Soldaten zu einem Kämpfer für den Frieden. Und das können auch wir: Schritte zum Frieden lernen. Martin Luther King machte dazu den praktischen Vorschlag, täglich Worte und Leben Jesu zu betrachten. Nicht Sieg, sondern Gerechtigkeit und Versöhnung seien das Ziel der Gewaltlosigkeit. Weil Gott Liebe sei, solle die Liebe unsere Worte bestimmen. »Bete täglich, Gott möge dich brauchen, damit alle Menschen frei werden.« Dafür solle man auch persönliche Wünsche zurückstellen, sich gegenüber Freunden und Feinden fair verhalten und auf Gewalt in Handeln, Reden und Denken verzichten. »Die Frucht der Gerechtigkeit aber wird gesät in Frieden für die, die Frieden stiften« (Jak 3,18).

Nach vorn schauen

Wer seine Hand an den Pflug legt«, sagt Jesus, »und sieht zurück, der ist nicht geschickt zum Reich Gottes« (Lk 9,62). Er und seine Jünger sind auf dem Weg nach Jerusalem. Und das heißt: auf dem Weg ins Leiden, auf dem Weg ans Kreuz. Da tritt einer zu Jesus und sagt: »Herr, ich will dir nachfolgen, aber erlaube mir zuvor, dass ich von denen Abschied nehme, die zu meinem Haus gehören.« Das klingt großartig. Er will Jesus nachfolgen. Doch seine »Dienstzeit« soll gleich mit dem Urlaub beginnen. Er will erst noch ein Abschiedsfest feiern, bevor er sich Jesus anschließt. Aber Jesus schüttelt den Kopf: »Wer seine Hand an den Pflug legt und schaut zurück, der ist nicht geschickt zum Reich Gottes.« Stellen Sie sich jemanden vor, der aufhören möchte zu rauchen und sagt »Eine letzte Zigarette in Ehren kann niemand verwehren.« Oder ein Drogenabhängiger, der sich entschließt, auszusteigen – und sich noch einmal genüsslich einen »letzten« Schuss gibt. Das passt nicht!

Wer Jesus nachfolgt, stellt sich ganz in seine Spur. Jesus geht voran und ich folge ihm. Ich schaue nicht mehr zurück, sondern nach vorn, orientiere mich an ihm. – Friedrich von Bodelschwingh war einer, der genau das tat. Er und seine Frau hatten bitteres Leid erfahren. Innerhalb von dreizehn Tagen hatten sie vier Kinder durch Diphtherie verloren. Stundenlang saßen sie an den Gräbern und weinten. Doch dann kam die Anfrage aus Bethel bei Bielefeld, für sie ein Ruf Gottes. Da sind sie aufgestanden und haben nach vorn geschaut und den Aufbau der »Krankenstadt« mit aller Hingabe in Angriff genommen. Es begann bescheiden mit einem Haus für Epilepsiekranke und entwickelte sich zu einer Heimat für körperlich und geistig Behinderte, später auch für sozial Benachteiligte. – Wer Jesus nachfolgt, legt seine Hand an den Pflug, schaut nach vorn und geht ins Leben.

8. MÄRZ

Wunder im Camp Nou

Nehemia war Nachkomme einer jüdischen Familie, die Krieg und Verbannung einst in die Fremde zwang, und nun Mundschenk des persischen Königs. Er hörte von den traurigen Zuständen in Jerusalem. Die Heimgekehrten hatten zwar den Tempel halbwegs wiederaufgebaut, doch sie waren ganz unten: Missernten, Streitereien untereinander, Anfeindungen von außen, sie waren ohne Hoffnung und ohne Kraft. Und so setzt Nehemia alle Hebel in Bewegung, bekommt Unterstützung des heidnischen Königs und reitet nach Jerusalem. Im Gepäck das kindliche Vertrauen, dass Gott ihn führt, und eine Freude, die ansteckt, die träumen lässt, auch vom Bau der schützenden Mauer, von einem Neuanfang in der Stadt und mit Gott. Und fast alle machen mit. Sie arbeiten Tag und Nacht. Und nach 52 Tagen ist das Wunder geschafft: die Mauer steht, die Menschen feiern Gottesdienst. Sie hören Gottes Wort, beten und singen. Und mittendrin die Rede Nehemias, gipfelnd in diesem großartigen Satz: »Bekümmert euch nicht, denn die Freude am Herrn ist eure Stärke« (Neh 8,10).
Die Fußballfans erinnern sich sicherlich noch an die historische Aufholjagd des FC Barcelona am 8. März 2017. 0:4 hatten sie in Paris verloren. Und dann der unvergessliche Abend im Camp Nou. Als St. Germain in der 62. Minute auf 3:1 verkürzte, dachten alle: das war‘s. Doch Barça gab nicht auf, kämpfte bis zur letzten Sekunde, gewann noch 6:1 und zog in die nächste Runde. Trainer Louis Enrique sagte dazu: »Der Schlüssel war das Vertrauen, das die Mannschaft und die Fans bis zur 95. Minute hatten.« »Laufen und glauben, glauben und laufen, bis zum letzten Atemzug«, schrieb die spanische Sportzeitung »Marca« am nächsten Tag – und das unter der Überschrift: »Wunder existieren«.

Leiden – wozu?

Manchmal ist Krankheit ärgerlich, manchmal auch schlimm. Mich hat nur eine Grippe umgehauen – und den ganzen Terminkalender ins Wanken gebracht. Vertretungen mussten organisiert, Treffen abgesagt, Leute benachrichtigt werden ... Doch was soll's! Nach einer Woche oder zwei ist man wiederhergestellt und das Leben geht seinen gewohnten Gang.

Andere trifft's schlimmer: Menschen, die Tag und Nacht ans Bett gebunden sind. Menschen, die wissen: Mit meiner Krankheit wird's nicht besser, sondern nur schlimmer. Menschen, die Schmerzen leiden. Wozu? – Immer wieder diese Frage! Doch sie bleibt ohne Antwort. Sicher, ich habe wieder gemerkt, dass Gesundsein nicht selbstverständlich ist. Ich habe gemerkt, dass es nicht einfach normal ist, wenn ich meine Arbeit ungehindert erledigen kann. Doch viel mehr lässt sich auf die Frage »Wozu?« nicht sagen. Nur eins muss ich hinzufügen: Es gibt einen, der nicht nur ein bisschen krank wurde, sondern der litt, der ganz bewusst ins Leiden ging – für uns.

»Fürwahr, er trug unsere Krankheit
und lud auf sich unsere Schmerzen.
Wir aber hielten ihn für den, der geplagt
und von Gott geschlagen und gemartert wäre.
Aber er ist um unserer Missetat willen verwundet
und um unserer Sünde willen zerschlagen.
Die Strafe liegt auf ihm, auf dass wir Frieden hätten,
und durch seine Wunden sind wir geheilt« (Jes 53,4.5).

Schon die ersten Christen sahen hinter diesen Worten ihren Herrn: Jesu Leben und Leiden. Ihn vor Augen haben, der für uns litt und starb – das möchte ich, gerade in der Passionszeit.

10. MÄRZ

Computertomografie

Herbert Brantzen, katholischer Professor für Pastoraltheologie, schreibt in seinem lesenswerten Fastenbegleiter von einer Vorsorgeuntersuchung. Der Hausarzt hatte im Ultraschall eine Ausbuchtung auf der Niere festgestellt, die in einer Computertomografie genauer angeschaut werden musste. Nachdem er die Untersuchung über sich hatte ergehen lassen, saß Brantzen im Wartezimmer eine Stunde lang allein mit seinen Gedanken. Er überlegte sich, wie er im Falle der unterschiedlichen Diagnosen reagieren würde. Er beschloss, sollte keine Krankheit vorliegen, dass er diese Situation nie vergessen und dankbar sein wollte. Sollte ein Befund leichterer Art vorliegen, wollte er sich geduldig der Behandlung unterziehen. Sollte das Ergebnis ein niederschmetterndes sein, wollte er vor Gott ein herzhaftes Ja sagen. Am Ende, so sagt er, wurden seine Vorsätze nicht auf die Probe gestellt und er musste nur dankbar sein.

So hatte Brentzen selbst erfahren, dass bei vielen Krankheiten die Angst vor dem Tod eine Rolle spielt. Die Angst davor, dass es nicht mehr besser wird und ein Leidensweg beginnt. Diese Angst habe jedoch den guten und wichtigen Anteil, dass wir weniger schlampig mit unserem Leben und mit unserem Körper umgehen und auch mit unserer Zeit und dem, was wir in unser Leben hereinlassen. Die Angst könne uns aber auch verleiten, jedes Risiko zu meiden. Wenn wir liebevoll und verantwortlich mit unserem Körper umgehen, müssen wir uns keine Sorgen machen und keine Angst aufkommen lassen. Die vielen Eventualitäten des Lebens haben wir sowieso nicht in der Hand. Die können wir getrost in die Hand eines Größeren legen.« Wie der Psalmbeter: »In deine Hände befehle ich meinen Geist; du hast mich erlöst, HERR, du treuer Gott« (Ps 31,6).

Wir haben für dein Kind gebetet

Wie gehen wir mit Krankheiten um? Natürlich, wer krank ist, geht zum Arzt. Auch die Menschen damals suchten Priester oder Propheten auf, die mit ihnen beteten, ihnen aber auch Heilkräuter empfahlen und Hilfen aufzeigten. Und wir wissen von den ersten Christen, dass sie ebenfalls um Heilung gebeten haben. »Ist jemand unter euch krank«, so heißt es im Jakobusbrief (5,14), »der rufe zu sich die Ältesten der Gemeinde, dass sie über ihn beten und ihn salben mit Öl in dem Namen des Herrn. Und das Gebet des Glaubens wird dem Kranken helfen.«

Es ist gut, wenn wir auch füreinander beten, gerade in Kranken- und Krisenzeiten. Da erzählt eine Frau: »Meine Tochter war einmal mehrere Monate lang im Krankenhaus. Damals haben wir nicht gewusst, ob sie überhaupt nach Hause kommen wird. Als sie dann zu uns kam und sich erholen konnte, war ich unglaublich froh. Meine Nachbarn haben sich mit mir gefreut. ›Wir haben für dein Kind gebetet, immer wieder, wenn es auf der Kippe stand‹, haben einige leise zu mir gesagt. Ich war verblüfft und auch gerührt, als ich hörte, wer alles an unser Kind gedacht hatte. Wenn andere für uns beten, ist das keine Garantie, dass alles gut ausgeht. Dennoch bin ich mir sicher: Gebete haben geholfen! Denjenigen, die gebetet haben und natürlich auch mir, der erleichterten Mutter – und erst recht meiner Tochter, die langsam ins Leben fand. Eine starke Gemeinschaft war durch das Beten entstanden. Bis heute sind wir dadurch miteinander verbunden: Wir denken aneinander, hoffen füreinander und helfen uns, wo es geht.«

Er kommt zu mir

Anfang 1998 stand es in der Zeitung: Für den krebskranken Oliver Meyer aus Gießen war es der größte Tag seines zwölfjährigen Lebens. In Aachen traf er auf der Benefiz-Gala zugunsten der Mexiko-Hilfe des Deutschen Fußball-Bundes sein Idol und seinen Freund, den Nationalspieler Oliver Bierhoff. »Ich habe ihn lange nicht mehr so strahlen sehen«, meinte Mutter Beate Meyer mit Blick auf ihren Sohn, der noch vor Monaten vor seiner Krankheit kapitulieren und sterben wollte. Ein seitenlanger persönlicher Brief des 29-jährigen Bierhoff brachte die Wende. Der an Knochen- und Lungenkrebs leidende Junge schöpfte neuen Lebensmut, ließ Operationen und Behandlungen über sich ergehen. Inmitten des Gala-Trubels in Aachen fanden der Fußballer und sein Freund Momente, die ihnen ganz allein gehörten. Als ein Reporter Oliver Meyer fragte, was ihn denn glücklich machen könne, zögerte der nicht lange: »Nur Oliver Bierhoff!« Und dann war in der Zeitung ein Bild, das die beiden zeigte: den Fußballstar und den Jungen. Der große Oliver legt seine Hand um den Kleinen – und der hält strahlend das Trikot hoch »Bierhoff 20«. Toll, dass es das gibt!

Als ich über diesen Artikel staunte und mich freute, machte ich eine Entdeckung: Manchmal geht es mir wie dem kleinen Oliver. Da bin ich am Boden, mutlos, will kapitulieren. Doch dann erfahre ich: Da ist einer, der mir nicht nur einen lieben Brief schreibt, sondern täglich zu mir spricht, der sich an meine Seite stellt – nicht nur einen schönen Abend lang, sondern alle Tage. Da ist einer, der mir seine Hand reicht und mit mir durch dick und dünn geht. Christus ist durch den Tod gegangen und möchte uns nun auch durch Leid und Freuden begleiten. Und um es mit Hanns Köblers Worten zu sagen: »Ich möcht', dass er auch mit mir geht.« (EG 209,4)

Schwert

Eine junge Frau bekommt einen Gedichtband geschenkt. Sie findet die Texte langweilig und verstaut das Buch im Bücherregal. Eines Tages lernt sie einen netten jungen Mann kennen, der dann ihr Freund wird. Bald stellt sich heraus, dass er der Verfasser jenes Gedichtbandes ist. Sofort holt sie das Buch wieder hervor. Es sind die schönsten Gedichte, die sie je gelesen hat! – Kein Wunder: Es sind die Gedichte ihres Freundes.

So ist es dem Apostel Paulus ergangen. Er hielt Jesus für einen Irrlehrer und Gotteslästerer. Er war froh, als man ihn verurteilte und am Kreuz hinrichtete. Unbegreiflich, dass seine Anhänger hinterher behaupteten, er sei auferstanden und lebe! Aber dann ist er ihm selbst begegnet: Jesus, den er verfolgte. Auf dem Weg nach Damaskus. Dort wollte er die Christen in Ketten legen und gefangen nach Jerusalem führen. Doch da umleuchtete ihn ein Licht, und er hörte eine Stimme: »Saul, Saul, was verfolgst du mich?« (Apg 9,4). Blind und hilflos wie ein kleines Kind musste er sich führen lassen. So lernte er ihn kennen, ließ sich taufen und entdeckte die unbegreifliche Liebe Gottes. Und das, was Jesus gesagt und getan hat, wurde ihm wichtiger als alles andere. Auf einer Freizeit hat ein Jugendlicher das sehr schön auf den Punkt gebracht. Ein großartiges Elfchen, ein Gedicht mit elf Worten, hat er dem Apostel Paulus gewidmet: »Schwert / am Altar / rechts im Altarsims / das Schwert hat Paulus / stark.« Das Schwert ist hier nicht ein Zeichen der Gewalt. Es ist ein Zeichen der ganz anderen Macht. Denn Paulus hatte keine Waffen. Nur das Wort. Das Wort vom Kreuz, sein »Schwert des Glaubens«, »freimütig das Geheimnis des Evangeliums zu verkündigen« (Eph 6,19).

14. MÄRZ

Frucht

Eine seltsame Szene. Einige Griechen treten an Philippus heran. Sie möchten gern Jesus sehen. Doch was heißt das? Wollen sie ihn auch nur bestaunen? Wollen sie Autogramme von ihm – wie von einem Superstar? Oder wollen sie ihn wirklich kennenlernen? Philippus ist sich unsicher. Zusammen mit Andreas gibt er das Anliegen der Pilger aus dem fernen Land an Jesus weiter. Und es scheint, als habe Jesus ihre Anfrage überhaupt nicht gehört, als rede er jetzt von etwas ganz anderem. »Die Zeit ist gekommen, dass der Menschensohn verherrlicht werden soll« (Joh 12,23). Redet Jesus von sich? Aber sie haben doch etwas von seiner Macht und Herrlichkeit gesehen: der lebendige Lazarus ist doch der Beweis. Was soll denn noch passieren? »Wenn das Weizenkorn nicht in die Erde fällt und stirbt, bleibt es ein einzelnes Korn. Wenn es aber stirbt, bringt es viel Frucht« (Joh 12,24).
Diese Stunde kommt jetzt, die Stunde der Verherrlichung, die Stunde, in der das Weizenkorn in die kalte Erde geworfen wird und stirbt. Nein, es gibt keine andere Möglichkeit. Ein Korn für sich allein bringt nichts, es ist nutzlos. Doch in die Erde geworfen bringt es Frucht. Jesus stirbt. Sein Tod bringt viel Frucht? Wieso? Der Schächer am Kreuz kann beruhigt sterben, weil Jesus ihm verheißt: »Heute noch wirst du mit mir im Paradies sein.« Dort stehen Johannes und Maria, die Mutter, hilflos unter dem Kreuz. Doch in seiner Nähe werden sie getrost, finden sie eine neue Aufgabe. Oder der Hauptmann, er erschrickt und begreift staunend: »Dieser ist wahrhaftig Gottes Sohn« (Mt 27,54). Die Jünger erfahren nach Ostern: Jesus lebt. Unzählige Menschen können mit dieser Gewissheit leben und auch sterben: Jesus lebt. Im Angesicht des Kreuzes erfahren wir: Gott vergibt. Er reicht uns seine Hand. Er schenkt uns Leben mitten im Tod. Die Frucht des Weizenkornes!

Trost

Die Häsin war sehr krank. Als der Igel zu Besuch kam, brachte er ein paar frische Kleeblätter mit und sagte: »Kommt Zeit, kommt Rat!« Am nächsten Tag schaute die Eule vorbei und meinte: »Gut Ding will Weile haben!« Und schon war sie wieder weg. Die Feldmaus fiepte durchs Fenster: »Kopf hoch, Frau Nachbarin, so trägt eben jeder sein Päckchen!« Sogar der Maulwurf traute sich heraus und rief ihr zu: »Keine Sorge! Ende gut, alles gut!« Die Häsin wurde traurig und bitter. In der Küche tobten die Kinder, nichts hatte sie geschafft. Dazu kam die Angst vor der Zukunft. Nur gut gemeinten Unsinn hatte sie von ihren Nachbarn gehört. Während sie noch voller Enttäuschung dasaß und merkte, dass all das zwar gut gemeint war, sie aber nicht getröstet hatte, kamen die Ameisen herein. Sie sagten kurz Hallo und stellten einen Blumenstrauß auf den Tisch. Dann gingen sie in die Küche, putzten, kümmerten sich um die jungen Hasen, waren bei alledem sehr leise und verabschiedeten sich, ohne große Worte. Plötzlich trat Ruhe ein und die Häsin spürte eine neue Hoffnung.
Das gibt es nicht nur unter Tieren. Das kennen wir auch: billigen Trost, Vertröstung, Trost, der gar kein richtiger Trost ist. Worte werden dahingeworfen, vielleicht gut gemeint, vielleicht auch eher, um die eigene Verlegenheit zu vertuschen, Worte, die nicht wirklich helfen. Viele Worte, nur Vertröstung, kein Trost. Gott macht nicht viele Worte. Er vertröstet uns nicht. Er wird Mensch, kommt herein in unsere Nacht, stellt sich an unsere Seite. Er geht für uns den Weg bis ans Kreuz, in die tiefste Verlassenheit. Er stirbt, damit wir leben. So tröstet er uns »in all unserer Trübsal, damit auch wir trösten können« (2. Kor 1,4).

16. MÄRZ

Die roten Nasen

Humor hilft heilen« – vielleicht kennen Sie die von Dr. Eckart von Hirschhausen gegründete Stiftung. Die ROTE NASEN Clowns gehen in Krankenhäuser, nehmen Angst und bringen Mut. – Traurig klingt ein »Herein« von innen, als sie an die Zimmertür von Marie klopfen. Die kleine Patientin hat furchtbare Schmerzen. Sehr achtsam und leise betreten die Clowns den Raum. Überall im Zimmer ist das Leid des kleinen Mädchens zu spüren. Behutsam spielen die Clowns ein Lied für sie. Die kleine Patientin wird vergnügter. Bald lachen alle aus vollem Herzen. Clown »Filou« reißt das Fenster auf und schmeißt die dummen Schmerzen endgültig raus. »Raus mit euch, lasst euch hier nie wieder blicken!« Fröhliche Leichtigkeit durchzieht den Raum. Filou setzt Marie die rote Schaumstoffnase auf, und in ihrem lachenden Gesicht ist nichts mehr von den Schmerzen zu sehen. Zurück bleibt ein mutiges Mädchen mit einem herzlichen Lachen. – Oder Frau Sommer (87 Jahre). Sie liegt im Bett, sie hört schwer und sieht kaum etwas. Meist fröstelt sie. Ihre Hände sind kalt. Die Clowns kommen in ihr Zimmer und begrüßen sie mit ihren warmen Händen. Immer wieder sagt sie in den Raum »Ihr habt so schöne warme Händchen.« Die Clowns bringen ihr Wärme, gemeinsam summen sie alte Lieder. Frau Sommer lächelt und betritt mit den Clowns eine neue Welt, die Welt der Leichtigkeit und Lebensfreude.

Eine neue Welt, eine andere Welt. Freude wird spürbar, Angenommensein. Wie beim Psalmbeter, der staunt: »Wenn ich sehe die Himmel, deiner Finger Werk, den Mond und die Sterne, die du bereitet hast: was ist der Mensch, dass du seiner gedenkst, und des Menschen Kind, dass du dich seiner annimmst« (Ps 8,4–5)?

Träume

Freiheit, um sich selbst zu finden«, danach wird in dem bekannten Lied »Herr, deine Liebe ist wie Gras und Ufer« verlangt. Das passt natürlich in die Aufbruchstimmung der 60er-Jahre. Die Vorgänge der Studentenrevolte, die Zeit der außerparlamentarischen Opposition, der Ruf nach Freiheit und Selbstbestimmung. Eine Freiheit, die auch offen ist für Träume. Träume, wie sie Martin Luther King in seiner unvergesslichen Rede 1963 vor mehr als 250.000 Menschen in Washington formulierte: »Ich habe einen Traum, dass eines Tages auf den roten Hügeln von Georgia die Söhne früherer Sklaven und die Söhne früherer Sklavenhalter miteinander am Tisch der Brüderlichkeit sitzen können.« Er träumt davon, dass seine vier kleinen Kinder eines Tages in einer Nation leben würden, in der man sie nicht nach ihrer Hautfarbe, sondern nach ihrem Charakter beurteilt. »Ich habe einen Traum heute …«

»Freiheit, die auch noch offen ist für Träume, wo Baum und Blume Wurzeln schlagen kann.« Solche Träume bleiben keine Schäume. »Ein Traum ist unerlässlich«, sagte Victor Hugo, »wenn man Zukunft gestalten will.« Und es geht jetzt nicht nur um irgendeine Zukunft. Sondern »wo Baum und Blume Wurzeln schlagen« können. Das alte Bild vom Friedensreich, vom Paradies, von Gottes neuer Welt. Ohne Angst im Schatten des Baumes sitzen, sich freuen an den Blumen, dem Leben, ein Leben in Freiheit. »Ein jeder wird«, so heißt es beim Propheten Micha, »unter seinem Weinstock und Feigenbaum wohnen. Und niemand wird sie schrecken. Denn der Mund des Herrn Zebaoth hat es geredet« (Mi 4,4).

Endlich frei

Nur einer kann uns freimachen, freisprechen: der Herr, der Richter. Nur er kann vergeben. Er kann uns unsere Last abnehmen. »Wenn du uns freisprichst, dann ist Freiheit da.« – Das haben Menschen damals erlebt. »Dir sind deine Sünden vergeben« (Mt 9,2). So hat Jesus dem Gichtbrüchigen zugesagt. Oder zu dem Schächer am Kreuz: »Heute noch wirst du mit mir im Paradies sein« (Lk 23, 43).

Eine der faszinierendsten archäologischen Stätten Griechenlands ist Delphi am Golf von Korinth. Hier befindet sich neben dem Apollotempel die Orakelstätte der Phythia. Von ihr versprachen sich die Menschen der Antike göttliche Antworten auf alle Lebensfragen. Wenn man den Weg vom Marktplatz zur zentralen Kultstätte beschreitet, stößt man unterhalb des Apollotempels auf eine Mauer, die mit Schriftzeichen geradezu übersät ist. Hinter diesen Schriftzeichen verbergen sich die Namen tausender ehemaliger Sklaven. Sie alle hatten sich zum Heiligtum nach Delphi geflüchtet, um hier die Freiheit zu finden. Das Gesetz jener Zeit garantierte nämlich jedem Menschen rechtskräftig die Freiheit, dessen Name sich hier wiederfand.

Wenn ER uns freispricht, dann ist Freiheit da, dann sind wir frei. Übrigens, mit diesen Worten schloss damals Martin Luther King seine Rede: »Endlich frei! Endlich frei! Großer, allmächtiger Gott, wir sind endlich frei!« »Zur Freiheit hat uns Christus berufen« (Gal 5,1). Von dieser Freiheit wird hier gesungen. Neunmal kommt das Wort vor. Eine Freiheit, die ganz umgeben ist von der Liebe Gottes. Keine Freiheit gegen, sondern eine Freiheit für. Eine Freiheit, die nicht ausschließt, sondern alle umfasst, die ganze Welt: »Sie gilt für Menschen, Völker, Rassen, so weit wie deine Liebe uns umgreift« (EG 663).

Klare Kante

Wie viele Menschen sind bereit, Opfer zu bringen für eine Sache, die ihnen wichtig ist! Ich denke an meinen Schwiegervater, der gern kegelte. Wenn seine Mannschaft spielte, war er aktiv dabei, ließ kein Training aus, fuhr ehrenamtlich viele Kilometer. Er setzte Freizeit, Kraft und Geld ein. Er ließ sich seine Sache etwas kosten. – Oder da las ich von einem 16-jährigen Mädchen aus dem Libanon. Mit einem Auto voller Sprengstoff ist sie in einen israelischen Militärkonvoi gerast, hat sich und viele feindliche Soldaten in die Luft gesprengt. Vorher hatte sie ein Videoband besprochen: »Ich habe mich für diese Operation entschieden, weil ich meine Pflicht gegenüber meinem Volk tue. Ich bin von der Gruppe, die sich für Selbstopfer und Martyrium entschieden hat, um das Land und Volk zu befreien ...«
Menschen opfern ihre Zeit, ihre Kraft, sogar ihr Leben – für ein Hobby, für ein Volk. Was wagen wir? Was opfern wir für unseren Glauben? Wir Christen in Deutschland leben weitgehend nach der Devise: Nur nicht auffallen! Nichts übertreiben! Auf Anerkennung und Achtung wollen wir nicht verzichten. – Nein, ich will nicht, dass wir unseren Mitmenschen den Glauben um den Kopf hauen. Das hat Jesus auch nicht getan. Er hat seinen Glauben gelebt, hat bekannt, hat das Wort nicht gescheut, auch nicht, als es um Leben und Tod ging. – »Selig seid ihr, wenn euch die Menschen um meinetwillen schmähen und verfolgen und alles Schlechte über euch reden und damit lügen. Seid fröhlich und getrost; es wird euch im Himmel reichlich belohnt werden« (Mt 5,11–12). Merken Sie den Jubel in diesen Worten? Jesus macht uns Mut zu einem deutlichen und klaren Bekenntnis durch Worte und Taten. Er nimmt uns die Angst, denn wir laufen in der Spur des Siegers dieser Welt.

20. MÄRZ

Der gute Mensch

Die Hölle war total überfüllt, und noch immer stand eine lange Schlange am Eingang. Schließlich musste sich der Teufel selbst hinausbegeben, um die Bewerber fortzuschicken. »Bei mir ist alles so überfüllt, dass nur noch ein einziger Platz frei ist«, sagte er. »Den muss der ärgste Sünder bekommen.« Und nun forschte er unter den Anstehenden, hörte sich ihre Verfehlungen an. Doch nichts schien ihm schrecklich genug. Schließlich fragte er einen: »Was ist eigentlich mit Ihnen?« »Nichts«, sagte der Mann. »Ich bin ein guter Mensch und nur aus Versehen hier.« »Aber Sie müssen doch was getan haben? Jeder Mensch stellt etwas an.« »Ich sah es wohl«, sagte der gute Mensch, »aber ich hielt mich davon fern. Ich sah, wie Menschen ihre Mitmenschen verhungern und verdursten ließen. Ich sah, wie Menschen auf Fremde einschlugen und ihre Häuser anzündeten, aber beteiligte mich niemals daran. Sie haben auf den Schwachen herumgetrampelt und die Armen zertreten. Überall um mich herum haben Menschen von Übeltaten jeder Art profitiert. Ich allein widerstand der Versuchung und tat nichts.« »Absolut nichts?«, fragte der Teufel ungläubig. »Sind sie sich völlig sicher, dass Sie alles mitangesehen haben?« »Vor meiner Tür«, sagte der gute Mensch. »Und Sie haben nichts getan?«, wiederholte der Teufel. »Nichts!« »Komm herein, mein Sohn, der Platz gehört dir!« Und als er den guten Menschen einließ, drückte sich der Teufel zur Seite, um mit ihm nicht in Berührung zu kommen.

»Fürchte dich vor den Gleichgültigen« las ich auf einem Poster bei einer Demonstration gegen Fremdenhass. Nein, der gute Mensch hatte nichts Böses getan. Er war nur gleichgültig. Er hat nur zugeschaut, unbeteiligt. Und die Worte Jesu klingen in meinem Ohr: »Was ihr nicht getan habt, einem von diesen meinen geringsten Brüdern, das habt ihr mir auch nicht getan« (Mt 25,45).

Ein ganz anderes Modell

Ein Fußballstadion voller Menschen. Sie jubeln, schreien, liegen sich in den Armen und singen. Unten die Siegermannschaft, die Spieler laufen zu ihrem Trainer, nehmen ihn auf die Arme, tragen ihn im Triumph über das Spielfeld, lassen ihn hochleben. Wenig später die Siegerehrung oben auf der Tribüne. Er reckt den Pokal in die Höhe. Sieger! Wieder einmal!

Udo Lattek. Einer der größten Trainer mit den meisten Erfolgen, anerkannt in der Szene und zweifelsohne auch mit großen Verdiensten. Als er 2015 beerdigt wurde, gab sich die Fußballprominenz die Ehre. Viele Lobeshymnen erklangen. »Wo ich bin, ist immer oben!«, hatte er gesagt. Dem Erfolg ordnete er alles unter – auch Freundschaften. Er verhöhnte die Gegner, beleidigte Schiedsrichter und hasste Niederlagen. Ein Sportjournalist nannte ihn einen »einsamen Wolf, getrieben von der Sucht nach Erfolg, alleingelassen in der Niederlage und hart zu sich selbst«.

Jesus hat ein ganz anderes Modell von Mannschaft und Macht vorgelebt. »Wer unter euch groß sein will, der sei euer Diener, und wer unter euch der Erste sein will, der sei euer Knecht« (Mt 20,26–27). Und er war sich nicht zu schade, seinen Jüngern die Füße zu waschen wie ein Sklave.

Eine klare Ansage für alle Kirchenmitglieder – vom Kindergottesdienstkind bis zum Pfarrer oder Bischof. Alle sind Teil der Gemeinde, einer Mannschaft, die wie gute Kameraden zusammensteht unter dem einen Herrn, der sich nicht zu schade ist, unser aller Diener zu sein.

Lady in Black

Lady in Black – eine schillernde Ballade. Eine geheimnisvolle Frau in ihrem schwarzen Mantel. Die Mutter aller Menschen. Schön, weise, gebieterisch und nahe. Eine Frau, die Kraft gibt, aus Kampf und Krieg herausführt. – Der Song von Uriah Heep wurde für mich konkreter, als ich diese Geschichte von Eckhard Schiffer, Arzt und Psychotherapeut, hörte: Nach einem Motorradunfall wurde ein junger Mann mit schweren Kopfverletzungen ins Krankenhaus eingeliefert. Tagelang lag er im Koma auf der Intensivstation. Der behandelnde Arzt konnte den verzweifelten Eltern keine Hoffnung machen. – Schwester Irene hatte in dieser Nacht Dienst. Immer wieder sah sie zu dem jungen Mann hin. Sein Leben hing nur noch an Schläuchen und Maschinen. Sein Kopf war angeschlossen an das Hirnstrom-Messgerät. Es zeigte keine Ausschläge. Die Schwester wischte sich die Tränen von der Wange und ging hinüber an sein Bett. Sie streichelte über die Wangen des Jungen. Keine Bewegung zeigte an, dass er noch lebte. Sie bückte sich zu ihm hinunter, kam mit ihrem Mund ganz nah an sein Ohr. Dann sang sie das Kinderlied, das sie ihrem kleinen Sohn immer gesungen hatte, wenn er nicht schlafen konnte. Als sie zum Monitor hinüberblickte, bemerkte sie erste Ausschläge auf dem Hirnstrom-Messgerät. Tage später kam der junge Mann wieder ins Leben zurück. »Schwester Irene ist es zu verdanken, dass heute Musiktherapeuten mit Erfolg eingesetzt werden, wenn Menschen im Koma liegen. Viele von ihnen können mithilfe des Singens wieder ins Leben zurückgeholt werden.«
Was für eine Macht hat Musik! Erst recht, wenn wir zu Gott singen, der uns das Leben gab und uns immer nah ist: »Der Herr ist meine Macht und mein Psalm und mein Heil. Ich werde nicht sterben, sondern leben« (Ps 118,14.17).

Wenn ich ihn lieb habe

Da erzählt einer: »Ich machte einen Besuch in der Heil- und Pflegeanstalt Bethel. Als ich gerade durchs Hoftor eintrat, stand da mitten im Weg ein großer Hund mit fürchterlichem Gebiss und wütenden Augen. Ich überlegte noch, ob ich weitergehen soll. Da sah ich, wie aus einem anliegenden Haus ein Junge kam, einer der epileptischen Pflegebefohlenen, und auf den Hund zuging, um ihn zu streicheln. Mir blieb das Herz stehen. Entsetzt rief ich: ›Halt, Junge, der Hund ist böse.‹ Aber unbekümmert drehte sich der Junge zu mir und sagte: ›Wenn man ihn lieb hat, beißt er nicht.‹«

So kann schon unsere Liebe verändern, aus einem scheinbar bösen Hund ein braves Tier machen, das nicht mehr die Zähne fletscht, sondern sich streicheln lässt. So verändert Gottes Liebe auch einen Menschen wie Nikodemus. Er ist Pharisäer, ein Gegenspieler. Einer, der nicht begreift, was Jesus tut und sagt. Es lässt ihm keine Ruhe. Im Schutz der Nacht sucht er ihn auf und fragt und fragt. Und Jesus lässt sich stören, hat für ihn Zeit, hört, antwortet. »Denn also hat Gott die Welt geliebt, dass er seinen eingeborenen Sohn gab, auf dass alle, die an ihn glauben, nicht verloren werden, sondern das ewige Leben haben« (Joh 3,16).

Nikodemus ahnt etwas. Später wird er gegen das Todesurteil des Hohen Rates stimmen, sich für eine ordentliche Bestattung des Verurteilten einsetzen und Gefahr laufen, als Sympathisant ausgeschlossen zu werden. Doch er ist der Liebe Gottes in Person begegnet. Das hat seinem Leben Sinn und Ziel gegeben und ihn bis hinein in den Alltag verändert. Diese Liebe sollen auch wir erfahren. »Der Menschensohn muss erhöht werden, damit alle, die an ihn glauben, das ewige Leben haben« (Joh 3,14–15).

24. MÄRZ

Prima Kerl

Volker ist 12 Jahre alt. In der Schule gilt er nichts. Ein Lehrer sagt: »Du taugst ja doch nichts!« Ein anderer: »Aus dir wird sowieso nichts!« Seine Klassenkameraden sagen: »Du bist ein Trottel!« – Können Sie sich vorstellen, was Volker denkt, wenn er morgens zur Schule geht, was ihn bewegt, bevor er abends einschlafen kann? – Das Gegenbild: Volker gilt etwas in der Schule. Ein Lehrer sagt: »Du bist gut!« Ein anderer: »Du wirst es mal zu etwas bringen!« Seine Klassenkameraden mögen ihn. Sie sagen: »Du bist ein prima Kerl.« – Was denken Sie, mit welcher Freude dieser Volker zur Schule geht, wie fröhlich er einschläft. Ja, er kann was reißen, er bekommt Selbstvertrauen, Mut. Die Klassenarbeiten laufen ganz anders.

Wenn ich einen Menschen nur kritisiere, mache ich ihn fertig – und irgendwann ist er am Ende. Wenn ich einem Menschen Freiheit lasse und er spürt, dass ich hinter ihm stehe, kann er sich entfalten und verändern. Ein Jugendlicher hat geschrieben: »Einige sagen, ich sei dumm auf diesem oder jenem Gebiet. Bei anderen kann ich etwas auf demselben Gebiet. Einige sagen, ich sei freundlich. Andere mögen mich nicht. Ich habe Freunde; und andere sind gegen mich. In der Schule bin ich ein anderer als zu Hause. Mit Freunden zusammen anders als alleine. Manche halten mich für mutig und selbstsicher. Ich selbst weiß aber, dass ich oft Angst habe und unsicher bin. Wer bin ich denn wirklich? Wer war ich gestern? Wer werde ich morgen sein? Es gibt manchmal einen Menschen, der mich versteht. Dann brauche ich nicht mehr zu fragen: ›Wer bin ich?‹ Gott ist wie einer, der mich versteht. Ich glaube, er weiß, wer ich bin.« – Ja, er weiß, wer ich bin. Und er weiß, wer du bist. »Dies ist meine geliebte Tochter!« »Dies ist mein geliebter Sohn« (Mt 3,17)!

Große Beute machen

In Psalm 119, Vers 162 steht der schöne Satz: »Ich freue mich über dein Wort wie einer, der große Beute macht.« Das sagt jemand, der begeistert ist von Gott, jemand, der Gott gefunden hat, ihm begegnet ist wie einem Freund, jemand, dem Gottes Worte wichtig sind.

Vielleicht fragt mancher: Wie kann ich das: »Gott finden«? Ich kann nur jemanden finden, wenn ich ihn auch suche. Martin Buber erzählt von Rabbi Baruchs Enkel, dem Knaben Jechiel, der einst mit einem anderen Knaben Verstecken spielte. Er verbarg sich gut und wartete, dass ihn sein Gefährte suche. Als er lange gewartet hatte, kam er aus dem Versteck; aber der andere war nirgends zu sehen. Nun merkte Jechiel, dass jener ihn von Anfang an nicht gesucht hatte. Darüber musste er weinen. Mit Tränen in den Augen kam er in die Stube seines Großvaters gelaufen und beklagte sich über den bösen Spielgenossen. Da flossen Rabbi Baruch die Augen über, und er sagte: »So spricht Gott auch: ›Ich verberge mich, aber keiner will mich suchen.‹«

Was für eine Enttäuschung bei dem Jungen. Er möchte mit seinem Freund spielen. Doch der ist längst verschwunden. Was für eine Enttäuschung bei Gott. Er will uns nahe sein, wie zwei Jungen, die miteinander spielen. Er lässt sich finden, wenn ich ihn wirklich suche. Er lässt sich finden in seinem Wort. »Ich freue mich über dein Wort wie einer, der große Beute macht«, sagt der Psalmbeter. »Beute« ist für uns eher ein negativer Begriff. Ein Räuber macht Beute, oder ein Dieb. Aber auch ein Jäger. Was der Psalmist sagen will: Gottes Wort eröffnet uns einen unermesslichen Reichtum. Wer Gott sucht in seinem Wort, der entdeckt nämlich, dass Gott ihn liebt, ihm nahe ist, ihn festhält und birgt.

26. MÄRZ

Liebe ist Macht

Es war bei einem Gespräch mit Taufeltern. Einer vertrat sehr energisch die Meinung: »Glauben ist meine Privatsache. Was ich glaube, geht keinen was an. Das hat nur was mit mir und meinem Herzen zu tun.« Andere hielten dagegen, fragten, ob der Glaube nicht bemerkbar und sichtbar würde in unserem Leben. – Die Worte aus 1. Joh 4,21 gehen jedenfalls eindeutig in diese Richtung: »Und dies Gebot haben wir von ihm, dass wer Gott liebt, dass der auch seinen Bruder liebe.« Gottes Liebe prägt, verändert. Seine Liebe ist eine Macht, die uns zu Liebenden macht. Und das spüren unsere Mitmenschen.

Elsa Brändström, geboren am 26. März 1888, war die Tochter eines schwedischen Botschafters in Russland. Doch für Hunderttausende von Kriegsgefangenen des Ersten Weltkriegs war sie der »Engel von Sibirien«. Mit vierundzwanzig Jahren wurde sie Krankenpflegerin in Gefangenenlagern. Dort nahm sie den Kampf gegen Kälte, Hunger, Schmerz und Krankheit auf. Und sie setzte sich durch. Später wurde sie selbst krank, und man steckte sie ins Gefängnis. Doch ihre Kraft der Liebe verließ sie nicht. Nach dem Krieg begann sie eine große Arbeit für Waisen von deutschen und russischen Kriegsgefangenen. Der Theologe Paul Tillich berichtet von ihr: »Zehn Jahre war es mir vergönnt, das schöpferische Genie der Liebe mitzuerleben. Wir haben niemals ein theologisches Gespräch miteinander geführt. Es war auch unnötig. Jeden Augenblick leuchtete Gott in ihr auf. Durch sie erwachte die Liebe in Millionen von Menschen, die sich ihr zuwandten und zugleich dem, was durch sie hindurchschien – dem Gott, der Liebe ist.«

Glück

Mit dem Glück ist das ja nicht so eine einfache Kiste. Ein Austauschschüler aus den USA hat gerade gelernt, dass man in Deutschland manchmal für »Glück gehabt« auch »Schwein gehabt« sagt. Bei der Sommerparty fragt der Gastvater seinen Austauschschüler: »Na, hast du auch schon mit meiner Tochter getanzt?« Darauf die Antwort: »Nein, das Schwein habe ich noch nicht gehabt.« So kann man reinfallen – mit dem Glück oder dem Schwein. Doch was ist eigentlich Glück, haben Jugendliche überlegt und tolle Gedanken zu Papier gebracht: Gesundheit, Familie, nicht auf der Straße leben müssen, Freunde haben, Sonnenschein, schulfrei, keine Behinderung haben, beim Fußball ein Tor schießen, sechs Richtige im Lotto.

Und wir könnten noch vieles mehr aufzählen. Wer möchte das eigentlich nicht: Glück haben? »Jeder ist seines Glückes Schmied«, heißt es im Sprichwort. Doch kann man das erzwingen? Eine alte Lebensweisheit sagt: »Das Glück ist wie ein Schmetterling. Jage ihm nach, und er entwischt dir. Setz dich ruhig hin, und er lässt sich auf deiner Schulter nieder.« Was können wir also tun, um das Glück zu erhaschen? Ganz einfach, wir müssen aufhören, mit aller Gewalt hinter ihm her zu sein. Und noch eins sollten wir uns eingestehen: Das totale Glück gibt es nicht. Kurt Tucholsky notierte: »Dass einer alles hat: das ist selten!«

Allerdings, zum Stichwort »Glück« haben die Jugendlichen auch noch einige Bemerkungen gemacht, die aufmerken lassen: Heilung von Krankheiten. Oder: ein Geschehen, mit dem man nicht gerechnet hat. Dass man lebt. Nicht allein zu sein. Und jemand schrieb auch: dass man Erlösung bekommt. Oder: dass es Jesus gibt. »Ich aber setze mein Vertrauen auf dich, meinen Herrn; dir nahe zu sein ist mein ganzes Glück« (Ps 73,28, GN).

An unserer Seite

Jesu Einzug in Jerusalem. Noch stehen die Menschen am Straßenrand. Noch jubeln sie, breiten Kleider und Palmzweige aus wie einen roten Teppich, heißen Jesus willkommen. Doch schon bald wird der Jubel zu Geschrei, das »Hosianna« zu »Kreuzige«. Jesu Weg ins Leiden erfährt seine letzte Zuspitzung. Was das für uns bedeutet, schreibt der Evangelist Johannes (12,15): »Fürchte dich nicht, du Tochter Zion! Siehe, dein König kommt und reitet auf einem Eselsfüllen.« Ein Zitat aus Sacharja 9. Richtig müsste es heißen: »Freue dich, du Tochter Zion!« Doch gerade darum geht es dem Evangelisten: Jesus nimmt uns die Angst.

Denn er stellt sich an unsere Seite. Er erfährt Leid und Schmerz wie wir. Er weiß selbst, was Angst ist. Jesus wird ein Leidender – gerade deshalb ist er Leidenden ganz nah. Er wird einsam – gerade deshalb ist er Einsamen ganz nah. Er leidet Schmerzen – gerade deshalb ist er Kranken ganz nah. Er stirbt – gerade deshalb ist er Sterbenden ganz nah. Immer wieder haben das Menschen erfahren – gerade in schweren Zeiten: Wir sind nicht allein. Er ist bei uns. Er hält uns. Er lässt uns nicht los. Und wenn Jesus sich an unsere Seite stellt, dann ist er kein hilfloser Begleiter wie wir. Gerade am Bett eines Schwerkranken oder Sterbenden erfahre ich meine Ohnmacht. Doch er, unser Herr, ist da, nicht ohnmächtig, nicht hilflos.

Das haben die Jünger erfahren, am Grab des Lazarus. Da haben sie seine Macht gespürt, seine Macht über den Tod. Da hat er sich an die Seite der trauernden Schwestern gestellt. Nicht nur als lieber Begleiter. Er war stärker als der Tod. Es stimmt: »Jesu, meines Lebens Leben, Jesu, meines Todes Tod« (EG 86). So stellt er sich an unsere Seite, so nimmt er uns alle Angst, auch die Angst vor dem Tod.

Der Schwamm

Im schwäbischen Oberland kann man in einer kleinen Dorfkirche ein interessantes Deckengemälde aus der Barockzeit betrachten: Es stellt Jesus am Kreuz dar. Auch der Teufel ist abgebildet. Er hat einen großen Schuldbrief in der Hand. Darauf stehen die Sünden der Menschen. Als wollte er sie hämisch Jesus präsentieren und sagen: »Schau her, wie schlecht die Menschen sind. Hier stehen ihre Sünden schwarz auf weiß. Diese Menschen gehören alle mir.«

Da kommt ein Engel mit einem Schwamm. Er fängt das Blut und Wasser auf, das aus der Seitenwunde Jesu strömt. Mit dem Schwamm löscht er den Schuldbrief des Teufels. Ich denke, der Maler wollte genau das damit sagen: Jesus hat durch seinen Tod, durch sein Blut, die Schuld der Menschen gesühnt. Er hat uns mit Gott versöhnt.

Manchmal bleibt das für uns eine abstrakte Wahrheit, es fällt uns schwer, das zu glauben und anzunehmen. Dann kann uns gerade die Abendmahlsfeier eine Hilfe sein. So wahr und wirklich, wie wir Brot und Wein schmecken, so wahr sagt unser Herr es uns zu: »Sei getrost, mein Sohn/meine Tochter, deine Sünden sind dir vergeben« (Mt 9,2).

30. MÄRZ

Der rote Erich und der schwarze Rudolf

Die beiden hatten eine gemeinsame Geschichte. Sie waren beide zur gleichen Zeit Ratsherren im Gemeinderat gewesen, wenn auch in verschiedenen Parteien. Der eine war Maurer gewesen und Sozialdemokrat, der andere hatte eine kleine Buchhandlung gehabt und war in der CDU. Und damals, im Gemeinderat, war es oft hoch hergegangen, und sie hatten sich manches Mal gewaltig gestritten und bekämpft.
Noch heute nennen sie sich halb im Ernst, halb im Scherz den roten Erich und den schwarzen Rudolf. Die beiden sind nun alt geworden, so um die 70 Jahre. Und die beiden haben ihre Krankheiten gehabt und waren in Rente gegangen. Und wie es so kommt: Manchmal gingen sie zusammen spazieren. Und oft gingen sie sonntags gemeinsam in die Kirche.
Und sie waren beide von ihrer Krankheit gezeichnet. Der eine war im Laufe der Zeit fast erblindet, der andere war schwer gehbehindert. So saßen sie in der Kirche oft in derselben Bank. Und wenn dann Abendmahl war, konnte keiner von den beiden allein zum Tisch des Herrn kommen. Dann brachten sie sich gemeinsam nach vorn. Der Erblindete stützte den Lahmen, der Lahme führte den Blinden. Und einer reichte dem anderen das Brot und den Wein: Christi Leib für dich gegeben, Christi Blut für dich vergossen.
Und wenn die beiden so kamen, dann war allen klar: Das ist Abendmahl. Am Tisch des Herrn stehen wir nebeneinander, Gegner vielleicht und doch alle seine Gäste. Und vor unserem Herrn können wir alle in Frieden nebeneinanderstehen, uns in Frieden einladen lassen und in Frieden wieder gehen. »Denn er ist unser Friede« (Eph 2,14).

Der Drahtkorb

Ein Priester ist auf dem Weg, um sich von einer Klippe zu stürzen. Unterwegs hält er noch am Haus eines Freundes an, um auf Wiedersehen zu sagen. Ihm erzählt er schließlich die Geschichte seines traurigen Lebens: Wie wenig er Gott geliebt und den Menschen gedient hat. Wie er alle Gebote brach und den Leuten zum Ärgernis wurde. Seine Schuld sei zu groß, um noch mit dem Erbarmen Gottes rechnen zu können. Sein Freund entgegnet ihm: »Aber du weißt doch, die Barmherzigkeit Gottes ist unvorstellbar groß. Er bietet uns immer seine verzeihende Liebe an. Wir brauchen sie nur anzunehmen.« Aber der Priester ist untröstlich: »Mein Herz ist wie ein Drahtkorb voller Maschen und Löcher. Sobald Gott seine Vergebung hineingießt, geht sie verloren!« Da ergreift der Freund seine Hand: »Vielleicht ist dein Herz vergleichbar mit einem Drahtkorb voller Maschen und Löcher. Aber wenn er geworfen wird in das Meer der barmherzigen Liebe Gottes, ist es gleich, wie viele Maschen und Risse darin sind; denn das Meer der Liebe Gottes umschließt dich von innen und außen, von unten und oben und von allen Seiten.«
Vielleicht denken auch wir: Wer bin ich schon, dass ich mit dem Erbarmen Gottes rechnen könnte? Doch dabei dürfen wir nicht stehen bleiben. Lassen wir uns von jenem Freund helfen und stieren nicht nur auf unser Versagen und unsere Schuld, sondern auf Gott und seine abgrundtiefe Liebe. Vielleicht ist unser Herz wie dieser Drahtkorb voller Maschen und Löcher. Aber wenn er in das Meer der barmherzigen Liebe Gottes geworfen wird, ist es gleich, wie viele Maschen und Löcher darin sind. Denn das Meer der Liebe Gottes umschließt uns von innen und außen, von unten und oben, von allen Seiten. »Barmherzig und gnädig ist der HERR, geduldig und von großer Güte. Er handelt nicht mit uns nach unsern Sünden und vergilt uns nicht nach unsrer Missetat« (Ps 103,8.10).

1. APRIL

Er denkt an mich

Wolf Biermann, Dichter und Liedermacher, erzählte in einem Interview folgende Erinnerung: Sein Vater saß 1941 im Gestapo-Gefängnis in Bremen. Er war Jude und Kommunist, schon eines von beidem konnte tödlich sein. Der fünfjährige Wolf wohnte mit seiner Mutter in Hamburg-Hammerbrook in einer Arbeiterwohnung. Vor der Wohnung, im Treppenhaus, stand ein kleiner Handwagen zum Spielen.

In diesem Handwagen nun fand sich an jedem Morgen ein Bonbon, ein Stückchen Zucker oder irgendein süßes Nichts. Von diesem Stückchen habe, so erzählt Wolf Biermann, seine Mutter täglich zu berichten gewusst, wie der Vater es in Bremen vom Gefängnis aus auf den Weg geschickt hatte.

Natürlich hatte das Bonbon auf dem Weg nach Hamburg allerlei Abenteuer und Gefahren zu bestehen. Winters musste es über vereiste und vom Schnee verwehte Straßen nach Hamburg gelangen. Täglich musste das Wägelchen die Elbe überqueren und oftmals ließen die Berichte der Mutter es nur mit knapper Not in den Hausflur gelangen. Wenn der kleine Wolf den Geschmack des Zuckerstückchens auf der Zunge schmeckte, dann, berichtet Biermann, habe er gewusst: »Mein Vater ist bei mir. Er denkt an mich und hat mich lieb.«

»Denn so oft ihr von diesem Brot esst und aus diesem Kelch trinkt«, sagt Jesus zu seinen Jüngern, »verkündigt ihr den Tod des Herrn, bis er kommt« (1. Kor 11,26). Ich könnte auch sagen: sollt ihr schmecken und sehen, dass eure Verbindung untereinander nicht zerrissen ist. Und das Band zu ihm auch nicht. Was immer aus den Fugen gerät, wie die Welt auch wütet – dieses Band kann nicht zerrissen werden.

Ist da jemand

Ein starker Song von Adel Tawil feierte im März 2017 Premiere. Tawil, geboren 1978 in Berlin, Sohn von nordafrikanischen Einwanderern, trat 2013 als Solokünstler zum ersten Mal ins Rampenlicht. »Das war eine ziemliche Achterbahnfahrt in den letzten Jahren«, sagt Adel selbst. Und so habe er in seinem Album einfach alles erzählt, was ihm passiert sei. »Ist da jemand« ist ein Song von uns allen, über uns alle, für uns alle. Er beschreibt das Lebensgefühl einer Generation, deren Welt aus den Fugen geraten zu sein scheint. Er singt aber auch von Hoffnung und Glauben und fragt, ob wohl jemand sein Herz versteht. Er ist auf der Suche nach jemandem, der bis zum Ende mit ihm geht und immer an ihn glaubt. Er wünscht sich jemanden, der ihm »den Schatten von der Seele nimmt« und ihn sicher bis nach Hause begleitet, jemanden, den nicht nur er braucht, sondern der ihn ebenso braucht. Immer wieder fragt er: »Ist da jemand?«

Und zum Schluss singt er: »Immer, wenn du es am meisten brauchst, dann ist da jemand!« Ja, da ist jemand! Wie ein roter Faden zieht sich das durch die Bibel: Gott liebt uns. Menschen, denen Jesus begegnet, können davon ihre Geschichte erzählen. Der blinde Bettler Bartimäus am Straßenrand, der Zöllner Zachäus, die Ehebrecherin, die gesteinigt werden sollte, oder auch der Pharisäer, der Jesus nach dem wichtigsten Gebot fragt – sie alle sind der Liebe Gottes in Person begegnet, haben erfahren: da ist jemand, der mit uns geht. Und eine Kettenreaktion der Liebe in Gang setzt, die nicht mehr zu bremsen ist. »Lasst uns lieben, denn er hat uns zuerst geliebt« (1. Joh 4,19).

3. APRIL

Ein besonderes Label

Haben Sie schon mal was von David Togni gehört, einem Modedesigner aus der Schweiz? Er war jung und selbstbewusst, als er in der Finanzwelt durchstartete. Mit 20 konnte er sich einen Porsche leisten. Doch dann kam jener Tag im Mai 2011: Der Schaffhausener kommt morgens nicht mehr aus dem Bett. »Ich war plötzlich gelähmt.« – Der Notarzt lässt Togni ins Krankenhaus bringen, unzählige Untersuchungen, Operation an der Wirbelsäule, Reha. Um die Schmerzen einigermaßen erträglich zu halten, werden die Morphiumdosen bis an die äußerste Grenze erhöht. An seinem Tiefpunkt fing er an, zu Gott zu rufen, von dem er nach dem frühen Tod seiner Schwester nichts mehr wissen wollte. Bei all dem wirtschaftlichen und beruflichen Erfolg ist seine Seele nicht hinterhergekommen. Seine Werte, seinen Glauben hatte er aufgegeben. Während der erzwungenen Untätigkeit wird ihm das schmerzlich bewusst.

Mühsam muss Togni wieder gehen lernen. Und in kleinen Schritten lernt er auch, wieder auf Gott zu vertrauen. Und er entdeckt: Da ist jemand, der dich liebt. Und ihm wird der berühmte Bibelvers »Liebe deinen Nächsten wie dich selbst« (Mk 12,31) wichtig. So nennt Togni jetzt das von ihm gegründete Social Fashion Label: »LOVE YOUR NEIGHBOUR«. Ohne groß darüber zu sprechen, findet man Togni in Städten, die er beruflich bereist, immer wieder unter den Obdachlosen sitzen. Er geht mit ihnen essen, versorgt sie mit dem Nötigsten. 12 Prozent seines Firmengewinns fließen in dieses soziale Engagement. Er träumt davon, dass »LOVE YOUR NEIGHBOUR« zu einer weltweiten Bewegung wird. Die Hilfe Gottes, die er im eigenen Leben so kräftig erfahren hat, will er anderen nahebringen.

Heute ein König

Heute ein König!« Vielleicht kennen Sie den Werbespot einer bekannten Bierbrauerei. »Heute ein König« – einmal so richtig das Leben genießen. Sich einmal ein besonderes Bier schmecken lassen. Einmal leben und sich bedienen lassen wie ein König. »Heute ein König!« – Das ist doch viel zu wenig! Heute nur? Und sich dann mit einem Glas Bier zufriedengeben? Und das soll es schon gewesen sein? Nicht nur heute ein König, sondern jeden Tag! Nicht nur für einen Augenblick das Leben genießen. Sondern alle Tage meines Lebens genießen. Königlich umsorgt, königlich geborgen. Leben wie ein König – das ist die Perspektive des 23. Psalms: »Der HERR ist mein Hirte, mir wird nichts mangeln. Er weidet mich auf einer grünen Aue und führet mich zum frischen Wasser. Er erquicket meine Seele. Er führet mich auf rechter Straße um seines Namens willen. Und ob ich schon wanderte im finstern Tal, fürchte ich kein Unglück; denn du bist bei mir, dein Stecken und Stab trösten mich. Du bereitest vor mir einen Tisch im Angesicht meiner Feinde. Du salbest mein Haupt mit Öl und schenkest mir voll ein. Gutes und Barmherzigkeit werden mir folgen mein Leben lang, und ich werde bleiben im Hause des HERRN immerdar.«

Immanuel Kant, der große Gelehrte, hat einmal geschrieben: »Ich habe in meinem Leben viele kluge und gute Bücher gelesen. Aber ich habe in ihnen allen nicht gefunden, was mein Herz so still und froh gemacht hätte wie die vier Worte aus dem 23. Psalm: ›Du bist bei mir.‹« – Nicht nur heute ein König, nicht nur mein Leben lang, sondern eine Ewigkeit lang. Ich will alle Tage meines Lebens genießen, alle Tage meines Lebens umsorgt und königlich geborgen sein. Ich will ein Zuhause haben – für jetzt und alle Zeit. Ich kann leben wie ein König – heute, morgen und immer.

5. APRIL

Dass alles so gut ausgeht

Unglaublich und doch wahr! Jesus ist auferstanden. Die zwei Torwächter verstehen nichts. Kein Wunder, sie wurden ziemlich unsanft aus dem Schlaf gerissen. Und was die beiden Jünger da erzählen, die aus Emmaus zurückgelaufen kommen, ist auch nicht zu begreifen. Sie haben es ja erst auch nicht verstanden. Wir waren blind, erzählen sie. Er ist den ganzen Weg mit ihnen gegangen, hat zugehört, hat aus den alten Schriften erzählt. Und irgendwie wurde ihnen leicht ums Herz. Im Nachhinein sagen sie: »Brannte nicht unser Herz in uns, als er mit uns redete auf dem ganzen Weg und uns die Schrift öffnete« (Lk 24,32).
»Mein Herz steht in Flammen!« »Ich liebe dich heiß und innig.« Das Herz brennt, wenn Liebe im Spiel ist; wenn der Geliebte da ist oder wenn uns etwas an ihn erinnert: ein Duft, eine Geste, eine Musik. Die Emmausgeschichte ist eine Liebesgeschichte. Sie haben ihn geliebt, den Erzähler unvergleichlicher Gottesgeschichten. Er hat ihnen den Himmel geöffnet. Darum brach sein Tod am Kreuz ihnen das Herz. Und plötzlich ist dieses Herz in Flammen, zeigt an: Er ist da. Hat den Tod hinter sich. Wir werden ihn nie mehr verlieren.
Es war im Religionsunterricht, 2. Klasse. Die Lehrerin erzählte, wie Jesus leiden musste, starb und auferstand. Dann fragte sie die Kinder, was ihnen denn am besten gefallen habe. Da meldet sich einer und gibt strahlend die Antwort: »Dass alles so gut ausgeht.«
Das ist wahr. Es geht gut aus. Denn Gott handelt. Und wo Gott im Spiel ist, werden Glaube und Liebe eins. Wo er mit uns redet, brennt das Herz. Nicht gleich lichterloh. Erst wird uns warm ums Herz. Dann steckt das Feuer seiner Liebe das kalte Herz richtig in Brand. Er schenkt uns das Leben neu.

Eines weiß ich

Höre Israel, der HERR ist unser Gott, der Herr allein« (5. Mose 6,4). Der HERR: alle Buchstaben groß geschrieben! Denn im hebräischen Text steht »Jahwe«, der Name, den er Mose anvertraut hat, ein geheimnisvoller Name, der nur schwer zu deuten ist. Vermutlich: Ich bin da. Ich gehe mit. Du bist nicht allein. – So haben sie ihn erfahren. Und so haben die Menschen auch Jesus erfahren, damals und bis heute.

Da erzählt mir einer von seinem Jugendfreund: Der Erste damals in unserem Viertel, der sich gegen seine Eltern durchgesetzt hatte und lange Haare trug. Der Erste, der rauchte. Der Erste, der sich mit Mädchen traf. Und der Erste, der ein Rennrad besaß. Ich erinnere mich noch heute an den Abend, als mein Vater mir eröffnete, dass mein Freund mit seinem Rennrad einen Unfall hatte. Er würde überleben, aber querschnittsgelähmt sein.

Monatelang war er in Krankenhäusern und Rehas. Schließlich kam er zurück und lebte unter uns wie zuvor, nur jetzt im Rollstuhl. Er besuchte auch wieder die Jugendgruppe der Gemeinde. Eines Abends wurde er gefragt, wie er nach dem Schlimmen, das er erlebt hatte, noch an Gott glauben könne. »Ich habe in den vergangenen Monaten oft gefragt, warum Gott das zugelassen hat«, antwortete er. »Ich habe darauf keine Antwort bekommen. Aber eins weiß ich: Ich hätte diese Zeit niemals überstanden, wenn ich mir nicht sicher gewesen wäre, dass Gott bei mir ist!«

»Höre, Israel, der HERR ist unser Gott, der Herr allein.« Ein Gott, der mit uns geht. Der sich unser annimmt. Der für uns kämpft. Wer das begriffen hat, der wird diesem Gott vertrauen, zu ihm gehören wollen, ich könnte auch sagen: ihn lieben.

7. APRIL

Ich will

Ich will ...« Ich muss an einen Wettkampf denken, den wir mit Kindern und Jugendlichen auf einer Freizeit ausgetragen haben. Wir hatten Spielabend. Die beiden Mannschaften sollten ihren Kapitän wählen. Je zwei Kandidaten mussten eine Wahlrede halten und sich als Mannschaftskapitän empfehlen. »Ich will ...« so begannen sie ihre Reden wie manche Politiker. »Ich will dafür sorgen, dass wir lauter Siege erringen ...« Leere Versprechen meistens, einfach so dahingesagt, um Eindruck zu schinden. – »Ich will ...« sagt auch der Psalmsänger. Nein, er will nicht Eindruck schinden. Es geht um sein Lebensprogramm: »Ich will dem HERRN singen mein Leben lang und meinen Gott loben, solange ich bin« (Ps 104,33).

Und das im privaten Leben und in der Gemeinde. Wir haben auf der Via de la Plata und dem Camino de Santiago in etlichen Orten Spaniens erlebt, wie traurig Gottesdienste sind, in denen nicht mehr gesungen wird. Da fehlt was. Denn Musik rührt ganz andere Tiefen in uns an. Wie schön dann auch die Messe in Los Arcos, in dem die einheimische Gemeinde und Pilger aus aller Welt miteinander tüchtig gesungen haben, die historische Orgel spielte und ein fröhlicher alter Priester diese bunte Gemeinde segnete.

Und auch in Corona-Zeiten haben wir das Singen schmerzlich vermisst. Musik kann uns etwas davon erfahren lassen, was die Botschaft sagt: Dass wir einen Gott haben, der uns das Leben schenkt, der befreit und heilt – und dass wir eine Zukunft haben. Wenn etwas davon in der Musik im Gottesdienst – aber nicht nur im Gottesdienst – spürbar wird, dann geht die »Musica« in ihrer »Rolle« auf, »die gute Botschaft zu singen und zu sagen – und froh zu werden« (Martin Luther). Denn »wer singt, betet doppelt«, meinte schon Augustinus.

Ich lobe meinen Gott

»Ich danke dem HERRN von ganzem Herzen und erzähle alle deine Wunder.« Diese Worte aus Psalm 9 nimmt auch das Lied 272 im Evangelischen Gesangbuch auf: Ich lobe meinen Gott von ganzem Herzen. Nicht nur aus Pflicht. Nicht halbherzig. Sondern von innen heraus. Mit Staunen und Begeisterung. Denn wir haben einen Gott, der Wunder tut. »Ich will mich freuen und jubeln über dich und loben deinen Namen, du Höchster« (Ps 9,2–3, eigene Übersetzung). »Loben« – das bedeutet hier: Gott durch Gesang und Spiel verherrlichen, musizieren mit den Gaben, die ich habe, auf den Instrumenten, die ich beherrsche, von ihm singen, reden, tanzen.

»Ich lobe meinen Gott von ganzem Herzen ...« Ein Lied, das ansteckt, die Melodie eingängig. Claude Fraysse (1941–2002) hat sie geschaffen. Nachdem er zum Glauben fand, offene Augen bekam für Gott, seine Wunder, seine Liebe. Vorher hat er andere Lieder gesungen. Vorher war er Mitglied eines Varieté-Orchesters, spielte unter anderem Saxofon, Akkordeon, Bandoneum und Querflöte, arbeitete zusammen mit Gilbert Becaud und Charles Aznavour und anderen. Doch seit Sommer 1973 stellte er seine künstlerischen Gaben in den Dienst Gottes und der Gemeinde und betrachtete es als seine Lebensaufgabe, Menschen durch Musik zum Glauben an das Evangelium zu führen. Seit 1993 war er Pfarrer der reformierten Kirche Frankreichs mit dem Sonderauftrag, als Evangelist durch den Gesang zu wirken. Schön, dass er uns diese Melodie geschaffen hat und wir mitsingen, uns anstecken lassen können – vom Lied der Freude an Gott. – »Ich danke dem HERRN von ganzem Herzen und erzähle alle deine Wunder. Ich freue mich und bin fröhlich in dir ...«

Die Gabel

Als der Arzt ihr mitteilte, dass sie höchstens noch drei Monate zu leben hätte, beschloss sie, sofort alle Einzelheiten ihrer Beerdigung festzulegen. Zusammen mit dem Pfarrer besprach sie, welche Lieder gesungen werden sollten, welche Texte verlesen werden sollten und welche Kleider sie anhaben wollte.

»Und da gibt es noch eine wichtige Sache! Ich will mit einer Gabel in der Hand begraben werden«, sagte sie schließlich. Der Pfarrer konnte seine Verwunderung nicht verbergen. Eine Gabel? »Darf ich fragen, warum?« wollte er vorsichtig wissen.

»Das kann ich erklären«, antwortete die Frau mit einem Lächeln. »Ich war in meinem Leben zu vielen verschiedenen Abendessen eingeladen. Und ich habe immer die Gänge am liebsten gemocht, wo diejenigen, die abräumten, gesagt haben: Die Gabel kannst du behalten. Da wusste ich, da kommt noch etwas Besonderes. Nicht nur Eis oder Pudding, sondern etwas Richtiges, ein Auflauf oder etwas Ähnliches.

Ich will, dass die Leute auf mich schauen, wenn ich da in meinem Sarg liege mit einer Gabel in der Hand. Da werden sie sich fragen: Was hat es denn mit der Gabel auf sich? Und dann können Sie ihnen erklären, was ich gesagt habe. Und dann grüßen Sie alle und sagen ihnen, dass sie auch die Gabel behalten sollen. Es kommt noch etwas Besseres.«

Es kommt noch etwas Besseres! Das ist keine Flucht, kein Träumen, kein Vorspielen falscher Tatsachen. Das ist Leben mit Hoffnung. Leben, das jetzt beginnt. Deshalb »trachtet nach dem, was droben ist, nicht nach dem, was auf Erden ist« (Kol 3,2).

Vorübergehend unterbrochen

Sie hatte diese Nummer gar nicht wählen wollen. Sie wollte ihre Schwester anrufen, um noch einmal eine Verabredung für den Abend zu treffen. Es gab noch manches zu regeln, ehe sie wieder heimfuhr. Vor einer Woche hatten sie ihre Mutter zu Grabe getragen, vor wenigen Tagen war der Haushalt aufgelöst worden. Der Schmerz war noch unvermindert tief. Instinktiv hatte ihre Hand die Nummer der Mutter gewählt, eine lieb gewordene, in den letzten Wochen tägliche Gewohnheit. Entsetzt wollte sie den Hörer einhängen, als sie sich dessen bewusst wurde, gleich das endgültige »Kein Anschluss unter dieser Nummer« hören zu müssen. Aber ihre Hand war wie gelähmt. Ihr wurde heiß. Sie war unfähig, sich zu rühren. Und dann geschah etwas Seltsames. Sie hörte die freundliche Stimme – auf ein seelenloses Tonband gesprochen – etwas sagen, was sie nie zuvor und niemals danach mehr so gehört hatte: »... diese Verbindung ist vorübergehend unterbrochen ...«

Langsam, verwirrt hängte sie den Hörer ein und sann den Worten nach, die sie soeben vernommen hatte. Diese Verbindung ist vorübergehend unterbrochen, dachte sie, nur vorübergehend. Eine amtliche Auskunft wurde für sie zur Glaubensaussage. Irgendwann wird diese Verbindung wiederhergestellt werden, zu einem Zeitpunkt, den Gott bestimmt. Getröstet fuhr sie heim. Denn Gott lässt uns nicht los – im Leben nicht und im Sterben nicht. Die Macht des Todes ist zerbrochen. »Ich bin die Auferstehung und das Leben«, hat Jesus gesagt, »wer an mich glaubt, der wird leben, selbst wenn er stirbt« (Joh 11,25).

11. APRIL

Goldene Konfirmation

Es war vor 50 Jahren am Palmsonntag. Und etliche haben es noch deutlich vor Augen: Die Mädchen kamen in schwarzem Kleid oder Kostüm, die Jungen in dunklem Anzug mit Fliege oder Krawatte und viel Pomade im Haar. Der Posaunenchor spielte zum Einzug »Mein Schöpfer steh mir bei«. Und hinterher gab es die Konfirmationsscheine mit dem Holzschnitt der Kirche und dem Spruch aus Psalm 26,8 darunter: »Herr, ich habe lieb die Stätte deines Hauses und den Ort, da deine Ehre wohnt.« – Der Psalmbeter wusste auch, dass Gott viel größer ist als der Tempel, dass aller Himmel Himmel ihn nicht fassen können. Doch er staunt darüber, dass Gott selbst sich festlegt, sich an bestimmte Orte bindet, sich finden lässt: Wo zwei oder drei in seinem Namen versammelt sind. (Mt 18,20)

Reinhold Ruthe erzählte von einem Obdachlosen. Der hatte an die Haustür geklopft und um Brot und Kaffee gebeten. Während er aß und trank, sprach Ruthe mit ihm. Sein Sohn Michael war damals vier Jahre alt und versteckte sich hinter seinem Vater, weil er Angst vor dem unbekannten Mann mit dem wilden Bart und dem verwegenen Aufzug hatte. Der sah auf den Jungen, der sich am Vater festhielt und immer wieder hinter ihm hervorlugte. Als der Obdachlose schließlich aufstand, rollte ihm eine Träne durchs Gesicht und er sagte: »Junge, du hast es gut, du hast einen Vater und ein Zuhause. Und das hab ich nicht.«

Das möchte ich allen zurufen: Junge, Mädchen – du hast es gut. Du hast ein Zuhause und einen Vater. Wann immer wir uns in seinem Namen versammeln, dürfen wir uns das sagen lassen: Du hast ein Zuhause und du hast einen Vater.

In der Gebärmutter

Zwillinge in der Gebärmutter unterhalten sich: »Glaubst du eigentlich an ein Leben nach der Geburt?« »Ja, unser Leben hier ist nur dazu gedacht, dass wir wachsen und uns auf das Leben nach der Geburt vorbereiten, damit wir stark genug sind für das, was uns erwartet.« »Blödsinn, das gibt es doch nicht. Wie soll denn das aussehen, ein Leben nach der Geburt?« »Das weiß ich auch nicht genau. Aber es wird sicher viel heller sein als hier. Und vielleicht werden wir herumlaufen und mit dem Mund essen?« »Unsinn! Mit dem Mund essen – komische Idee. Es gibt doch die Nabelschnur, die uns ernährt. Außerdem geht das Herumlaufen gar nicht, die Nabelschnur ist ja jetzt schon viel zu kurz.«
»Doch, es wird eben alles nur ein bisschen anders.« »Es ist noch nie einer zurückgekommen. Mit der Geburt ist das Leben zu Ende.« »Auch wenn ich nicht so genau weiß, wie das Leben nach der Geburt aussieht, jedenfalls werden wir dann unsere Mutter sehen und sie wird für uns sorgen.« »Du glaubst an eine Mutter? Wo ist sie denn bitte?« »Na hier, überall um uns herum. Wir sind und leben in ihr und durch sie. Ohne sie können wir gar nicht sein!« »Quatsch! Von einer Mutter habe ich noch nie etwas bemerkt, also gibt es sie auch nicht.« »Doch, manchmal, wenn wir ganz still sind, kannst du sie singen hören und spüren, wenn sie unsere Welt streichelt.«
Ein spannendes Gespräch. Und genau das wünsche ich Ihnen: dass Sie neugierig bleiben, gespannt, voller Hoffnung nach vorn schauen. Unser Leben, unsere Welt hat eine Zukunft. Weil es nicht nur eine Mutter gibt, sondern einen Gott, der uns liebt. Und manchmal können wir ihn singen hören. Oder spüren, wie er unsere Welt streichelt. Und übrigens, einer ist zurückgekommen! »Nun aber ist Christus auferstanden von den Toten als Erstling unter denen, die entschlafen sind« (1. Kor 15,20).

13. APRIL

Das Experiment

»Jesus lebt!« Das behaupteten die Jünger. Und nicht nur sie. Dabei haben sie es selbst nicht glauben können. Das Grab war leer. Doch das hat sie nicht überzeugt. Im Gegenteil, die Angst blieb, die Hoffnungslosigkeit auch. Bis er in ihre Mitte trat, der Auferstandene. Da erst konnten sie es glauben. Da erst wurden sie überzeugt. Da erst wurden aus Traurigkeit und Angst Freude und Hoffnung. Da erst fingen sie an, es überall weiterzusagen: Jesus lebt!

Nun gibt es Leute, die behaupten: Unmöglich! Das kann gar nicht sein. Tot ist tot. »Wie will Gott das denn machen, dass er den Leib wieder zusammensetzt, nachdem er in Staub zerfallen war?« So fragte ein Zweifler und Spötter den englischen Physiker Isaac Newton. Newton lächelte nur. Dann nahm er eine Menge Staub und mischte feinste Eisenspäne darunter. Und fragte zurück: »Wie kann man jetzt die Eisenspäne vom Sandstaub trennen?« Denn so etwas wollte der Frager ja wissen. Keine Antwort. Da nahm Newton einen Magneten, fuhr darüber und hatte im Nu beide Staubarten voneinander getrennt. Dann sagte er: »Gott hat den Menschen geschaffen und den Magneten. An der Kraft des Magneten zweifeln Sie nicht, aber an der Kraft Gottes wollen Sie zweifeln?«

Großartig, dieses Experiment! Und überzeugend! Gott hat Kraft. Gott hat Macht. Er ist noch viel stärker als ein Magnet. Er kann Tote lebendig machen. Er hat Jesus auferweckt. Und seine Kraft und Macht können wir heute auch erfahren. »Der Herr ist wahrhaftig auferstanden« (Lk 24,34).

Ich möchte leben

Der Tod ist verschlungen in den Sieg. Tod, wo ist dein Stachel? Hölle, wo ist dein Sieg?« So jubelt Paulus (1. Kor 15,54–55). Gleichzeitig lese ich das Gedicht eines Soldaten an seine Verlobte. Wenig später ist er gefallen:

Es fliegt der Puls, laut schlägt das Herz,
und windet sich voll Qual und Schmerz,
tausend Einschläge lassen die Erde erbeben,
oh bete für mich, wir führen ein elendes Leben.
Uns läuten nicht die Hochzeitsglocken,
muss noch in meinem Erdloch hocken,
ich möchte leben, möchte Dich lieben,
Familie gründen, Beruf ausüben ...
Vater unser, der Du bist im Himmel,
aus tiefster Not schrei ich zu Dir,
mein Schicksal lege ich in Deine Hände,
wann hat das Grauen denn ein Ende?
Wir kämpfen hier in Not und Qual,
wie Pflicht und Eid es uns befahl!
Oh, erbarmungsloser, blutiger Krieg,
Tod, ist dies Dein Stachel? Hölle, dies Dein Sieg?

Ergreifend diese Worte. Bewegend die Fragen. Tod und Hölle triumphieren, zerstören sein Lebensglück und das seiner Verlobten. – Nun kann ich Gott anklagen: Warum lässt du das zu? Ich kann aber auch wie Albert Einstein sagen: »Ich will für den Frieden kämpfen...« Ich schaue auf den, der Tod und Hölle besiegt hat, der will, dass wir leben, heute schon und für alle Zeit. Und mit ihm eintreten und kämpfen für das Leben und den Frieden.

15. APRIL

Der Trost des Kreuzes

Friedrich-Justus Perels war Anwalt und Rechtsberater der Bekennenden Kirche im Dritten Reich. Wegen »illegaler Tätigkeit« wurde er im Oktober 1944 inhaftiert, am 2. Februar 1945 zum Tod verurteilt und am 23. April 1945 von einem SS-Sonderkommando auf der Straße erschossen. In einem seiner letzten Briefe aus dem Gefängnis schrieb er an seine Frau:

»Wie alles auch kommen mag, wir wissen es nicht. Gott allein weiß es. Er hat mich hier nicht verlassen, sondern oft wunderbar errettet und gestärkt. Er wird Dich auch ganz gewiss nicht verlassen. Halte Dich ganz fest an Ihn. Er ist auferstanden und lebt. Aber über all unsere Not, Anfechtung und Sünde dürfen wir uns in den Tod und der Auferstehung des Herrn getrösten. Das höre ich immer wieder, und das gilt auch für Euch. Heute am Karfreitag steht der ganz große Trost des Kreuzes Jesu Christi unmittelbar vor unseren Augen. Das ist eine starke und ewige Gewissheit, dass Er für unsere Sünden dahingegeben ist, und dass wir durch Seine Wunden geheilt sind. Diese Gewissheit gibt Er uns und macht uns damit in der größten Trübsal fröhlich und reißt uns aus Angst und Qual. Das erfahre ich hier in ganz reichem Maße. Und daran und an nichts anderes dürft und sollt Ihr Euch auch halten.«

Die ausgestreckten Arme des Gekreuzigten sind Gottes Arme. In ihnen weiß sich Perels geborgen – auch im Angesicht des Todes. Da können auch wir uns bergen: mit unserer Traurigkeit, mit unseren Versäumnissen, mit unseren Abgründen, mit unserer Angst vor dem Tod und dem Leben. »Denn ich bin gewiss, dass weder Tod noch Leben, weder Engel noch Mächte noch Gewalten, weder Gegenwärtiges noch Zukünftiges, weder Hohes noch Tiefes noch irgendeine andere Kreatur uns scheiden kann von der Liebe Gottes, die in Christus Jesus ist, unserm Herrn« (Röm 8,38–39).

Im Schatten des Lebensbaums

Wer mitten in der Stapelmoorer Kirche steht und nach oben schaut, sieht ein seltsames Bild: Von den Pfeilern bis zur Gewölbemitte ragen schlanke Stämme in die Höhe. Von ihnen gehen Zweige mit Blättern aus und verbinden sich zu einem Kranz. Das ist mehr als Schmuck und Zierrat. Die Maler wollten dem Betrachter zeigen: Der Baum des Lebens erinnert an das, was einmal war und was Gott wollte: Frieden. Und wir sollten in seiner Nähe leben: mit ihm auf du und du. Der Baum des Lebens erinnert uns aber auch daran, dass wir ungehorsam sind, Gott den Rücken kehrten und alles verspielten. Deshalb schauen wir auf einen anderen Baum: auf das Holzkreuz, das grausame Folterinstrument der Römer. Und der dort am Kreuz starb, trug die Dornenkrone. – Von ihm singen ungarische Christen in dem Lied »Du schöner Lebensbaum des Paradieses« (EG 96). Sie sprechen zu ihm, dem gütigen Jesus und dem »Gotteslamm auf Erden«. Sie wissen, dass er der wahre Retter ist und uns befreit hat. Sie bekennen, dass er wegen unserer Sünde litt, ans Kreuz ging und eine Dornenkrone trug. Er hat mit seinem Leben für unsere Sünden bezahlt. Das alles ist Grund zum Danken. Sie danken Gott, dem Vater, der die verlorene Menschheit gerettet hat für den ewigen Frieden und die ewige Freude, die uns erwartet.

So ist der »Lebensbaum des Paradieses« nicht nur Vergangenheit, sondern auch Gegenwart und Zukunft. In seinem Schatten können wir leben. – Als William Wilberforce, einer der fähigsten Männer im England des 18. Jahrhunderts, zum Glauben kam, kämpfte er zwanzig Jahre lang, um das Parlament von der Abschaffung des Sklavenhandels zu überzeugen. Im Schatten des Lebensbaumes können auch wir leben, kämpfen, uns bergen und auch sterben – eine großartige Nachricht, die uns die Maler unserer Kirche vermitteln!

Marzabotto

Es war am 17. April 2002. Bis kurz vor der Ankunft von Bundespräsident Johannes Rau und seinem italienischen Amtskollegen Carlo Azeglio Ciampi regnet es. Es ist eine Reise in die Vergangenheit. Im Apennin, 25 Kilometer südlich von Bologna, hatten Einheiten von SS und Wehrmacht im Herbst 1944 mehr als 900 Zivilisten ermordet. »Wenn ich an die Opfer denke, dann ergreifen mich Trauer und Scham«, sagt Johannes Rau an jenem Platz, wo einst die Kirche San Martino stand. »Ich verneige mich vor den Toten.«

Marzabotto war der Schauplatz eines furchtbaren Massakers. Heute ist es ein Ort der Versöhnung. Rachegedanken sind den Menschen, die heute dort leben, fremd. »Wir halten die Erinnerung an die Massaker keineswegs wach, um eine Kultur des Hasses zu pflegen«, sagt Bürgermeister Andrea De Maria. Aus der schrecklichen Vergangenheit müssten Lehren gezogen werden. »Nie wieder Nazifaschismus«, laute die eine. Sich für Frieden, Demokratie und Menschenrechte einzusetzen, das sei die andere. Die Lehren von Marzabotto müssen auch unsere Lehren sein: Nie wieder Nazifaschismus. Sich einsetzen für Frieden, Demokratie und Menschenrechte. Und genau dazu ruft uns Gottes Wort auf: »Wende dich ab vom Bösen und tue Gutes. Suche Frieden und jage ihm nach« (1. Petr 3,11). Wir haben eine große Hoffnung. Menschen, die Jesus vertrauen, begreifen, dass Krieg nur Wahnsinn ist. Sie suchen den Frieden und jagen ihm nach. Ein Frieden, der das Herz verwandelt, ein Frieden, der unser Leben prägt. Ein Frieden, der alle erfassen will. Weil Gott Frieden will.

Das volle Leben

Dialysestation einer Kinderklinik. Die neunjährige Sabine hat Angst und will sich nicht an die Maschine anschließen lassen. Eine Pastorin setzt sich zu ihr, bleibt still am Bett und streichelt ihre Hand. Die Kleine wird ruhig, willigt ein, doch unter einer Bedingung: Die Seelsorgerin soll ihr dabei die Geschichte von der leeren Höhle erzählen. Die Pastorin schaut ein wenig ratlos und weiß nicht, welche Geschichte Sabine meint. »Na«, sagt das Mädchen fast triumphierend, »die mit der leeren Höhle, wo sie alle denken: Nun ist Jesus aber wirklich tot, und sie wollen ihn besuchen in seinem Grab. Da ist die Höhle leer, er ist gar nicht für immer tot geblieben. Das ist doch gut!« Mit einem Mal hat Sabine ganz vergessen, dass sie im Krankenhaus liegt, an ein Dialysegerät angeschlossen ist, für einige Stunden zwischen Leben und Tod schwebt. Sie hört von Jesus, der auferstanden ist und lebt. Und der zu uns gesagt hat: »Ich lebe, und ihr sollt auch leben« (Joh 14,19).
Dieselbe Erfahrung teilt ein Student, der regelmäßig in einer christlichen Selbsthilfegruppe für Suchtkranke mitarbeitet. »Jeden Dienstag feiere ich Auferstehung!« Er erklärt das genauer: »In dieser Gruppe erlebe ich, wie Gottes Liebe das Leben von Menschen verändert, wie Leute, die psychisch oder sozial schon fast tot waren, wieder lebendig werden. Es gibt eine Kraft der Auferstehung, die jetzt ins Leben hineinwirkt und Todgeweihte wieder lebendig macht.«
»Ich lebe, und ihr sollt auch leben.« Eine großartige Zusage. Wer den Auferstandenen hinter sich weiß, bekommt Mut, spürt eine starke Kraft, kann gelassen nach vorn schauen – und leben.

Das Portal

Es war am 18.6.1815, die Schlacht von Waterloo, das Ende der Befreiungskriege, die Niederlage Napoleons. Ein Segelschiff übermittelte diese Nachricht mithilfe von Flaggen nach England. Ein Bediensteter der Winchester-Kathedrale nahm die Zeichen ab und las: »Wellington besiegt.« Da kam dichter Nebel auf. Die tragische Nachricht verbreitete Verzweiflung auf dem Weg nach London. Doch als sich der Nebel wieder lichtete, jubelten die Menschen: »Wellington besiegt den Feind!«

Ostern! Jesus besiegt den Feind. »Man singt mit Freuden vom Sieg in den Hütten der Gerechten« (Ps 118,15). Den Sieg über den Tod. Dietrich Bonhoeffer notierte 1944 in der Gefängniszelle: »Von der Auferstehung Christi her kann ein neuer reinigender Wind in die gegenwärtige Welt wehen … Wenn ein paar Menschen dies wirklich glaubten und sich in ihrem irdischen Handeln davon bewegen ließen, würde vieles anders werden. Von der Auferstehung her leben – das heißt doch Ostern.«

Und genau das tat Käthe Luther. Sie hatte ein waches Auge für die Freuden und Anfechtungen ihres Mannes. Als Martin Luther gegen Ende seines Lebens viele Enttäuschungen zu verkraften hatte, bestellte sie einen Steinmetzmeister und gab ihm den Auftrag, an ihrem Haus ein neues Portal einzusetzen. Auf den Schlussstein ließ sie das Wort »Vivit!« einmeißeln: Er lebt! Jeder, der künftig durch das Tor ging, sollte wissen: Er lebt! Was immer in den Gesprächen mit Martin Luther verhandelt wurde, der Gruß der Pforte besiegelte jeden Besuch im Haus: Er lebt! Der Auferstandene ist gerade in unserer Schwachheit stark. Wenn unsere Kräfte schwinden, seine Lebensmacht ist ungebrochen. Er lebt. Das ist die Botschaft, die heute schon trägt.

Das verändert alles

»Wes das Herz voll ist, des geht der Mund über«, heißt ein Sprichwort nach Matthäus 12,34. Und die Apostel Petrus und Johannes lassen sich keine Rede und keine Tat mehr verbieten. Ohne Angst und deshalb absolut überzeugend und mitreißend. Die Freude über das, was sie an Nähe und Liebe Gottes erlebt haben, fragt nicht nach den Konsequenzen. Da können die Herren vom Hohen Rat drohen, wie sie wollen. Ihr Redeverbot ist ein kläglicher Versuch, die Begeisterung zum Schweigen zu bringen: »Wir können's ja nicht lassen, von dem zu reden, was wir gesehen und gehört haben« (Apg 4,20).

So ist das schon Maria gegangen. Da kniet sie vor dem offenen Grab, noch verstört und fassungslos. Plötzlich sieht sie hinter sich den stehen, von dem sie meint, es sei der Gärtner. Verzweifelt fragt sie: »Wo hast du Jesus hingebracht?« Da ruft er ihren Namen: »Maria!« Und ein Leuchten geht auf. Sie ist wie elektrisiert. Ihr Herz schlägt höher. Das kann doch gar nicht sein. Sie hält den Arm über die Augen, um genau hinzuschauen. Und dann erkennt sie ihn: Jesus, den Auferstandenen!

Freude erfüllt sie, neue Hoffnung, Begeisterung. Wenig später wird sie vom Friedhof zurücklaufen, zurück nach Jerusalem, zu den anderen Jüngern, wird es ihnen allen erzählen: »Ich habe Jesus gesehen. Er ist nicht mehr tot. Ich soll euch von ihm grüßen und sagen, dass er auf dem Weg zu Gott ist, auf dem Weg zu unserem Vater.« Sie kann es nicht lassen, von dem zu reden, was sie gesehen und gehört hat! Jesus lebt! Das verändert alles. Für Maria. Für Petrus und Johannes. Für uns.

21. APRIL

Das Erkennungszeichen

Vielleicht erinnern Sie sich noch an Hans Rosenthal und seine beliebte Fernsehshow »Dalli-dalli«. Er war Jude und sein Glaube war für ihn eine wichtige Kraft. In seinem Buch »Zwei Leben in Deutschland« berichtet er von einer besonderen Begegnung: Rosenthal hatte sich von März 1943 bis 1945 in Berlin in einem Schrebergarten versteckt halten müssen, um nicht, wie sein Bruder und Millionen anderer, in ein Lager abtransportiert und dort umgebracht zu werden. Als dann im April 1945 die russischen Soldaten in Berlin einmarschierten, steckte er sich – als Erkennungszeichen – den gelben Judenstern an und ging so auf die Straße. Doch plötzlich sah er sich von russischen Soldaten umzingelt. Sie richteten ihre Maschinenpistolen auf ihn und machten Anstalten ihn zu erschießen. Sie vermuteten nämlich, er sei gar kein Jude.

Als Rosenthal sich nun verzweifelt rechtfertigte, kam ein Offizier, der ihn aufforderte, in Hebräisch das Glaubensbekenntnis aus dem 5. Buch Mose aufzusagen: »Höre, Israel, der HERR ist unser Gott, der HERR ist einer. Und du sollst den HERRN, deinen Gott, lieb haben von ganzem Herzen, von ganzer Seele und mit all deiner Kraft ...« (aus 5. Mose 6,4–9). – Als er das Bekenntnis aufsagte, so Rosenthal, hatte er das Gefühl, es in dieser Todesgefahr zum ersten Mal richtig zu verstehen – obwohl es ihm von Kind an vertraut war. Der Offizier, der ihn zuvor bedroht hatte, war nun ganz bewegt, drückte seine Hand und ließ ihn gehen. »Höre Israel«, so flüstern es Eltern dem neugeborenen Säugling ins Ohr. »Höre Israel«, so beten Sterbende. So beten sie am Anfang des Tages. Und so wenden sie sich auch am Ende an Gott und danken. – Woran erkennt man uns?

Befreit

Nein, wir geben es nicht gern zu. Wir meiden das Wort »Sünde«, auch wenn wir vielleicht ertragen müssen, dass unser Name in der Flensburger Verkehrssünderkartei registriert ist. Wir haben zwar kein Verbrechen begangen, doch unser Herz ist »böse«: ruhelos, unzufrieden, voller Gedanken und Gefühle, die uns manchmal selbst erschrecken. Sünde meint in der Bibel unser gestörtes Verhältnis zu Gott, unser Bestreben, ohne ihn zu leben, an ihm vorbei zu leben. Daraus erwachsen alle anderen Störungen und Konflikte, auch Streit und Krieg. Doch das ist die Botschaft von Ostern: Jesus ist für uns gestorben, hat unsere Schuld getragen. Er ist auferstanden! Er hat die Macht des Bösen besiegt und uns das Leben erkämpft, ein Leben in der Versöhnung mit Menschen und mit Gott.

Es geschah in Südafrika. Ein Seelsorger besucht im Gefängnis einen Schwarzen, der um das Abendmahl gebeten hat. Das Gespräch und die kleine Feier werden von einem weißen Aufseher bewacht. Zu dritt sind die Männer in einem Raum eingeschlossen. Als er mit dem Abendmahl beginnt, sagt der Pfarrer zu dem Gefängniswärter: »Wir Christen feiern das Abendmahl auch im Gefängnis als offene Gemeinde und als Zeichen der Freiheit, die für alle bereit ist«, und bittet den Aufseher, am Abendmahl teilzunehmen. Zögernd kommt der Wärter dazu. Der Pfarrer bricht das Brot für alle drei und alle trinken aus dem einen Kelch. Zur Segensbitte reichen sich die Männer die Hände und wünschen sich den Frieden Gottes. Über alle Unterschiede und Gegensätze hinweg leben alle von dem Brot der Vergebung und trinken aus dem Kelch der Versöhnung. – »Jesus Christus ist die Versöhnung für unsere Sünden, nicht allein aber für die unseren, sondern auch für die der ganzen Welt« (1. Joh 2,2). Das verbindet. Mit ihm. Und mit unseren Mitmenschen.

23. APRIL

Himmelhochjauchzend, zu Tode betrübt

Verstockt euer Herz nicht, wie zu Merida geschah, wie zu Massa in der Wüste« (Ps 95,8). Diese Worte stehen im 95. Psalm, einem großartigen Aufruf, Gott zu loben. Doch mittendrin ein Innehalten und Zurückschauen auf die eigene Geschichte, auf das, was in der Wüste geschah. Ja, so war es damals, eben noch himmelhochjauchzend. Sie hatten erlebt, wie Gott sie beschenkt mit Manna und Wachteln. Alle wurden satt. Und Staunen und Dank erfüllte sie. Und dann zu Tode betrübt. Sie hatten Durst. Weit und breit keine Oase, kein Wasser. Sie zweifelten an Gottes Fürsorge. Sie haderten mit Mose. Fast hätten sie ihn gesteinigt. So schnell geht das.

Eben hatte Wolfgang Amadeus Mozart die Arbeit an seiner c-Moll-Messe beendet. Voller Freude eilt er zu seiner Frau Constanze, umarmt sie und flüstert ihr glücklich ins Ohr, dass er diese Messe gänzlich betend komponiert habe. Kurz darauf präsentiert er die neue Komposition dem Kirchenchor. Eine Stunde später kommt Constanze zu der Probe dazu. Noch bevor sie den Raum betritt, hört sie lautes Schreien und sogar Fluchen. Sie geht auf ihren Wolfgang zu, nimmt seine Hand und fragt ihn: »Was ist das für eine sonderbare Messe! Betend hast du sie komponiert und fluchend willst du sie einüben?« Beschämt habe sich der große Komponist daraufhin entschuldigt.

Deshalb die Mahnung. Habt ihn vor Augen, den großen Gott, der Himmel und Erde gemacht hat und sich uns in Liebe zuwendet. Dann können wir loben, anbeten – nicht nur an schönen Tagen, nicht nur, wenn es uns gut geht. Dann wird unser Leben mit seinen Höhen und Tiefen Gott verherrlichen, sich an ihm erfreuen.

Die Leichtigkeit des Schmetterlings

Eine stachelige Raupe sprach zu sich selbst: »Was man ist, das ist man! Man muss sich annehmen, wie man ist, mit Haut und Haaren und das Beste davon machen. Was zählt, ist das Faktische. Alles andere sind Träume. Meine Lebenserfahrung lässt keinen anderen Schluss zu. Niemand kann aus seiner Haut!«
Als die Raupe dies gesagt hatte, flog neben ihr ein wunderbarer Schmetterling auf. Es war, als ob Gott gelächelt hätte. Die Raupe macht alles mit, holt das Beste aus sich heraus – und glaubt: Das ist das Leben. Der Schmetterling aber ist ein Bote der neuen Welt, ein Bote des Lebens und der Veränderung. Für die ersten Christen war er Zeichen der Auferstehung. Jesus lebt. Das stellt alles auf den Kopf. Deshalb schrieb Paulus: »Stellt euch nicht dieser Welt gleich, sondern ändert euch durch Erneuerung eures Sinnes, damit ihr prüfen könnt, was Gottes Wille ist« (Röm 12,2).
Es wird erzählt, dass 1943 die deutschen Besatzer in Dänemark befahlen, dass jeder Jude – wie in Deutschland – einen gelben Stern tragen solle. Da habe König Christian X. sein Volk aufgefordert, sich ebenfalls einen solchen Stern anzuheften. Die Dänen taten es – und der Befehl lief ins Leere! Wer dem Auferstandenen traut, der ist kritisch gegenüber Trends, Parolen, Meinungen. Und das mit Mut und Fantasie. »Was würde Jesus dazu sagen?« – das war die Kontrollfrage Martin Niemöllers. So können wir prüfen, was Gottes Wille ist, in ganz alltäglichen Dingen, in persönlichen und gesellschaftlichen Fragen und auch bei politischen Entscheidungen. Ich wünsche uns dabei die Leichtigkeit und Freude des Schmetterlings. Weil Jesus lebt, sollen auch wir leben – frei und fröhlich als Boten der neuen Welt Gottes.

25. APRIL

Der Stammler

Vor ein paar Jahren pilgerten wir auf dem Schweizer Jakobsweg. Wir begannen in Rorschach am Bodensee und kamen schon am ersten Tag nach St. Gallen, eine sehenswerte Stadt mit Kathedrale, Kloster und der berühmten Stiftsbibliothek: über 170.000 Bände, etliche mehr als tausend Jahre alt!

Ausgestellt waren auch alte Liederbücher: »Beständiges Licht erleuchtet die Stadt, Finsternis gibt es nicht. Engel besuchen ihre Bürger. Alle körperlichen Gebrechen weichen, die Vergehen der schuldbeladenen Seele werden ausgelöscht. Hier erklingt die Stimme der Freude, Friede und Fröhlichkeit herrschen im Überfluss, ewig ertönt der Dreifaltigkeit Lob und Ruhm in diesem Haus.«

Mit so viel majestätischer Poesie besang um die Wende zum zehnten Jahrhundert der St. Gallener Benediktinermönch Notker Balbulus das Kirchweihfest. Balbulus heißt auf Deutsch »der Stammler«, und das ist das Überraschende: Notker war seit seiner Geburt durch einen schweren Sprachfehler gehandicapt, aber er arbeitete so zäh an sich selbst, dass er zu einem wahren Meister der Sprache und des gottesdienstlichen Gesangs wurde.

Singen und Jubeln – und das trotz Sprachfehler oder auch eben mit! Notker Balbulus – einer, der nicht aufgibt, der Freude und Begeisterung ausstrahlt und Gott singt und lobt. Jauchzt, jubelt! Was auch ist und was auch kommt, mit und ohne Handicap: »Jauchzet Gott, alle Lande! Lobsinget zur Ehre seines Namens; rühmet ihn herrlich« (Ps 66,1)!

Die einfachste Sache der Welt

Voltaire, der berühmte französische Philosoph, galt vielen als Spötter des christlichen Glaubens. Doch da fragte ihn eine etwas aufdringliche Dame, wie es möglich sei, dass es überhaupt Menschen gäbe, die an die Auferstehung glauben. Wer weiß, warum Voltaire widersprach, vielleicht, weil ihm die Dame allzu klug daherkam, oder weil sie nur billige Zustimmung erwartet hatte. Voltaire sagte: »Madame, die Auferstehung ist die einfachste Sache von der Welt. Der, der den Menschen einmal geschaffen hat, kann ihn auch zum zweiten Male schaffen.« Kurz und knapp diese Antwort. Gott kann! Und das haben Menschen immer wieder erfahren.

In einem Wohnviertel von Brüssel befindet sich ein besonderes Hotel, an dessen Eingang es keine Stufen gibt, damit Krankenstühle ungehindert passieren können. Das Hotel wird von einer christlichen Gemeinschaft geführt. In dieser Gemeinschaft leben alte Frauen, Alkoholikerinnen, Flüchtlinge und Behinderte. Eine von ihnen, ein junges Mädchen, kann sich nur verständlich machen, indem sie die Worte auf eine Tastatur schreibt. Vor einiger Zeit hat sie im französischen Fernsehen an einer Diskussion über Behindertenprobleme teilgenommen. Als sie um ihre Meinung befragt wurde, aus welcher Kraft heraus sie mit ihrer Behinderung fertig werde, tippte sie einige Buchstaben auf ihrer Schreibmaschine. Die Kamera ging ganz nahe an das Blatt Papier heran. Da stand: Halleluja!

Und damit sind wir wieder bei Ostern! Bei dem, der uns Leben gibt und auch Kraft schenkt, mit Behinderungen fertig zu werden. Der uns Freude gibt und Mut macht. Der uns »Halleluja« singen und jubeln lässt. »Gott aber sei Dank, der uns den Sieg gibt durch unseren Herrn Jesus Christus« (1. Kor 15,57).

27. APRIL

Der Gaukler

Eine französische Legende erzählt von einem Gaukler. Der klopfte an die Klosterpforte und bat darum, in die Gemeinschaft der Mönche aufgenommen zu werden. Der Abt befragte ihn eingehend: »Was hast du gelernt? Kannst du singen? Kannst du beten? Kannst du alte Schriften lesen?« Der Gaukler verneinte. »Kannst du wenigstens graben oder Holz hacken oder kochen?« Wieder schüttelte der Gaukler bekümmert den Kopf. »Ja, was kannst du denn?« »Ich kann tanzen und auf dem Seil balancieren«, sagte er und seine Augen fingen an zu leuchten. »Ich kann Geige und Flöte spielen und mit sieben Tellern gleichzeitig jonglieren und …« »Hör auf«, unterbrach ihn der Abt und erhob sich. »Wir sind hier, um Gott zu loben und ihm zu dienen und nicht, um ihm die Zeit zu stehlen. Geh, ich kann dich nicht gebrauchen!« Traurig zog der Gaukler davon. Später am Tag ging der Abt durch den Kreuzgang. Da hörte er Geräusche. Vorsichtig spähte er um die Ecke. Da sah er den Gaukler, wie er mit Hingabe vor dem Altar tanzte. Er war so versunken in seinen Tanz, dass er gar nicht merkte, dass der Abt auf ihn zukam. Der fiel vor ihm auf die Knie und sagte: »Bleib bei uns! Ich habe gesehen, dass du Gott mit deinen Gaben inbrünstiger loben kannst, als all unsere Gebete und Gesänge es vermögen.«

Anbetung hat mit Staunen zu tun, mit Hingabe und mit verschenkter Zeit. Anbetung ist ganz auf Gott ausgerichtet. Viele alte Lieder leiten uns zur Anbetung an (zum Beispiel EG 504). Und viele Gebete auch: »Denn Dein ist das Reich und die Kraft und die Herrlichkeit in Ewigkeit« (Mt 6,13). »Damit beten wir«, unterstreicht der Heidelberger Katechismus: »Dies alles erbitten wir darum von dir, weil du als unser König und aller Dinge mächtig uns alles Gute geben willst und kannst, und dass dadurch nicht wir, sondern dein heiliger Name ewig gepriesen werde.«

Der Grundton

Wer zur Musik keine Lust und Liebe hat«, meint Martin Luther, »und durch solch lieblich Wunderwerk nicht bewegt wird, der muss wahrlich ein grober Klotz sein, der nicht wert ist, dass er solch lieblich Musica, sondern das wüste wilde Eselsgeschrei oder der Hunde und Säue Gesang höre … Evangelium heißt auf Deutsch: gute Botschaft, gute neue Zeitung, gut Geschrei, davon man singt und fröhlich ist … wer aber nicht davon singen und sagen will, zeigt damit, dass er's nicht glaubet und nicht ins neue fröhliche Testament, sondern in das alte, faule, unlustige Testament gehört.«

Verstehen wir Martin Luther nicht falsch. Er will bestimmt nicht sagen: Alle Leute, die nicht gut singen können und deren Brummen wirklich kein Ohrenschmaus ist, seien schlechte Christenmenschen. Und umgekehrt gibt es hervorragende Sängerinnen und Sänger, die von Gott nicht gerade viel halten. Was aber Luther sagen will: Singen und Loben sind für uns keine Stimmungsangelegenheit, sondern Glaubenssache. Dabei kommt es nicht auf unsere gute oder schlechte Stimme an, nicht auf die Zahl der Lieder, die wir auswendig können. Wichtig ist die Grundmelodie unseres Lebens, der Grundton, von dem unsere Lebensmelodie ausgeht und auf den sie immer wieder zurückkehrt. Wichtig ist, dass es in uns singt.

Genau darum geht es dem Sänger des 104. Psalms. Mit »Lobe den HERRN« beginnt er sein Lied und damit schließt er es auch. Und dann die beiden Verse 31 und 33: »Die Herrlichkeit des HERRN bleibe ewiglich, der HERR freue sich seiner Werke! Ich will dem HERRN singen mein Leben lang und meinen Gott loben, solange ich bin.« Ein großartiger Aufruf! Das will er: Gott singen, wörtlich heißt es: musizieren – auf Instrumenten loben – , solange er lebt. Das ist sein Lebensprogramm.

Wenn es kracht

Im Konfirmandenunterricht hatte ich eine Umfrage zum Thema »Singen« gestartet. Und das Ergebnis war erstaunlich! Von vierzig Jugendlichen schrieben nur drei: »Ich singe gar nicht.« Alle anderen singen zumindest manchmal oder sogar oft. Und einige notierten auch, was ihnen daran wichtig ist: »Singen macht Spaß, weil es ermutigt.« »Man kann dadurch Stress loswerden und gute Laune bekommen.« Und jemand schloss mit der Bemerkung: »sollten mehr Leute machen.« – Das kann man nur unterstreichen. Das ist auf jeden Fall besser als meckern und kritisieren. Manche schütteln ja so lange ihren Kopf, bis endlich ein Haar in die Suppe fällt und sie sich lauthals beschweren können. Doch das zieht nur runter. Singen und auch Gott musizieren – das baut auf, das vertreibt dicke Luft, mehr noch: es nimmt sogar Angst!
Helmut Thielicke berichtete von einer ganz besonderen Erfahrung: Als er gegen Ende des Zweiten Weltkrieges in einer Dorfkirche bei Stuttgart predigte, wurde die Gemeinde plötzlich von einem Fliegerangriff überrascht. Weil es zu spät war, die Leute nach Hause zu schicken, rief er von der Kanzel durch den Höllenlärm von Flugzeugmotoren, Maschinengewehren und Flak: »Alle legen sich auf den Boden! Wir singen ›Jesu, meine Freude!‹« (EG 396). Das taten die Kirchenbesucher auch umgehend. Thielicke schreibt dann, dass er trotz der brenzligen Situation lachen musste, als er die Gemeinde zwar nicht mehr sehen, aber »aus der Tiefe der Kirchenbänke heraus« singen hören konnte, während es um sie herum »krachte und wetterte« – Singen und Lachen – während es draußen kracht und tobt. Was auch ist und was auch kommt: »Singet Gott, lobsinget seinem Namen! Macht Bahn dem, der durch die Wüste einherfährt; er heißt HERR. Freut euch vor ihm!« (Ps 68,5, eigene Übersetzung).

Das neue Lied

Wer singt, hat meistens einen Anlass. Es gibt Leute, die singen, um Geld zu verdienen. Es gibt Leute, die singen, weil sie gern mit anderen zusammen sind. Im Chor singen – das macht ihnen Spaß. Es gibt Leute, die singen, weil gerade Weihnachten ist und Oma nicht auf »O du fröhliche« verzichten will. Was ist das für ein Gesang im Fußballstadion, wenn ein wichtiger Sieg errungen wurde! Solche Begeisterung klingt uns aus dem 98. Psalm entgegen. Auch hier wird gefeiert und gesungen. Doch es geht nicht nur um Sieg und Meisterschaft. Es geht um Gottes Sieg. Gott wird besungen, der gehandelt hat, immer noch handelt und handeln wird. Die Beter des Alten Testamentes sind begeistert von Gott. Er hat seine Macht aufblitzen lassen, Heil geschafft mit seiner Rechten und mit seinem heiligen Arm. Sie haben es erlebt. Er hat sie aus der Gefangenschaft befreit und in die Heimat geführt.

Und dieses neue Lied ist nicht kleinzukriegen, es wird gesungen, immer wieder, ein Protestlied gegen Unrecht und Tod. Ein Jude schrieb in seinen Tagebüchern von einem älteren Rabbi, der mit einem Transport aus Bendin und Sosnoviec in das KZ gebracht wurde. Da er aus einer der Städte kam, die in der Nähe des KZ gelegen haben, wusste er, was ihn erwartete. Als der Rabbi den Entkleidungsraum betrat, begann er plötzlich zu tanzen und zu singen. Ganz allein. »Und die anderen sagten nichts. Und er sang und tanzte eine ganz Weile. Dann starb er für die Verherrlichung des Namens Gottes.«

Hinter uns liegt Ostern. Nicht Tod, Gewalt und Hass haben triumphiert. Gesiegt hat ein anderer: Gott, der Herr, der dem Tod die Macht genommen, der das Grab gesprengt hat. »Singet dem Herrn ein neues Lied, denn er tut Wunder« (Ps 98,1).

Was Singen vermag

Das Bundesligaspiel Borussia Dortmund gegen Mainz 05 begann am Sonntag, dem 13. März 2016, ganz normal. Es gab die üblichen Ansagen und Fangesänge, es herrschte eine Superstimmung unter den 80.000 Zuschauern. Doch mit einem Mal wurde es still in dem weiten Rund. Zwei tragische Zwischenfälle machten das sportliche Geschehen auf dem Rasen zur Nebensache. Trotz Reanimationsversuchen erlag ein 79 Jahre alter Zuschauer einem Herzinfarkt. Ein weiterer Anhänger konnte erfolgreich wiederbelebt und ins Krankenhaus gebracht werden. Diese Nachricht verbreitete sich in Windeseile auf den Tribünen. Die Ultras rollten ihre Fahnen ein, Sprechgesänge verstummten. Es herrschte betroffenes Schweigen – selbst als das 2:0 für Dortmund fiel: kein Einspielen der Torhymne, kein Jubel der Fans. Und dann sangen die Zuschauer beider Lager »You'll never walk alone«: »Auch wenn alle deine Träume sich in Luft auflösen, geh weiter, geh weiter mit der Hoffnung im Herzen, du wirst niemals alleine gehen.« Stark diese Reaktion. Stark auch, was Singen vermag: der Betroffenheit eine Stimme verleihen. Solidarität und Trost werden spürbar.

»Singt dem HERRN ein neues Lied, denn er tut Wunder« (Ps 98,1). Wir werden ermutigt, den Fans von Dortmund nachzueifern: zu singen. Wenn wir uns freuen, und auch wenn wir traurig sind und keine Worte finden. Singen im Auto, unter der Dusche oder im Chor. Er ist bei uns, sogar im finsteren Tal. Christen aus Lateinamerika haben gegen Ungerechtigkeit und Unterdrückung angestimmt: »Singe das Lied von der Freiheit, singe von Wein und von Brot, sing Leben, sing Auferstehung, baue nicht auf den Tod. Baue auf Gott, der in Jesus Menschen aus Knechtschaft befreit, schüttle die Angst aus den Kleidern, Hoffnung blüht auf weit und breit.«

Sie singen alle

Es war im Jahr 1533. Fürst Simon V. von Lippe lehnte die neuen Lehren der Reformation ab und tat alles, um deren weitere Ausbreitung zu verhindern. Ihr wichtigstes Kennzeichen: Singen. Die ganze Gemeinde sang aus voller Brust. Das war neu. Dem Fürsten war das überhaupt nicht geheuer. Die Amtsleute vor Ort sollten dem Treiben ein Ende setzen. Gehorsam schickte der Bürgermeister von Lemgo seine Ratsdiener in die Kirchen der Stadt, um die Lage zu prüfen. Als sie zurückkamen, meldeten sie: »Herr Bürgermeister, sie singen alle.« Darauf rief der: »Ei, es ist alles verloren.«

Das Kennzeichen der Reformation: Die Gemeinde singt! Neue Lieder! Zunächst in einzelnen Flugblättern verbreitet, haben gerade Martin Luthers Lieder in weiten Teilen der Bevölkerung den evangelischen Glauben bekannt gemacht. »Ein Bettler hatte zu Magdeburg auf dem Markte etliche martinische Lieder feil und sang sie öffentlich hin und wieder, wo er hinkam und lehrte Mann und Weib, auch Jungfrauen und Gesellen, so viele, dass die deutschen Lieder so verbreitet wurden, dass die vom gemeinen Volk dieselben darnach täglich in allen Kirchen, ehe man die Predigt anfängt, öffentlich gesungen hat und noch singet« (Bericht von 1524 aus Magdeburg).

Das Singen der Protestanten blieb nicht ohne Wirkung. Auch in katholischen Regionen kam der Wunsch auf, im Gottesdienst zu singen. Schon bald erschien das erste katholische Gesangbuch. – Und es ist ein Mut machendes Zeichen, dass wir – Christen aller Konfessionen – uns heute vom katholischen Journalisten Georg Thurmair animieren lassen: »Nun sing Lob, du Christenheit, dem Vater, Sohn und Geist, der allerorts und allezeit sich gütig uns erweist« (Gotteslob 487, EG 265). Nun singen wirklich alle! »Singet dem Herrn, alle Lande« (1. Chr 16,23)!

3. MAI

Ich kann singen

Das Gegenteil behaupten viele Menschen: »Ich kann nicht singen!« Besonders Männer. Aber dann: »Olé, olé, olé, olé, we are the champions, olé« – so singen sie in den Fußballstadien, sogar auf Spanisch und Englisch. Zum Triumph der eigenen Mannschaft oder einfach aus Spaß. Zum Beispiel Carsten. Bei jedem Heimspiel von Hannover 96 sitzt er auf der Westtribüne. »Wenn einige erst mal anfangen ›96 – alte Liebe‹, gibt es kein Halten mehr. Im Stadion singe ich mir den Staub aus dem Hals.«

Den Staub aus dem Hals singen! Dafür gibt es ein altes Wort in der Bibel. »Näfäsch« heißt es auf Hebräisch: Hals, Kehle, auch Seele. In der Kehle sitzt die Seele. Darum ist die Bibel voller Lieder, damit wir uns den Staub aus der Seele singen. – Paul Gerhardt hat das für sich entdeckt. Eigentlich hatte er nicht viel zu lachen und zu singen. 1607 in Gräfenhainichen, Sachsen, geboren, der frühe Tod von Vater und Mutter, der 30-Jährige Krieg, Pest, Hunger, Tod der eigenen Kinder und der Frau. Und trotzdem, Paul Gerhardt singt sich den Staub aus der Seele, singt von Gott, vom Leben, von der Zukunft: »Du meine Seele, singe, wohlauf und singe schön dem, welchem alle Dinge zu Dienst und Willen stehn. Ich will den Herren droben hier preisen auf der Erd; ich will ihn herzlich loben, solang ich leben wird« (EG 302,1). Nein, das ist keine Flucht aus dem Alltag. Im Gegenteil, das macht ihm Mut, gibt ihm Kraft, heute zu leben, heute Probleme anzupacken und heute schon zu singen.

So singt er Gott »dankbar in seinem Herzen« (Kol 3,16), verbunden mit vielen anderen Menschen und den Engeln im Himmel, stimmt er an »all deiner Kinder hohen Lobgesang« (Dietrich Bonhoeffer).

So viel du brauchst

Das war nicht nur das Motto eines Kirchentags in Hamburg, sondern auch die großartige Zusage an die entronnenen Sklaven in der Wüste. Endlich sind sie in Freiheit, hindurchgeführt durch das Schilfmeer – und dann haben sie Hunger und Durst, sie murren und schreien zu Gott. Das Wunder geschieht. »Am Morgen lag Tau rings um das Lager. Und als der Tau weg war, siehe da lag's in der Wüste rund und klein wie ein Reif auf der Erde« (2. Mose 16,13–14). Sie nennen es Manna und sollen davon sammeln so viel jeder braucht. Und sie erfahren und staunen: Jeder bekommt genug!

Leo Tolstoi erzählt von dem Bauern Pachom, der nach immer mehr Land gierte und sich auf die fruchtbare Hochebene Baschkirien begab. Dort stellt man ihm eine Bedingung: »So viel Land du an einem Tag umschreiten kannst, soll dir gehören, und der Preis für den Tag sei tausend Rubel. Kommst du aber nicht an dem Ausgangspunkt an, verfällt dein Geld an uns.« Pachom rennt um Äcker und Wiesen von früh an, um einen möglichst großen Flecken zu umschreiten. Kurz bevor die Sonne untergeht, kommt er völlig erschöpft zurück, Blut stürzt ihm aus dem Mund, und er bricht tot zusammen. Wie viel Erde braucht der Mensch? »Der Knecht nahm die Hacke, grub Pachom ein Grab, genauso lang wie das Stück Erde, das er mit seinem Körper, von den Füßen bis zum Kopf bedeckte – sechs Ellen –, und scharrte ihn ein.«

Das ist unsere Angst, dass wir nicht genug bekommen. Auch in der Wüste sammelten manche auf Vorrat für den nächsten Tag, mehr als sie brauchten: »Da wurde es voller Würmer und stinkend.« Das, was zu viel ist, verdirbt. Der Charakter übrigens auch. Quintessenz: Das, was du wirklich brauchst, gibt Gott überreichlich und täglich neu.

Siebzehn Arten von Grün

Im Kindergottesdienst schlägt die Mitarbeiterin vor: »Wir könnten gemeinsam ein Loblied für Gott erfinden und es Sonntag in der Kirche vorsingen. Schreibt auf oder zeichnet, wofür ihr Gott loben wollt.« Katharina schreibt: »Ich habe eine Mutter, die gut kochen kann. Gott, ich lobe dich.« Toni schreibt: »Meine kleinen Brüder haben das Versteck für meine Glaskugeln noch nicht entdeckt. Gott, ich lobe dich.« Jakob schreibt: »Die Sträucher haben schon dicke Knospen. Gott, ich lobe dich.« »Ich weiß nicht, wofür ich Gott loben soll«, sagt Rudi. »Für die schöne Sonne!«, schlägt Susi vor. »Die ist mir egal«, sagt Rudi. »Für deine Eltern«, sagt Toni. »Nein, für die nicht«, sagt Rudi. »Papa ist weggezogen, und Mutti kommt immer spät und ist grantig.« »Für deine Oma«, sagt Jakob. »Nein«, sagt Rudi. »Die ist verzweifelt.« »Weine nicht«, sagt Katharina. »Wir helfen dir. Schreib: Gott, du hast dir siebzehn Arten von Grün ausgedacht, ich lobe dich.« »Siebzehn?«, fragt Rudi. »Ich habe einmal nachgezählt auf einer Wiese im Sommer«, sagt Katharina. »Ich helfe dir auch«, sagt Jakob. »Schreib: Eine Sau kann zwölf kleine Ferkel trinken lassen. Gott, ich lobe dich.« »Zwölf?«, fragt Rudi. »Ich hab ein Bild davon zu Hause«, sagt Jakob. Toni sagt: »Im Frühling lassen sie einen wieder ohne Mütze gehen. Gott, ich lobe dich.« »Das ist wahr«, sagt Rudi. »Jetzt weiß ich allein weiter!« Er schreibt: »Kathi hat mir geholfen. Gott, ich lobe dich. Jakob und Toni haben mir geholfen. Gott, ich lobe dich. Fertig!«

So wie Rudi geht's uns manchmal auch: Wir wissen nicht, wofür wir Gott loben sollen. Gut, dass es Kinder gibt, die ihm helfen. Und mit einem Mal weiß er allein weiter. »Ermuntert einander mit Psalmen und Lobgesängen und geistlichen Liedern, singt und spielt dem Herrn in eurem Herzen« (Eph 5,19).

Die Hummel

Der Benediktinerpater Anselm Grün hat ein schönes Gedicht zum Thema Frühling geschrieben. Darin beschreibt er ein »Aufbrechen aller Starre«, ein »Aufblühen und Grünwerden«. Für ihn ist der Frühling ein Symbol für den Sieg der Liebe und des Lebens. Er möchte spüren, »wie viele Augenblicke den Geschmack des Glücks in sich schließen« und er nennt das, »sich vom Mai in die Schule nehmen lassen«.

Sich vom Mai in die Schule nehmen zu lassen – das ist ein guter Tipp. Und nehmen Sie sich die Zeit, eine Hummel zu beobachten, wie sie von Blüte zu Blüte fliegt. Nicht zufällig, sondern mit System! Hummeln sind schlauer als Computer. Sie finden bei ihrer Nahrungssuche zwischen Tausenden von Blüten automatisch die kürzeste Wegstrecke. Sie lösen damit eine in der Wirtschaft als »Problem des Handelsreisenden« bekannte Aufgabe schneller als jeder Supercomputer, wie Wissenschaftler in London festgestellt haben.

Es ist schon großartig, was wir in der Natur alles entdecken können, wie viele Hinweise auf den, der all das – und auch uns – mit Liebe gewollt und gestaltet hat. Das möchte auch ich: Mich vom Mai in die Schule nehmen lassen, innehalten, staunend betrachten und mich mit dem Psalmbeter freuen: »Herr, wie sind deine Werke groß und viel! Du hast sie alle weise geordnet und die Erde ist voll deiner Güter« (Ps 104,24).

7. MAI

Die Querflöte

Eine Querflöte ist ein kostbares Stück. Sie ist aus gutem Material, kunstvoll gebaut und schon für sich wertvoll und schön. Aber eine Flöte möchte nicht nur schön herumliegen, sie möchte gespielt und zum Klingen gebracht werden. Erst dann wird sie lebendig, sinnvoll und wertvoll.

Das kostbare Material braucht eine gute Hand, die es nimmt, und den Atem des Künstlers, der ihm die Töne und Melodien entlockt. Das wertvolle Material, die geschickte Hand und der lebendige Atem bilden einen Wirkungszusammenhang, der die Musik erzeugt.

So sind auch wir Menschen kostbares Material. Gott hat uns in Liebe geformt und schön gemacht. Aber richtig lebendig, sinnvoll und wertvoll sind wir erst, wenn Gott uns in seine Hand nimmt und seinen Lebensatem in uns hineingibt.

Da werden Menschen menschlich und Leben lebendig, und alles singt und klingt, uns zur Freude und Gott zur Ehre. Wir Menschen sind nicht gemacht, um schön herumzuliegen. Gott möchte uns in die Hand nehmen und unser Leben zum Klingen bringen, indem sein Geist der Liebe durch uns hindurchströmt.

»Jesus sprach zu ihnen: Friede sei mit euch! Wie mich der Vater gesandt hat, so sende ich euch. Und als er das gesagt hatte, blies er sie an und spricht zu ihnen: Nehmt hin den Heiligen Geist« (Joh 20,21–22).

Schenk mir ein Wunder

Eine alte arme Frau schreibt einen Brief an den lieben Gott: »Lieber Gott, Du weißt, es geht mir sehr schlecht. Bitte, schick mir 100 Euro.« Der Brief landet versehentlich beim Finanzamt. Die Beamten haben Mitleid, sammeln, und es kommen immerhin 70 Euro zusammen. Die Frau freut sich natürlich über das Geld und schreibt sofort zurück: »Lieber Gott, vielen Dank für die 100 Euro. Aber beim nächsten Mal schick den Brief nicht übers Finanzamt. Die haben mir doch glatt 30 Euro abgezogen!« – Ziemlich einfältig, diese Frau, mag mancher denken. Doch was mir gefällt: Sie wendet sich an Gott, schildert ihr Problem. Und sie vertraut darauf, dass Gott sie nicht hängen lässt. Genau das ist Beten. »Bittet, so wird euch gegeben«, ermuntert uns Jesus. »Suchet, so werdet ihr finden! Klopfet an, so wird euch aufgetan« (Lk 11,9). Nun denken viele: Beten ist out. Weil fast niemand offen zugibt, dass er manchmal betet. Beten wird oft als Zeitverschwendung gesehen: Hilft ja doch nicht! Wer soll das hören? Doch inzwischen ändert sich etwas. Einige Prominente und Top-Sportler sind selbstbewusst genug, über ihre Gebete zu sprechen. Zum Beispiel Bernd Heinrich Graf, Sänger der Band »Unheilig« mit seinen bekannten Songs »Geboren, um zu leben« und »Schenk mir ein Wunder«. Einem erstaunten Reporter erzählt er, dass er vor jedem Auftritt starkes Lampenfieber habe und Angst, vor das Publikum zu treten. »Dann bete ich. Nicht mit Kniefall – sondern in einem stillen Gespräch, in dem ich um Kraft bitte. Gott kann es nicht regeln, aber er ist bei mir.« Mit diesem Gefühl geht er dann auf die Bühne, die Leute applaudieren, und die Angst ist vorbei. – So können auch wir uns schlicht und einfach an Gott wenden, ihm etwas zutrauen und von ihm etwas erwarten. Schenk mir ein Wunder, ja, das kann und soll geschehen!

9. MAI

Betet, weil es für Gott nichts Unmögliches gibt

Zu Rabbi Meir kam einmal eine Frau und bat ihn, für sie zu beten, auf dass sie mit einem Sohn gesegnet würde. Der Rabbi stimmte zu, allerdings nur unter der Bedingung, dass sie fünfzig Rubel für eine heimatlose Familie zu spenden bereit sei, für die er gerade eine Sammlung veranstaltete. Die Frau erwiderte, dass sie keine so große Summe besäße, aber willens sei, eine Spende von zehn Rubel zu machen. Der Rabbi jedoch bestand auf fünfzig Rubel. Da bot die Frau ihm zwanzig Rubel an, doch der Rabbi beharrte auf den vollen fünfzig. Die Frau blieb dabei, sie könne sich eine solche Summe nicht leisten, und dass dreißig Rubel das Äußerste wäre. Der Rabbi aber lehnte ab. Da brach die Frau in Tränen aus und rief: »In diesem Fall, Rebbe, bleibt mir keine Wahl. Ich muss mein Vertrauen auf Gott allein setzen und hoffen, dass Er mir helfen wird!« Als Rabbi Meir das hörte, lächelte er: »Genau das ist es, was ich wollte! Jetzt, da du bereit bist, nicht mir und meinen Gebeten, sondern Gott selbst zu vertrauen, bin ich sicher, dass Er dir helfen wird – und ich bin bereit, mein Gebet dem deinen hinzuzufügen, selbst wenn du mir keinen einzigen Rubel gibst.«
Die Frau hat es gut auf den Punkt gebracht: »Ich muss mein Vertrauen auf Gott allein setzen und hoffen, dass er mir helfen wird.« Das heißt nicht, dass ich die Hände in den Schoß lege. Nein, ich mache alles, was in meinen Kräften liegt. Aber Gott vertraue ich mich an, bitte ihn, dass er mir hilft. »Gewiss ist«, schrieb Dietrich Bonhoeffer 1944, »dass wir immer in der Nähe und unter der Gegenwart Gottes leben dürfen und dass dieses Leben für uns ein ganz neues Leben ist, dass es für uns nichts Unmögliches mehr gibt, weil es für Gott nichts Unmögliches gibt.« »Gelobt sei Gott, der mein Gebet nicht verwirft, noch seine Güte von mir wendet« (Ps 66,20).

Der heiße Draht

Nach einer Umfrage beten zwei Drittel aller Kinder und Jugendlichen in Deutschland. In der Rangfolge der Gebetsanliegen steht ganz oben die »Gesundheit für sich und andere« und der Weltfrieden. Natürlich kommt dann auch die Bitte um gute Schulnoten. Obwohl ein Zehnjähriger meinte: »Ich habe oft um gute Noten in der Schule gebetet, aber es hat nichts genützt.« Ein ebenfalls zehnjähriges Mädchen bekennt: »Ja, ich glaube, Gebete können helfen. Wenn man traurig ist und betet, dann fliegen die traurigen Gedanken aus einem raus.« Und ein 15-Jähriger erklärt: »Ich kann doch nicht dauernd den Herrgott anrufen, er soll mir das Leben geil machen. Er hat uns Menschen ja einen freien Willen gegeben.« Da hat er recht. Gott ist kein Automat zur Verbesserung meiner Lebensqualität. Aber die beiden anderen haben auch recht: Immer kann ich zu Gott rufen. Er hört mich. Und es tut mir gut.

Und beten ist ja nicht nur reden. Eine alte Dame klagte ihrem Pfarrer: »Vierzehn Jahr lang habe ich fast ununterbrochen gebetet, doch nie habe ich ein Gefühl von der Gegenwart Gottes gehabt.« Da fragte er sie: »Haben Sie ihm Gelegenheit gegeben, ein Wort einzuwerfen?« »Wie das?«, entgegnete sie. »Nein, ich habe die ganze Zeit zu ihm gesprochen, ist das nicht etwa Beten?« »Nein«, sagte der Pfarrer, »ich glaube nicht, und was ich ihnen empfehle ist, dass Sie sich täglich eine Viertelstunde nehmen sollten, einfach dasitzen und vor dem Angesicht Gottes stricken.« So machte sie es. Und entdeckte: »Merkwürdig, wenn ich zu Gott spreche, fühle ich nichts. Doch wenn ich still dasitze, dann fühle ich mich in seine Gegenwart eingehüllt.« »Meine Seele ist stille zu Gott, der mir hilft« (Ps 62,2).

Große Buchstaben in Holz gebrannt

Seid fröhlich in Hoffnung, geduldig in Trübsal, haltet an am Gebet« (Röm 12,12). So hing dieser Spruch in der Wohnküche meiner Großeltern. Oft war ich bei ihnen, saß auf dem Schoß meiner Großmutter und sie las mir aus der Kinderbibel vor. Immer wieder fiel mein Blick auf diesen Spruch.

»Seid fröhlich in Hoffnung!« Ich war elf Jahre alt, da brachte ich meinen Eltern von einer Klassenfahrt zum Steinhuder Meer ein Andenken mit: ein Bild mit Segelschiff und Leuchtturm und dem Spruch »Immer, wenn du meinst, es geht nicht mehr, kommt von irgendwo ein Lichtlein her«. Sie freuten sich, dass ich fast mein ganzes Taschengeld investiert und sie bedacht hatte. Später setzte sich mein Vater zu mir. »Nicht von irgendwo«, sagte er, »sondern von ihm.« Und er zeigte nach oben. Er sagte das so, dass ich nicht enttäuscht war, sondern verstand. Fröhlich sein in Hoffnung kann ich, weil Gott bei mir ist, immer, auch in schweren Zeiten.

»... geduldig in Trübsal«, wörtlich übersetzt: »Steht fest!« Was das praktisch heißt, habe ich bei meinen Kindern gesehen, als sie laufen lernten. Ganz allein kamen sie leicht ins Schlingern und fielen. Doch mit einer Hand, an der sie sich festhalten konnten ging es gut. Ich kann fest stehen und sicher gehen, weil Gott mir seine Hand reicht.

»Haltet an am Gebet!« »Ich bete morgens, auch tagsüber und abends – an guten und schlechten Tagen. Wenn mich nachts die Sorgen nicht schlafen lassen wollen, überkommt mich beim Beten eine wunderbare Ruhe, aus der ich Kraft schöpfe für den kommenden Tag. Ich weiß, da steht einer hinter mir, auf den ich mich unbedingt verlassen kann.« Das sagte Ottmar Hitzfeld, ehemaliger Erfolgstrainer, und spricht genau meine eigene Erfahrung aus.

Eure Gebete wurden erhört

Vor etlichen Jahren war es überall sichtbar, auf Litfaßsäulen und Reklamewänden, in Zeitungen und im Fernsehen: »Eure Gebete wurden erhört«. Der Werbeslogan eines Pay-TV-Senders. Und darunter groß im Bild: Ein Fußballspieler, halb auf dem Rasen, halb in den Wolken, der die Fäuste in den Himmel reckt und begeistert schreit.

Großartig! Denn dieser Spot wiederholt medienwirksam, was in der Bibel steht und was wir oft überlesen: »Rufe mich an in der Not, so will ich dich erretten und du sollst mich preisen« (Ps 50,15). Gott erhört unsere Gebete. Alle. Selbst die ganz leisen, kaum ausgesprochenen.

Sicher, manchmal geht es uns wie der kleinen Ruth. Sie lässt ihre Lieblingspuppe aus Porzellan fallen, die in tausend Stück zerbricht. Sie wirft sich aufs Bett und weint. »Nicht wahr, lieber Gott, du machst sie doch wieder heil?« Ihr älterer Bruder hat an der Tür gelauscht und spottet: »Meinst du wirklich, Gott wird das tun?« »Ich weiß es«, schluchzt Ruth. Abends sieht ihr Bruder die Scherben noch einmal an und fragt, ob Gott denn schon geantwortet habe. »Klar«, entgegnet Ruth zufrieden, »Gott hat ›Nein‹ gesagt.« Gott erhört unsere Gebete. Immer. Aber nicht immer erfüllt er unsere Bitten. Manchmal sagt er »Nein«. Nicht um uns zu quälen, sondern weil es besser für uns ist, auch wenn wir das jetzt noch nicht begreifen. – Deshalb möchte ich auch lieber sagen: »Eure Gebete wurden gehört.« Großartig, dass uns ein Pay-TV-Sender daran erinnert!

Regierungsantritt

Freuen Sie sich auf Himmelfahrt? Kein Abschiedsfest, sondern Regierungsantritt unseres Herrn. »Was gaffst du gen Himmel?«, sagte Martin Luther, »der Herr Christus steht vor der Tür.« Der große Gott, den aller Himmel Himmel nicht fassen können, ist da, bei uns vor der Tür. Und wo Gott ist, erleben wir ein Stück Himmel. »Siehe, ich bin bei euch alle Tage bis an der Welt Ende« (Mt 28,20), verheißt Jesus seinen Jüngern – und uns.

Es waren einmal zwei Mönche, die lasen miteinander in einem alten Buch, am Ende der Welt gäbe es einen Ort, an dem sich Himmel und Erde berührten und das Reich Gottes zu finden sei. Sie beschlossen, sich auf den Weg zu machen, jenen himmlischen Ort zu suchen und nicht eher umzukehren, bis sie ihn gefunden hätten. Sie durchwanderten die Welt, bestanden unzählige Gefahren, erlitten alle Entbehrungen und Versuchungen, die einen Menschen von seinem Ziel abbringen können. Eine Tür sei dort, so hatten sie gelesen. Man brauchte nur anzuklopfen und befände sich im Reich Gottes. Schließlich fanden sie, was sie suchten. Sie klopften an die Tür, bebenden Herzens sahen sie, wie sie sich öffnete. Und als sie eintraten, standen sie zu Hause in ihrer Klosterzelle und sahen sich gegenseitig an. Da begriffen sie: Der Ort, an dem das Reich Gottes beginnt, befindet sich auf der Erde, an der Stelle, die Gott uns zugewiesen hat.

»Weißt du, wo der Himmel ist, außen oder innen? Eine Handbreit rechts und links, du bist mitten drinnen!« So dichtete Wilhelm Willms. Der große Gott ist bei uns, jetzt und jeden Tag.

Die Macht des Gebets

Erinnern Sie sich noch an Wilma Rudolph? 1960 holte sie bei den Olympischen Spielen in Rom die Goldmedaille über 100 Meter. Sie war die schnellste Frau der Welt – und zugleich sehr bescheiden und fröhlich. Sie erzählt, dass sie Gott eine Menge schulde, für das, was er in ihrem Leben getan habe. Als sie einige Jahre alt war, hatte ein Arzt ihrer Mutter gesagt, dass sie aufgrund einer Kinderlähmung nie wieder würde laufen können. Über mehr als drei Jahre unterzog sie sich im Krankenhaus einer Behandlung. Ihre Mutter bewahrte sich die Zuversicht. Ihr Glaube sagte ihr, dass sie mit Wilma arbeiten müsse und mit Gottes Hilfe etwas getan werden könnte. Deshalb arbeitete sie jeden Tag mit ihr und gab niemals die Hoffnung auf, dass sie sein könnte wie jedes andere Kind. Jeden Sonntag ging sie mit Wilma und ihren Brüdern und Schwestern zur Kirche. Jeden Abend hielten sie eine Familienandacht. Von ihr lernten sie die Liebe zu Gott. Wilma weiß, ohne die Mühen ihrer Mutter hätte sie »niemals laufen, noch viel weniger an den Olympischen Spielen teilnehmen können«.

Lothar Zenetti hat einmal gedichtet: »Menschen, die aus der Hoffnung leben, sehen weiter. Menschen, die aus der Liebe leben, sehen tiefer. Menschen, die aus dem Glauben leben, sehen alles in einem anderen Licht.« Und das passt genau zu Wilmas Mutter. Ihre Hoffnung, ihre Liebe, ihr Glaube versetzt Berge. Aus der kranken Wilma wird die schnellste Frau der Welt! Nicht immer bewirkt dieser Glaube Heilung. Manchmal bekommen wir auch »nur« die Kraft, mit der Last, die uns drückt, zu leben und sie anzunehmen. So oder so – wir können Gott im Gebet alles sagen und erleben, wie er sich an unsere Seite stellt. »Ich aber, HERR, hoffe auf dich und spreche: Du bist mein Gott« (Ps 31,15).

Standhalten

Es war nach dem Champions-League-Finale 2012, Bayern gegen den FC Chelsea. Die Münchener kämpften und liefen Sturm. Chelsea mauerte geschickt. Mehr als ein 1:1 sprang nicht heraus. Dann Verlängerung, dann Elfmeterschießen. Schweinsteiger und Olić patzten. 3:4 verloren! Im eigenen Stadion. Das war bitter. Philipp Lahm sagte später einem Reporter: »Nach einem solchen Spiel ist man unfassbar enttäuscht. Es ist fast unmöglich, dass dir da jemand Trost spenden kann.« – Als einmal Journalisten Trauernde fragten, was sie tröste, bekamen sie unterm Strich die Antwort, dass die Menschen trösten, die nicht weichen, die einem nahestehen, die großzügig, geduldig und ehrlich sind. Trost hat auch etwas mit Standhalten zu tun.

1527 brach auch in Wittenberg die Pest aus. Die Angehörigen der Universität nahmen Reißaus. Luther blieb. Auch als sein Landesherr ihn aufforderte zu gehen, weil man ihn noch brauche, folgte er nicht. Er blieb. Und er nahm im Umgang mit den Kranken keine Rücksicht auf sich. Für Luther gab es angesichts der Bedrohung durch die Pest beides: das Recht zum Fliehen und die Pflicht zum Bleiben. Luther blieb. Man kann die Wirkung seines Handelns für die Kranken in Wittenberg kaum überschätzen. Es war jemand da, der zu ihnen hielt.

Genau da geschieht Trost: Wo einer bleibt, nahe ist, den Arm um den anderen legt. Wohl darum hat Trost seinen Ursprung in einem anderen Wort: Trost kommt von Treue. Und wer trösten will, muss einem anderen gegenüber einfach nur eins: ihm zur Seite stehen. So wie Gott uns zur Seite steht: »Gelobt sei Gott, der Vater unseres Herrn Jesus Christus, der Vater der Barmherzigkeit und Gott allen Trostes, der uns tröstet in aller unserer Trübsal, damit wir auch trösten können …« (2. Kor 1,3–4).

Und fange bei mir an

Im Jahre 1950 hatte die Evangelische Kirche in Deutschland 43 Millionen Mitglieder. Bis 1990 war diese Zahl auf 29,2 Millionen gesunken. Seither verlieren die Gemeinden pro Jahr etwa 250.000 bis 300.000 ihrer Mitglieder. Bereits heute gehört jeder dritte Bundesbürger überhaupt keiner Kirche mehr an. Auch der Gottesdienstbesuch lässt zu wünschen übrig. Was besagen solche Zahlen und Statistiken für unsere Zukunft als Christen im Land der Reformation? Nicht viel! Unsere Zukunft unterliegt nicht der Macht der Prognosen. Christus ist jederzeit dazu in der Lage, seine Kirche neu zu erwecken, und er wird es auch tun.

Es ist nicht so, dass die Situation heute schlimmer ist als jemals zuvor. Als Wilhelm II. 1888 preußischer König wurde, war in seiner Hauptstadt Berlin nur jedes zweite Kind getauft, und nur jede fünfte Ehe wurde kirchlich geschlossen. Doch dann ging geistlich ein Ruck durch das Land. Einige theologische Persönlichkeiten wie Johann Hinrich Wichern und dazu eine Vielzahl leidenschaftlicher Christen beschlossen, sich mit dem Niedergang der Kirche nicht abzufinden. Sie beteten. Und sie packten zu. Sie widmeten ihr Leben der Inneren Mission und gründeten überall kleine geistliche Zellen. Ihren Einsatz und Glauben hat Gott sichtbar gesegnet. Bereits 1910 lag der durchschnittliche Gottesdienstbesuch sogar in Berlin wieder über 20 Prozent. – In einem Gebet aus China heißt es: »Herr, erneuere deine Kirche und fange bei mir an!« Denn er verheißt: »Siehe, es kommt die Zeit, spricht Gott der Herr, dass ich einen Hunger ins Land schicken werde, nicht einen Hunger nach Brot oder Durst nach Wasser, sondern nach dem Wort des Herrn, es zu hören« (Amos 8,11).

David Alaba

Als David Alaba 14 Jahre alt war, zog er von zu Hause aus und ging von Wien weg in das 60 Kilometer entfernte Jugendinternat des FK Austria. Zwei Jahre später kam er dann nach München, allein. Inter wollte ihn, auch Manchester City, doch Alaba entschied zusammen mit Vater George, zu den Bayern zu wechseln, die rund 100.000 Euro an Austria Wien überwiesen. Sehr gut angelegtes Geld, mittlerweile ist er 52 Millionen wert.

»Das kann man gar nicht glauben. Der Weg bis jetzt kommt mir vor wie in einem Traum«, meint der junge Österreicher, der trotz des Ruhmes und des vielen Geldes, das er verdient, auf dem Boden geblieben ist. Das hat viel mit seinem Glauben zu tun. Die Bibel hat Alaba stets bei sich, und wenn er in Wien ist, besucht er, wie früher, zusammen mit der Familie die Kirche. Vor jedem Spiel verschränkt Alaba die Hände vor dem Gesicht und betet.

Den früheren Bayern-Spieler Ze Roberto nennt er als sein großes Vorbild. Vor allem fußballerisch mag er ihn, aber Alaba bewundert den Brasilianer auch dafür, wie er sich aus einfachen Verhältnissen nach oben arbeitete, dabei er selbst blieb und den Glauben an Gott nicht verlor. »In jeder Minute meines Lebens steht Gott neben mir. Seine Liebe trägt mich durch den Tag«, sagt er.

»Hört mir zu«, spricht der Prophet im Auftrag Gottes, »auch bis in euer Alter bin ich derselbe, und ich will euch tragen bis ihr grau werdet. Ich habe es getan; ich will heben und tragen und erretten« (Jes 46,3–4).

Albert Einstein

Albert Einstein musste an vielen Universitäten Vorträge über seine Relativitätstheorie halten. Einmal meinte sein Fahrer zu ihm: »Herr Professor, ich habe diesen Vortrag jetzt schon so oft gehört, dass ich ihn Wort für Wort auswendig kann. Ich könnte ihn bestimmt ebenso gut halten wie Sie.« »Gut«, sagte der Gelehrte, »da, wo wir jetzt hinfahren, kennt man mich nicht persönlich. Ich setze Ihre Chauffeursmütze auf und Sie halten meinen Vortrag.« Gesagt, getan. Es klappte auch alles vorzüglich. Nur nach Ende des Vortrages stellte ihm einer der Professoren eine überaus komplizierte Frage. Der Chauffeur reagierte schnell und sagte: »Ich bin überrascht, dass Sie mich so etwas Einfaches fragen. Solche simplen Dinge weiß sogar mein Chauffeur.«

Am 18. Mai 1955 ist Albert Einstein im Alter von 76 Jahren gestorben. Weltberühmt wurde er durch die von ihm begründete »Spezielle Relativitätstheorie«, der später seine »Allgemeine Relativitätstheorie« folgte. Dafür erhielt er 1921 den Nobelpreis für Physik. Trotz aller Erfolge blieb er bescheiden und demütig. Er war ein überzeugter Kämpfer für den Frieden und bedauerte es später, dass er aus Furcht vor einer deutschen Aggression mit anderen in einem Brief an den US-Präsidenten Roosevelt den Bau der ersten amerikanischen Atombombe gefordert hatte. »Das wahre Problem liegt in den Gedanken und Herzen der Menschen. Was erschreckt, ist die Macht der Bosheit des menschlichen Herzens und seine Explosivkraft für das Böse.«

Einstein war nicht nur ein entschiedener Kriegsgegner, sondern auch ein zutiefst religiöser Mensch. »Mein Glaube besteht in der demütigen Anbetung Gottes, der sich selbst in den kleinsten Einzelheiten der Materie offenbart.« »Kommt, lasst uns anbeten und knien und niederfallen vor dem Herrn, der uns gemacht hat« (Ps 95,6).

Weitersagen

Gehet hin in alle Welt und predigt das Evangelium der ganzen Schöpfung« (Mk 16,15). Das ist Jesu Auftrag an seine Jünger. Und die ersten Christen haben das praktiziert und dabei oft ihr Leben riskiert. Stephanus wurde gesteinigt, die Jesusleute aus Jerusalem vertrieben. Doch das Evangelium geht weiter. »Die zerstreut waren, zogen umher und predigten das Wort « (Apg 8,4).
Helmut Gollwitzer berichtet in seinem Buch »Und führen, wohin du nicht willst« von seinen Erfahrungen in Kriegszeit und Gefangenschaft und erinnert an einen Heiligabend. Er war auf dem Weg zu der Baracke, in der sie mit den katholischen Brüdern zusammen Weihnachten feiern wollten. Ein junger Soldat lehnte an der Wand und stöhnte verzweifelt: »Es ist ja alles so sinnlos, so sinnlos!« Im Stillen gab Gollwitzer ihm recht. Doch im Nachhinein sagt er: »Durch die rettende Stunde, in der ewiges Leben sich mit unserer Armut verband, wird doch alles sinnvoll. Warum ging ich bloß vorbei und ließ ihn dort in seiner Verzweiflung an der Wand lehnen, statt ihn mit zu unserer Feier zu nehmen, zu der zu gehen er selbst offenbar nicht den Entschluss fassen konnte? Wenn ich heute daran denke, weiß ich, dass hier unsere größte Schuld liegt: Im Genießen des Evangeliums, statt es weiterzugeben.«
Das Evangelium ist nicht exklusiv. Es gehört nicht nur in fromme Stuben und hinter Kirchenmauern. Es gehört auf die Straße, in die Fabrik, in die Politik, ins Gefängnis, in die Konferenzsäle, in die Häuser. Man kann es nicht für sich behalten. »Gehet hin!«, sagt Jesus. Wer es für sich behält, ist ein geistlicher Egoist und frommer Genießer. Die gute Nachricht soll auch andere beglücken. Deshalb »gehet hin!«.

Wir

Soll ich mich ehrenamtlich engagieren? Das war für Paulus überhaupt keine Frage. Er wurde von Gott in Beschlag genommen, ob er wollte oder nicht. Gott selbst hatte ihn gepackt und in den Dienst gestellt. »Denn wir sind Gottes Mitarbeiter; ihr aber seid Gottes Ackerfeld und Gottes Bau« (1. Kor 3,9). Die Betonung liegt auf »Gott«. Er ist der Herr der Gemeinde, rief sie ins Leben, führt sie und hält sie zusammen. Und das andere, was Paulus ganz dick unterstreicht: Wir sind Mitarbeiter, die Gott braucht, mit unterschiedlichen Gaben und Fähigkeiten, mit unterschiedlichem Temperament und Charakter. Kurz: Gottes Handlanger, seine Werkzeuge. Klar, jeder ist anders, arbeitet anders. Und doch sagt Paulus: »Ein jeder aber sehe zu, wie er darauf baut ...« (1. Kor 3,10), wie er auf diesem Fundament der Kirche, auf Jesus Christus, weiterbaut.

Einmal besuchte mich einer, der wollte Mitarbeiter werden. Er hatte tausend Ideen und schien so richtig heiß. Ich lud ihn zur nächsten Mitarbeiterstunde ein. Er kam nicht. Er kam nie wieder. Alles nur heiße Luft. Umgekehrt denke ich an eine Frau. Sie kam jeden Freitag. Aus ihrer kleinen, abgetragenen Tasche holte sie ein schmales Büchlein. Peinlich genau war darin die Abrechnung für die vergangene Woche notiert. Sorgsam zählte sie Euros und Cents auf den Tisch und steckte dann ebenso sorgsam die Quittung in ihre Tasche. Wie immer zählte sie die neuen Zeitungen, die ich ihr aushändigte, noch einmal durch. »Siebzehn«, sagte sie, »es ist gut.« Dann nickte sie freundlich, verabschiedete sich und ging – zurück in ihren Ortsteil, wo sie bescheiden und freundlich die Zeitungen in die Häuser trug.

»Darum«, so heißt es in Frage 55 des Heidelberger Katechismus, »soll auch jeder seine Gaben willig und mit Freuden zum Wohl und Heil der anderen gebrauchen.«

21. MAI

Mehr als eine Garantie

Einmal ist es mir passiert: Ich habe bei der Konfirmation den Segen vergessen. Die letzte Reihe der Jungen stand vor mir. Ich hatte ihre Namen und Sprüche verlesen, war in Gedanken schon weiter – und habe sie nicht gesegnet. Am Tag darauf standen sie vor unserer Haustür. Ihnen fehle etwas, sagten sie. Das stimmt. Wir haben diesen Segen in einer Mitarbeiterstunde nachgeholt. Der Segen Gottes – eine großartige Garantieerklärung!
»Der HERR« – so beginnt jede Zeile unseres Segens. Nicht irgendein Herr, sondern Gott, der Himmel und Erde gemacht hat. Gott, der sich Mose im Dornenstrauch zeigt, der uns in Jesus Christus entgegenläuft. Dieser Herr segnet uns. Segnen hat etwas mit »umarmen, küssen« zu tun. Der HERR segne dich – das heißt dann: Gott, der Herr, ist uns nah, so nah wie einer, der uns umarmt und küsst.
»... und behüte dich.« Gott verspricht uns Schutz und Geborgenheit. Viele könnten erzählen, wie sie das in ihrem Leben erfahren haben: die Hand, die sie im rechten Augenblick von der Straße gerissen hat, oder Worte eines Menschen, die Mut machen. »Er behüte dich« – das heißt nicht, dass uns nichts Böses passieren könnte. Das heißt aber: Nichts kann uns aus seiner Hand reißen, selbst der Tod nicht. »Der Herr lasse leuchten sein Angesicht über dir.« »Wenn der König strahlt«, hieß es früher, »müssen sich seine Untertanen nicht fürchten.« Weil Gottes Angesicht Liebe und Freude ausstrahlt, müssen wir nicht ängstlich durchs Leben laufen, können auch unsere Gesichter strahlen. »Der Herr erhebe sein Angesicht auf dich ...« Wenn ich wütend bin, schaue ich den anderen nicht an. Der Herr erhebt sein Angesicht. Er schaut uns an. Er möchte mit uns durchs Leben gehen. »... und gebe dir Frieden.« (Den aaronitischen Segen finden Sie in 4. Mose 6,24–26.)

Wie man reich wird

Eine gute Anleitung findet sich in den Sprüchen der Bibel: »Einer teilt reichlich aus und hat immer mehr; ein anderer kargt, wo er nicht soll, und wird doch immer ärmer« (Spr 11,24). John Davison Rockefeller, Sr. (1838–1937), war ein US-amerikanischer Unternehmer und einer der reichsten Menschen aller Zeiten. In jungen Jahren war er stark und unverwüstlich. Als Geschäftsmann trieb er sich gnadenlos zu Höchstleistungen an. Mit 43 Jahren beherrschte er das größte Geschäftsunternehmen der Erde, und mit 53 Jahren war er der reichste Mann und erste Dollarmilliardär. Aber seinen Erfolg hatte er mit seiner Gesundheit und Lebensfreude bezahlt. John Rockefeller wurde schwer krank. Er war einsam und verhasst, ruhelos und todkrank. Die Zeitungen hatten seinen Nachruf schon gedruckt.

In langen, schlaflosen Nächten kam er zur Besinnung. Er dachte an die Unsinnigkeit, Geld aufzuhäufen und selbst daran kaputtzugehen. So entschloss er sich, sein Vermögen gegen die Nöte auf der Erde einzusetzen, und gründete die berühmten Rockefeller-Stiftungen. Sein Geld ging in alle Teile der Erde und erreichte Universitäten, Krankenhäuser und Missionsgesellschaften. Seine Millionen waren für die ganze Menschheit ein Segen. Und dann geschah das Wunder. Rockefeller konnte wieder schlafen. Er wurde gesund und konnte wieder Freude am Leben erfahren. Ein kalter, harter Mann blühte auf zu einem erfüllten Leben. Er wurde 98 Jahre alt. Es stimmt: »Einer teilt reichlich aus und hat immer mehr!«

23. MAI

Gott will Kirche

Es ist alles andere als selbstverständlich, dass es Kirche gibt. Wir sind nicht zufällig entstanden. Es gibt uns auch nicht, weil irgendjemand mal irgendwann beschlossen hat: Wir wollen einen neuen Verein gründen, der Kirche heißt. Gemeinde ist etwas ganz anderes. Sie ist keine Erfindung von Menschen. Sie ist von Gott gewollt. Das wird schon daran deutlich, wie wir Mitglied werden. Nicht wie bei einem Verein: Da fülle ich einen Aufnahmeantrag aus, zahle meine Mitgliedsbeiträge und fertig. So läuft es in der Kirche nicht. Da muss nicht ich etwas tun. Da wird etwas an mir getan. Um zu Gott und zur Gemeinde zu gehören, reicht nicht meine Willenserklärung. Sondern am Anfang steht Gottes Willenserklärung. Er sagt Ja zu mir in der Taufe. Nicht ich trete bei, sondern er nimmt mich an. Dass zu Gottes großem Ja auch mein kleines noch dazukommt, dass zur Taufe auch der Glaube gehört, versteht sich von selbst. Gemeinde ist ein Geschenk. Und dass ich dazugehören darf – nicht weniger.

Das ist es trotz der Kirchensteuern, die dann im Erwachsenenalter für die vielfältigen kirchlichen Aufgaben zu zahlen sind. Jetzt könnten wir uns aufregen, was uns an unserer Gemeinde oder der Kirche nicht gefällt. Doch heute will ich nicht klagen und jammern, sondern einfach nur staunen und mich freuen. Und mit Frage 54 aus dem Heidelberger Katechismus bekennen: »Ich glaube, dass sich der Sohn Gottes aus der ganzen Menschheit eine Gemeinde zum ewigen Leben erwählt hat. Ich glaube, dass er diese Gemeinde vom Anfang der Welt bis zu ihrem Ende durch seinen Geist und sein Wort in der Einheit des Glaubens versammelt, schützt und erhält. Ich glaube, dass auch ich ein lebendiges Mitglied dieser Gemeinde bin und ewig bleiben werde.«

Wenn ich sehe die Himmel

Kopernikus war Domherr in Frauenburg im deutsch-polnischen Ermland, fertigte Urkunden aus, beaufsichtigte die kircheneigene Kornmühle, kümmerte sich um die Probleme von 120 Bauerndörfern, sorgte für Saatgut und gesundes Vieh – und beobachtete nachts vom Eckturm der Domburg aus die Bahnen der Gestirne, mit Instrumenten, die er selbst konstruiert hatte. Seine umstürzende Idee, erhärtet in zahllosen Experimenten und Berechnungen, hielt der Priester, Mathematiker und Astronom Nikolaus Kopernikus (gestorben am 24. Mai 1543) jahrzehntelang geheim: Die scheinbar so unerschütterlich in der Mitte des Universums feststehende Erde laufe in rasender Bewegung um die Sonne und drehe sich zusätzlich noch um die eigene Achse.

Er fürchtete das Gelächter des Publikums und die römischen Ketzerjäger. Doch als er 1542 endlich seine »Sechs Bücher über die Kreisbewegungen der Himmelskörper« veröffentlichte, schwieg man in Rom. Papst Clemens VII. hatte sich sogar höchst interessiert an der neuen Lehre gezeigt. Doch 1616 wurden Kopernikus' Schriften auf den Index gesetzt. Man fürchtete, der Mensch erfahre sich nicht mehr als erlösungsbedürftig und von Gott geliebt, wenn die Erde bloß noch irgendein Planet unter anderen, möglicherweise ebenfalls bewohnten Himmelskörpern sei.

Doch wird die Liebe des Schöpfers dadurch entwertet, dass sie dem ganzen Weltall gehört, nicht ausschließlich den sich so wichtig nehmenden Erdlingen? Kann der Mensch nicht auch stolz darauf sein, zu einem wunderbaren, unendlichen Universum zu gehören? Kommt die Menschenwelt nicht Gott näher, wenn die einst einsam in sich ruhende Erde in das kosmische Gefüge integriert ist? »Wenn ich sehe die Himmel, deiner Finger Werk, den Mond und die Sterne, die du bereitet hast: was ist der Mensch, dass du seiner gedenkst?« (Ps 8,4–5).

Grafite und Jesus

Spannend wie lange nicht mehr: das Finale in der Fußballbundesliga 2008/2009. Schafft Felix Magath mit den Wölfen sein Meisterstück? Oder haben die Bayern am Schluss wieder die Nase vorn? Oder landen die Schwaben aus Stuttgart den großen Überraschungscoup? Dank Grafite und Dzeko läuft die Wolfsburger Torfabrik. Ihre Tore machen die ganze Mannschaft zum deutschen Meister. Aber Anteil an der Meisterschaft haben alle – sogar der Zeugwart!

»Wenn ich erhöht werde von der Erde«, verheißt Jesus seinen Jüngern und uns, »so will ich alle zu mir ziehen« (Joh 12,32). So wie alle Wolfsburger von den Toren von Grafite, Dzeko und Co. profitieren, haben wir alle Teil am Sieg Jesu Christi. Die Macht des Todes ist bezwungen. Er lebt – an der Seite Gottes. Er ist »erhöht«. Und er will uns alle zu sich ziehen. Wir sollen teilhaben an seinem Sieg, zu ihm gehören, schon jetzt und immer. Das bleibt nicht ohne Folgen für unseren Alltag. Grafite, der Torschützenkönig aus Wolfsburg, schöpft genau daraus seine Kraft. Nach jedem Treffer schickte er einen Dank gen Himmel. Vor jedem Spiel betete er Psalm 91. Und am Sonntag sprach er nicht selten in Kirchen über seinen Glauben an Gott.

Mit 21 verkaufte er noch Mülltüten an der Haustür. Über etliche Umwege landete er in Wolfsburg. Dann der Tod seines Vaters. Der nächste Tiefschlag: Beim Training rasselte er mit einem Mitspieler zusammen, verschluckte die Zunge, schwebte kurzzeitig in Lebensgefahr und musste sechs Wochen aussetzen. Dann war er wieder da – und wie! »Mein Glaube an Gott gibt mir Zuversicht für die Zukunft.« Grafite – einer, der sich zu Jesus gezogen weiß und schon heute an der Seite des Siegers lebt. Deutscher Fußballmeister können wir nicht werden. Aber zu dem Sieger des Lebens gehören, das können wir heute schon.

Jemand anders

Die Nachricht vom Tod unseres Bruders Jemand Anders, eines der wertvollsten Mitglieder unserer Gemeinde, hat uns alle erschüttert. Bruder Anders hinterlässt eine Lücke, die sich nur schwer wird füllen lassen. Jemand Anders hat unserer Gemeinde seit vielen Jahren angehört, und er hat weit mehr geleistet, als man normalerweise von einem Menschen erwarten kann. Wenn etwas erledigt werden musste, wenn Hilfe nötig war oder man einen Zuhörer brauchte, wie oft hieß es einstimmig: Das soll Jemand Anders machen. Gerade wenn Freiwillige gesucht wurden, so war es selbstverständlich, dass er sich zur Verfügung stellte. Jemand Anders war ein wunderbarer Mensch, manchmal fast ein Übermensch. Aber ein Einzelner kann nicht alles tun. Um die Wahrheit zu sagen: Man erwartete zu viel von Jemand Anders.«
Das ist eine Haltung. Ich kann mich zurücklehnen, aus einem gewissen Abstand alles betrachten, mir jegliche Unruhe vom Leibe halten und sagen: Nein, nicht ich, das soll jemand anders machen. Aus so einer Haltung heraus lässt sich klug reden und kritisieren. Aber sie hilft nicht weiter. Im Konfirmandenunterricht fragte ich die Jugendlichen: »Wie stellt ihr euch unsere Gemeinde vor?« Immer wieder kam die Antwort: »Dass viele zusammenhalten.« »Dass viele mitmachen.« Und sie selbst hatten auch Ideen, was sie beitragen könnten. Klasse! Nicht: Das soll jemand anders machen. Sondern wir – und mit uns viele andere – wollen überlegen, wie und was wir in unserer Gemeinde anpacken können. Das ist ganz im Sinne des Apostels Paulus. Er ruft die Christen damals und uns auf: »Die brüderliche Liebe untereinander sei herzlich. Einer komme dem anderen mit Ehrerbietung zuvor. Seid nicht träge in dem, was ihr tun sollt. Seid brennend im Geist. Dient dem Herrn!« (Röm 12,10–11).

Hab keine Angst, ich bin da für dich

So singt Bernd Heinrich Graf, Sänger von »Unheilig«. Eine schöne Ballade. Ein Lied voller Wärme und Gefühl. Ein Lied, das anspricht, Empfindungen auslöst und nicht mehr loslässt. Es handelt, so sagte Graf im Interview, davon, dass man von zu Hause weggeht auf eine lange Reise und nach vielen Jahren wieder nach Hause kommt zu den Menschen, die man gern hat, und zu den Menschen, die man liebt. Eine Erfahrung, die sein eigenes Leben spiegelt. – Für mich ist dieser Song wie ein Transparent. Vordergründig meint der Graf natürlich Freunde und Verwandte. Doch dahinter könnte ich auch Gott sehen, der zu mir sagt: »Hab keine Angst, ich bin da für dich ... Ich halt dich fest ...« Oder: »Lass los, mein Freund, und sorge dich nicht.« So ist Gott da – wie ein Freund, und geht mit mir durch dick und dünn.

Eine Frau schrieb: »Ich hatte furchtbare Angst vor der Operation. Die Ärzte hatten mir gesagt, dass mein Leben auf der Kippe steht. Was sollte mein Mann machen: mit einem Neugeborenen und zwei kleinen Söhnen? – Mitten in meiner Verzweiflung sah ich plötzlich bewusst das Kreuz an der Wand. Hatte er nicht auch in seiner extremen Not gerufen: ›Mein Gott, warum hast du mich verlassen!?‹ Auf einmal fühlte ich mich in meiner Todesangst ihm ganz nahe – als säße er neben mir. Ich begann zu beten. In mir wuchs das Vertrauen. Die Ärzte staunten nach dem mehrstündigen Eingriff über meine Kondition. Ich erholte mich rasch. – Seitdem ist die Angst wie ausgeklammert aus meinem Leben. Dieses Schlüsselerlebnis wurde mir zum inneren Schatz: Ich bin nicht allein!« »Christus spricht: Wenn ich erhöht werde von der Erde, so will ich alle zu mir ziehen« (Joh 12,32). Christus ist da, auch nach Himmelfahrt. Er lässt diese Welt nicht los. Und er lässt uns nicht los. Deshalb »hab keine Angst«!

Happy Birthday, liebe Kirche

Was bedeutet eigentlich Pfingsten?«, fragten die Kleinen vom Jugendchor. Kein Wunder, denn für viele ist die Hauptsache: Feiertag. Dabei, ohne Pfingsten wüssten wir heute nichts von Jesus, seinem Leben, Sterben und Auferstehen. An Pfingsten wird die Ankündigung des Auferstandenen wahr: »... aber ihr werdet die Kraft des Heiligen Geistes empfangen, der auf euch kommen wird, und werdet meine Zeugen sein in Jerusalem und in ganz Judäa und Samarien und bis an das Ende der Erde« (Apg 1,8). Pfingsten – da gerät etwas in Bewegung. Zwei eindrückliche Bilder deuten das an: der Wind und das Feuer. Der Wind ist unsichtbar und doch eine mächtige Kraft, die etwas bewegt. Wer mal mit dem Fahrrad strammen Gegenwind erlebt hat, kann ein Lied davon singen. Der Heilige Geist ist wie Wind, eine Kraft, die nicht aufzuhalten ist. Und dann das Feuer. Es wärmt, leuchtet, breitet sich aus, eine unbändige Macht. Der Heilige Geist ist wie Feuer, das Menschen ansteckt, eine Begeisterung, die überspringt – unaufhaltsam.

So war es damals in Jerusalem: Nur zwölf Jünger, die von Gottes Geist gepackt auf die Straße gingen und predigten – und alle verstanden! 3000 Menschen ließen sich taufen! So entstand die erste christliche Gemeinde – genau fünfzig Tage nach Ostern. Und genau das heißt Pfingsten: fünfzig, abgeleitet vom griechischen Wort »Pentakoste«. Pfingsten bedeutet also: Gottes Geist setzt in Bewegung – wie Wind, wie Feuer. Die christliche Gemeinde entsteht. Die Kirche feiert Geburtstag. Und deshalb dürfen wir in unseren Gottesdiensten in der Pfingstzeit alle singen: *Happy birthday, liebe Kirche, happy birthday to you!*

29. MAI

Frischer Wind

Frischer Wind zu Pfingsten. Ein besonderer Wind, Gottes Geist, der die Angst vertreibt, der in Bewegung setzt, Menschen mit Freude erfüllt, sie singen und tanzen lässt. Vielleicht denkt mancher: Ich kann mir das gar nicht vorstellen, wie so was passieren kann. – Da erzählt ein Mann, wie er 1954 die Weltmeisterschaft erlebt hat. Er war damals neun Jahre alt und wohnte im Ruhrpott: »Das Endspiel habe ich am Radio verfolgt. Einer der Jungen aus unserer Straßenmannschaft hatte alle zu sich nach Hause eingeladen. Sein Vater war Bergwerksdirektor, und da stand ein wunderbar neues, großes Radio im Wohnzimmer. Wir saßen alle in dem geräumigen Wohnzimmer, mindestens 20 Leute, die ganze Mannschaft und auch viele Eltern. Als die Ungarn mit 2:0 führten, gingen einige enttäuscht hinaus. Beim Anschlusstreffer durch Max Morlock zum 1:2 war der Jubel noch sehr verhalten, aber als Helmut Rahn das 2:2 erzielte, gab es ein großes Gebrüll, und diejenigen, die weggegangen waren, kamen zurück. Tohuwabohu brach aus, als es 3:2 für Deutschland stand – ebenfalls durch Rahn –, und nachdem das Spiel abgepfiffen worden war, liefen wir in den Garten und tanzten vor Glück.«
Und das »nur« wegen Fußball, weil Deutschland die Weltmeisterschaft gewonnen hatte. Pfingsten geht es um noch viel mehr. Jesus Christus hat gewonnen, hat triumphiert gegen alle dunklen und bösen Mächte. Er ist der Herr der Welt. Er ist bei uns alle Tage (Mt 28,20). Er lässt uns niemals allein. Das haben die Jünger begriffen. Davon wurden sie erfüllt. Frischer Wind zu Pfingsten. Gottes Geist hat sie gepackt und in Bewegung gesetzt. Sie liefen hinaus, sangen und erzählten von Gott, tanzten und freuten sich. Und das soll und kann auch heute geschehen. In der Pfingstzeit feiern wir, dass Gott uns die Angst nimmt. Dass er uns mit Freude erfüllt. Dass wir von der Gewissheit gepackt sind: Jesus lebt.

Wir machen mit

Wir sind die Kleinen in den Gemeinden, doch ohne uns geht gar nichts, ohne uns geht's schief. Wir sind das Salz in der Suppe der Gemeinde. Egal, was andre meinen, wir machen mit.« So sangen die Kinder im Familiengottesdienst. Ein fröhliches Lied, ein begeisterndes Lied, ein Pfingstlied! Gottes Geist setzt in Bewegung. So war das damals in Jerusalem. Menschen, die sich nicht auf die Straße wagten, die nicht wussten, wie es weitergehen sollte, wurden gepackt, erfüllt mit einer großen Freude. Sie sangen, jubelten und erzählten fröhlich und ohne Scheu von Jesus, der auferstanden ist und lebt. Von dem Jesus, der auch Zeit hatte für die Kinder, sich freute, als sie zu ihm kamen, sich gern stören ließ und sie segnete: »Lasset die Kinder zu mir kommen und wehret ihnen nicht, denn solchen gehört das Himmelreich« (Mt 19,14). Sie haben einen Platz – bei ihm, in der Gemeinde, in Gottes Reich. »Egal, was andre meinen, wir machen mit!«

Pfingsten: Gottes Geist setzt in Bewegung, bringt Kleine und Große dazu, mitzumachen in der Gemeinde, ihre Gaben und Fähigkeiten einzusetzen im Reich Gottes. Und nicht nur Kinder. Eine Frau war querschnittsgelähmt und weithin bewegungsunfähig. An Rollstuhl und Bett gefesselt, litt sie häufig unter starken Schmerzen. Und doch war sie voller Unternehmungsgeist, machte sie sich weltweit nützlich. Ausgeblasene Eier bemalen – das konnte sie, und zwar wunderschön. Und die ließen sich verkaufen zugunsten eines Slum-Projektes auf den Philippinen. Sie sorgte für zahlreiche Patenkinder, betete für viele Menschen und sprach manchem durchs Telefon Mut zu. Diese Frau singt mit im Chor der Kinder: »Egal, was andre meinen, wir machen mit.« Und das wünsche ich Ihnen, dass auch Sie sich von Gottes Geist in Bewegung setzen lassen und mitmachen.

Barmen

Nein, keine Schleichwerbung für eine Versicherung, sondern eine Stadt, in der Unerhörtes geschehen ist: Vom 29.–31.5.1934 haben Kirchenvorsteher (Älteste) und Pfarrer hier getagt und den Mut gehabt, Gott mehr zu gehorchen als den Menschen (Apg 5,29), und die »Theologische Erklärung« verabschiedet. – Einer von ihnen war Hermann Steen, Pastor in Holthusen, einem Dorf im Rheiderland. Als wir ihn und seine Frau Ende der Siebziger besuchten, erzählten sie uns auch von der schweren Zeit im Dritten Reich.

»Die große Propaganda der Nationalsozialisten war bereits angelaufen. Viele Gemeindeglieder waren damals arbeitslos und leicht beeinflussbar. Daneben gab es eine kleine Schar von Leuten, die sich in dieser Hinsicht etwas sagen ließ.« In der ersten Zeit hat er in Holthusen Vorträge über das Wesen des totalen Staates gehalten, indem er eine Woche lang zum Montag die Familien mit den Hausnummern 1 bis 100 einlud, zum Dienstag 101 bis 200 usw. bis 700. Dadurch trat ein Wandel ein.

Natürlich gab es auch Gegenwind. Die Geheime Staatspolizei führte Haussuchungen und Verhöre durch, die Kirche sperrte fast ein Jahr lang das Gehalt. Doch in der Gemeinde fanden die Steens auch viel Unterstützung: Der Schneidermeister fertigte die Anzüge umsonst, der Kaufmann belieferte sie mit Wurst. Und ein Kollege unterstützte ihn monatlich mit einem festen Betrag. Hermann Steen, einer, der Gott mehr gehorchte als den Menschen und die Theologische Erklärung von Barmen mitunterzeichnete. In These 1 heißt es: »Jesus Christus, wie er uns in der Heiligen Schrift bezeugt wird, ist das eine Wort Gottes, das wir zu hören, dem wir im Leben und im Sterben zu vertrauen und zu gehorchen haben …«

Kinder

Was ist ein Kind? So wurden Studenten gefragt. Und es war schon merkwürdig: Viele konnten oder wollten keine Antwort geben. Zu seltsam fanden sie die Frage. Nach etlichem Zögern sagten dann einige: »ein kleiner Mensch, aber ein richtiger Mensch«, »jemand, der noch viel lernen muss«, »jemand, der Arbeit macht und Geld kostet«, »einer, der besonders auf andere angewiesen ist«, »eine Gabe Gottes«. Und mir kommen Aussprüche in den Sinn: »Kinder können warten!« »Das ist nichts für Kinder!« »Kinder haben Zeit!« »Kinder können im Bus aufstehen!« »Kinder haben zu gehorchen!« »Kinder sind nicht erwünscht!« Nicht ohne Grund gibt es das Schlagwort von der kinderfeindlichen Gesellschaft. Die Worte des Philosophen Sokrates sind nach wie vor aktuell: »Warum, Mitbürger, setzt ihr Himmel und Erde in Bewegung, um Reichtum anzuhäufen, und kümmert euch dabei so wenig um eure Kinder, denen ihr doch eines Tages alles überlassen müsst?« Und Herbert Grönemeyer singt: »Gebt den Kindern das Kommando ... Wir werden in Grund und Boden gelacht. Kinder an die Macht!«

Jesus und die Kinder: Eine spannende Szene! Die Jünger streiten sich, wer der Größte ist im Reich Gottes. Da ruft Jesus ein Kind zu sich, stellt es in ihre Mitte und sagt: »Wahrlich, ich sage euch: Wenn ihr nicht umkehrt und werdet wie die Kinder, so werdet ihr nicht ins Himmelreich kommen« (Mt 18,3). Jesus ist nicht nur für Kinder da. Mehr noch: sie sind Vorbilder für die Großen! Kinder können vertrauen. Sie können sich beschenken lassen. Sie freuen sich und sind dankbar. Als Erwachsene fragen wir immer gleich: »Wie kann ich das gutmachen?« Vor Gott sind wir Kinder. Wie ein kleines Kind können wir ihm vertrauen und sagen »Abba«: Papa. Wie ein Kind dürfen wir uns von ihm überreich beschenken lassen: Er hat uns lieb.

Da war Gott aber gut zu dir

Auch wenn er manchmal tagsüber so viel zu tun habe, dass er beim Abendgebet einschlafe – auf alle Fälle beende er jeden Tag mit einem Gebet, sagt Jürgen Klopp, ehemaliger Kulttrainer vom BVB Dortmund und nun vom FC Liverpool. »Grundsätzlich gibt es in meinem Leben unglaublich viele Gründe, mich im Minutentakt bei Gott zu bedanken. Aber auch in Phasen, in denen es mir nicht immer so gut ging, war mein Glaube gleich stark.«
Gott danken, der uns beschenkt – dazu ermuntert auch Paulus: Gott hat »sich selbst nicht unbezeugt gelassen, hat viel Gutes getan und euch vom Himmel Regen und fruchtbare Zeiten gegeben, hat euch ernährt und eure Herzen mit Freude erfüllt« (Apg 14,17). Gut, wenn wir uns diesen Blick dafür bewahren. Ein Mann hatte aus seinem Leben erzählt. Als er fertig war, meinte ein anderer: »Da war Gott aber gut zu dir.« So hatte er sein Leben noch nie gesehen. Es war für ihn alles selbstverständlich gewesen. Nie hatte er daran gedacht, Gott für etwas zu danken. Wie Schuppen fiel es ihm von den Augen. Er sah sein undankbares Wesen und gleichzeitig die vielen Zeichen der Liebe Gottes: dass er leben durfte, dass er vor vielen Gefahren bewahrt worden war, dass Menschen es gut mit ihm meinten. Und sein erstes Gebet nach Jahren der Gleichgültigkeit war: »Herr, vergib mir, dass ich so undankbar gewesen bin.«
Es stimmt, längst nicht alles habe ich mir in meinem Leben verdient. Mancher mag es Zufall nennen, manche sagen Schicksal dazu. Doch ich halte daran fest: Hinter diesen Geschenken, ohne die ich nicht leben könnte, hinter dem Segen, der hervorbringt, was ich so nötig habe, steckt Gott, der gut zu uns ist.

Geliebt

Kaiser Friedrich II. (1211–1250) regierte auf der Insel Sizilien. Er wollte herausfinden, wie Kinder reden, wenn sie nie jemanden hören. Welche Sprache fangen Menschen von selbst an zu sprechen? Dazu schickte er seine Diener in ein Findelheim. Sie sollten ihm fünfzig Säuglinge bringen, die erst wenige Wochen alt waren. Der Kaiser bestellte für jedes Kind eine Pflegerin, die ihm alles geben sollte, was es brauchte: Essen, Trinken und Kleidung. Nur eines durfte die Pflegerin nicht: Kein liebes Wort, kein freundliches Anlachen! Welche Sprache haben die Kinder erlernt? Die Geschichte erzählt: keine! Alle Kinder blieben stumm. Sie lernten weder sprechen noch spielen noch arbeiten. Sie lernten auch nicht, sich zu freuen, und sie lernten nicht zu danken. Sie lernten nicht zu denken und zu fragen, und sie lernten nicht zu lieben. Sie verkümmerten – und starben.

Ein Reporter fragte den Gefängnispfarrer: »Was sind Ihre schwierigsten Fälle?« Darauf kam sofort und bestimmt die Antwort: »Diejenigen, denen beim Wort ›Mutter‹ nichts Gutes einfällt.« Doch wenn ein Kind Liebe erfährt, wachsen Vertrauen, Hoffnung, Lebensmut. Und genau darum geht es dem Apostel Paulus in seinem Brief an die Christen in Galatien: Wir sind von Gott geliebte Menschen. Nein, da steht nicht einer mit erhobenem Zeigefinger vor uns. Sondern der, der uns liebt und dessen Liebe uns verändert. Wer Gottes Liebe erfahren hat, der wird sich wie ein kleines Kind geborgen wissen und voller Vertrauen nach vorn schauen. Und sein Leben wird gezeichnet sein von den Früchten des Geistes Gottes: »Die Frucht, die der Geist Gottes hervorbringt, besteht in Liebe, Freude, Frieden, Geduld, Freundlichkeit, Güte, Treue, Rücksichtnahme und Selbstbeherrschung« (Gal 5,22–23, NGÜ).

Der Reichtum der Kirche

Es war die Zeit der Christenverfolgung in der Mitte des dritten Jahrhunderts. Zusammen mit sechs weiteren jungen Männern war Laurentius ein Diakon des römischen Bischofs Sixtus II. Ihre Hauptaufgabe war die Versorgung der Armen in der Stadt. Unermüdlich sammelten sie Spenden und verteilten sie an die Armen, Kranken und Behinderten. Bei den Bürgern der Stadt gewann Laurentius wegen seines Einsatzes hohes Ansehen. Das rief Neid und Missgunst bei den Mächtigen hervor. Erstes Opfer der Christenverfolgungen unter Kaiser Valerian wurde der Papst. Wenig später stand auch Laurentius vor dem Kaiser. Der verlangte die Herausgabe des Kirchenschatzes. »Lass mir drei Tage Zeit«, antwortete Laurentius, »und ich werde dir den ganzen Reichtum der Kirche bringen.« Während dieser Zeit verteilte er die noch vorhandenen Güter unter den Armen. Als Valerian nach drei Tagen den Kirchenschatz in Empfang nehmen wollte, präsentierte ihm Laurentius kein Geld, sondern Menschen: die Armen und Kranken Roms. »Sieh«, sagte er, »das ist der Reichtum der Kirche.«
Das Engagement durch Hilfsaktionen in diakonischen Einrichtungen hier und in aller Welt ist keine Nebensache, um die sich die Kirche auch kümmern könnte, sondern ihr Wesensmerkmal. Hier werden die Schätze der Kirche gepflegt. Wir brauchen fröhliche Gottesdienste, Engagement für die Jugend, festliche Ereignisse wie Kirchentage. »Gehet hin in alle Welt ...« Der Auftrag der Verkündigung bleibt. Doch der Reichtum der Kirche begegnet uns in den Menschen, die unsere Hilfe brauchen. »Brich mit den Hungrigen dein Brot«, ruft der Prophet im Auftrag Gottes (Jes 58,7), »und die im Elend ohne Obdach sind, führe ins Haus. Wenn du einen nackt siehst, so kleide ihn und entzieh dich nicht deinem Fleisch und Blut.«

Der Virtuose

Großartig, was Pfingsten in Gang gesetzt wurde: »... und sie wurden alle erfüllt von dem Heiligen Geist und fingen an zu predigen in anderen Sprachen, wie der Geist ihnen gab auszusprechen. Sie blieben aber beständig in der Lehre der Apostel und in der Gemeinschaft und im Brotbrechen und im Gebet« (Apg 2,4.42).

Dieser Geist inspirierte sie und gab ihnen einen guten Zusammenhalt. Bis heute leben Christen und Gemeinden von diesem tröstlichen und Gemeinschaft stiftenden Geist Gottes. – Eine der schönsten Erklärungen für das, was Pfingsten, das Fest des Heiligen Geistes, bedeuten kann, hat für mich der Kabarettist Hanns Dieter Hüsch gegeben. Was den Heiligen Geist betrifft, so müsse man wissen, dass Gott leicht sei und nicht schwer. Gott sei schwierig, kompliziert und hochdifferenziert, aber nicht schwer, schreibt Hüsch.

»Gott ist das Lachen, nicht das Gelächter. Gott ist die Freude, nicht die Schadenfreude; das Vertrauen, nicht das Misstrauen, er gab uns den Sohn, um uns zu ertragen, und er schickt seit Jahrtausenden den Heiligen Geist in die Welt, dass wir zuversichtlich sind; dass wir uns freuen; dass wir aufrecht gehen ohne Hochmut, dass wir jedem die Hand reichen, ohne Hintergedanken und im Namen Gottes Kinder sind ... in allen Teilen der Welt ... eins und einig und Fantasten dem Herrn werden, von zartem Gemüt und fassungsloser Großzügigkeit und von leichtem Geist.«

Es lohnt sich, diese Erklärung immer wieder zu hören. Oder wie Hanns Dieter Hüsch es ein anderes Mal so schön ausgedrückt hat: »Ich zum Beispiel möchte immer Virtuose sein, was den Heiligen Geist betrifft – so wahr mir Gott helfe.«

6. JUNI

Und keinem ist mehr kalt

Siehst du, wenn du nicht so getrödelt hättest, wäre uns der Zug nicht vor der Nase weggefahren!«, ruft die Mutter böse. Der Vater geht ohne ein Wort zur Theke und lässt sich einen Korn einschenken. »Nun sitzen wir bei all den Ausländern zwei Stunden hier im Wartesaal herum, frieren und öden uns an!« Die Mutter sieht sich wütend um. Sie haben wohl Spätschicht gehabt und warten auf den letzten Zug. Ingrid sitzt zusammengeduckt und ängstlich da. Wenn die Eltern sich bloß nicht wieder zanken. Da holt auf einmal ein Spanier seine Gitarre heraus und klimpert ein paar Akkorde. Ein anderer stampft ein paar Mal mit dem Fuß auf, wagt einige zögernde Schritte und beginnt dann in schnellem Rhythmus zu tanzen, während der andere mit harter, kehliger Stimme dazu singt. Die anderen klatschen den Rhythmus mit. Die Gespräche verstummen. Immer wieder werden Tänzer und Spieler angefeuert. »Mehr, mehr!«, rufen die wenigen Deutschen. Mutter ruft auch laut mit. Vater ist dicht hinter Mutter getreten. »Ist das nicht großartig!«, sagt er bewundernd. »Besser als im Fernsehen!«, antwortet Mutter ihm lachend. »Ich friere gar nicht mehr!«

Großartig, wie mit einem Mal in die Bahnhofsgaststätte eine ganz andere Stimmung einzieht. Die Kälte schwindet, auf einmal trennen die unterschiedlichen Sprachen und Herkünfte nicht mehr, alle werden in diesen Sog der Begeisterung und Freude mit hineingezogen. Und keinem ist mehr kalt! Wie damals in Jerusalem, als die Jünger beieinander waren und plötzlich ein gewaltiges Brausen erschien. »Und sie wurden alle erfüllt vom Heiligen Geist und fingen an zu predigen in anderen Sprachen ...« (Apg 2,4). Das war genauso ansteckend – und noch mehr. Gottes Geist setzt in Bewegung, macht aus Jüngern voller Angst Begeisterte, die gleich auf die Straßen gehen und anfangen zu predigen.

In seinen Armen

Jakob, der Betrüger, musste fliehen, weil er sich den Erstgeburtssegen seines Vaters erschlichen und seinen Bruder Esau hintergangen hatte. Nach vielen Jahren in der Fremde kommt er zurück: mit Frauen, Kindern und seinen Viehherden. Ja, Gott hat ihn gesegnet! »Esau kommt dir mit seinem Tross entgegen«, wird ihm gemeldet. Jakob schickt seine Boten noch einmal los, beladen mit Geschenken und Friedensgrüßen. Jetzt sitzt er hier an der Furt im tiefen Tal des Jabbok. Frauen, Kinder, sein ganzes Hab und Gut hat Jakob schon rübergebracht. Er ist allein, und die Nacht bricht herein. Wie wird Esau ihm begegnen? Seine ganze Familiengeschichte geht ihm durch den Kopf, als er plötzlich gepackt wird. Ein Wesen, ein Mann, er kann es gar nicht sagen, versucht, ihn niederzuringen. Jakob nimmt alle Kraft zusammen. Keiner kann den anderen wirklich bezwingen, aber Jakob hat seinen Gegner fest im Griff. Der eine oder andere Schlag trifft ihn zwar, aber er erlebt das wie in Trance. Er spürt keinen Schmerz. Er will das nur durchstehen. Da hört er den anderen: »Lass mich gehen, denn die Morgenröte bricht an!« Aber Jakob ruft: »Ich lasse dich nicht los, wenn du mich nicht segnest« (1. Mose 32,27).
Nie wird er diese Stimme vergessen, die jetzt zu ihm spricht: »Du sollst nicht länger Jakob heißen, sondern Israel. Das heißt: Gottesstreiter.« Einer, der Frieden und Versöhnung stiftet. Erschöpft steigt er aus dem Fluss, verletzt, hinkend. Aber er atmet durch. Und er spürt mit einem Mal: Gott ist mir nah, der Gott, der mich die ganze Zeit geführt und seine Hand über mich gehalten hat. Er hat mich gesegnet. Er schließt mich in seine Arme. Ich bin bei ihm geborgen. Übrigens, nur wenige Stunden später kommt es zur Versöhnung der beiden Brüder: »Esau aber lief ihm entgegen und herzte ihn und fiel ihm um den Hals und küsste ihn und sie weinten« (1. Mose 33,4).

8. JUNI

Der Heilige Geist und die Elektrizität

Da erzählt einer: Mein Onkel war Elektromeister. Als Kind begleitete ich ihn oft, wenn er zu Reparaturen in die Häuser gerufen wurde. In einem Haus war die gesamte elektrische Anlage ausgefallen. Der Handwerksmeister überprüfte alles. Die Leitungen waren in Ordnung, die Glühlampen nicht defekt, die Haushaltsgeräte neu. Aber es war nirgendwo elektrischer Strom in den Leitungen.

Wo war der Hausanschluss für die gesamte Anlage? Keiner der Hausbewohner wusste es. Nach einigem Suchen fand ihn mein Onkel und entdeckte dort eine Unterbrechung der Leitung. Er reparierte den Defekt, und die elektrischen Leitungen standen wieder unter Strom: Die Lampen gaben Licht, die elektrischen Geräte funktionierten, die Bewohner freuten sich.

Der Heilige Geist ist wie der Strom, ist wie die Kraft, die durch die Leitung fließt, die Kraft, die Lampen zum Leuchten bringt – und zwar im ganzen Haus. Der Heilige Geist ist eine Kraft, die verbindet. Sie verbindet uns mit Gott. Und wir spüren: Wir gehören zu ihm. Und wir gehören zusammen: Kinder und Erwachsene, alle Völker und Nationen. Keiner ist ausgeschlossen: »... und sie wurden alle erfüllt von dem Heiligen Geist« (Apg 2,4).

In einem Pfingstlied heißt es: »Der Geist des Herrn durchweht die Welt gewaltig und unbändig; wohin sein Feueratem fällt, wird Gottes Reich lebendig. Da schreitet Christus durch die Zeit in seiner Kirche Pilgerkleid, Gott lobend: Halleluja« (EG 566).

Begeistert

Wann waren Sie das letzte Mal »begeistert«? Als Sie im Kreißsaal Ihr Kind in den Armen hielten? Als Ihr Chef Ihnen mitteilte, dass aus dem befristeten Arbeitsverhältnis eine feste Anstellung würde? Als Sie ein spannendes Fußballspiel miterlebten? Vielleicht fallen Ihnen auch ganz andere Ereignisse ein. Ob Sie dabei auch an Kirche denken? Wohl eher weniger. – Drei Damen klagten über den Rückgang des Gottesdienstbesuches. »In unserer Gemeinde«, sagt die erste, »sitzen manchmal nur vierzig Leute in der Kirche.« »Das ist ja noch ganz gut«, entrüstet sich die zweite. »Bei uns sind es oft nur fünf oder sieben.« Sagt die dritte: »Da könnt ihr ja noch froh sein! Bei uns, also immer, wenn der Pastor sagt ›Geliebte Gemeinde‹, dann werde ich rot.«
So weit ist es in unseren Gemeinden zwar noch nicht. Doch irgendwie hat man den Eindruck: Es wird eher weniger als mehr. Kirche ist auf dem absteigenden Ast. – Aber nein, das stimmt nicht. Ich könnte von Christen aus Afrika und Asien berichten und wie Gottes Geist dort begeistert. Gemeinden wachsen, oft unter Anfeindungen und schwierigsten Umständen. Ich kann aber auch erinnern, was bei uns alles möglich ist. Wie viele ehrenamtliche Mitarbeiter/innen sind bei uns im Einsatz: im Kindergottesdienst und in der Chorarbeit, in der praktischen Diakonie und in der Gemeindeleitung. Und wir feierten einen musikalischen Gottesdienst mit mehr als 150 Sänger/innen und Instrumentalisten. Sie sangen und lobten den Gott, der damals Menschen begeisterte und auch heute mitten unter uns handelt und wirkt. Was wir brauchen: offene Augen und eine fröhliche Erwartung, in der wir Hoffnungen nicht begraben, sondern Gottes Geist etwas zutrauen. »Wenn aber jener, der Geist der Wahrheit, kommen wird«, verheißt Jesus, »wird er euch in alle Wahrheit leiten« (Joh 16,13).

Lidice

Kennen Sie Lidice? An diesem Ort ist Grausames geschehen. Doch der Reihe nach: Bei einem Attentat war Reinhard Heydrich, Gestapo-Chef in Prag, ums Leben gekommen. Als Vergeltungsaktion beschließen die Nationalsozialisten, eben dieses Dorf auszurotten und von der Landkarte zu tilgen. Und so geschieht es.

Am Morgen des 10. Juni 1942 werden Frauen und Kinder abtransportiert in Konzentrationslager oder, falls »rassisch geeignet«, in »deutsche Umerziehung«. Nur wenige kommen nach Kriegsende zurück. Die 173 Männer, von einem vierzehnjährigen Jungen bis zum 73-Jährigen Pfarrer, werden erschossen. Die Häuser werden gesprengt, der Friedhof vernichtet. Lidice wird planiert und von Ackererde bedeckt. Die Nazis sind so stolz auf ihr Werk, dass sie die ganze Aktion minutiös filmen und fotografieren.

Dieses Dokumentationsmaterial ist heute in Lidice zu besichtigen, zu sehen und zu hören. Denn Lidice lebt. Menschen aus aller Welt haben den Ort in der Nähe wieder aufgebaut. Das planierte Gebiet ist Gedenkstätte und Museum geworden. Im Garten der Freundschaft und des Friedens blühen Rosen aus den meisten Ländern der Erde. Die Rose von Lidice ist zum Symbol der Versöhnung geworden. Aber Versöhnung findet nur mit Menschen statt, die verzeihen können. Und die Gott immer wieder um Frieden bitten: »Frieden gabst du schon, Frieden muss noch werden, wie du ihn versprichst uns zum Wohl auf Erden. Hilf, dass wir ihn tun, wo wir ihn erspähen – die mit Tränen säen, werden in ihm ruhn« (EG 170,3).

Cacau

Kennen Sie Claudemir Jerônimo Barreto? Besser bekannt als Cacau, ehemaliger brasilianisch-deutscher Fußballspieler und heute Integrationsbeauftragter des DFB. Ein Reporter fragte ihn mal: »Man hat das Gefühl, dass jeder Brasilianer an Gott glaubt.« Darauf erklärt Cacau, dass kein Mensch als Christ auf die Welt kommt. Man muss sich entscheiden, ob man mit Gott leben will oder nicht. Zu Hause sei er überhaupt nicht christlich erzogen worden. Ein Mitspieler in der Jugend habe ihm bei einem Wochenendturnier von Jesus erzählt. Und als sein älterer Bruder Vlademir sich taufen ließ, war auch Cacau neugierig geworden, wie Gott es schaffen konnte, einen Menschen so zu verändern. Er sei immer das schwarze Schaf in der Familie gewesen, aber habe plötzlich eine ganz andere Art gehabt, mit Menschen umzugehen, und begann, ein ehrliches Leben zu führen.

Er glaubt, dass Christsein für ihn deswegen so interessant wurde, weil er die verändernde Kraft Gottes mit seinen eigenen Augen sehen konnte. Als er später mit seinem Bruder in den Gottesdienst gegangen ist, hatte er das Gefühl, dass er genau dort hingehöre. »Irgendwann hat es dann bei mir Klick gemacht, und ich wollte auch diesen Frieden haben, den mein Bruder gefunden hatte.« »Was hat sich denn in deinem Leben verändert?«, fragt der Reporter. Und dann erzählt Cacau, dass er früher oft sehr jähzornig sein konnte und dass Gott da ein echtes Wunder bei ihm getan hat. Auf einmal merkte er, wie ihn ein echter Friede durchströmte und wie er einen Draht zu Gott entwickelte. Er füllte die leeren Stellen in seinem Herzen mit Liebe. »Ich glaube, Gott will einfach, dass wir Menschen merken, wie sehr er uns liebt. Das ist, als käme man nach einer langen Reise endlich nach Hause.« »Dieser mein Sohn war tot und ist lebendig geworden; er war verloren und ist gefunden worden« (Lk 15,24).

Die Prinzessin und der Frosch

Ein altes orientalisches Märchen erzählt uns von einer hübschen Prinzessin. Eines Tages ging sie im Wald spazieren, als sie einem Frosch begegnete. Der grüßte sie mit ausgesuchter Höflichkeit. Die Prinzessin erschrak bis ins Mark, als sie den Frosch mit menschlicher Stimme sprechen hörte. Doch der Frosch sprach: »Ihre Königliche Hoheit, in Wahrheit bin ich ein Prinz. Eine böse Hexe hat mich in einen Frosch verwandelt.« Die Prinzessin hatte ein mildes Herz und fragte: »Kann ich irgendetwas tun, um diesen Zauber zu brechen?« »Ja«, antwortete der Frosch, »die Hexe sagte, dass der Bann gebrochen sei, wenn ich eine Prinzessin fände, die mich liebte und die drei Tage und drei Nächte bei mir bliebe. Dann würde ich wieder in einen Prinzen verwandelt.« Die Prinzessin konnte sogar schon den Prinzen in dem Frosch sehen. Sie nahm ihn mit in den Palast, worauf alle riefen: »Was für ein widerliches Geschöpf!« Doch sie entgegnete: »Nein, das ist kein widerliches Geschöpf, sondern ein Prinz!« So behielt sie den Frosch Tag und Nacht bei sich. Nach drei Tagen und drei Nächten wachte sie auf und sah den schönen jungen Prinzen, der ihr voll Dankbarkeit die Hand küsste, denn sie hatte den Zauber gebrochen und ihn wieder zum Prinzen werden lassen, der er gewesen war.

So wie diese Prinzessin ist Gott. Er sieht in uns nicht nur Menschen mit Fehlern und Schuld. Er sieht in uns Prinzessinnen und Prinzen. – Ich las den schönen Satz: »Ich möchte gern so sein, wie Gott mich haben will, weil er mich so behandelt, als wäre ich es schon.« Gott sieht in uns schon, was wir sein können: Menschen, die dankbar aus seiner Liebe leben und sie weitergeben. »Seht, welch eine Liebe hat uns der Vater erwiesen, dass wir Gottes Kinder heißen sollen – und sind es auch« (1. Joh 3,1)!

Glauben Sie an Engel?

Nicht einmal die DDR konnte ohne sie auskommen. Weil sie dem atheistischen Programm widersprachen, nannte man sie »geflügelte Jahresendzeitfiguren«. – Während einer Zugfahrt von Leipzig nach Ostberlin saß in einem Abteil ein Vater mit seinen beiden Söhnen. Damit es nicht so langweilig war, spielten die drei dieses Spiel: mit dem letzten Buchstaben eines Wortes musste ein neues Wort gebildet werden. Als der Vater nun mit einem »e« ein neues Wort bilden musste, äußerte er das Wort Engel. Sofort kam Protest des fünfjährigen Sohnes. Engel gäbe es doch gar nicht. Darauf sagte der Vater: »Das Wort ›Engel‹ gibt es schon; aber Engel existieren überhaupt nicht. Da hast du recht, mein Sohn.« Wirklich?

Im Schlafzimmer meiner Großeltern hing ein Bild, das mich als Kind sehr beeindruckte: Wie ein Schutzengel mit ernster Miene einen munteren Jungen über einen schwankenden Holzsteg geleitet. Als Jugendlicher fand ich das kitschig. Später merkte ich: Ich brauche Engel. Sie erzählen mir von Gott, öffnen mir den Blick auf die offenen Ränder der Alltagswirklichkeit. Rose Ausländer beschrieb das so: »Der Engel in dir freut sich über dein Licht, weint über deine Finsternis. Aus seinen Flügeln rauschen Liebesworte, Gedichte, Liebkosungen.« Er bewache unsere Wege und lenke unsere Schritte engelwärts.

»Der Engel des Herrn lässt sich bei denen nieder, die in Ehrfurcht vor Gott leben, er umgibt sie mit seinem Schutz und rettet sie« (Ps 34,8, NGÜ).

Ziemlich beste Freunde

Vielleicht haben Sie auch den Film »Ziemlich beste Freunde« gesehen. Die beiden Hauptpersonen sind der reiche Philippe, der seit einem Paragliding-Unfall querschnittsgelähmt und Pflegefall ist. Und Driss, ein junger schwarzer Mann, der nach sechsmonatiger Haftstrafe aus dem Gefängnis entlassen wurde, arbeitslos und ohne Perspektive ist. Doch was sich dann zwischen diesen beiden ganz »Schwachen« der Gesellschaft entwickelt, wie sie das Leben entdecken und meistern – das ist stark! Ich will nicht mehr verraten. Nur, dass der Film auf einer wahren Begebenheit beruht – und immer wieder wahr werden kann: wie eine ganz andere Kraft in Schwachen mächtig wird und sie verändert. Wenn schon geprahlt werden soll, meint Paulus, will er sich seiner Schwachheit rühmen. Denn hier kommt etwas ganz anderes zur Vollendung: die Kraft Christi. Im Griechischen heißt Kraft »dynamis«. Wie Dynamit, das alles, was einengt, sprengt und verändert. Paulus nennt nicht einfach das Schwache stark. Er tut nicht so, als wäre »schlecht« mit einem Mal »gut«. Aber er öffnet uns die Augen für die richtigen Maßstäbe. Er öffnet uns die Augen für Christus, der in uns und unter uns zum Zug kommen will – in unseren Stärken und Schwächen. Und genau das will er rühmen. Oder besser: den will er rühmen, Christus. »Meine Gnade genügt dir. Denn meine Kraft ist in den Schwachen mächtig« (2. Kor 12,9). Was wollen wir mehr? Was wollen die Korinther mehr? Es gibt nicht mehr. Und es muss auch nicht mehr geben. Denn es ist mehr als genug schon da: Trost genug, Gnade genug, Liebe genug, Kraft genug.

Jan Delay und die Hoffnung

Ein Lied für die Traurigen, die draußen sind, allein sitzen, die einfach nicht mehr weiterwissen. Er singt für die, die ausgepowert sind und denken, es geht nicht mehr weiter, die wie in einem Tunnel stecken und kein Licht sehen. »Du kannst die Sorgen nicht ertränken.« Nein, sie im Alkohol zu ertränken, ist keine Lösung, um mit Ängsten und Sorgen fertigzuwerden. Oder sie einfach in Hektik und Betriebsamkeit zu ersticken. Das bringt es nicht. Das ist keine Lösung. Doch was dann? »Wenn du denkst es geht nicht mehr, dann kommt von irgendwo diese Mucke her. Und sagt dir, sagt dir, dass alles besser wird. Und dass die Hoffnung als aller Letztes stirbt.« – Die Musik ist ihm wichtig. Als Fünfjähriger tanzte er begeistert zur Musik. Gerade 13 Jahre alt, gründete er seine erste Band. »Musik ist so schön. Sie ist das Beste im Leben. Schickt die Sonne in dein Herz. Und sie, sie trocknet deine Tränen. Sie ist immer für dich da und sie, sie nimmt dich in den Arm.«

Wirklich? Kann Musik das leisten? Ja, Musik ist eine Macht. Sie kann fröhlich machen oder traurig. Sie kann niederdrücken oder begeistern. Manche machen selbst Musik. Oder haben erlebt, wie sie wieder motiviert. Doch kann sie meine Tränen trocknen, mich in den Arm nehmen? Als wir im Konfirmandenunterricht darüber gesprochen haben, fragte ich die Jugendlichen, ob Gott in diesem Song vorkommt. Einer meinte: Gott singt das Lied. Ein anderer: Gott ist die Hoffnung. Oder: Gott ist die Sonne. Und eine meinte: Gott ist die Musik. Ja, wir könnten »Musik« durch Gott ersetzen. Tolle Idee! Gott schickt die Sonne in dein Herz. Gott trocknet deine Tränen. Gott ist für dich da, Gott nimmt dich in den Arm. Deshalb sagt Jesus: »Euer Herz erschrecke nicht. Glaubt an Gott und glaubt an mich« (Joh 14,1).

Ich bin Jesus

Will Willimon, Bischof einer Kirche in den USA, erzählte, was er als junger Pfarrer in einer kleinen, ländlichen Methodistengemeinde im Süden erlebte. Eines Abends, nach einem sehr schwierigen Treffen mit Kirchenfunktionären, stand Will draußen vor seiner Kirche, um den Text auf der Aushangtafel zu ändern. Alle anderen waren gegangen und so stand er dort, allein und frustriert. Während er noch unlustig vor sich hinwerkelte, schaute Will auf und bemerkte, dass ein seltsam aussehender Mann neben ihm stand. Der Mann mit ausgebeultem Hut und abgerissenem Anzug schien einer jener armen Obdachlosen zu sein. Er fragte Will: »Bist du der Prediger hier?«

»Ja, das bin ich.« Dann sagte der seltsame Gast: »Ich bin nur vorbeigekommen, um dir zu sagen, dass du den Mut nicht verlieren darfst. Du machst hier gute Arbeit und ich bin sehr stolz auf dich.« Will fragte den Mann, wer er denn sei, und war sehr verblüfft, als der Mann antwortete: »Ich bin Jesus.« Damit ging der seltsame Besucher einfach weiter die Straße hinunter. Kein Auto und kein Bus waren in Sicht, die ihn hätten mitnehmen können. Da lief Will ins Pfarrhaus direkt neben der Kirche und sagte zu seiner Frau: »Mir ist da gerade etwas sehr Seltsames passiert. Ein alter Mann in schäbiger Kleidung stand plötzlich neben mir und sagte, ich solle mich nicht entmutigen lassen, ich würde hier einen guten Job machen. Und dann, um dem Ganzen noch die Krone aufzusetzen, sagte er, er wäre Jesus.« Seine Frau schaute ihn ernst an und sagte: »Nun, und woher weißt du, dass er es nicht war?«

Gut, dass seine Frau so fragt, ihn ermutigt, offen zu sein. Gott ist überall. Manchmal begegnet er uns ganz unerwartet und überraschend – und stärkt uns, wenn wir es gerade brauchen. Denn »der Herr kennt die Seinen« (2. Tim 2,19).

Maus bleibt Maus

Nach einer alten indischen Fabel lebte eine Maus in ständiger Sorge, weil sie Angst vor der Katze hatte. Ein Zauberer hatte Mitleid mit ihr und verwandelte sie in eine Katze. Aber dann hatte sie Angst vor dem Hund. Also verwandelte sie der Zauberer in einen Hund. Da begann sie den Panther zu fürchten, also verwandelte sie der Zauberer in einen Panther. Nun hatte sie große Angst vor dem Jäger. Da gab der Zauberer auf. Er verwandelte sie wieder in eine Maus und sagte: »Nichts, was ich für dich tun kann, wird dir helfen, denn du hast das Herz einer Maus.«

Da gibt selbst der Zauberer auf. Maus bleibt Maus. Und Mensch bleibt Mensch. Auch zum Menschsein gehört Angst: die Angst vor der Zukunft, die Angst vor Krieg, die Angst vor dem Tod, die Angst vor Trennung ... Sicher, wir können so tun, als ob. Wir können uns cool und locker geben – doch tief drinnen bleibt die Angst, denn wir haben das Herz eines Menschen. – Vielleicht kennen Sie den Song, der vor jedem Fußballspiel in Liverpool vom ganzen Publikum angestimmt wird: »You'll never walk alone«. Ein Lied, das Mut macht, erhobenen Hauptes durch den Sturm zu gehen und keine Angst vor der Dunkelheit zu haben. Und auch dann mit Hoffnung im Herzen weiterzugehen, wenn sich Träume in Luft auflösen, weil man sich sicher sein kann, dass man nie alleine gehen wird.

Er geht mit uns, unser Gott, der uns kennt und liebt. Das hilft uns, mit unseren Ängsten umzugehen und zu leben. »Wenn mein Geist in Ängsten ist, so kennst du doch meinen Pfad« (Ps 142,4).

Was ich bin

Der Apostel Paulus schaut zurück und sagt: »Durch Gottes Gnade bin ich, was ich bin« (1. Kor 15,10). Große Freude spricht aus diesen Worten. Ja, er hat die Macht der Gnade Gottes am eigenen Leib erfahren. Vor seinen Augen werden Bilder von damals lebendig: wie er geeifert und gekämpft hat für seinen Glauben. Er war Schüler des berühmten Rabbi Gamaliel. Er war Pharisäer, fromm, gesetzestreu und pflichtbesessen.

Er wollte Schluss machen mit der Sekte der Jesusanhänger. Er hat sie verfolgt, sie in ihren Schlupfwinkeln aufgespürt und den Richtern ausgeliefert. Und dann kam jener Tag, kurz vor Damaskus war es. Da umleuchtete ihn ein helles Licht, da trat ihm der Auferstandene in den Weg, da hörte er seine Stimme: »Saul, Saul, was verfolgst du mich?« Als Triumphator wollte er in die Stadt einziehen – und jetzt muss er geführt werden wie ein kleines Kind, blind, hilflos, machtlos.

Dann, im Gespräch mit Hannanias musste Paulus erkennen, dass sein Schaffen, Streben und Wollen verkehrt war. Sein ganzes Lebensprogramm wurde auf den Kopf gestellt. Er erfährt die Gnade Gottes, die machtvoll in ihm wirkt – und aus einer »Fehlgeburt« (1. Kor 15,8) einen fröhlichen Apostel der Liebe Gottes macht. Paulus schaut zurück. Er sieht die Spuren der Vergangenheit. Er sieht aber auch das andere: die Spuren der Gnade Gottes. Ich, Paulus, bin ein von Gott geliebter Mensch. Er hat mein Leben umgestaltet, mich neu ausgerichtet und reich beschenkt.

Ich mache Ihnen, lieber Leser, einen Vorschlag: Stellen Sie sich auch vor den Spiegel. Schauen Sie sich fröhlich an. Und dann sagen Sie sich diese Worte zu: »Durch Gottes Gnade bin ich, was ich bin.« Ein von Gott geliebter Mensch.

Blaise Pascal

Am 19. Juni 1623 wurde Blaise Pascal in Clermont geboren. Mit 18 Jahren erfand er für seinen Vater, den Chef eines Steueramts, eine Rechenmaschine. Zwei Jahre zuvor hatte er bereits eine wichtige Abhandlung über die Kegelschnitte veröffentlicht. Von allem habe er die Ursache wissen wollen, erinnerte sich seine Schwester. Doch am meisten faszinierte ihn das rätselhafte Wesen Mensch, sein eigener Platz in der Schöpfung, seine Situation zwischen Verzweiflung und Selbstüberhebung. Heimatlos treibt er im Ungewissen, jede Sicherheit beginnt bald zu bröckeln. Der Mensch macht sich eine Maske zurecht, spielt den anderen den Fehlerlosen vor und glaubt am Ende selbst an seine Illusion. Während Blaise Pascal Erfolge feiert, ringt er mit Selbstzweifeln und hasst sich selbst für seine Menschenverachtung.

Aber längst schon ist ein anderer auf der Suche nach ihm, dessen Zuneigung keine Heuchelei und dessen Treue keine Illusion ist. In der Nacht des 23. November 1654 notiert er auf einem Zettel, den er im Rockfutter eingenäht fortan bei sich trägt: »Seit ungefähr abends zehneinhalb bis ungefähr eine halbe Stunde nach Mitternacht: FEUER. Gott Abrahams, Gott Isaaks, Gott Jakobs, nicht der Philosophen und der Gelehrten. Gewissheit, Gewissheit, Empfinden. Freude. Friede. Gott Jesu Christi. ›Das ist aber das ewige Leben, dass sie dich, der du allein wahrer Gott bist, und den du gesandt hast, Jesum Christum erkennen‹ (Joh 17,3). Ich habe mich von ihm getrennt, ich habe ihn geflohen, mich losgesagt von ihm, ihn gekreuzigt. Möge ich nie von ihm geschieden sein!« Bis an sein Lebensende hat Pascal mit Ängsten und Arroganz zu kämpfen. Aber er weiß jetzt, wer ihm Kraft für diesen Kampf gibt – und ihn mit seinen Fehlern liebt.

Orey

Orey ist drei Jahre alt, als seine Mutter hastig die Koffer packt und mit ihm fortläuft. Weg aus Kanada, weg von der Entscheidung des Richters, der ihrem Mann das Sorgerecht für den gemeinsamen Sohn zugesprochen hat. Seitdem ist Oreys Leben eine einzige Odyssee. Zuerst von Kanada nach Mexiko. Einige Jahre später dann nach Los Angeles. Seine Mutter heiratet noch zweimal, wird wieder geschieden und erzählt Orey, sein Vater sei nicht an ihm interessiert.

14 Jahre später surft Orey im Internet. Wie der 17-Jährige auf die Webseite der Missing Children Society of Canada gelangt, auf der sein Foto und sein richtiger Name stehen, weiß bis heute niemand. Aber weil ihn seine Zukunft nicht kalt lässt, will er mehr über seine Herkunft erfahren. Orey kennt dieses Bild aus dem Fotoalbum seiner Mutter.

Erst ist er verwirrt, dann beginnt er, Fragen zu stellen. Fragen nach seiner unglücklichen Vergangenheit. Fragen nach den Zusammenhängen. Fragen nach seinem Vater. So findet er schließlich die Wahrheit heraus: Sein Vater hat ihn gesucht und Oreys Bild im Internet veröffentlichen lassen. Er hat alles versucht und eingesetzt, um seinen Sohn eines Tages wieder zu sehen und zurückbekommen zu können.

Zeitungsreporter bestürmen Orey und wollen von ihm wissen, was die erste Frage ist, die er beim Wiedersehen seinem Vater stellen will. »Ich glaube«, diktiert Orey den Journalisten in die Notizblöcke, »ich werde ihn fragen, wieso er nie aufgegeben hat, mich zu suchen.« – Darüber staune ich, dass Gott nie aufgehört hat, nach mir zu suchen: »Der Menschensohn ist gekommen, zu suchen und selig zu machen, was verloren ist« (Lk 19,10).

Helgoland

Es war vor vielen Jahren. Vater fuhr mit uns Kindern nach Helgoland. Wir hatten einen schlechten Tag erwischt. Windstärke 7. Das Schiff schwankte nach links und nach rechts. Es wurde vorn hochgedrückt und dann hinten. Es ging allen schlecht. Viele standen an der Reling und fütterten die Fische. Eine ältere Dame war steif vor Angst. Und inmitten aller Unruhe und Hektik eine Szene, die ich nie vergessen habe. Ein kleines Mädchen, vielleicht drei Jahre alt, lag im Schoß der Mutter und schlief. Genau das bekennt der Psalmbeter, staunt und freut sich: »Von allen Seiten umgibst du mich und hältst deine Hand über mir« (Ps 139,5). Manchmal eine bedrängende Vorstellung: von allen Seiten umgeben – wie eine Stadt, die vom feindlichen Heer umzingelt ist, kurz vor der Erstürmung. Doch der Beter fühlt sich ganz und gar nicht bedrängt, nicht eingeschlossen oder sogar in Gefahr. Er weiß sich bei Gott geborgen.

Die alte Dame hatte sich schon sehr auf die große Reise gefreut, die sie mit ihrer Tochter unternehmen wollte. Doch dann erlitt sie einen Schlaganfall und musste stattdessen ins Krankenhaus. Als ich sie besuchte, war sie schon wieder auf dem Weg der Besserung, aber das Reden fiel ihr noch schwer. »Wie schön, dass es Ihnen bereits wieder besser geht«, sagte ich. »Es wäre doch schade gewesen, wenn das Leben ein so plötzliches Ende gefunden hätte.« »Das sehe ich anders«, antwortete sie mir stockend. »Eigentlich macht es keinen Unterschied, wo ich bin. Hier, in dieser Welt, begleitet mich mein Herr, und in seiner ewigen Welt wartet er auf mich. Immer ist er da. Was kann mir schon geschehen?« Wir schwiegen beide, und ich dachte: Wie recht sie hat! Und ich spürte, wie in diesen einfachen Worten der Frau ein Stück der Herrlichkeit Gottes aufleuchtete.

22. JUNI

Der Garten

Bei unserer Wanderung auf der Via de la Plata in Spanien begleitete uns eine Woche lang vom frühen Morgen an ein vielfältiges Konzert der Vögel, untermalt vom Ostinato des Kuckucks. Ganz unterschiedliche Töne und doch eine wundervolle Harmonie. Dazu eine üppige farbenprächtige Pflanzenwelt: Klatschmohn und Kornblumen, Ginster und Zistrosen. Dem können die Modemacher nicht annähernd das Wasser reichen. »Seht die Vögel unter dem Himmel an: sie säen nicht, sie ernten nicht, sie sammeln nicht in die Scheunen; und euer himmlischer Vater ernährt sie doch. Seid ihr denn nicht viel mehr als sie? Schaut die Lilien auf dem Feld an, wie sie wachsen: sie arbeiten nicht, auch spinnen sie nicht. Ich sage euch, dass auch Salomo in aller seiner Herrlichkeit nicht gekleidet gewesen ist wie eine von ihnen. Wenn nun Gott das Gras auf dem Feld so kleidet, das doch heute steht und morgen in den Ofen geworfen wird: sollte er das nicht viel mehr für euch tun?« (Mt 6,26.28–30).
Es ist großartig, was wir in der Natur alles entdecken können. Sicher, ich höre auch das Seufzen der Entenmutter, deren Küken gerade der Eichelhäher holte. Ich sehe den Storch, wie er durch die Wiese stolziert, gleich zuschnappen und mit dem Frosch davonfliegen wird. Und die Bäume der Wälder klagen über Trockenheit und Parasiten. Nein, es ist nicht alles heil und gut, noch kein Paradies. Doch wenn es hier schon so schön ist, so viel zu staunen und zu bewundern gibt, wie wird es dann erst in seinem Garten sein? So weitet sich der Horizont, und Paul Gerhardt blickt auf den ganz anderen, weit größeren und schöneren Garten – nicht welt- und lebensmüde, sondern voller Neugier und Erwartung. »Verleihe, dass zu deinem Ruhm ich deines Gartens schöne Blum und Pflanze möge bleiben« (EG 503,14).

Sammy Kuffour

Erinnern Sie sich noch an Sammy Kuffour? Von 1993–2005 war er Abwehrspieler bei Bayern München und ebenso bekannt für seinen fröhlichen Glauben wie für seine etwas raubeinige Spielweise. Nicht selten sah er die rote Karte. Im Aktuellen Sportstudio fragte ihn darum einmal ein Reporter: »Sie sind doch Christ. Wie passt das eigentlich dazu, dass Sie so oft vom Platz fliegen?« Zunächst zuckte Sammy Kuffour etwas hilflos mit den Schultern. Doch dann meinte der junge Mann aus Ghana, dass das schwer zu sagen sei. Gott habe ihn als einen leidenschaftlichen Menschen gemacht. Aber er sei sehr froh, dass er einen guten Papa im Himmel habe, der ihm alles vergibt. Als Christen leiden wir darunter, dass Glaube und Leben nicht immer übereinstimmen. Und natürlich wird das sehr bewusst wahrgenommen. Doch Christsein besteht nicht in irgendeiner moralischen Überlegenheit, trotz allem Bemühen, unseren Glauben zu leben. Christsein besteht vor allem in dem Wissen: »Ich brauche Gottes Vergebung täglich neu. Und nur durch seine Kraft kann es gelingen, dass meine natürlichen Veranlagungen Stück für Stück Veränderung erfahren.« Sammy Kuffour ist es im Laufe der Jahre gelungen, seine Leidenschaft auf dem grünen Rasen gezielter einzusetzen. Und nicht nur auf dem Spielfeld. In einem Interview fragte der Reporter: »Sie haben auch die Schattenseiten des Lebens kennengelernt. 2003 ertrank Ihre Tochter Godiva im Pool.« Darauf Sammy Kuffour: »Das war sehr, sehr traurig. Aber Gott hat es in etwas Gutes verwandelt. Ich habe eine Tochter verloren. Aber er hat mir zwei Söhne und eine weitere Tochter gegeben. Er hat mich gesegnet.« »Wie ein Vater seine Kinder liebt, so liebt der HERR alle, die ihn achten und ehren« (Ps 103,13, HFA).

24. JUNI

Zu einer Party würde ich auf jeden Fall einladen …

In einer Sportillustrierten wurden regelmäßig bekannte Fußballspieler vorgestellt, indem sie sich zu bestimmten Stichworten äußern mussten. Dabei auch: »Zu einer Party würde ich auf jeden Fall einladen …« Und »Auf keinen Fall einladen würde ich …« Interessant, bei diesem letzten Punkt hielten sich manche Sportler vornehm zurück. Andere aber nannten auch durchaus Namen, sagten, wen sie auf keinen Fall einladen würden: zum Beispiel Gegenspieler, Manager, Trainer – Menschen, mit denen sie schlechte Erfahrungen gemacht hatten, Menschen, die sie verletzt hatten, Menschen, mit denen es Streit gab. Jedenfalls: Das Tischtuch war zerschnitten.

Gott hätte allen Grund, zu uns zu sagen: Das Tischtuch ist zerschnitten. Meine Geduld ist am Ende. Wie oft habt ihr meine Liebe mit Füßen getreten, mich enttäuscht, meine ausgestreckte Hand ausgeschlagen, mir den Rücken zugedreht. Mit euch will ich nichts mehr zu tun haben. Ja, Gott hätte allen Grund, das zu sagen. Doch das Unbegreifliche geschieht: Jesus setzt sich mit Zöllnern und Sündern an einen Tisch. Und uns lädt er auch ein. Er weiß um unser Versagen. Er weiß um unsere Schuld. Und trotzdem sollen wir kommen. Trotzdem sind wir geladen. Denn er hat uns vergeben und unsere Schuld vergessen. Er lädt uns ein an seinen Tisch. Er bricht uns Brot und reicht uns Wein. Da ist nichts mehr, was uns trennt – kein böses Wort, kein Versagen, keine Schuld. Er hat vergeben. Und so können wir mit ihm feiern, Versöhnung feiern, Frieden feiern, heute schon. Und wenn Jesus gefragt worden wäre, wen er zu einer Party einladen würde, wen er an seinem Tisch dabeihaben will, wäre seine Antwort eindeutig und klar: »Kommt her zu mir alle, die ihr mühselig und beladen seid; ich will euch erquicken« (Mt 11,28).

Free your soul

Ob piano oder forte, Töne sagen mehr als Worte. Denn was wäre unser Leben, würde es Musik nicht geben. »Ein Irrtum«, ruft Friedrich Nietzsche. Und recht hat er! Musik ist eine starke Macht. Musik kann dein Herz heilen und deine Seele befreien: free your soul – wie der Titel eines neuen Songs heißt.

Vor einigen Wochen kam ein neuer Sänger in den Chor, erzählte uns eine Chorleiterin. Wir alle nahmen ihn herzlich auf. Bei den Proben und auch hinterher war er sehr in sich gekehrt, ja oftmals traurig. Nach einiger Zeit sprach ich ihn direkt an und er erzählte mir wie viel Kummer er hatte. Vor drei Wochen sangen wir dann in der benachbarten Großstadt bei einem Benefizkonzert zugunsten von Flutopfern. Horst, der Neue, war das erste Mal bei einem Auftritt mit dabei. Die Halle war bis auf den letzten Platz gefüllt. Als wir unsere Lieder gesungen hatten, verbeugte ich mich vor den Menschen und sah, dass viele weinten, weil die Musik so anrührend war. Als wir dann noch alle zusammensaßen, kam Horst zu mir, mit strahlenden Augen und sagte: »Das war so wunderschön heute, diese Musik und der Chor und diese tolle Gemeinschaft geben mir ganz viel Kraft, ich bin so froh, dass ich bei euch sein kann.«

Johannes Calvin sagte einmal: »Wir wissen aus Erfahrung, dass das Singen große Kraft und Wirkung hat, die Herzen der Menschen zu bewegen und zu entflammen, sodass sie Gott mit heiligerem und glühenderem Eifer anrufen und loben.« Deshalb lasst uns singen, heute, morgen, immer – ganz egal, was ist und was kommt. Musik kann die Herzen heilen und die Seele befreien. »Darum freut sich mein Herz und meine Seele ist fröhlich« (Ps 16,9).

Faszinierend

Wir stießen auf eine Gruppe alter korsischer Männer. Sie spielten ›Boule‹, eine Art ›Boccia‹. Meine Kinder blieben stehen und schauten den Korsen wie gebannt ins Gesicht. Die von viel Arbeit und hartem Leben gezeichneten Gesichter der Alten strahlten. Die Männer waren hingerissen von ihrem Spiel. Es war zu spüren, dass es ihnen Spaß machte. Und auch bei mir sprang ein Funke über. Es dauerte kaum zehn Minuten, da hatte ich Lust, Boule zu lernen« (nach Burghard Krause). – So laden diese Leute ein – einfach dadurch, dass sie mit Leidenschaft spielen. Ihre Ausstrahlung weckt Freude an Boule. Die Korsen haben keine Handzettel verteilt: »Gerade du brauchst Boule ...« Sie haben nur gespielt – und ihre Augen verrieten: Das ist toll!
Oder ein junger Mann erzählt: »Als wir vor fünf Jahren in dieses Neubaugebiet zogen, hätte ich es mir nicht träumen lassen, hier einmal Kirchenältester zu sein. Ich hatte keine besondere Beziehung zur Kirche. Aber dann kamen zwei Leute von der Kirchengemeinde in unsere Wohnung und fragten, ob sie uns irgendwie helfen könnten. Ja, das konnten sie. Denn als sie nach einer halben Stunde wieder gingen, wussten wir, wo in unserem Wohnviertel die besten Einkaufsmöglichkeiten waren, wie es mit den Verkehrsverbindungen bestellt war und wo wir unsere Tochter zum Kindergarten anmelden konnten. Diese Hilfsbereitschaft beeindruckte mich so, dass ich mir später ihren Gemeindebrief genau ansah. Bald fühlten sich meine Frau und ich in der Gemeinde wie zu Hause. Das mit dem Glauben kam von allein. Mit einer praktischen Hilfe fing es an, und plötzlich hatten wir eine neue Familie gefunden.« »So lasst euer Licht leuchten vor den Leuten, damit sie eure guten Werke sehen und euren Vater im Himmel preisen« (Mt 5,16).

Freundlich und deutlich

Es war im Herbst 1929. Im Gottesdienst in der Charlottenburger Herz-Jesu-Kirche kündigte Pfarrer Lichtenberg zum Schluss an, dass Mathilde Ludendorff am nächsten Abend um 20 Uhr eine Versammlung anberaumt hatte. Das Motto war »Austritt aus der Kirche«. Der Pfarrer forderte seine ganze Gemeinde auf, dort hinzukommen. Am folgenden Abend war der Saal schon eine Viertelstunde vor Beginn beinahe überfüllt. Etwa tausend Menschen waren gekommen. Die Versammlung wurde mit einer Rede voller Schmach und Hetze über den Papst und die Kirche eröffnet. Auch der zweite Redner forderte zum Austritt aus der Kirche auf. Als Pfarrer Lichtenberg sich zur Diskussion meldete, erhielt er fünf Minuten Redezeit. Ruhig bestieg er die Bühne und begann: »Ich habe bloß fünf Minuten Redefreiheit, ich will mich kurz fassen.« Er korrigierte sachlich die Fehler der Vorredner, dann schaute er auf die Uhr und sagte: »Nun haben wir noch zwei Minuten Zeit, jetzt singen wir das Te Deum.« Wie aus einem Mund erschallte: »Großer Gott, wir loben dich«. Ein Augenzeuge meinte: »Nirgendwo, auch in keiner Kirche, habe ich das Te Deum so herzlich, so stürmisch und bekenntnisfroh gehört wie hier. Mathilde Ludendorff verließ über den hinteren Bühnenausgang eilig den Saal.

Das finde ich stark. Pfarrer Lichtenberg und seine Leute verstecken sich nicht ängstlich im Schneckenhaus, ziehen sich nicht zurück. Sondern sie sind da, kommen zu jener Versammlung. Und dann schweigen sie nicht still, sondern der Pfarrer meldet sich zu Wort, nicht böse, nicht kleinlaut, sondern freundlich und deutlich. Und dann singen sie das Te Deum: »Großer Gott, wir loben dich« – herzlich, stürmisch, bekenntnisfroh. »Weil wir einen großen Hohenpriester haben, Jesus, den Sohn Gottes, ... so lasst uns festhalten an dem Bekenntnis« (Hebr 4,14).

Mensch läuft

Fisch schwimmt, Vogel fliegt, Mensch läuft.« Dieser Satz stammt von Emil Zátopek, dem erfolgreichsten Langstreckenläufer aller Zeiten und einem engagierten Christen. Übrigens, er ist zum Laufen gekommen, weil ihn sein Chef einfach angemeldet hat, obwohl er es gar nicht wollte. Doch der Arzt konnte am angeblich schmerzenden Knie nichts finden. Emil Zátopek lief, wurde Zweiter und genoss den Beifall. Schon fünf Jahre später war er Europameister über 5000 Meter, und 1948 wurde er in London bereits Olympiasieger über 10.000 Meter. Eine Strecke, auf der er sechs Jahre lang unbesiegt bleiben sollte. Insgesamt 18 Weltrekorde stellte er auf verschiedenen Strecken auf. Zur Legende wurde er bei den Olympischen Spielen 1952 in Helsinki, wo er dreimal Gold gewann.

Eine wichtige Randnotiz zu Helsinki: Die kommunistische Regierung sperrte einen jüngeren Sportler, weil er sich regimekritisch geäußert hatte. Zátopek erklärte sich solidarisch und wollte dann auch nicht nach Finnland reisen. Diesen Imageverlust konnte sich die Regierung nicht leisten und erlaubte den Start beider Sportler. Sich stark machen für andere! O-Ton Zátopek: »Jesus wird uns einmal fragen, was hast du für andere in meinem Namen getan?« Der später von den Kommunisten vom Oberst zum Hilfsarbeiter degradierte Weltsportler hat Höhen und Tiefen des Lebens kennengelernt. Was ihm immer wieder Mut gemacht hat? Zátopek: »Alle Bemühungen im Lebenskampf wären sinnlos, ohne Christus vor Augen zu haben. Der Glaube an Jesus vervielfältigt die menschlichen Kräfte.« »Lasst uns laufen mit Geduld in dem Kampf, der uns bestimmt ist, und aufsehen zu Jesus, dem Anfänger und Vollender des Glaubens« (Hebr 12,1–2). »Fisch schwimmt, Vogel fliegt, Mensch läuft.« In diesem Sinn: einen guten Lauf!

Unbegreiflich

Endlich ist der Tag der Einweihung des Tempels in Jerusalem gekommen. Unter König Salomo wurde das große Werk in Angriff genommen. Sieben Jahre lang hat man gebaut. Ausländische Spezialisten und Berater haben geholfen. Ein Riesenheer von Arbeitern war tätig. Kostbarstes Material wurde herbeigeschafft. Man scheute weder Mühe noch Kosten. Jetzt ist das ganze Volk versammelt. Der König tritt zum Altar und betet. Er dankt Gott für seine Barmherzigkeit und Treue. Und er gerät ins Staunen über Gott. Sie haben ihm ein Haus gebaut. Doch sollte dieses Haus Gott wirklich fassen können? Den Gott, dem niemand gleicht, den der Himmel und aller Himmel Himmel nicht fassen können? Unbegreiflich, Gott neigt sich herab und lässt sich in diesem Tempel anrufen, lässt Menschen seine Nähe erfahren. Und so bleibt dem König nur die staunende Bitte: »Lass deine Augen offen stehen über diesem Haus Nacht und Tag, über der Stätte, da du gesagt hast: Da soll mein Name sein« (1. Kön 8,29).
Eine großartige Bitte: Lass deine Augen offenstehen. Gott, du musst dafür sorgen, dass unser Werk etwas ausstrahlt: deine Nähe, deine Gegenwart. Du musst dafür sorgen, dass Menschen hier hineingezogen werden in deinen Machtbereich. Und das passiert! Bis heute. Da erzählt der französische Journalist André Frossard (1915–1995), wie er um 17.10 Uhr auf der Suche nach einem Freund in eine kleine Kirche in einem Stadtteil von Paris eingetreten war und sie um 17.15 Uhr verließ, im Besitz einer Freundschaft, die nicht von dieser Erde war. Er war Zweifler und Atheist der äußersten Linken gewesen. Um Gott hatte er sich nie gekümmert, ihn noch nicht einmal ausdrücklich geleugnet. »Aber – ich ging wenige Minuten später hinaus als ein Christ, getragen und emporgehoben, immer von Neuem ergriffen und fortgerissen von der Woge einer unerschöpflichen Freude.«

30. JUNI

Ich heb ab

So singen Sido und Andreas Bourani in ihrem Song »Astronaut«, 2014 veröffentlicht, lange Zeit auf Platz 1 in den Charts. Musikalisch zwischen Rap und Pop. Der deutsche Astronaut Alexander Gerst sandte von der Raumstation den Tweet ab: »Gerade zum 1. Mal gehört ... Spricht mir aus der Seele. Respekt!« Ich heb ab! Wer das wagt, sieht manches anders. Und genau davon singen Sido und Bourani. Da ist das Dunkle: Leid, Egoismus, Hass, eindrücklich im Video präsentiert. »Wir bauen immer höher, bis es ins Unendliche geht. Fast 8 Milliarden Menschen, doch die Menschlichkeit fehlt.« Und dann nehmen sie wahr: Wer bin ich schon, ich kleiner Mensch, in diesem riesigen Universum? Und mitten drin die kleine Erde. »Und beim Anblick dieser Schönheit fällt mir wieder ein: Sind wir nicht eigentlich am Leben, um zu lieben, um zu sein?« – Ich heb ab. Der andere Blickwinkel lässt sie staunen und genau das entdecken. Wie auch Alexander Gerst: »Von außen sieht man: Die Erde ist nicht nur eine begrenzte Kugel, sie ist auch noch relativ klein. Das Universum besteht vermutlich zu 99,99 Prozent aus schwarzem tödlichem Nichts, und an einer Stelle gibt es diesen blauen Punkt. Das ist unsere Heimat und die ist nicht von einer robusten Atmosphäre umgeben, sondern von einem zarten Schleier, der uns als Einziges schützt.« Staunen auch bei Gerst. Unsere Erde – ein blauer Punkt, umgeben von einem zarten Schleier! Und da können wir leben, »um zu lieben, um zu sein«. James Irwin, der Mann, der am 30. Juni 1971 mit der Apollo 15 auf dem Mond landete, zog daraus noch weitere Schlüsse: »Ich sehe meine Aufgabe jetzt darin, zu zeigen, dass der Mensch auf einem Raumschiff zu leben hat, das den Namen ›Welt in Frieden‹ tragen sollte. Jesus Christus ist der Friedefürst. Er ist die einzige Friedenshoffnung für unser Land und für alle Länder dieser Welt.« »Denn er ist unser Friede« (Eph 2,14).

Die Kirche müsste

Der Pastor sagt beim Taufgespräch zu dem jungen Paar: »Kommen Sie doch mal zu unseren Familiengottesdiensten, das ist ganz oft richtig schön!« Antwort: »Ja gerne, sobald unser Baby aus dem Gröbsten heraus ist.« Als der Kleine zur Schule kommt, sehen sie sich beim Familiengottesdienst zum Schulanfang wieder. Der Pastor freut sich und lädt herzlich zum Kindergottesdienst ein. Antwort: »Eigentlich gerne, aber Paulchen möchte nicht. Und wir wollen ihn nicht zwingen!« – Als Paul zum Gymnasium wechselt, die erneute Einladung. Antwort: »Gut, dass Sie uns ansprechen. Könnte die Gemeinde nicht etwas für unseren Jungen tun? Er könnte leicht in schlechte Gesellschaft kommen! Wir haben leider so wenig Zeit.« Als Paul heiratet, spricht der Pfarrer nach dem Gottesdienst kurz mit den Eltern. Sie sagen: »Ja, jetzt hat er geheiratet. Eigentlich ist er noch viel zu jung. Und die jungen Leute haben ja heute gar keinen Glauben mehr. Aber was kann man da schon tun?« – Noch mal zehn Jahre später trifft er die Mutter im Supermarkt. Sie sagt: »Vorgestern ist Paul aus der Kirche ausgetreten; dabei war seine Frau doch religiös, wie ich dachte. Aber die Kollegen auf der Arbeit … – Sie wissen schon, Herr Pastor. Ich meine, da müsste die Kirche doch mal was tun!« Da müsste die Kirche mal was tun! Das lässt sich leicht sagen – mit verschränkten Armen und forderndem Ton. Fordern und meckern kann jeder. Und wir könnten schnell viele Beispiele finden. Doch wer ist die Kirche, die da eigentlich mal was tun müsste? – Paulus hat eine andere Vision: von einem Leib mit vielen Gliedern und alle gehören dazu und ergänzen sich. »Ihr alle seid zusammen der Leib von Christus, und als Einzelne seid ihr Teile an diesem Leib« (1. Kor 12,27, GN).

Unter uns

Im Gesprächskreis erzählte eine Frau von einer besonderen Notsituation. Sie war damals noch ein Kind, als ihre Mutter plötzlich starb. Hilflosigkeit machte sich breit. Da fand sie – soll ich sagen: zufällig? – eine Spruchkarte, die ihr Mut machte: »Brauchst du Kraft – bei ihm ist Stärke. Brauchst du Hilfe – er ist da. Er wird nie sein Kind verlassen. Er wird bei der Hand dich fassen. Fürchte nichts, er ist ganz nah!« Sie merkte: Das sagt Gott mir. Es waren Worte, die ihr Mut machten und sie aufrichteten. So handelt Gottes Geist. Er öffnet uns die Augen für Jesu Wort. Er erinnert uns an ihn und macht uns Mut. Und wir merken: Ich bin gemeint, das gilt mir.

Oder Herr S. Nach einem Autounfall lag er mit einer schweren Rückenverletzung im Krankenhaus, über ein Jahr schon. Als strenger Firmenleiter war er es gewohnt, Befehle zu geben. Nun war er auf andere angewiesen. Schwach und hilflos musste er alles über sich ergehen lassen. Er haderte mit Gott und Menschen, war ungeduldig und verbittert. Dann begriff er, dass sein Zustand vielleicht immer so bleiben würde. Eine unheimliche Furcht überfiel ihn. Doch allmählich wurde er still. Und da er viel Zeit hatte, wurde er auch immer nachdenklicher. Nicht nur über alltägliche Dinge dachte er nach, sondern auch über Leben und Tod, über Gott und das Heil. Und als der Pastor wieder einmal zu ihm hereinschaute, kam es zu einem langen Gespräch. Danach rumorte es weiter in Herrn S. Er murrte nicht mehr, er nahm den Frieden an, mit dem Gott uns heute schon umhüllt. – Wer in diesen Raum des Gottesfriedens hereingenommen ist, wird zu einem Boten des Friedens in dieser friedlosen Welt. »Frieden lasse ich euch«, sagt Jesus seinen Jüngern und uns, »meinen Frieden gebe ich euch« (Joh 14,27).

Per Mertesacker

Sein Gefühlsausbruch am 30. Juni 2014 vor laufender Kamera hat mittlerweile schon Kultstatus. Nach 120 aufreibenden Minuten gegen eine algerische Mannschaft, die aufopferungsvoll gekämpft hat, kommt der Reporter gleich zur Sache: »Was hat das deutsche Spiel so schwerfällig gemacht?« Anstatt sich erst einmal einfach nur zu freuen, dass man gewonnen hat, in der Runde der letzten Acht bei einer Weltmeisterschaft dabei ist, kommt gleich die Kritik.

Wie bei der Geschichte mit der Mütze. Ein Junge ist auf dem Weg zur Schule. Er fährt durch den Park, ist einen Moment unkonzentriert und fällt in den See. Ein Mann kann den Kleinen aus dem Wasser ziehen, das Fahrrad auch. Ein glückliches Ende! Er legt dem frierenden Jungen seine warme Jacke über und schickt ihn nach Hause. Am Abend klingelt das Telefon. Eine fordernde Männerstimme sagt: »Haben Sie am Stadtweiher einen Jungen aus dem Wasser gezogen und ein Fahrrad?« »Ja. Ich kam gerade im richtigen Augenblick vorbei. Wie geht es dem Jungen?« »Gut«, sagt der Vater, »auch das Rad ist wieder geputzt, eine Sauarbeit.« Eine Weile Stille, dann: »Der Junge hatte, ehe er ins Wasser fiel, eine Mütze auf – und wo ist die Mütze?«

Die gleiche Nummer! Anstatt dem Lebensretter zu danken, kommt die fordernde Frage: Wo ist die Mütze? Und ich frage mich: Springen wir mit Gott nicht oft ähnlich um? Wir bitten, fordern, klagen ... Doch können wir uns auch einfach freuen und ihm danken, dass er uns liebt? Denn »die Güte des HERRN ist's, dass wir nicht gar aus sind, seine Barmherzigkeit hat noch kein Ende, sondern sie ist alle Morgen neu, und deine Treue ist groß« (Klgl 3,22–23).

4. JULI

Wunderbar

Im Atelier eines Bildhauers steht ein großer Steinblock. Der Künstler geht mit Hammer und Meißel an die Arbeit. Ein kleiner Junge schaut ihm dabei zu. Große und kleine Steinsplitter fliegen zur Seite. Bald wird es dem Jungen langweilig, und er läuft hinaus zum Spielen. Tage später kommt der Junge wieder einmal ins Atelier und sieht dort, wo der Steinblock stand, einen wunderbaren Löwen. Aufgeregt rennt er zum Künstler und sagt: »Meister, woher wussten Sie, dass in dem Stein ein Löwe wohnt?« Der Bildhauer gibt ihm zur Antwort: »Ich sah ihn in meinem Herzen.« – So sah Gott einen jeden von uns in seinem Herzen. Und heraus kam nicht ein Löwe, sondern ein wunderbarer Mensch. »Deine Augen sahen mich«, staunt der Beter, »als ich noch nicht bereitet war« (Ps 139,16). Als ich ein formloses Etwas im Mutterleib war. Wir würden heute sagen: ein Embryo. Da sah er mich. Und er sah auch alle meine Möglichkeiten. »... alle Tage waren in dein Buch geschrieben« (Ps 139,16). Ja, aus mir, aus jedem von uns kann etwas werden. Gaben und Fähigkeiten hat Gott uns geschenkt. Jeder Mensch – ein Original, das vollkommenste Werk Gottes. Auch wenn ich nicht perfekt bin, auch wenn ich Schwächen und Fehler habe – Gott hat mich gewollt und gemacht. In seinen Augen bin ich wertvoll, einmalig und geliebt.

Eine Lehrerin spricht mit ihrer Schulklasse über all das vermehrte Wissen und Können der letzten Jahrzehnte. Was haben die Menschen alles erdacht und erfunden! Schließlich fragt sie die Kinder: »Kann mir einer von euch eine wichtige Sache nennen, die es vor fünfzig Jahren noch nicht gab?« Ein Junge meldet sich eifrig und sagt voller Stolz: »Mich!« »Ich danke dir, Gott, dass ich wunderbar gemacht bin. Wunderbar sind deine Werke, das erkennt meine Seele wohl« (Ps 139,14).

Nicht unbedingt elegant, aber…

Es war bei den Paralympischen Spielen in den USA. 400-m-Endlauf der Männer. Acht Sportler mit Behinderung laufen los. Jeder von ihnen hat ein anderes Handicap. Es ist ein spannendes Rennen. Und dann passiert es: Kurz vor dem Ziel stürzt der führende Läufer.

Doch was sich jetzt vor den Augen der Zuschauer abspielt, ist total ungewöhnlich: Der Zweite rennt nicht vorbei, um sich den Sieg zu sichern. Er läuft zu dem Gestürzten, hilft ihm auf, greift ihm unter seine Arme, und zu zweit geht es weiter. Dann kommen auch die anderen. Auch sie rennen nicht vorbei. Sie nehmen den Gestürzten in die Mitte und erreichen gemeinsam das Ziel.

So stelle ich mir Gemeinde vor. Es läuft nicht alles elegant, schneidig, profihaft. Manches ist eher erbärmlich und kümmerlich. Doch die Stärke der Gemeinde liegt nicht in Können, Cleverness und Erfolg, sondern darin, dass wir Gestürzte und Schwache in unsere Mitte nehmen, sie tragen und mit ihnen das Ziel erreichen. Der Apostel Paulus schreibt an die Gemeinden in Galatien: »Einer trage des anderen Last, so werdet ihr das Gesetz Christi erfüllen« (Gal 6,2).

Manfred Siebald hat zu diesem Vers ein Lied entworfen. »Ein jeder trage die Last des andern, so wie es Jesus geboten hat.« Weil Jesus für uns gestorben ist und uns so »das schwerste Stück« genommen hat, können wir unseren Blick auf Menschen um uns herum richten und uns um ihre Lasten kümmern.

Der Blasebalg

Man nennt die Orgel auch die Königin der Instrumente. Sie hat viele Pfeifen, bildet ein ganzes Orchester ab. Doch der begabteste Musiker könnte ihr keine Töne entlocken, wenn es nicht den Blasebalg gäbe, der die Luft in die Pfeifen pustet und sie zum Klingen bringt. Klar, keine Luft, kein Ton, kein wundervoller Klang. So ist Gott, der uns geschaffen hat – und wir sind seine Orgelpfeifen, jede ein Original, jede wunderbar geformt und gestaltet. Und wenn Gott uns spielt, wenn sein Atem uns erfasst, dann kommen wunderschöne Töne, dann können wir uns freuen, singen, von Gott erzählen und in seinem Namen handeln – wie damals die ersten Christen.

Es war auf dem Katholikentag in Regensburg. In der »Oh mein Gott«-Show erzählten Menschen ihre ungewöhnliche Geschichte – unter anderem der Musiker Alfred. Er wuchs in Bayern auf, nach der Trennung der Eltern zog er mit seiner Mutter in die Schweiz. »Ich hatte keinen Boden unter den Füßen«, erinnert sich der heute 36-Jährige. Als Teenager rasierte er sich einen Irokesenkamm und gründete eine No-Future-Band. »Ich habe Gott und die Kirche verflucht.« Ständig war er bekifft und betrunken. »Mit der Zeit hat mich mein Lebensstil kalt gemacht«, sagt er. Erst der Aufenthalt in einem Kloster habe sein Leben verändert. »Ich habe mich zu Hause gefühlt«, erinnert er sich. Tränen seien geflossen. »Irgendwann ging es mir dann besser.« Nach einem längeren Auf und Ab ließ er sich in der Osternacht 2007 taufen, spielte in der Pop-Rock-Band »Trainwood« und singt jetzt positivere Texte. »Ich möchte Musik mit Gott machen«, sagt er und freut sich wie der Psalmbeter: »… du gibst meiner Seele große Kraft« (Ps 138,3). Ich könnte auch sagen: Gott macht Musik mit ihm.

In den Himmel geschrieben

Die Jünger haben hautnah erfahren, wie sich Leben verändert, wie der Himmel hereinbricht in unsere Welt, wie Hungrige satt werden, Kranke geheilt, Traurige aufgerichtet, Niedergeschlagene mit Glauben und Hoffnung erfüllt. Sie haben Jesus erlebt – und an seiner Seite, wie der Himmel Spuren hinterlässt. Und nicht nur an seiner Seite. Sie werden von Jesus gesandt, ziehen zu zweit durch die Dörfer und Städte. Und wenn sie von Gott erzählen, der uns kennt und liebt, dann werden Menschen froh, dann überwinden sie Zweifel und Angst, spüren, wie Schuld vergeben und neues Leben möglich wird. Mehr noch: Kranke werden gesund, Traurige fröhlich und Verbitterte reichen sich die Hand. Begeistert kehren die Jünger zurück. Sie haben erlebt, wie ein Stück Finsternis dem Leben weicht, wie es heller wird auf dieser dunklen Erde, wie böse Mächte weichen müssen und Menschen froh werden. Und da sagt Jesus zu ihnen diese Worte: »Freut euch nicht in erster Linie darüber, dass die bösen Mächte weichen mussten, freut euch aber, dass eure Namen im Himmel geschrieben sind« (Lk 10,20).

In den Himmel geschrieben! Nicht nur ins Goldene Buch der Stadt Leer, Berlin oder Washington. Nicht nur ins Guinnessbuch der Weltrekorde. Sondern in den Himmel geschrieben. Und das ist noch viel mehr als die Aktion eines hoffnungslos Verliebten, der ein Sportflugzeug charterte. Das zog ein großes Transparent mit der Aufschrift »Susi, ich liebe dich!«. Ist ja ganz süß. Wie nun Susi auf diese öffentliche Liebeserklärung reagiert hat, weiß ich nicht. Doch nach einer halben Stunde war der Spuk vorbei, gab es kein »Susi, ich liebe dich« mehr am Himmel. – Unsere Namen sind in den Himmel geschrieben – nicht nur für eine halbe Stunde. Sie stehen Gott vor Augen, Tag und Nacht.

Freunde

Ein Mann, sein Pferd und sein Hund wanderten eine Straße entlang. Als sie nahe an einem riesigen Baum vorbeikamen, erschlug ein Blitz alle drei. Doch der Mann bemerkte nicht, dass sie diese Welt bereits verlassen hatten, und wanderte mit seinen beiden Tieren weiter. Da sahen sie ein marmornes Tor, dahinter einen goldenen Platz und einen Brunnen mit kristallklarem Wasser. Der Wanderer wandte sich an den Mann, der das Tor bewachte: »Guten Tag, ein wunderschöner Ort! Wie heißt er?« »Hier ist der Himmel. Sie können gern hereinkommen und so viel Wasser trinken, wie Sie wollen, aber Tieren ist der Zutritt verboten.« Der Mann war enttäuscht und zog weiter. Endlich kamen sie an einen Ort mit einem alten Gatter. Im Schatten eines Baumes lag ein Mann und schien zu schlafen. »Guten Tag«, sagte der Wanderer. »Wir haben großen Durst, mein Pferd, mein Hund und ich.« »Dort zwischen den Steinen ist eine Quelle«, sagte der Mann und wies auf die Stelle. »Ihr könnt nach Lust und Laune trinken.« Der Mann, das Pferd und der Hund gingen zur Quelle und stillten ihren Durst. Der Wanderer dankte und fragte: »Wie heißt dieser Ort?« »Himmel.« »Himmel? Aber der Wächter am Marmortor hat mir gesagt, dass dort der Himmel sei.« »Das war nicht der Himmel, das war die Hölle. Dort bleiben alle, die es fertigbringen, ihre besten Freunde im Stich zu lassen.« (nach Paulo Coelho)
Das wünsche ich uns, dass wir einander nicht im Stich lassen, sondern wie der Wanderer mit Pferd und Hund gemeinsam das Ziel erreichen. Der Prophet schaut eine großartige Zukunft: »Die Wüste und Einöde wird frohlocken, und die Steppe wird jubeln und wird blühen wie die Lilien. Sie wird blühen und jubeln in aller Lust und Freude. Stärket die müden Hände und macht fest die wankenden Knie« (Jes 35,1–3).

Irene

Inge Hermann erzählt von Irene aus der 6. Klasse. Vor wenigen Wochen kam sie mit schlimmen Würgemalen in die Schule. Auf Nachfrage meinte sie fast entschuldigend: »Meiner Mama ihr Bauch wird immer dicker, und wenn die drei Kleinen so toben, dann verliert sie die Nerven. Die Kleinen schlagen, das bringt ja nichts. Ich bin doch die Älteste!« Rolf ist der dritte »Papa« der Elfjährigen. Jetzt steht sie in unserer Wohnungstür, schmal und klein, dass sie unter dem großen Schulranzen beinah verkrüppelt wirkt. Der Anorak, an den Ärmeln hochgekrempelt, reicht fast bis in die Knie. Die Wollmütze wird nur von der Brille gehindert, ihr ganz ins Gesicht zu rutschen. Die Augen hinter den dicken Gläsern wirken heute noch größer, noch blauer. »Nun, Irene, was ist denn passiert?« »Er hat mich umgeben!« Es klingt ganz einfach, froh und still zugleich. »Umgeben? Wer?« »Nun, ER. Von allen Seiten umgibst du mich und hältst deine Hand über mir.« »Du meinst unseren Psalm?« »Der Gott hat mich umgeben! Die Mama und der Papa haben sich geschlagen. Ich hatte Angst und bin in mein Bett unter die Decke. Die Mama hat so geschrien. Ich hab gedacht, er macht sie tot. Dann waren sie irgendwann still. Aber ich konnte nicht einschlafen. Ich hab auch gefroren, dabei hatte ich meine Kleider noch an. Aber mir war kalt. Und Angst. Und dann auf einmal, dann hat ER mich umgeben.«

»Du hast Gott gespürt?« Sie nickt. »Es war ganz hell, und ich brauchte keine Angst haben. Und dann hat das Helle aufgehört. Aber immer noch warm. Und ich bin eingeschlafen. Gott hat mich umgeben. Glaubst du das auch?« Sie ist ganz gewiss, aber schaut mich fragend an. »Ja, Irene, das glaube ich auch.« Wir sind beide still. (Quelle unbekannt) – »Ich sitze oder stehe auf, so weißt du es; du verstehst alle meine Gedanken von ferne. Von allen Seiten umgibst du mich und hältst deine Hand über mir« (Ps 139,2.5).

Irgendwas bleibt

Es ist das dritte Album von Silbermond, der 2009 noch jungen Gruppe aus Bautzen in Sachsen. Und eins, das sofort einschlug. Es erreichte in den Charts auf Anhieb Platz 1 in Deutschland, Österreich und der Schweiz. Ein Titelsong, der anspricht. Eindrücklich auch das Video. Eine chaotische Welt. Brennende Autos, Polizisten marschieren auf. Stefanie Kloß, die Frontsängerin, auf dem Boden. Sie öffnet die Augen, fängt an zu singen, steht auf, geht vorbei an Demonstranten und Polizisten, die sich feindlich gegenüberstehen, eine Atmosphäre voller Hass und Terror. Es fliegen Molotowcocktails, Demonstranten und Polizisten treffen aufeinander, Menschen fliehen, fallen, bluten, werden geschlagen, getreten. Am Ende des Videos geht auch die Sängerin langsam verzögert zu Boden. Eine lächelnde Frau hilft ihr auf und schließt sie in die Arme. Die anderen Bandmitglieder erscheinen unauffällig als Widerstand Leistende.

Unheimlich eindrücklich. Eine Welt, in der nichts sicher ist. Und dann dieses Lied, der Wunsch, die Sehnsucht: »Sag mir, dass dieser Ort hier sicher ist und alles Gute steht hier still ...« Ein Ruf nach Halt. Ein Lied, das ein Gegenüber sucht. Doch wer ist dieses Gegenüber, an den sich die Sängerin wendet? Die blonde Frau, die ihr ganz zum Schluss aufhilft und sie umarmt? Oder verhallt ihr Lied, wird niedergetrampelt von Polizisten und Demonstranten, kaputt gehauen von Schlagstöcken und Steinen? Man könnte diesen Song auch als Gebet singen und hören, als dringlichen Wunsch an Gott, intensives Gespräch mit ihm. Wie ein Psalm im Alten Testament. »Gib mir einfach nur ein bisschen Halt ... Gib mir was, irgendwas, das bleibt.« So spricht der Beter des 62. Psalms: »Meine Seele ist stille zu Gott, der mir hilft. Denn er ist mein Fels, meine Hilfe, mein Schutz, dass ich gewiss nicht fallen werde« (Ps 62,2–3).

Der Wert des Menschen

Helmut Thielicke (1908–1986) erzählte aus seiner Schulzeit. In seiner Klasse gab es einen Jungen, den sie nicht leiden konnten. Er war ein Streber und konnte sich bei den Prügeleien nicht behaupten. Deswegen wollte die Klasse ihm eines Tages »eine Tracht Klassenhiebe« verpassen. An dem Morgen sahen sie den Jungen mit seinem Vater kommen, der ein angesehener Mann war, vor dem sogar die Jungen Respekt hatten. Beim Abschied am Schultor strich der Vater seinem Sohn liebevoll über die Haare und drehte sich beim Weggehen noch mehrmals winkend um. Das hatte eine eigentümliche Wirkung auf die wartenden Jungen. »Die geplanten Klassenhiebe unterblieben. Sicher nicht aus Angst vor dem Vater. Aber uns überkam eine merkwürdige Scheu. Der Junge wurde von seinem Vater so geliebt. Da konnten wir uns nicht an ihm vergreifen.«

Damals habe er zum ersten Mal die Macht der Liebe erkannt, sagt Thielicke weiter. So wie dieser Vater – und noch viel mehr – liebt Gott uns. Und er macht keine Unterschiede: Gott liebt die Jugendliche, die sich wegen ihrer Pickel nicht im Spiegel anschauen mag, den spastisch gelähmten jungen Mann, über den viele lachen, den arbeitslosen 55-Jährigen, der sich überall vergeblich bewirbt, die ältere Frau, die nach einem Schlaganfall halbseitig gelähmt ist. In Gottes Augen ist jeder Mensch unvergleichlich kostbar und wertvoll. Er hat uns gewollt. Er geleitet uns durchs Leben. Er setzt Himmel und Erde in Bewegung, geht sogar in Leid und Tod, »weil du in meinen Augen so wertgeachtet und auch herrlich bist und weil ich dich lieb habe« (Jes 43,4).

Wunder

In der biblischen Geschichte (Lk 13,10–17) wird nichts darüber berichtet, wie die Frau so krank geworden ist, dass sie sich nicht mehr aufrichten konnte. Lassen wir sie einmal erzählen: »Als ich vor 19 Jahren geheiratet habe, war ich eine gesunde, kräftige, junge Frau. Voller Lebensfreude und Energie! Aber das wurde bald anders. Mein Mann entpuppte sich als ziemlich herrschsüchtiger, gewalttätiger Kerl: Immer musste er alles bestimmen, und wenn ich nicht gehorchen wollte, hat er mich auch geschlagen. Was ich dachte und fühlte, interessierte ihn nicht. Was sollte ich tun?
Ich zog mich immer mehr in mich zurück. Ich fühlte mich heruntergedrückt, klein und nutzlos – und irgendwie machte sich das in meinem ganzen Körper bemerkbar. Meine Nachbarin hat einmal zu mir gesagt: ›Du wirst ja jeden Tag ein Stück kleiner – wenn du so weitermachst, versinkst du eines Tages noch im Boden.‹
Und dann die Familie meines Mannes! Alle hackten auf mir herum! Nichts machte ich ihnen recht. Wenn mir der kleinste Fehler unterlief, schrien sie mich an oder schlugen mich. In mir krampfte sich alles zusammen; aus Angst vor den bösen Worten und Schlägen lief ich meistens schon geduckt herum. Ich hatte keinen Menschen, der zu mir hielt; oft hörte ich wochenlang kein liebes Wort. – Und dann kam Jesus. ›Komm her zu mir!‹, hat er gesagt. Endlich einer, der sich für mich interessierte. Plötzlich fühlte ich mich glücklich und frei, wie neu geboren ...«
Wilhelm Willms bringt es in seinem Gedicht treffend auf den Punkt, »dass die Nähe eines Menschen gesund machen, krank machen, tot und lebendig machen kann.« Und sogar, »dass das Anhören eines Menschen Wunder wirkt ...«

Ganz zur Flamme werden

Abba Lot suchte einmal Abba Joseph auf und sprach: »Abba, so weit es in meinen Kräften steht, befolge ich eine nicht zu schwere Regel, faste ein wenig, bete und meditiere in Maßen und bleibe in Frieden. Und so weit ich es vermag, achte ich darauf, dass mein Denken rein ist. Was müsste ich außerdem tun?« Der Weise erhob sich und streckte die Hände zum Himmel empor. Da glichen seine Finger zehn lodernden Fackeln. Und er sprach: »Wenn ihr wollt, dann könnt ihr ganz zur Flamme werden.«

Merken Sie den Unterschied? Abba Lot praktiziert einen wohltemperierten Glauben, einen Glauben in Maßen, einen Glauben als fromme Pflichterfüllung. Doch Abba Josefs Glaube ist Flamme, Begeisterung. Er ist ganz und gar von diesem Glauben gepackt und erfüllt. Der katholische Bischof Joachim Warnke aus Erfurt erzählte einmal von dem ganz kleinen Gebet, das er lieb gewonnen hatte. Es sei der Satz: »Herr wachse in mir!« Dieser Satz gebe ihm Kraft, mache ihn gelassener und ruhiger. Wenn er sich dies vor Augen halte, könne er auch mal gegen den Strom schwimmen. »Ich muss nicht das machen, was alle machen. Ich muss nicht so reden, wie alle reden. Der Satz ›Herr, wachse in mir‹ ermutigt mich, das zu tun, was ich selbst für richtig halte und vor Gott verantworten kann.«

»Herr, wachse in mir!« Ich möchte ergänzen: Dass auch ich ganz von Dir erfüllt und begeistert, ganz Flamme werde. Beim Propheten Jeremia heißt es (23,29): »Ist mein Wort nicht wie ein Feuer, spricht der HERR, und wie ein Hammer, der Felsen zerschmeißt?«

Etwas wird möglich

Jesus sieht. Jesus fragt. Jesus spricht. Jesus nimmt. Jesus dankt. Und Jesus gibt – so viel sie wollten. Er ist der Handelnde. Er gibt. Und mehr als fünftausend Menschen werden satt!

Ich denke an Philipp Friedrich Hiller, Liedermacher und Pastor. Er lebte um 1700 und hat viel Schweres erlitten. Weil er seine Stimme verlor und nicht mehr predigen konnte, wollte ihn die Kirche entlassen. Mit Frau und elf Kindern stand er mittellos da. Und trotzdem machte er genau jene Erfahrung – wie die Leute bei Jesus: »Wenn wir von Tag zu Tagen, was da ist, überschlagen und rechnen dann die Menge, so sind wir im Gedränge. Doch wenn wir mit Vertrauen ihm auf die Hände schauen, so nähret allerwegen uns ein geheimer Segen. Wie dieses mag geschehen, das kann man nicht verstehen; allein man sieht am Ende, es ging durch Gottes Hände.«

Wunderbar und unbegreiflich – dieser geheime Segen. Jesus gibt. Jesus schenkt. Und alle werden satt! Unser Teilen und Geben ist keine Voraussetzung für dieses Wunder. Unser Teilen und Geben ist eine Konsequenz, die Folge seiner großzügigen Liebe. Wer das Brot des Lebens geschmeckt hat, wird sich einsetzen für »Brot für die Welt«. Wer großzügig beschenkt wurde, wird weiterschenken. Etwas wird möglich. Und dann ein großartiges Finale! Denn es bleibt noch so viel übrig. Jede Hausfrau wäre zufrieden. Und wieder ist es Jesus, der auffordert: »Sammelt die übrigen Brocken, damit nichts umkomme« (Joh 6,12). Und sie sammelten und füllten zwölf Körbe mit Brocken! Und wir verstehen: zwölf Körbe, zwölf Jünger, zwölf Stämme Israels. Zwölf – alle werden satt! Unbegreiflich und wunderbar.

Mehr

Warum werde ich nicht satt«, singen die Toten Hosen. Und erzählen von einem Reichen, der alles hat, sich alles leisten kann. Doch der Hunger bleibt. »Alle Welt trägt einen Wunsch in sich«, schrieb Ernesto Cardenal, Priester, Dichter und Politiker aus Nicaragua, »viele Wünsche, eine Unendlichkeit von Wünschen: noch ein Gläschen, noch ein Stück Kuchen, noch ein Blick, noch ein Wort, noch ein Kuss, noch ein Buch, noch eine Reise ...« Immer mehr wollen wir haben. Doch der Mensch lebt nicht vom Brot allein. Er braucht mehr, ein anderes »Mehr«. Und genau dieses »Mehr« will Jesus den fünftausend geben. Dieses »Mehr« will er uns schenken. Er wählt einen ungewöhnlichen Weg, um es den vielen Menschen am Rande der Wüste liebevoll anzubieten. Er hält keine lange Predigt, sondern feiert mit ihnen ein Mahl, reicht ihnen Brot und Fisch im Überfluss. Sie werden beschenkt. Und genau darin sollen sie das Zeichen entdecken, das schon die ganze Zeit angedeutet wird. Jesus auf dem Berg – wie Mose, größer als Mose. Es ist nahe an Passah, dem Fest der Juden. Da denken sie an den Auszug aus Ägypten, die Wüstenwanderung, Gottes wunderbare Gabe: das Manna, Brot zum Überleben.

Lauter Hinweise! Und jetzt dieses überwältigende Erlebnis: Er lädt zu Tisch und schenkt Brot in Fülle. Gottes Welt bricht in unsere kleine alltägliche Welt. Ein Stück Himmel auf Erden. Seine ganze Liebe wird sichtbar. Und Martin Luther staunt: »... Gott ist ein glühender Backofen voller Liebe, der da von der Erde bis an den Himmel reicht.« »Ich bin das Brot des Lebens«, sagt Jesus, »wer zu mir kommt, den wird nicht mehr hungern, und wer an mich glaubt, den wird nimmermehr dürsten« (Joh 6,35). Unvorstellbar und doch wahr. Auch für uns.

Gott mit uns

Das stand auf den Koppelschlössern deutscher Soldaten. In vielen Kriegen, auch im Zweiten Weltkrieg. Da waren dann die Worte rund um den Reichsadler geschrieben, der mit seinen Krallen das Hakenkreuz umfasst. »Gott mit uns« – die Deutschen haben den Spruch nicht erfunden. Er steht in der Bibel. Mehrmals. Immanuel heißt das auf Hebräisch. Und man dachte dabei nicht an Krieg, sondern an ein neugeborenes Kind (Jes 7,14). Ein Kind, das Frieden bringen soll. Schon Matthäus sieht darin einen Hinweis auf Jesus: den Friedensstifter. Der hat nichts zu tun mit Maschinengewehren, Handgranaten und Giftgas. Leider haben Christen das oft vergessen. Nicht nur im Zweiten Weltkrieg. Die Kirchen haben das Bibelwort missbraucht und junge Menschen mit einem »Gott mit uns« in Schlachten geschickt.

Mit wem ist Gott eigentlich, wenn Menschen Krieg führen? »Wir haben nicht Gott auf unserer Seite. Wir sollen uns auf Gottes Seite stellen.« Das hat Madeleine Albright vor einigen Jahren in einem Interview gesagt, damals Außenministerin der Vereinigten Staaten, als Bill Clinton Präsident war. Aber wo ist Gottes Seite? Albrights Antwort lautete: Gottes Seite müssen wir suchen. Wir können nicht einfach sagen: Da, wo ich bin, da ist Gott. Um Gottes Seite zu finden, müssen wir uns bewegen. Dafür müssen wir auch zweifeln, uns selbst infrage stellen und auch mal unseren Standpunkt wechseln. Zu dem Immanuel, der Frieden bringt und die Friedensstifter selig preist. Tastend, offen, im Gespräch mit anderen, auch mit unseren Gegnern. Und wer weiß, wer da noch so alles steht – an der Seite Gottes.

Dass Friede siegt

Es war 2014, die dreitägige Waffenruhe zwischen Israel und Palästina im Gazastreifen ist beendet. Es fliegen wieder Raketen. Bei den Verhandlungen in Kairo beharrten beide Konfliktparteien auf ihren Forderungen. Schlimm für die Menschen im Gazastreifen. In »unserem« Kindergarten in Gaza-Stadt, mit dem unsere Kirchengemeinde verbunden war, drängten sich 140 Flüchtlinge. Sie hatten alles verloren. Nur ihr Leben konnten sie retten. Ein 13-jähriges palästinensisches Kind schrieb folgendes Gedicht:

Mein Farbkasten war gefüllt, glänzend, leuchtend, mild,
mein Farbkasten war gefüllt mit vielen Farben, sanft und mild.
Ich hatte kein Rot für das Blut von Verletzten,
kein Schwarz für das Leid von Verwaisten, Gehetzten,
kein Weiß für Gesichter von Toten, Entsetzten,
kein Gelb für den Sand, den die Kugeln zerfetzten.
Ich hatte Orange für Freudengetümmel,
ich hatte nur Grün für den blühenden Baum,
ich hatte mein Blau für unendliche Himmel,
ich hatte nur Rosa für Ruhe und Traum.
Ich saß und malte Frieden.

In jedem Jahr begehen Juden in aller Welt den Trauertag Tischa be'aw. Sie gedenken der Zerstörung beider Tempel. Dass nicht noch mehr zerstört werde, dass Frieden möglich wird, auch zwischen Israelis und Palästinensern, dafür wollen wir auch immer wieder beten: »Gib Mut zum Händereichen, zur Rede, die nicht lügt, und mach aus uns ein Zeichen dafür, dass Friede siegt« (EG 430,4).

Mitten unter uns

Es war 2011 in Madrid, morgens gegen 8.15 Uhr. Plötzlich ein Knall, unsere U-Bahn hielt, durch den Lautsprecher kam die Ansage »Alle aussteigen!« Wir verstanden noch, dass dieser Zug wegen eines Schadens nicht weiterfuhr. Man solle auf Stadtbus oder Nahverkehrszug umsteigen. – Da standen wir ein wenig hilflos, wussten weder, wo die nächste Bushaltestelle war noch der Nahverkehrsbahnhof. Und wir hatten es eilig. Denn wir wollten den Expressbus nach Salamanca erreichen. Wie aus dem Nichts kam eine Frau auf uns zu und fragte, ob wir Hilfe bräuchten. Dann ging sie mit uns zum Automaten, löste die Karten, führte uns auf den Bahnsteig des Nahverkehrszuges, sagte uns noch, wann wir aussteigen müssten. Sie ging – und von der Treppe aus winkte sie uns noch fröhlich zu. Für uns: ein Engel!

Das Gedicht von Rudolf Otto Wiemer fiel uns ein: »Es müssen nicht Männer mit Flügeln sein, die Engel.« Und es stimmt. Engel müssen nicht immer im weißen Kleid oder mit flammendem Schwert erscheinen. Vielleicht ist es jemand, der mir unverhofft zu Hilfe kommt. Jemand, der sich um einen anderen in Not kümmert. Jemand, der bei mir ist, wenn ich krank bin, und der »hört, wenn du ihn rufst, in der Nacht.« Aber auch: »Er steht im Weg und er sagt: Nein, der Engel.«

So beschreibt Rudolf Otto Wiemer die Engel, die Boten Gottes. Wer mit offenen Augen durch die Welt geht, wird sie immer wieder entdecken, die Engel, die uns den Weg weisen, Boten seiner Nähe und Liebe. »Jakob zog seinen Weg. Und es begegneten ihm die Engel Gottes« (1. Mose 32,2).

Nicht nur schöne Worte

Am meisten Trost brachte mir das Lied von Dietrich Bonhoeffer ›Von guten Mächten wunderbar geborgen …‹«, so schreibt eine junge Frau, die ihren kleinen Sohn im Alter von drei Monaten durch plötzlichen Kindstod verloren hat. Und ich könnte jetzt viele Menschen zu Wort kommen lassen, die genau das erfahren haben: Trost und Ermutigung durch dieses schlichte Gedicht, das letzte theologische Zeugnis von Dietrich Bonhoeffer aus der Haft: »Von guten Mächten wunderbar geborgen, erwarten wir getrost, was kommen mag. Gott ist bei uns am Abend und am Morgen und ganz gewiss an jedem neuen Tag« (EG 65,7).

Das sind nicht nur schöne Worte. Hier spricht einer in seiner Gefängniszelle im ausgebombten Berlin, der Angst und Schrecken aus eigener Erfahrung kennt. – Der Jurist Fabian von Schlabrendorff berichtet davon, wie sie eng aneinandergepresst in einem Luftschutzraum standen, als eine Bombe mit lautem Krach den Bunker traf. Sie hatten den Eindruck, als ob der Bunker zerbersten und ihnen die Decke auf den Kopf fallen würde. »Der Bunker schwankte wie ein im Sturm hin- und hergeworfenes Schiff, aber er hielt.« Beeindruckend war für ihn, wie ruhig Dietrich Bonhoeffer in dieser Situation blieb. »Er verzog keine Miene … als ob nichts passiert wäre.« – »Gewiss ist«, so schrieb Bonhoeffer an seinen Freund, »dass keine irdische Macht uns anrühren kann ohne Gottes Willen, und dass Gefahr und Not uns nur näher zu Gott treiben.« »Denn ich bin gewiss, dass weder Tod noch Leben, weder Engel noch Mächte noch Gewalten, weder Gegenwärtiges noch Zukünftiges, weder Hohes noch Tiefes noch irgendeine andere Kreatur uns scheiden kann von der Liebe Gottes, die in Christus Jesus ist, unserm Herrn« (Röm 8,38–39).

Eddie the Eagle

Erinnern Sie sich noch an Eddie the Eagle? Eddie den Adler, der schlechteste Skispringer, der je bei Olympischen Spielen flog, der Engländer mit der dicken Brille. Mit richtigem Namen Michael Edwards. Als Kind hänselten die anderen das »Vierauge«, dann entdeckte er Sport. Er begann mit Skifahren auf dem Hügel in Cheltenham, wurde Dorfmeister, dann Regionalmeister. »Keiner machte mehr Witze«, sagt er, »sie spürten, dass ich Kraft habe, für meine Ziele einzustehen.« Schließlich kam er zum Skispringen. Mit 24 fuhr er die erste 120-Meter-Schanze. »Ich war der Schlechteste, das wusste ich, aber ich wollte nur mich selbst übertreffen.« 1987 sprang er englischen Rekord, durfte nach Calgary zu den Olympischen Winterspielen 1988. Er wurde mit Abstand Letzter, aber bei der Schlussfeier riefen 100.000 Zuschauer seinen Namen. »Sie konnten sich eher mit mir identifizieren als mit Matti Nykänen«, sagt er. »Ich wollte nicht besser, als die anderen sein. Sondern erreichen, was mir wichtig war: mein eigenes Ziel.«
Nein, es war kein leichter Weg. Doch Eddie hat geträumt, gehofft, auf ein Ziel geschaut. Sicherlich hat er dabei auch erlebt, wie andere ihn ausgelacht oder auch ermutigt haben. Doch er hat es gewagt, hat gekämpft, dass es nicht nur ein schöner Traum bleibt. Hat geglaubt, dass es Wirklichkeit werden könnte – und er hat sein Ziel erreicht. Sein Leben hat dabei an Horizont gewonnen. Wie der Apostel Paulus: »Ich vergesse, was dahinten ist, und strecke mich aus nach dem, was da vorn ist, und jage nach dem vorgesteckten Ziel, dem Siegespreis der himmlischen Berufung Gottes in Christus Jesus« (Phil 3,13–14).

Wir lieben dich und nicht dein Zeugnis

Vor mir liegt eine Karikatur: Ein Junge ganz allein im Klassenraum. Den Kopf stützt er auf seinen Arm, schaut nach unten, enttäuscht und traurig. Doch vor ihm ist die Wandtafel weit aufgeklappt. Und darauf steht ganz groß geschrieben: »Wir lieben dich und nicht dein Zeugnis.« Und ich erinnere mich: Das war schon aufregend, wenn es Zeugnisse gab. Mancher hat sich gefreut, war stolz, zufrieden. Mancher war enttäuscht und traurig. Mancher hat sich vielleicht auch gar nicht getraut, nach Hause zu gehen. – Fast die Hälfte aller Kinder müssen im Laufe der Schulzeit »eine Ehrenrunde drehen«. Oft sind Versagensängste, Schulverweigerung oder sogar Selbstmordgedanken die Folge. Gut, wenn Eltern und Großeltern diese Worte sagen und leben können: »Wir lieben dich und nicht dein Zeugnis.« Das hat nichts mit Gleichgültigkeit oder lascher Erziehung zu tun. Das heißt auch nicht: Es ist uns egal, was du leistest und kannst, es macht nichts, ob du faul warst oder fleißig. Nicht: Schwamm drüber und weiter. Doch der Wert eines Kindes lässt sich nicht in Noten und Beurteilungen ablesen. Es ist etwas wert, es ist liebenswert – nicht wegen guter Leistungen, sondern weil es einmalig ist, ein Geschenk Gottes und weil Gott es liebt.

Der Apostel Paulus hat einmal geschrieben: »Gott aber erweist seine Liebe zu uns darin, dass Christus für uns gestorben ist, als wir noch Sünder waren« (Röm 5,8). Gott liebt uns nicht wegen unserer Leistung, unseres Glaubens, unserer Werke. Er gibt alles für uns, er erweist uns seine Liebe: »als wir noch Sünder waren.« Über diese zwecklose, grundlose und selbstlose Liebe können wir nur staunen, uns freuen, sie dankbar annehmen und an unsere Kinder weitergeben: »Wir lieben dich und nicht dein Zeugnis.«

Meine Eltern

In seinem Song »Zeugnistag« erinnert sich der Liedermacher Reinhard Mey an den Supergau, vor dem es jedem Schüler graut. Nicht einmal eine vier in Religion! Alles »mangelhaft« und »ungenügend«. Natürlich schämt er sich, mag es seinen Eltern gar nicht zeigen – und unterschreibt es schließlich heimlich für sie. Und natürlich fällt das auf. Der Rektor ist erbost, lädt ihn und seine Eltern vor und weist auf die gefälschten Unterschriften. Doch dann geschieht das Unglaubliche: Seine Eltern schauen auf das Zeugnis und erklären: Ja, das sei ihre Unterschrift. Ob das rechtens war, vermag Reinhard Mey nicht zu sagen. Aber solche Eltern wünsche er allen Kindern. Und für ihn war es eine ganz besondere Erfahrung: Gnade, geschenkt und unverdient.

Und ich denke an das großartige Gleichnis, das Jesus erzählt: Wie der Vater jenem Sohn entgegenläuft, der ihm den Rücken kehrte, sich das Erbe auszahlen ließ, alles verprasste, in der Gosse landete und jetzt schmutzig und stinkend wie ein Landstreicher zurückkommt, gescheitert und am Ende. Und wie der Vater ihm entgegenläuft und ihn in die Arme schließt. So kommt Gott uns entgegen, so wird er Mensch, geht für uns den Weg ins Leid und ans Kreuz. So gibt er sich für uns dahin, damit wir leben – nicht nur wie Gras, wie eine Blume, sondern für alle Zeit an seiner Seite leben. »Die Gnade des HERRN währt von Ewigkeit zu Ewigkeit über denen, die ihn fürchten und seine Gerechtigkeit auf Kindeskind« (Ps 103,17). Damit ist nicht gemeint, wir müssten vor Gott Angst haben. Es geht darum, dass wir ihn ernst nehmen, ihm vertrauen und glauben, ja, aus seiner Gnade leben.

So ist Gott

Michael hatte es wieder einmal schrecklich eilig. Er suchte seine Mütze. Dort oben auf der Kommode lag sie. Also wurde ein Stuhl vor die Kommode geschoben und schnell kletterte Michael hinauf. Doch dann passierte es: Er rutschte aus! Die Kommode wackelte, schwankte und fiel mit einem lauten Knall um. Michael war nichts passiert, doch Obstschale und Blumenvase waren in Millionen kleine Stücke zerbrochen. »Nichts wie weg!«, war Michaels erster Gedanke. Er schnappte sein Fahrrad und düste los. Wohin, wusste er nicht. Nur weit weg! Da, die Grillhütte im Wald. Es war schon dämmrig und Michael fror. Er ging in die Hütte. Da packte ihn die Angst. Er rannte hinaus und fuhr los. Er wusste nicht, wohin der Weg führte. Nur weg von diesem unheimlichen Ort. Der Weg war kaum noch zu erkennen. So fuhr er ein paar mal fast in den Graben. Endlich sah er in der Ferne Lichter. Als er näher kam, sah Michael dort unter der Straßenlaterne jemanden stehen. »Michael, da bist du ja endlich!«, hörte er. Da stand Papa und sah ihn an. Sollte er doch schimpfen. Das war ihm egal. Er war viel zu froh, dass er Papa gefunden hatte. Oder hatte Papa ihn gefunden? Der sagte nur: »Komm, wir gehen nach Hause. Mama hat sich auch schon Sorgen gemacht.« Zu Hause nahm Mama ihn einfach ganz fest in den Arm. Und niemand hat geschimpft wegen der Scherben!

So ist Gott: Wie dieser Vater, der Michael schon gesucht hat. Wie die Mutter, die ihn ganz fest in die Arme schließt. Diese meine Tochter, »dieser mein Sohn war tot und ist wieder lebendig geworden; er war verloren und ist gefunden worden« (Lk 15,24).

Der Leberfleck

Kennen Sie die kleine Anna aus dem großartigen Buch »Hallo, Mister Gott, hier spricht Anna«? Das Londoner East End in den 1930er-Jahren, während der Weltwirtschaftskrise: der 19-jährige Schriftsteller Fynn trifft zufällig ein 5-jähriges Mädchen namens Anna, das von zu Hause ausgerissen ist, vermutlich, weil es von jemandem geschlagen wurde. Fynn nimmt Anna bei sich auf, und über die nächsten »ungefähr dreieinhalb Jahre« entsteht eine tiefe Freundschaft. Anna zeichnet sich dadurch aus, dass sie kindlich einfach und felsenfest an »Mister Gott« glaubt. Da betet Anna zu Mister Gott, von dem die Leute sagen, dass er so was wie ein König ist. Aber ein König, so sagt Anna, würde bestimmt nicht wissen, wo sie wohnt, aber Gott weiß das alles. »Du hast keine Krone aufm Kopf, dafür kennst Du jeden ganz genau. Sogar den Leberfleck auf meiner Backe kennst Du, wetten?« Anna weiß, Gott schaut ganz genau auf jeden Menschen, weiß sogar, ob sie sich die Hände gewaschen hat. Ein normaler König würde sich nie so viel Mühe geben, aber Gott macht sich mit ihr so viel Arbeit. Und sie staunt und freut sich, dass Gott sich um sie kümmert – und sie kennt. Nicht nur oberflächlich, sondern ganz genau, sogar den Leberfleck auf ihrer Backe! Und ich denke an das schöne Lied von Wilhelm Hey »Weißt du, wie viel Sternlein stehen« (EG 511). In der dritten Strophe heißt es: »Weißt du, wie viel Kinder frühe stehn aus ihrem Bettlein auf, dass sie ohne Sorg und Mühe fröhlich sind im Tageslauf? Gott im Himmel hat an allen seine Lust, sein Wohlgefallen; kennt auch dich und hat dich lieb, kennt auch dich und hat dich lieb.«

In der Hölle

Große Überschrift in der Zeitung: »Die letzten Jahre waren die Hölle«. Fünf Jahre saß ein Lehrer wegen vermeintlicher Vergewaltigung im Gefängnis. Dann ist er vom Kasseler Landgericht für unschuldig erklärt worden. Der Prozess geriet zu einer Abrechnung mit dem angeblichen Opfer. – Das finden wir schon im 1. Buch Mose. Potifars Frau findet Gefallen an Josef, dem sympathischen und hübschen Sklaven. Sie will ihn verführen, doch er flieht. Sie schreit. Josef wird gefasst. Und dann klagt sie vor ihrem Mann: »Der hebräische Knecht, den du uns hergebracht hast, kam zu mir herein und wollte seinen Mutwillen mit mir treiben. Als ich aber ein Geschrei machte und rief, da ließ er sein Kleid bei mir und floh hinaus« (1. Mose 39,17). Geschickt schiebt sie ihrem Mann die Schuld zu: Du hast uns den Sklaven angeschleppt. Und fügt hinzu: den hebräischen Sklaven. Mit Ausländerfeindlichkeit lässt sich immer gut Stimmung machen. Potifar scheint ihr nicht geglaubt zu haben. Sonst hätte er seinen Sklaven härter bestraft. Er musste Josef ins Gefängnis werfen, um sein Gesicht und das seiner Frau zu wahren.

Was mich beeindruckt: die Gelassenheit und der Gehorsam Josefs. »Der HERR war mit Josef, sodass er ein Mann wurde, dem alles glückte« (1. Mose 39,2). Trotzdem gibt es auch Brüche, Abstürze, Probleme. Auch Josefs Karriere in Ägypten verläuft nicht ohne Rückschläge. Johannes Calvin bemerkt dazu: »Wenn es eben scheint, als reiche Gott seine Hand zu Hilfe, dann erlischt das Licht wieder, und das Dunkel wird noch dichter. Und doch verlässt der Herr die Seinen nicht, er gibt ihnen auch mitten in den Kämpfen Zeit, aufzuatmen.« Josef gehorcht Gott mehr als den Menschen. Und bleibt ihm nahe. Das ist sein Glück.

26. JULI

Nacht

Zwei besondere Erfahrungen prägten diese Kinder- und Jugendfreizeit. Nachtwanderung. Es geht durch den dunklen Wald. Unheimlich die fremden Geräusche. Und überraschend und geheimnisvoll: ganze Schwärme von Glühwürmchen. Das sind eigentlich keine Würmer, sondern Käfer, wiegen bis zu 0,2 Gramm und leben höchstens acht Wochen. Aber sie leuchten. Und wie! Keine Lichtquelle, die wir Menschen bisher entwickelt haben, kann den kleinen Käfern das Wasser reichen! Und wenn Gott so winzige Glühwürmchen so großartig ausstattet, wie viel mehr stattet er uns aus mit Gaben und Fähigkeiten, beschenkt uns mit seiner unvergleichlichen Liebe.

Und dann die Geisternacht. Es war nach der Disco. Alle waren im Innenhof des alten Klosters, gespenstisch leuchteten Kerzen und Fackeln. Das war schon unheimlich. Dann wurde ein Foto geschossen von der ganzen Freizeitgruppe. Seltsam, ein Gruppenfoto in der Nacht. Dann noch eins von den Mitarbeitern. Ja, sie waren alle da. Und plötzlich tauchten wie aus dem Nichts zwei fremde Gestalten auf und machten Randale. Stark, wie die Kinder reagierten. Keins lief weg. Sie blieben beieinander und fingen an zu singen, erst zaghaft, dann immer lauter: »Don't built your house on the Sandyland.« Sie sangen von dem Fundament, auf dem wir stehen, von dem Gott, der uns umgibt wie eine Burg. »Herr, mein Fels, meine Burg, mein Erretter, mein Gott, mein Hort auf den ich traue« (Ps 18,3). Übrigens, die beiden »Fremden« waren Freunde der Mitarbeiter. Und es wurde noch tüchtig gelacht! Das können auch wir immer wieder: Von dem Gott singen, der uns wunderbar geschaffen hat, uns liebt, uns beschenkt mit so vielen Dingen und uns umgibt wie eine Burg.

Affental

Georg Schmidt war der erste Herrnhuter Missionar in Südafrika. Er kam 1737 in die Kapregion und wandte sich den Einheimischen zu. Er lehrte sie das Lesen und Schreiben und predigte das Evangelium. Nach fünf Jahren konnte er die ersten fünf taufen. Nach weiteren zwei Jahren stieg die Zahl der Getauften auf 47. Die weißen Siedler sahen das mit Argwohn und wachsender Ablehnung. Sie verklagten Schmidt bei der Regierung und erreichten, dass er das Land verlassen musste. Erst nach fast fünfzig Jahren, im Jahr 1792, kamen wieder drei Missionare der Brüdergemeine in die Kapregion und fanden einige Reste von Schmidts Häuslein.

Eine alte schwarze Frau, die Schmidt noch gekannt hatte, begrüßte sie voller Freude und sagte ihnen, dass sie all die Jahre nicht aufgehört habe, Gott zu bitten, dass er wieder Boten des Evangeliums zu ihnen schicken möge. Nun war ihr Gebet sichtbar erhört. Sie brachte, in Lumpen gehüllt, Schmidts zurückgelassenes niederländisches Neues Testament. Bald sammelte sich dort in der Pavianskloof, dem »Affental«, wieder eine Gemeinde, die später den Namen Gnadental erhielt und zum geistlichen Zentrum der Brüdergemeine in der Kapregion wurde.

Warum ich das erzähle? »Unsere Hilfe steht im Namen des Herrn, der Himmel und Erde gemacht hat« (Ps 124,8). Von dieser Gewissheit war Georg Schmidt durchdrungen. Deshalb kam er nach Südafrika, wandte sich gerade den Schwarzen zu, lehrte und predigte. Auch gegen Widerstand. Und diese Gewissheit erfüllte auch die alte Frau, die nicht aufhörte, Gott zu bitten, er möge wieder Boten des Evangeliums schicken. Und sich freute, als sie kamen. Mit dieser Gewissheit können auch wir heute leben.

28. JULI

Die große Sonnenfinsternis

Die große Sonnenfinsternis steht bevor. Der Firmeninhaber bestellt den 1. Direktor zu sich: »Ich höre, morgen findet um 10 Uhr die große Sonnenfinsternis statt. Das bekommt man nicht alle Tage zu sehen. Ich möchte dem Personal das Ereignis selbst erläutern. Lassen Sie darum alle in Zivil um 10 Uhr auf den Werkhof kommen. Wenn es allerdings regnet, werden wir die Sonnenfinsternis nicht sehen können. Das Personal begibt sich dann in die Kantine, wo ich dann ohne Sonne erläutern werde.« Der 1. Direktor bestellt den Prokuristen zu sich: »Auf Anordnung des Chefs findet morgen für das Personal eine Sonnenfinsternis statt, und zwar exakt um 10 Uhr. Wenn es regnen sollte, werden wir das in Zivil auf dem Werkhof nicht sehen können. Falls das so ist, wird der Chef das Verschwinden der Sonne in der Kantine durchführen lassen. Das bekommt man nicht alle Tage zu sehen.« Der Prokurist bestellt den Betriebsleiter zu sich: »Auf Anweisung des Chefs wird morgen um genau 10 Uhr in Zivil das Verschwinden einer Sonne in der Kantine durchgeführt. Der Chef gibt noch Anweisung, ob es dabei regnen soll. Also etwas, was man nicht alle Tage zu sehen bekommt«. Der Betriebsleiter bestellt den Werkstattleiter zu sich: »Wenn es morgen um 10 Uhr in der Kantine regnen wird, verschwindet der Chef in Zivil, also etwas, was man nicht alle Tage zu sehen bekommt. Vor allem, wenn die Sonne nicht scheint.« Der Werkstattleiter geht zu den Arbeitern: »Morgen um 10 Uhr soll unser Chef in Zivil verschwinden. Schade, dass man das nicht alle Tage zu sehen bekommt.«

Genau dieser Spaß passiert, wenn wir nicht richtig hinhören. Aus der Sonnenfinsternis wird das Verschwinden des Chefs in Zivil. Wer aber genau hinhört, entdeckt mehr. Deshalb preist Jesus alle Menschen »selig« – ich könnte auch übersetzen: »er gratuliert ihnen«, »die Gottes Wort hören und bewahren« (Lk 11,28).

Norma

Paulo Coelho erzählt von Norma, einer besonderen Brasilianerin: Sie lebt in Madrid, ist über sechzig Jahre alt, hat mehrere Jobs gleichzeitig und erfindet und organisiert ständig Veranstaltungen, Feste und Konzerte. Einmal hat er Norma um vier Uhr morgens, als er selbst zum Umfallen müde war, gefragt, wo sie ihre Energie hernehme. »Ich habe einen magischen Kalender. Wenn du willst, zeige ich ihn dir.« Am nächsten Nachmittag hat er sie zu Hause besucht. Sie zeigte ihm ein altes, vollgekritzeltes Blatt Papier. »Heute jährt sich die Erfindung der Schutzimpfung gegen Kinderlähmung«, sagte sie. »Das wollen wir feiern, denn das Leben ist schön.« Norma hatte für jeden Tag des Jahres aufgeschrieben, was in der Vergangenheit an diesem Tag Gutes geschehen war. Für sie war das Leben täglich Grund zur Freude.

Und ich hörte von einer Frau, die verließ niemals das Haus, ohne sich vorher eine Handvoll Glassteinchen einzustecken. Sie wollte die schönen Momente des Tages bewusst wahrnehmen. Bei jeder guten und positiven Kleinigkeit, die sie während des Tages erlebte – ein lustiges Schwätzchen, strahlende Kinderaugen, ein gutes Essen –, ließ sie ein Glassteinchen von der rechten in die linke Jackentasche gleiten. Abends zu Hause zählte sie dann die Glassteinchen aus der linken Jackentasche. Sie führte sich dann vor Augen, wie viel Schönes und Gutes ihr an diesem Tag begegnet war. Sie freute sich und dankte ihrem Schöpfer. Und sogar dann, wenn sie nur ein Glassteinchen zählen konnte, war es ein Tag, an dem es sich zu leben gelohnt hatte. – Ob Kalender oder Glassteinchen oder beides: Wir haben viel Anlass, Gott zu danken und uns zu freuen. Paulus schreibt: »Ich danke meinem Gott, sooft ich euer gedenke« (Phil 1,3). Sicher, Philippi war seine Lieblingsgemeinde, aber auch nicht die Insel der Seligen. Trotzdem, er dankt! Und das will ich auch.

Telemann

Ein Dorfkantor wanderte ins benachbarte Gotha zu Georg Philipp Telemann und bat ihn, fürs Kirmesfest eine Kantate zu schreiben. Der Komponist zierte sich wegen der bescheidenen Fähigkeiten des Kantors und des Chores und suchte Ausflüchte. Dem Kirchenmusiker gelang es aber dennoch, Telemann zu überreden, und beim Text ließ er ihm sogar freie Wahl. Schließlich entstand das Werk. Nach wochenlanger Probenarbeit kam es zur Aufführung. Telemann wohnte ihr bei, und der Chor sang fröhlich und herzhaft: »Wir – wir können nichts – wir können nichts – wir können nichts wider den Herrn reden.«
Übrigens, eine ähnliche Anekdote wird von Buxtehude erzählt. Wie dem auch sei, Telemann beweist nicht nur Humor, sondern auch theologisches Bewusstsein. Genau in diese Richtung weisen Jesu Worte: »Ich bin der Weinstock, ihr seid die Reben. Wer in mir bleibt und ich in ihm, der bringt viel Frucht; denn ohne mich könnt ihr nichts tun« (Joh 15,5). Ein schöner Vergleich: Da ist ein Weinstock, eine kräftige Pflanze. Viel Sonne macht ihm nichts aus, denn seine Wurzeln reichen 8 bis 10 Meter tief in die Erde hinein, bis sie Wasser finden. Und dann wird der Lebenssaft hochgeholt und in die einzelnen Reben hineintransportiert. Trauben können wachsen. Wirkliches Leben, will Jesus uns sagen, gibt es nur in der Verbindung mit mir. Ich bin der Weinstock. Ich komme an die Quelle. Ich gebe euch Kraft und Lebenssaft, Anteil am Leben. – Die Jünger haben das erfahren. Nach der Kreuzigung hatten sie sich versteckt, sie waren wie gelähmt. Sie waren wie abgebrochene Reben. Doch dann trat der Auferstandene in ihre Mitte, nahm ihnen Angst und Traurigkeit. Die Verbindung war wieder da. Ihr Herz wurde froh. Vor ihnen lag eine offene Zukunft.

Unter dem Himmel

Als Martin Luther im Jahre 1518 nach Augsburg kam, um sich vor dem päpstlichen Legaten Cajetan zu verantworten, fragte der ihn: »Wo willst du bleiben, wenn dich der Papst in den Bann tut und der Kaiser mit der Reichsacht dich von Dorf zu Dorf und von Stadt zu Stadt jagt und du nirgends Ruhe findest?« Martin Luther gab zur Antwort: »Unter dem Himmel!« Unter dem Himmel! Das heißt gerade nicht: heimatlos und verlassen, sondern von Gott umgeben, bei ihm geborgen. »Siehe, ich habe dir geboten, dass du getrost und unverzagt seist. Lass dir nicht grauen und entsetze dich nicht; denn der HERR, dein Gott, ist mit dir in allem, was du tun wirst« (Jos 1,9). So wird unser Blick geweitet: von der Angst, der Enge in die Weite des Himmels. Und das ist nicht nur das blaue Gewölbe, das sich über uns ausbreitet. Der Himmel ist Gottes Gegenwart. Da ist sich Martin Luther ganz gewiss. Selbst Papst und Kaiser können daran nichts ändern. Unter diesem Himmel gibt es keinen ausweglosen Ort. »Dein Gott ist mit dir in allem, was du tun wirst.«

Wenn Gott uns segnet mit der Weite des Himmels, dann spüre ich: er ist mir nahe. Dann bekomme ich Mut, neue Hoffnung und auch Kraft, für Gott und seine Sache einzutreten. Ulrich Schaffer drückt das so aus: »Wenn du und ich, wenn wir, die wir uns Christen nennen, nicht dorthin gehen, wo die Hölle auf Erden ist ..., dann können wir es uns auch sparen, in leuchtenden Farben vom Himmel zu reden.« Glaube ist mehr als eine fromme Gesinnung. Glaube macht nicht nur ein glückliches Herz. Glaube ist praktisch. Glaube wird Tat. Glaube gibt Mut und Kraft zum Handeln. Gott ist mit uns in allem, was wir tun werden.

Hale-Bopp

Abraham steht vor seinem Zelt. Dunkle Gedanken quälen ihn. Angst und Sorge haben ihn gepackt. Warum habe ich alles verlassen? Warum habe ich jenem Wort getraut und bin fortgezogen aus meiner Heimat? Was wird aus seinem Versprechen: Nachkommen, Land, Segen? Noch habe ich nichts, gar nichts! Da hört er Gottes Stimme: »Sieh gen Himmel und zähle die Sterne; kannst du sie zählen? So zahlreich sollen deine Nachkommen sein« (1. Mose 15,5). Abraham vor dem Sternenzelt! Er ist überwältigt von diesem Anblick, überwältigt von Gottes Versprechen. Er sieht nicht nur die Sterne. Er sieht den, der dahintersteht, der das alles gemacht hat und in seinen Händen hält. »Abraham glaubte dem Herrn.« Der Blick in den Sternenhimmel verscheucht die Ängste und Zweifel. Der Blick in die Weite des Universums erfüllt Abraham mit Gewissheit und Glauben: Diesem Gott kann ich trauen!

Es ist eine laue Sommernacht. Ich stehe vor der Tür und schaue hinauf in den Himmel. Ich sehe den Großen Wagen, den Polarstern, den Kleinen Wagen und eine unermessliche Zahl kleiner und großer Sterne. Wissen Sie, wie viel Zeit Sie bräuchten, um die Sterne zu zählen, die Sie mit bloßen Augen sehen? Wenn Sie in einer Sekunde 60 Sterne zählen könnten, benötigten Sie 100 Jahre! Und ich sehe nur einen winzigen Ausschnitt des Universums. Hinter diesem unermesslichen Universum steht Gott, keine ferne Größe, sondern der Gott, der einst mit Abraham sprach, der Gott, der auch mich kennt und liebt. Wer das entdeckt, der fängt an zu glauben wie Abraham, mehr noch: der stimmt mit ein in das Lob der Himmel. Der amerikanische Amateurastronom Thomas Bopp, Mitentdecker des Hale-Bopp-Kometen, bekennt: »Als ich diesen Lichtfleck sah, der auf keiner Landkarte aufgezeichnet ist, hauchte ich ein stilles Gebet und dankte Gott für seine wunderbare Schöpfung.«

Der schönste Tag

Der schönste Tag in meinem Leben«, sagte eine junge Dame, »war unsere Hochzeit. Wenn ich mich daran erinnere! Das Standesamt, dann der Gottesdienst, ganz in Weiß, so feierlich. Und dann das Fest ...« Sie gerät richtig ins Schwärmen. – Ein Familienvater erzählte: »Das war der schönste Tag in meinem Leben, als unsere kleine Tanja geboren wurde und ich sie dann in meinen Armen hielt.« – Der Fußballstar muss nicht lange überlegen: »Als ich mit meinen beiden Toren unsere Mannschaft im entscheidenden Spiel zur Meisterschaft schoss.«

»Der schönste Tag in meinem Leben«, so heißt ein Song von Tocotronic, einer Rockgruppe aus Hamburg. Sie ist nicht so bekannt wie die Toten Hosen, machen eine eher ruhigere Musik mit fast ausnahmslos deutschen Texten. Als ich diesen Song zum ersten Mal hörte, dachte ich: Meinen die das wirklich ernst, was sie singen? Das soll der schönste Tag in ihrem Leben sein: ein ganz normaler Alltag, irgendwo auf dem Parkplatz, ganz allein, nichts Besonderes? Einer, der die Truppe gut kennt, sagte mir: »Ja, die meinen das so, alle ihre Texte sind echt und ernst gemeint.« Ja, fragte ich, und was wollen die mir hiermit sagen? »Dass du das ganz Alltägliche bewusst erlebst und wahrnimmst«, sagte er mir. »Die singen gegen alles oberflächliche Dahinleben.«

Das waren Stichworte, die mir weiterhalfen. Bewusst wahrnehmen. Nicht nur einfach Tag für Tag dahinleben, sondern feststellen: Dieser Tag ist ein besonderer Tag. Jeder Tag ist ein besonderer Tag, jeder stinknormale Tag ist ein schöner Tag, ein mir von Gott geschenkter Tag. »Dies ist der Tag, den der Herr macht; lasst uns freuen und fröhlich an ihm sein« (Ps 118,24).

3. AUGUST

Sonnenseite

Samuel Koch, der bei »Wetten, dass« verunglückt ist, erzählt in seinem lesenswerten Buch »Rolle vorwärts« auch von Leidensgenossen. Und das ist erstaunlich: Was sie auch Schlimmes erlebt haben – sie haben für sich das Leben und die Freude wiederentdeckt. Nicole, schreibt er, lief 2001 in Vietnam barfuß durch einen Fluss. Dabei ist sie wohl mit Resten des dort im Krieg eingesetzten Giftes Agent Orange in Kontakt gekommen. Seitdem versteinert sie langsam innerlich. Es ist für mich bewundernswert, wie sie das Leben und die Schönheit der Schöpfung feiert und dankbar ist.

»Nun wird es endlich wieder wärmer und länger hell«, schrieb sie mir auf einer Postkarte. »Der Frühling zeigt mir jedes Mal aufs Neue das Wunder, wie schön Gott die Welt erschaffen hat!« Sie liegt die meiste Zeit auf der Intensivstation und kann sich kaum noch rühren, trotzdem ist ihre Lebensfreude ansteckend. Nicole ist sich ganz sicher: »Nicht mehr lang, und wir werden nur noch auf der Sonnenseite des Lebens stehen, denn wir haben uns entschieden, das Geschenk Jesu anzunehmen. Ich freu mich schon so sehr und weiß: Das Beste kommt zum Schluss!«

»Seht auf und erhebt eure Häupter«, sagt Jesus, »weil sich eure Erlösung naht« (Lk 21,28). Wir können uns freuen! Er kommt! Seht auf und erhebt eure Häupter! Das macht nicht gleichgültig. Im Gegenteil, wenn morgen die Welt unterginge, soll Luther gesagt haben, würde ich heute noch einen Apfelbaum pflanzen. Es macht Sinn, sich zu engagieren: für seine Sache, für diese Erde, für unser Land, für unsere Gemeinde. Voller Freude und Erwartung können wir jeden Tag beginnen und wie Nicole sagen: »Das Beste kommt zum Schluss!«

Weil Gott ist

Catharina Elisabeth Goethe, die geistreiche Mutter des berühmten Dichters, hat einmal gesagt: »Ich freue mich des Lebens, ich suche keine Dornen, hasche die kleinen Freuden. Sind die Türen niedrig, so bücke ich mich. Kann ich den Stein aus dem Weg räumen, so tue ich es. Ist er zu schwer, so gehe ich um ihn herum. Und so finde ich alle Tage etwas, das mich freut. Und der Schlussstein, der Glaube an Gott, der macht mein Herz froh und mein Angesicht fröhlich.«

Ganz ähnlich ermuntert uns Nikolaus Ludwig Graf von Zinzendorf, Begründer der Herrnhuter Brüdergemeine und der Losungen: »Werdet des Heilands fröhliche Leute.« Wenn wir unsere Straße fröhlich ziehen (siehe Apg 8,39), dann bleibt das nicht ohne Konsequenzen für unser Leben im Alltag, in der Gemeinde und für unsere Gottesdienste.

Fritz Pawelzik erzählt von einem italienischen Fischer mit Namen Antonio aus dem Ort Terro am Lago Maggiore. Er hat eine Familie von 10 Personen und ist immer guter Laune. Sie fahren zusammen eines Tages aus, der Erzähler der Geschichte und der Fischer Antonio, über die lautlose See unter dem sternenklaren Himmel. Sie werfen ihre Netze aus und ziehen sie ein, eine mühselige Arbeit. Aber es ist nichts zu machen. Die Fische sind woanders. Die Netze bleiben leer. Und dann heißt es wörtlich: »Mensch«, rief ich ihn an, »ich verstehe dich überhaupt nicht. Nichts im Netz, alle Arbeit umsonst. Ist ja schön hier, aber morgen hungert deine Familie vielleicht. Mensch, warum freust du dich eigentlich?« »Perche e dio – weil Gott ist.« – Weil dieser Gott ist, ein Gott, der für uns ist, der uns kennt und liebt, deshalb können auch wir des Heilands fröhliche Leute sein und unsere Straße fröhlich ziehen.

5. AUGUST

Auf die Beine helfen

Ich bin gekommen, die Sünder zu rufen und nicht die Gerechten« (Mt 9,13). Diese Worte sagt Jesus zu den Pharisäern und Schriftgelehrten. Dort stehen sie vor dem Haus und klagen ihn an. Denn er sitzt an einem Tisch mit Zöllnern und Sündern. Er hat Gemeinschaft mit Menschen, die es – nach ihrer Meinung – nicht wert sind. Doch wer ist schon gerecht? Wer kann schon vor Gott sagen: Lieber Gott, du musst doch mit mir zufrieden sein. Schau her, was bin ich für ein feiner Kerl! Wer das meint, der hat kein reines Gewissen, sondern höchstens ein sehr vergessliches. Denn vor Gott sind wir alle ohne Ausnahme Sünder. Keiner hat eine weiße Weste!

In Dostojewskis Roman »Schuld und Sühne« wird geschildert, wie ein Pferd auf dem Eis ausrutscht und am Boden liegt. Leute kommen herzu und versuchen, das Pferd hochzuziehen. Sie schlagen auf das Tier ein. Doch je verzweifelter es sich bemüht, auf die Beine zu kommen, desto hoffnungsloser wird seine Situation. Man peitscht das Pferd, bis es blutet. Doch keiner kommt auf den Gedanken, dem Pferd eine Decke unterzuschieben und ihm beruhigend zuzureden. Das ist unsere Situation. Wir liegen am Boden. Wir können allein nicht auf die Beine. Unser Leben ist gezeichnet von Sünde und Versagen. Doch Gott kommt zu uns – nicht mit der Peitsche, nicht mit Appellen und Forderungen. Gott stellt sich in Jesus Christus an unsere Seite.

Er hilft uns auf die Beine, wenn er uns – wie damals den Zöllnern und Sündern – zuspricht: »Ich habe dich lieb. Und ich habe alles für dich getan. Aus eigener Kraft kannst du nicht vor Gott bestehen. Aber schau auf das Kreuz, dort vor Jerusalem. Da siehst du Gottes Liebe. Da findest du meine ausgebreiteten Arme. Und nun gehe getrost weiter.« – So ist Gott. So ist Jesus. Er ist gekommen, die Sünder zu suchen. Er hilft uns auf die Beine.

Top of the world

Oder: Die Welt liegt mir zu Füßen. Der Titel eines Songs der Carpenters aus den 70ern und das Motto eines Gottesdienstes in unserer Kirchengemeinde. Dazu hatten Jugendliche etliche Personen befragt: »Haben Sie sich schon mal »on top of the world« gefühlt? Als Inge das erste Mal mit dem Fallschirm aus dem Flugzeug sprang, lag ihr die Welt buchstäblich zu Füßen. Jan erzählte: »Als ich meine Frau kennenlernte.« Und Christina, 40, meinte: »Ich habe mich on top of the world gefühlt, als ich meinen Sohn das erste Mal im Arm hielt.« Und was würden Sie antworten?
Lukas berichtet in der Apostelgeschichte (8,26–40) vom Finanzminister aus Äthiopien. Mehr als 1500 Kilometer reist er in seiner Kutsche, weil er von Gott gehört hat und hofft, ihn im Tempel von Jerusalem zu finden. Doch dort ist »allen Nichtjuden der Zutritt verboten«. Er ist müde und enttäuscht, kauft sich aber eine der großen Schriftrollen und fährt heim. Plötzlich trifft er einen Unbekannten, der ihn fragt: »Verstehst du, was du da liest?« »Wie kann ich, wenn mich niemand anleitet?« Der Fremde steigt ein, erklärt ihm die rätselhaften Worte aus Jesaja 53 und erzählt ihm von Jesus – eine neue Welt, die ihn ansteckt und begeistert. Er hat gefunden, was er suchte: Gott, der sich an unsere Seite stellt. Und zu ihm will er gehören. Er lässt sich taufen. Und am Ende der Geschichte heißt es: »... er aber zog seine Straße fröhlich.«
Oder ich sag es mit den Worten der Carpenters: »Ich sitze auf dem Gipfel der Welt und bestaune die Schöpfung. Und die einzige Erklärung dafür ist die Liebe, die ich gefunden habe, seit du da bist. Diese Liebe brachte mich auf den Gipfel der Welt. Und ich habe nur einen Wunsch: dass es immer so bleiben wird. Alles, was ich brauche, wird mein sein, wenn du hier bist.«

Wir sind des Herrn

Martin Luther ist zusammen mit seinem Freund Philipp Melanchthon unterwegs auf großer Reise, zu Fuß natürlich – wie es damals üblich war. Es ist Abend. Fast haben sie ihre Heimat wieder erreicht. Sie sehen schon die Türme von Wittenberg. Doch vor ihnen liegt noch die Elbe. Nein, hier gibt es keine Brücke. Ein kleines Ruderboot liegt am Ufer, die einzige Möglichkeit, den unberechenbaren Fluss zu überqueren, denn er hat zurzeit Hochwasser.

Martin Luther springt ins Boot und will gleich losrudern. Doch zaudernd bleibt sein Freund Melanchthon am Ufer. Er sieht die Wellen. Die ganze Angelegenheit ist ihm zu gefährlich. Zudem hatte er sich – wie damals und auch heute viele Leute – der Astrologie verschrieben. Und sein Horoskop stand schlecht, zu schlecht für solch ein gefährliches Unternehmen. »Steig nicht ein, Martine«, ruft er laut, »die Sternenläufe sind wider uns!« Die Angst sitzt ihm im Nacken. Da wird es Luther zu bunt. Er springt ans Ufer, schnappt seinen zaudernden Freund Melanchthon und zieht ihn hinter sich ins Boot und rudert los. »Wir sind des Herrn«, ruft er ihm zu, »und darum selbst Herren, Herren auch über die Gestirne.«

Seien wir einmal ehrlich: Manchmal geht es uns wie Melanchthon. Da überfällt uns die Angst: Angst vor dem Versagen, Angst vor Krankheit, Angst vor den Bedrohungen der Welt, Angst vor Krieg, Angst vor Tod. Ja, manchmal geht es uns wie Melanchthon: Zweifel und Sorgen werden mächtig. Wir kommen uns ohnmächtig und hilflos vor.

Machen wir's wie Luther und der Beter des 27. Psalms. »Der Herr ist mein Licht und mein Heil, vor wem sollte ich mich fürchten? Der Herr ist meines Lebens Kraft; vor wem sollte mir grauen?« (Ps 27,1).

Gottes Mühle mahlt fein

Vielleicht denkt mancher: Das muss doch anders heißen. Gottes Mühlen mahlen langsam. Richtig, so lautet das alte Sprichwort, das schon die Römer kannten. Und es hat meist einen eher erzieherischen Sinn. – Auf dem alten Friedhof in Freiburg findet man ein sonderbares Kreuz: am Fußende einen seltsamen Totenschädel, ein wenig Haar überwellt seinen Kopf, ein Nagel zieht sich vom linken Wangenknochen zum Mund. Und eine Kröte, die aus der Kieferhöhle herausglotzt. Und dazu wird erzählt: Ein alter Schmied wurde hier von seiner jungen Frau und ihrem Geliebten umgebracht. Niemand bemerkte den Mord und niemand schöpfte Verdacht, als die beiden später heirateten. Als aus Platzmangel die Leiche des Ermordeten exhumiert wurde, entdeckte der Totengräber erst die Kröte und dann den Nagel im Kopf, meldete seine Beobachtung – und so wurden die Mörder schließlich doch noch ihrer gerechten Strafe zugeführt. – Die Moral von der Geschichte: Gottes Mühlen mahlen langsam.
Doch der Barockdichter Friedrich von Logau (1604–1655) veränderte und ergänzte das alte Sprichwort: »Gottes Mühlen mahlen langsam, mahlen aber trefflich klein; ob aus Langmut er sich säumet, bringt mit Schärf er alles ein. Gottes Mühlen mahlen langsam, mahlen aber trefflich klein.« Wo Gott am Wirken ist, sehen wir oft nicht das Ergebnis. Aber er ist aktiv – auch wenn wir nichts sehen. Er führt unser Leben und diese Welt, auch durch viel Um- und Irrwege, zu einem guten Ziel. Gottes Mühle mahlt fein. »Ich glaube«, schrieb Dietrich Bonhoeffer, »dass Gott aus allem, auch aus dem Bösesten, Gutes entstehen lassen kann und will. Dafür braucht er Menschen, die sich alle Dinge zum Besten dienen lassen.« »Wir wissen aber, dass denen, die Gott lieben, alle Dinge zum Besten dienen« (Röm 8,28).

Salz

Habt Salz bei euch«, sagt Jesus, »und habt Frieden untereinander« (Mk 9,50). Wie arm wäre die Welt ohne Salz! Salz bringt Eis zum Schmelzen. Salz schützt vor Fäulnis. Salz gibt den Speisen die Würze. Salz trägt im Toten Meer mit seinen 23 % Salzgehalt jeden, der sich aufs Wasser legt. Salz erhält Leben. Der Prediger Spurgeon (1834–1892) schrieb: »Salz birgt ein großes Geheimnis. Der Herr Jesus hat mit einem genialen Blick und einem genialen Ausdruck den Stand der Christen in der Welt umrissen. Es lohnt sich, einmal chemisch das Salz zu untersuchen. Die Formel dafür lautet: NaCl. Das heißt mit anderen Worten, ein Giftstoff und ein edles Metall bilden das wunderbare Gewürz, ohne das kein Mensch leben kann. Wo der Giftstoff, der Sünder, und das edle Metall, der Herr Jesus, zusammenkommen und eins werden, gibt es ein edles Gewürz.«

Jünger Jesu sind Salz. Sie leben nicht im Getto, sondern auf der Erde unter anderen Menschen – so wie das Salz in der Suppe. Sie wird dadurch schmackhaft und genießbar. Salz bewahrt auch vor dem Verfaulen. Darum können Christen das lebendige Gewissen der Gesellschaft und zu Orientierungspunkten in einer richtungslos gewordenen Welt werden. Wie der 19-jährige Benjamin Fokken aus Möhlenwarf. Er war Mobbingopfer, eines von Hunderttausenden in deutschen Schulen. Er wurde belästigt, erniedrigt und bedroht. Er fühlte sich allein und wertlos. Jahre später (2016) veröffentlichte er im Internet ein Video, das Millionen Menschen berührte. Seine Botschaft ist friedlich, ein stiller, kein anklagender Protest. Seine Würzkraft und Aufmerksamkeit erhielt es durch viele Solidaritätsbekundungen. Jetzt hat er ein Buch geschrieben »Ich bin ich – und wir sind viele«, und er hält Vorträge. Ausgestreutes Salz, das wirkt, Menschen ermutigt und Frieden schenkt.

Gott liebt Fußball

Freuen Sie sich auch auf die Bundesliga? Ganz ehrlich, als während der Coronakrise der Ball monatelang zwangsläufig ruhte – das war schon ein seltsames Gefühl. Da fehlte was. Ich weiß, es gibt viele Argumente gegen den Profisport. Und doch bin ich immer wieder begeistert. Und es beeindruckt mich, was Sportler zum Thema »Glaube und Gott« zu sagen haben.

Zum Beispiel Sebastian Kehl, lange Zeit ZDF-Experte, ehemaliger Profi und heute Funktionär bei Borussia Dortmund. Für ihn spielt der Glaube eine große Rolle. Er habe ihm sehr viel gegeben, besonders Halt in schwierigen Situationen: »Mein Glaube ist für mich ein Zufluchtsort, ein Ort der Ruhe und der Besinnung. Der Glaube ist ein guter Wegweiser fürs Leben.« Auch deswegen habe er vom ersten Tag an versucht, seine Kinder ähnlich religiös zu erziehen. »Wir beten gemeinsam. Wir versuchen, unser Glück auch im Gebet zu begreifen, dass wir hier alles haben und unseren Kindern manches mit auf den Weg geben können, was nicht alltäglich ist.« Er ist überzeugt davon, dass es wichtig ist, mit dem Glauben durchs Leben zu gehen. Auch vor dem Spiel betet Sebastian Kehl. Aber er sagt sehr klar, dass Beten nicht in einen Versuch münden darf, Gott auf die eigene Seite zu ziehen. Mit Augenzwinkern fügt er hinzu: »Schließlich muss ich davon ausgehen, dass es, wenn ich um Gottes Parteilichkeit bitten würde, mindestens einen auf der anderen Seite gibt, der auch darum betet – und für wen sollte sich Gott dann entscheiden?« Sinnvoll ist es allerdings, Gott um all das zu bitten, was ein faires und spannendes Spiel möglich macht – wie etwa Konzentration, Willensstärke, packende Zweikämpfe und ein gutes Auge des Schiedsrichters. »... in allen Dingen lasst eure Bitten in Gebet und Flehen mit Danksagung vor Gott kundwerden« (Phil 4,6).

Genial

Vergiss es nie: Dass du lebst, war keine eigene Idee, und dass du atmest, kein Entschluss von dir. Vergiss es nie: Dass du lebst, war eines anderen Idee, und dass du atmest, sein Geschenk an dich.« Ein großartiges Lied von Jürgen Werth. Und dann beschreibt er das Besondere und Einmalige eines jeden Menschen: Niemand denkt, fühlt, handelt und lächelt so wie du. Niemand sieht den Himmel wie du und »niemand hat je, was du weißt, gewusst.« Dein Gesicht ist einmalig, deine Augen – und wir könnten noch vieles hinzufügen. – In einem Anspiel auf unserer Kinder- und Jugendfreizeit hatte Vera Malig ihren großen Auftritt. Sie »platzte« in die Gruppe, ein Mädchen mit viel Talent und vielen Worten – und entdeckte, dass sie nicht nur »Malig« heißt, sondern einmalig ist. Sogar ihr Fingerabdruck war unverwechselbar. Und dann sangen wir gemeinsam den Refrain: »Du bist gewollt, kein Kind des Zufalls, keine Laune der Natur, ganz egal, ob du dein Lebenslied in Moll singst oder Dur. Du bist ein Gedanke Gottes, ein genialer noch dazu! Du bist du, das ist der Clou, ja, du bist du!« Als wir das Lied beendet hatten, sah man auf vielen Gesichtern ein fröhliches Strahlen. – Jürgen Werth berichtete, dass er viele Reaktionen zu diesem Song bekommen habe. Zum Beispiel von einer älteren Frau. Sie schrieb: »Von meinem Vater bekam ich immer zu hören: ›Du kannst nichts, du taugst nichts.‹ Vater ist lange tot. Aber immer noch klingt seine Stimme in meiner Seele. Aber seit einiger Zeit halt ich ihm diesen Text entgegen. Und Vater muss schweigen!«

Gott hat mich wunderbar geschaffen. Ich bin sein genialer Gedanke. Und was ich auch von mir denke oder was andere über mich sagen – Gott spricht zu mir: »Du bist in meinen Augen wertgeachtet und herrlich und ich habe dich lieb« (Jes 43,4).

Geliebt

Der berühmte Theologieprofessor Karl Barth diskutierte mit seinem Freund Heinrich Vogel über die Frage, wie es einmal in Gottes Reich, im Himmel, sein werde. Der Freund wollte von einer völligen Neuschöpfung reden, während Barth hier anders dachte: Es werde dort herauskommen, dass Gottes Werk in Christus für die Menschen, so wie sie waren, doch nicht vergeblich gewesen sei. Die Diskussion konnte nicht theoretisch bleiben. Denn Vogel hatte eine schwer behinderte, hilflose Tochter. Und der Vater rief nun aus – als Zusammenfassung und Anwendung seiner Hoffnung: Sie werde dort keine Behinderung haben. »Sie wird laufen!« Barth, von jenem rätselhaften Leid mitbetroffen, griff das Stichwort auf: »Sie wird laufen?« Nein, das töne in seinen Ohren doch zu sehr so, als habe Gott in diesem Fall einen Fehler gemacht, den er dann dort eingestehen und korrigieren müsse. So sagte er: »Ist es nicht eine viel schönere und kräftigere Hoffnung, dass dort das offenbar wird, was wir jetzt so gar nicht verstehen – nämlich, dass dieses Leben nicht vergeblich war, weil Gott nicht umsonst zu ihm gesprochen hat: Gerade dich habe ich geliebt!?« Und er fügte hinzu: »Sicher, das wird dann schon etwas ändern. In diesem Licht wird sie dann gewiss ganz oben sitzen am Tisch, während wir« – er deutete auf sich und den Freund –, »während wir dann, wenn wir überhaupt zugelassen werden, ganz unten zu sitzen haben werden.«

Auch wenn ich nicht perfekt bin, ja, wenn ich eine Behinderung habe oder krank bin: Gottes Werk in Christus für uns Menschen ist nicht vergeblich gewesen. Und auch mein Leben ist nicht vergeblich. Denn auch zu mir hat er gesprochen: »Ich habe dich je und je geliebt« (Jer 31,3). Das macht mein Leben unvergleichlich, einmalig und reich.

Vergessen

Von einer alten Frau im Dorf erzählte man, sie habe Gotteserscheinungen. Dem Pfarrer war das sehr verdächtig und er verlangte Beweise ihrer Echtheit. »Wenn Euch Gott das nächste Mal erscheint«, sagte er, »dann bittet ihn, er möge Euch meine Sünden nennen, die nur Er allein kennt ... Das wäre Beweis genug.« Einen Monat später kam die Frau erneut zu ihm, und der Pfarrer fragte sie, ob Gott ihr wieder erschienen sei. »Ja«, sagte sie. »Habt Ihr ihm die Frage unterbreitet?« »Ja, das habe ich.« »Und was sagte er?« »Er sagte: Sag dem Pfarrer, ich habe seine Sünden vergessen.«

Eine großartige Frau. Und ein noch großartigerer Gott. Wir haben kein Recht, den Glauben anderer zu beurteilen und zu bewerten, wie es jener Pfarrer tat. Ist doch toll, wenn diese Frau so deutlich Gottes Nähe erfährt. Und was mir noch mehr gefällt: Wenn Gott vergibt, dann ist es wirklich vergeben und vergessen. Bei uns ist das oft anders. Offiziell haben wir wohl vergeben, aber oft halten wir noch fest an dem, was war, und es bleibt in unser Gedächtnis gebrannt.

Der Prophet Micha jubelt: »Wo ist solch ein Gott, wie du bist, der die Sünde vergibt und erlässt die Schuld denen, die übrig geblieben sind von seinem Erbteil; der an seinem Zorn nicht ewig festhält, denn er ist barmherzig! Er wird sich unser wieder erbarmen, unsere Schuld unter die Füße treten und alle unsere Sünden in die Tiefen des Meeres werfen« (Mi 7,18–19).

Es ist gut

Sie kennen sicherlich das Märchen vom Froschkönig. Endlich ist der Prinz erlöst, da kommt ein Wagen herangefahren, mit acht weißen Pferden bespannt. Hinten steht der Diener des jungen Königs, der treue Heinrich. Er hebt Prinzessin und Prinz hinauf, und heimwärts geht die Fahrt. Da hört man ein seltsames Krachen: »Heinrich, der Wagen bricht«, ruft erschrocken der Königssohn. »Nein, Herr, der Wagen nicht, es ist ein Band von meinem Herzen, das da lag in großen Schmerzen, als ihr in dem Brunnen saßt ...« Als der junge Prinz in einen Frosch verhext wurde, meinte der treue Heinrich, sein Herz müsse vor Trauer und Leid zerspringen. Er ließ sich Bänder ums Herz schmieden. Jetzt zerspringen sie mit lautem Krach. Er braucht sie nicht mehr.

Wer ein zerbrochenes Herz hat, wirkt vielleicht äußerlich heil, ist es aber nicht. Da ist eine schlimme Wunde, hervorgerufen durch Kummer, Enttäuschung oder Schmerz. An einem zerbrochenen Herzen kann man sogar sterben. Deshalb freut sich der Psalmbeter. Gott, der die Sterne zählt und sie alle mit Namen nennt (Ps 147,4), der in die Geschichte der Welt eingreift und handelt (Ps 147,2) – der heilt, die zerbrochenen Herzens sind, und verbindet ihre Wunden.

Mahatma Gandhi schilderte, dass er mit 15 Jahren seinem Vater ein goldenes Armband gestohlen habe, um Schulden bezahlen zu können. Weil er danach die Last seiner Schuld nicht ertragen, aber vor Scham mit dem Vater darüber nicht sprechen konnte, schrieb er sein Bekenntnis auf und überreichte ihm – zitternd am ganzen Körper – den Zettel. Der Vater las ihn, schloss die Augen und – zerriss ihn. »Es ist gut«, sagte er. Dann nahm er seinen Sohn in die Arme. Wie dieser Vater schließt Gott uns in seine Arme, er »heilt, die zerbrochenen Herzens sind und verbindet ihre Wunden« (Ps 147,3).

15. AUGUST

Der Held

Ein Paar auf der Hochzeitsreise wollte gerade im Hotel zu Bett gehen, als ein maskierter Räuber einbrach. Er zeichnete mit Kreide einen Kreis auf den Fußboden, winkte dem Ehemann und sagte: »Stellen Sie sich in diesen Kreis! Tun Sie auch nur einen Schritt heraus, schieße ich Ihnen durch den Kopf.« Während der Mann kerzengerade dastand, ergriff der Räuber alles, dessen er habhaft werden konnte, warf es in einen Sack und wollte gerade hinausgehen, als sein Blick auf die hübsche Braut fiel, die nur in ein Laken gehüllt war. Er winkte sie heran, drehte das Radio an und zwang sie, mit ihm zu tanzen, drückte sie an sich und küsste sie. Er hätte sie weiter bedrängt, wenn sie sich nicht heftig gewehrt hätte. Als der Einbrecher schließlich das Zimmer verließ, drehte sich die Frau zu ihrem Mann um und schrie: »Was bist du für ein Mann, einfach stehen zu bleiben in diesem Kreis, ohne eine Hand zu rühren, während ich beinahe vergewaltigt wurde!«
»Es stimmt nicht, dass ich nichts tat«, protestierte der Mann. »Ich trotzte ihm. Jedes Mal, wenn er mir den Rücken zuwandte, streckte ich meinen Fuß aus dem Kreis.« (nach Anthony de Mello)
Na großartig! Da hat er ja fast den Helden gespielt! Aber gekniffen und tatenlos zugeguckt, wie seine Frau fast vergewaltigt wurde. Hatte er nicht erst vor Kurzem »Ja« gesagt? Hatten sie sich nicht versprochen, einander beizustehen in guten und in schweren Zeiten? Und schon auf der Hochzeitsreise kriegt er Angst und lässt seine Frau im Stich! Doch bevor wir überheblich jenen Ehemann verurteilen, sollten wir uns selbstkritisch fragen: Wo haben wir tatenlos zugeguckt? Wann waren wir feige und haben gekniffen? Wie gut, dass Gott zu uns steht, auch dann, wenn wir versagt haben: »Sind wir untreu, so bleibt er doch treu, denn er kann sich selbst nicht verleugnen« (2. Tim 2,13).

Ich putze Amerika

Es war vor vielen Jahren auf einer Studentenkonferenz. In der Diskussion pries ein junger Theologe in schwärmerischen Tönen die Seligkeit christlichen Lebens, sodass viele Zuhörer ob dieser Gefühlsschwelgerei Unbehagen empfanden, doch widersprechen mochte keiner. Da erhob sich der ehrwürdige – und damals schon greise – Theologieprofessor Adolf Schlatter, packte mit festem Griff einen Stuhl, hob ihn an, stieß ihn mit hartem Ruck zu Boden und rief in die erschrockene Stille: »Darauf kommt es gar nicht an, dass der Vikar jeden Morgen ein glückliches Herzchen hat, sondern dass wir Gottes Willen tun!« und setzte sich wieder. Wenn Gott uns segnet mit seiner Nähe und Liebe, dann setzt er uns in Bewegung. Da hat Adolf Schlatter recht. Glaube ist mehr als ein glückliches Herzchen. Glaube wird Tat. Glaube ist praktisch. »Deinen Willen, mein Gott, tue ich gern«, spricht der Psalmbeter (Ps 40,9).

Tony Campolo, Redner, Pastor und Professor in Pennsylvania, erzählt von einem »Nachbarschafts-Putztag« seines Missionswerks in Camden, New Jersey. In der gesamten Nachbarschaft sammelten Jungen und Mädchen mit großen Abfallsäcken alle Arten von Müll ein, auch zerbrochene Flaschen und weggeworfene Bierdosen. Auch die Kinder waren begeistert dabei und wollten ihre Gegend zu einem Umfeld machen, in dem man gerne lebt. Als Campolo mit dem Auto kam, sah er einen kleinen Jungen, vielleicht acht Jahre alt, der einen riesigen Sack Müll hinter sich herzog. Er kurbelte die Fensterscheibe runter und rief: »Hallo Junge, was machst du?« Der Junge, der ihn nicht kannte, rief zurück: »Ich putze Amerika!« Die Aufgaben, die Gott uns gibt, scheinen oft sehr klein zu sein. Aber wenn wir sie als Teil eines großen Gesamtwerkes sehen, wird es uns Freude und Mut geben, am Bau des Gottesreiches mitzuwirken, wie im Himmel so auf Erden.

17. AUGUST

Brüder

Zwei Brüder wohnten einst auf dem Berg Morija. Der jüngere war verheiratet und hatte Kinder, der ältere war unverheiratet und allein. Beide arbeiteten zusammen, pflügten das Feld, streuten den Samen aus, und zur Ernte brachten sie das Getreide ein und teilten sich die Garben. Als es Nacht geworden war, legte sich jeder der beiden Brüder bei seinen Garben nieder, um zu schlafen. Der ältere aber fand keine Ruhe und dachte: Mein Bruder hat eine Familie, ich dagegen bin allein und ohne Kinder und doch habe ich gleich viele Garben genommen wie er. Das ist nicht recht. Er stand auf und nahm von seinen Garben und schichtete sie heimlich zu den Garben seines Bruders. Dann legte er sich wieder hin und schlief. In der gleichen Nacht nun, geraume Zeit später, erwachte der Jüngere. Auch er musste an seinen Bruder denken: Er ist allein und hat keine Kinder. Wer wird in seinen alten Tagen für ihn sorgen? Und er stand auf, nahm von seinen Garben und trug sie heimlich hinüber zum Stoß des Älteren. Als es Tag wurde, erhoben sich die beiden Brüder, und wie war jeder erstaunt, dass ihre Garbenstöße die gleichen waren wie am Abend zuvor. Aber keiner sagte darüber ein Wort. In der zweiten Nacht wartete jeder ein Weilchen. Dann erhoben sie sich und jeder nahm von seinen Garben, um sie zum Stoß des anderen zu tragen. Auf halbem Weg trafen sie plötzlich aufeinander und jeder erkannte, wie gut es der andere mit ihm meinte. Da ließen sie ihre Garben fallen und umarmten einander in herzlicher Liebe. – Gott im Himmel aber schaute auf sie hernieder und sprach: Heilig, heilig sei mir dieser Ort. Hier will ich unter den Menschen wohnen.

»Siehe, wie fein und lieblich ist's, wenn Brüder einträchtig beieinander wohnen! Denn dort verheißt der Herr den Segen und Leben bis in Ewigkeit« (Ps 133,1.3).

Wendehals

Eine Frau aus der ehemaligen DDR erzählt: »Beim Abendmahlsgottesdienst stehe ich auf und will mich einreihen. Wie vom Schlag getroffen, falle ich auf meinen Stuhl zurück. Da sehe ich meine ehemalige Schuldirektorin vor dem Altar stehen. Und sofort fällt mir ein, wie mein Vater von einem Gespräch mit eben dieser Direktorin zurückkam. Konfirmation oder Abitur – eines ginge nur, forderte sie damals, natürlich unter vier Augen. Die Entscheidung für das Abitur, die wir in meiner Familie fällten, fiel mir später oft schwer. Besonders in der Jungen Gemeinde, in der ich mich jeden Donnerstag wohlfühlte. Konfirmieren ließ ich mich nach dem Abitur. Da hatte ich einen Studienplatz sicher. Sehr mutig war ich nicht. – Die Gemeinde fängt an zu singen. Es ist für mich zu spät, zum Abendmahl zu gehen. Hätte ich es überhaupt noch gewollt? Mit der Frau an einem Tisch? Nun höre ich, dass diese Frau Eltern besucht, sich entschuldigt. Viele nennen sie Frau ›Wendehals‹. Ich bin froh, dass es einige gibt, die bereit sind, mit Menschen zu reden, die Schuld bekennen wollen.«

Uns fällt es schwer zu vergeben. Gott ist anders. Zum Glück. Der sich mit Zöllnern und Sündern an einen Tisch setzte, lädt auch uns ein. Was uns auch belastet – er vergibt. Und weil er vergibt, können auch wir vergeben. Auch wenn es uns manchmal schwerfällt. »Unser Vater«, so dürfen wir sagen und beten, »wir haben gesündigt gegen den Himmel und vor dir« (nach Lk 15,21). Und wir können uns darüber freuen, dass er uns verlorene Töchter und Söhne in seine Arme schließt und uns zu seinem Tisch führt. Hier kann alle Bitterkeit weichen. Hier gehören wir zusammen als seine versöhnten Kinder. Hier kann Vergebung sichtbar werden, die er uns schenkt und die wir einander zusprechen.

Forrest Gump

Es war vor einigen Jahren. Da standen wir in Washington am Lincoln Memorial. Wir schauten hinunter auf die schöne Anlage, das Wasser, den Rasen, die Wege an beiden Seiten. Gegenüber von uns, nur knapp fünf Kilometer entfernt, das Weiße Haus, in der Mitte dazwischen der große Obelisk, das Washington-Monument.

Bilder stiegen auf. Ich erinnerte mich an den Film »Forrest Gump«. Genau hier auf diesen Stufen hat er seine Rede gehalten, als er zurückgekehrt war vom Einsatz in Vietnam. Genau hier hat einst Martin Luther King vor Hunderttausenden von Menschen gesprochen »Ich habe einen Traum«. Seine Worte passen auch heute zu uns: »Wir dürfen nicht damit rechnen, dass Gott mit einem atemberaubenden Wunder das Böse aus der Welt vertreiben wird. Solange wir das glauben, können unsere Gebete nicht erhört werden … Wir müssen erkennen, dass es Aberglaube ist, wenn wir annehmen, Gott werde handeln, wenn wir müßig bleiben.«

Das Böse ist in unserer Welt. Hass und Leid und Tod. Und genau das will Martin Luther King sagen: Wir können nicht aus eigener Kraft das Böse aus der Welt schaffen. Wir können nicht die Macht des Todes besiegen. Wir sollen aber auch nicht die Hände in den Schoß legen und sagen: Lieber Gott, sieh zu, dass du alles heil und gut machst.

Gott handelt – aber er will mit uns handeln, uns gebrauchen als Menschen, die eintreten für Frieden und Gerechtigkeit, uns gebrauchen als Menschen, die sich auf die Seite des Lebens stellen. »Seid aber Täter des Wortes und nicht Hörer allein«, heißt es treffend im Jakobusbrief (Jak 1,22).

Nur ein Lied

Kennen Sie Alex Diehl? Kein Sportler, sondern Musiker. Mit 12 Jahren gründete er seine erste Band. Mit 17 fasste er – während einer Mathematikklausur – den Entschluss, die Schule zu verlassen. Und mit 18 meldete er ein Gewerbe als Musiker und Gitarrenlehrer an. 2014 erschien sein erstes Album »Ein Leben lang«. Wie viele andere wurde er am 13. November 2015 im Fernsehen Zeuge der Attentate von Paris. Und als er daraufhin die Hasskommentare im Internet verfolgte, verfasste er spontan seinen Gedenksong für die Terroropfer: »Nur ein Lied«. Er lud die mit einem Handy aufgenommene Version auf seiner Facebook-Seite hoch. Die Aufnahme wird innerhalb weniger Tage millionenfach geklickt. Er schrieb damals: »Wie oft im Leben denkt man sich, ich allein kann eh nichts tun. Was bringt das schon?« Und: »Jeder kann etwas bewegen.« Im Dezember 2016 startete er eine Neuaufnahme zusammen mit dem Münchener Rundfunkorchester. Die kompletten Einnahmen gingen an Save The Children, eine Organisation, die sich um Kriegswaisen kümmert.

»Nur ein Lied« – ein starker Song. Nicht aufgeben. Nicht weggucken. »Ich habe keine Lust, nur zuzusehen, bis alles hier in Flammen steht.« Nein, er singt sein Lied gegen Angst, gegen Hass, gegen Krieg. Er singt sein Lied und ruft auf, gemeinsam für eine Welt, eine friedliche Welt einzutreten. Da hat er recht: unsere Zeit ist nur geliehen, ein Geschenk aus Gottes Hand. Und wir können uns nicht aufspielen, als gehörte uns die Erde und wir könnten mit ihr machen, was wir wollten. Sie ist uns anvertraut, von Gott, um sie zu bebauen und zu bewahren. »Lass dich nicht vom Bösen überwinden, sondern überwinde das Böse mit Gutem« (Röm 12,21).

21. AUGUST

Beflügelt

Ein Professor sitzt in der Mensa am Tisch und isst. Ein Student setzt sich ungefragt ihm gegenüber. Etwas verärgert meint der Professor: »Seit wann essen denn Adler und Schwein an einem Tisch?« »Okay«, sagt der Student, »dann flieg ich eben weiter.« – Da muss ich gleich noch einen hinzufügen: Eine ältere Dame kommt in eine Zoohandlung und schaut sich die vielen Tiere an. Vor dem Papageienkäfig bleibt sie stehen und fragt: »Na, du kleiner bunter Vogel, kannst du auch sprechen?« Der Papagei: »Na, du alte Krähe, kannst du auch fliegen?« – Zwei Witze, die sofort zu unserem Thema führen. Natürlich kann die ältere Dame nicht fliegen – auch wenn der Papagei sie »Krähe« nennt. Wohingegen der Student ganz locker leicht davonschwebt und den sturen Herrn Professor bedeppert zurücklässt. Diese Leichtigkeit, so das Leben nehmen, auch mit dummen Bemerkungen und Ärger umgehen, Flügel haben, die hochziehen, die weitersehen lassen – das wär's. Das wäre toll.

Genau davon spricht der Prophet: »Er gibt dem Müden Kraft und Stärke genug dem Unvermögenden. Jünglinge werden müde und matt, und Männer straucheln und fallen; aber die auf den HERRN harren, kriegen neue Kraft, dass sie auffahren mit Flügeln wie Adler, dass sie laufen und nicht matt werden, dass sie wandeln und nicht müde werden« (Jes 40,29–31). So reißt der Prophet seine Landsleute heraus aus der schrecklichen Froschperspektive und zeigt auf den Adler, den König der Lüfte. Die Sicht des Frosches ist bekanntlich begrenzt: sie reicht bis zum nächsten Teich. Und er gerät in Enge, wenn er den Storch klappern hört. Ganz anders der Adler. Der hat einen weiten Blick. Und genau darum geht es: Dass die Gefangenen in Babylon nicht nur bis zum nächsten Gefängniszaun schauen, sondern auf Gott sehen, der diese Welt in seinen Händen hält und sie und uns zu einem guten Ziel führt.

Höflich

Höflichkeit entschärft angespannte Verhältnisse. Selbst Konfliktsituationen können durch einen höflichen Umgangston entspannt werden. Der englische Erweckungsprediger John Wesley hatte viele Freunde und Anhänger, aber auch Feinde und Gegner. Seine griffigen Predigten waren einigen Zeitgenossen zu direkt und unangenehm, denn John Wesley nannte die Sünde beim Namen und schonte die Sünder nicht.

Als Wesley einmal auf einer schmalen Gasse unterwegs war, kam ihm ein Lord entgegen, der auf den Prediger Zorn hatte. Der Lord blieb direkt vor Wesley stehen und sagte scharf: »Ich gehe keinem Narren aus dem Weg!« Wesley ging freundlich zur Seite und sagte lächelnd: »Aber ich tue es gerne!« – Hier ist Höflichkeit noch mit einer Prise Humor garniert. Umso besser!

Auch in der Bibel begegnen uns großartige Beispiele der Höflichkeit. Paulus erreicht nach seiner dritten und letzten Missionsreise Jerusalem. Doch dort im Tempel kommt es seinetwegen zu einem großen Tumult. Ein Hauptmann mit seinen Soldaten schreitet ein, legt ihn in Ketten und zieht ihn aus dem Verkehr. Während um ihn herum alles tobt, die Menschen schreien und die Fäuste ballen, auch die Soldaten ihn behandeln, als wäre er ein Verbrecher, bleibt Paulus ganz ruhig und wendet sich schließlich an den Hauptmann und fragt: »Darf ich mit dir reden?« (Apg 21,37).

Eine öffnende Frage. Während sich die anderen gegenseitig ins Wort fallen, diese ruhige und bescheidene Bitte. Und diese höfliche Freundlichkeit macht auf den Kommandanten einen solchen Eindruck, dass er Paulus die Genehmigung zu einer öffentlichen Ansprache erteilt. Seine Höflichkeit bricht also Bahn für das Wort Gottes!

23. AUGUST

Das bin ja ich

Da erzählt einer: Meine Mutter spielte früher ein Spiel mit mir, das hieß: »Aber um Gottes willen, das bin ja ich!« Es geschah, als ich acht oder neun Jahre alt war. Ich erinnere mich deutlich, dass Mutter und ich an einem sehr schönen Nachmittag die Straße entlanggingen. Da passierte es ganz plötzlich, dass ich mich vor Lachen ausschütteln wollte, und als Mutter mich fragte, was denn so komisch sei, zeigte ich auf eine sehr dicke Dame, die in meinen Augen wie eine Ente gerade vor uns her watschelte. Jäh, wie vom Blitz getroffen, blieb Mutter stehen. Sie ließ meine Hand los. Sie lächelte nicht, und ihre ersten Worte, die ich nicht verstand, klangen unwillig. Dann beugte sie sich nieder, bis unsere Gesichter ganz nahe beieinander waren, und sagte: »Aber um Gottes willen, das bin ja ich! Kannst du das sagen, mein Kind?« Ich wiederholte es, aber ich begriff nicht, was es bedeutete. Da sagte meine Mutter: »Wir wollen ein Spiel daraus machen: Jedes Mal, wenn du jemanden siehst, der zu dick oder zu dünn ist, entstellt oder nicht hübsch, dann stell dir vor, dass du in seiner Haut steckst und er in deiner.« Dieses Spiel hat mich für mein Leben mehr geprägt als alles andere. Sich in den anderen hineinversetzen – darum geht es.

»Beurteile nie einen Menschen, bevor du nicht mindestens einen halben Mond lang seine Mokassins getragen hast«, sagt ein Sprichwort der amerikanischen Ureinwohner. Das lässt uns unsere Mitmenschen mit anderen Augen sehen. Höflichkeit wird zum Respekt. Und solche Höflichkeit ist keine äußere Fassade, sondern eine Haltung des Herzens. »Alles nun, was ihr wollt, das euch die Leute tun, das tut ihnen auch!« (Mt 7,12).

Mein Nächster

Wer ist denn mein Nächster?« (Lk 10,29). Das ist gar nicht die Frage. Jesus geht einen entscheidenden Schritt weiter: »Wem kann ich der Nächste werden?« Hier endet der nur private Zuschnitt meines Lebens – nach dem ich nur für mich selbst aufkomme und nur an mich selbst denke. Der Nächste ist nicht mehr Objekt, dem ich helfen kann oder nicht. Der Nächste gehört zu meinem Leben dazu, in mein Leben hinein, ist Partner meiner Existenz.

Einer, der das begriffen hatte, war Alfons X. in Spanien, mit dem Beinamen »der Weise«. 1282 wurde er vom Papst und den eigenen Vasallen abgesetzt. In der Rückschau notiert er: »Vielleicht waren meine Träume zu groß für dieses Jahrhundert? Dabei standen wir doch unmittelbar vor einem großen Erwachen. Ich hatte das Glück, in Toledo aufgewachsen zu sein, wo mich Bischof Raymond mit seinen christlichen und jüdischen Übersetzern in die Kultur des Islam eingeführt hatte. Ich habe dann den Koran und den Talmud ins Lateinische übersetzen lassen. Die rühmlichste Tat meiner Regierungszeit war, dass ich in Murcia mit dem moslemischen Philosophen Mohammed Al-Rikuti eine Schule gegründet habe, wo zum ersten Mal in der Welt Christen, Juden und Moslems zugleich lehrten. Ja, dank der Bemühung der Gelehrten unserer drei Religionen konnte das Spanien des 13. Jahrhunderts unter meiner Herrschaft für ganz Europa eine echte Wiedergeburt bewirken, nicht gegen Gott, sondern mit Gott.« – Wem kann ich der Nächste werden? Für Alfons X. war das eindeutig: Er war für alle seine Untertanen da, Christen, Juden, Moslems. Ein Modell, fast 800 Jahre alt, aber modern und zukunftsweisend. – Wer ist mein Nächster? Jesus lässt diese Frage nicht zu, die Frage nach der Grenze. Er dreht sie um und fragt uns heute: Wem bist du der Nächste gewesen? Und wem bist du heute der Nächste?

25. AUGUST

Große Brüder

Es war vor etlichen Jahren, da waren Jugendliche aus unserer Gemeinde nach Ibbenbüren gefahren. Dort gibt es ein riesiges Musikfachgeschäft. Nachdem sie mit großen Augen Instrumente bestaunt, begutachtet und ausprobiert hatten, ging's auf den Heimweg. An der Bushaltestelle waren einige Jungen, klein, aber frech. Irgendwie war man nicht gut drauf, ein Wort gab das andere. Und die Kleinen wurden richtig kiebig, schimpften und spuckten. Nun kann man ja sagen: Mensch, ihr wart doch viel größer und stärker. Musstet ihr euch das gefallen lassen? Ja, sie mussten, denn hinter den Kleinen standen die großen Brüder und Freunde. Und wehe, einer hätte ihnen auch nur ein Haar gekrümmt. Die Geschichte ist übrigens ohne Hauerei ausgegangen. Doch warum ich sie erzähle: Die Kleinen waren so mutig, nahmen den Mund so voll, weil sie wussten: Wir sind nicht allein. Die großen Brüder und Freunde stehen hinter uns. Auf die ist Verlass. Die lassen uns nicht im Stich.

Hinter uns stehen nicht nur ein paar große Brüder und Freunde. Sondern hinter uns steht Jesus Christus. Natürlich nutzen wir das nicht, um andere anzugreifen. Aber wie die Kleinen dort an der Bushaltestelle können wir ganz sicher sein: Der lässt uns nicht im Stich. Auf den ist Verlass. Auch wenn wir den Eindruck haben, wir wären allein und verloren. Er »haut« uns heraus – was auch ist und was auch kommt. – Damals auf dem See Genezareth haben es die Jünger erlebt. Als der Sturm immer mächtiger wurde, die Wellen schon das Boot bedeckten, da stand er ganz vorn, gebot Wind und Wellen und sprach: »Ihr Kleingläubigen, warum seid ihr so furchtsam? Und stand auf und bedrohte den Wind und das Meer. Da wurde es ganz stille« (Mt 8,26).

Opas Zähne

Und dankt Gott, dem Vater, durch ihn« (Kol 3,17). Immer wieder wird in diesem Abschnitt zum Dank aufgerufen: seid dankbar, singt Gott dankbar in euren Herzen. Und jetzt: dankt Gott durch ihn, durch Jesus. Das heißt: Indem wir uns vor Augen halten, was Gott uns alles durch Jesus schenkt! Er ist für uns Mensch geworden. Er geht für uns ins Leiden. Er stirbt. Er trägt unsere Schuld. Er erkämpft uns das ewige Leben. Wir dürfen zu ihm gehören.

Und noch viel mehr: dass wir leben können, dass wir ein Dach über dem Kopf haben. Dass wir keine Angst haben müssen, wenn wir Christen uns versammeln. Ja, dass es eine Gemeinde gibt, zu der wir gehören. Es gibt so vieles, wofür wir danken können. Aber, mag mancher denken, wir haben doch auch etliche Male gebetet – und es hat sich nicht erfüllt. Wir haben so gehofft – und es ist anders gekommen.

Ein kleiner Junge besucht für mehrere Tage seinen Großvater. Abends beim Schlafengehen traut der Junge seinen Augen nicht. Der Großvater nimmt seine Zähne aus dem Mund und spült sie unter dem Wasserhahn ab. Das gibt's doch nicht! Er selbst muss zur Zahnbürste greifen und mit ihr mühselig in seinem Mund herumstochern – und bei dem Großvater geht das so einfach. Da wird der Kleine ganz neidisch. Deshalb betet er Tag für Tag: »Lieber Gott, schenk mir doch bitte so schöne Zähne, wie sie Opa hat!« Später, als Erwachsener, bekennt er lächelnd: »Wie danke ich Gott, dass er dieses Gebet nicht erhört hat!« Ja, wir danken auch, dass Gott manche Bitten nicht erhört und uns ganz anders geführt hat. Was auch ist und war und kommt – er hat einen Weg für uns. Und das ist Grund zum Danken.

27. AUGUST

Wer den Tag mit einem Lächeln beginnt …

hat ihn bereits gewonnen. Ein starkes Sprichwort aus Tschechien. Oder – so meinen andere – ein Zitat von Cicero. – Wissen Sie eigentlich, dass Sie schöner aussehen, wenn Sie lachen? Sie können das im Spiegel nachprüfen. Lachen entspannt vorübergehend die betätigten Muskeln. Während Glucksen und Kichern nur Kopf- und Schulterpartien bewegt, aktiviert der herzhafte Lachanfall Lungentrakt, Bauchmuskeln und Zwerchfell. Lachen stärkt die Immunabwehr, aktiviert die Atmung, setzt Glückshormone frei, aktiviert das Herz-Kreislauf-System, fördert den Stoffwechsel und bewirkt, dass das Blut mit Sauerstoff angereichert wird. Es fördert den Abbau von Cholesterin und lässt die Zahl natürlicher Killerzellen und Antikörper ansteigen, die gegen Viren, Bakterien und auch Tumorzellen Widerstand leisten. Lachen und eine humorvolle Einstellung zum Leben sind außerdem wirkungsvolles und kostenloses Mittel gegen Stress und viele psychosomatische Krankheiten.

Es gibt Christen, die glauben, Lachen sei unbiblisch. Auch Christus hat ihrer Meinung nach niemals gelacht. Es stimmt tatsächlich, Bibelstellen vom Lachen Gottes sind selten. Und doch gehört das Lachen zu den Gaben, die Gott uns geschenkt hat. »Herr, lass dein Angesicht leuchten über uns!«, so bitten wir am Schluss des Gottesdienstes um seinen Segen. »Leuchten« heißt »lachen«, heißt »strahlen«. Gott hat Freude an den Menschen. Seine Geschichte mit uns beginnt sogar mit einem Lachen. Gott versprach Abraham und Sara, beide sehr alt, ein Kind. Sara kann über diesen Witz nur lachen. Sie ist unfruchtbar und Sexualität nicht mehr unbedingt ihr Thema. Aber bei Gott ist alles möglich. »Gott hat mir ein Lachen zugerichtet«, kann Sara schließlich nur noch staunen und lachen (1. Mose 21,6).« Heute schon gelacht?

Das Beste

Ein alter Mann, er war 90 Jahre alt, wurde einst gefragt: »Haben Sie den Herrn Jesus lieb?« Der alte Mann antwortete mit einem freundlichen Lächeln: »Ja, ich habe ihn lieb, aber ich kann Ihnen noch etwas Besseres sagen.« Der ihn angeredet hatte, fragte erstaunt: »Kann es noch etwas Besseres geben, als Jesus zu lieben? Was könnte das sein?« Der Alte erwiderte: »Er hat mich lieb!« Das ist die unerhörte Botschaft der Bibel: »Gott ist Liebe; und wer in der Liebe bleibt, der bleibt in Gott und Gott in ihm« (1. Joh 4,16). »Gott ist die Liebe ...« Dieses Lied habe ich als kleines Kind von meinen Großeltern gelernt. Und ich habe gelesen, dass es am häufigsten in Missionskirchen Afrikas und Asiens gesungen wird. Wie kamen die Missionare dazu, gerade dieses Lied zu übersetzen und weiterzugeben? Ich denke, weil hier auf fröhliche Art das Wesentliche und Neue des christlichen Glaubens zum Ausdruck gebracht wurde: Gott ist nicht zum Fürchten da, sondern zum Lieben: »Gott ist die Liebe«. Und wer in der Liebe bleibt, der behält sie nicht für sich, er gibt weiter, was er erfahren hat. – Mutter Teresa erzählte, dass eines Tages ein indisches Brautpaar gekommen sei, um ihr einen großen Geldbetrag zu übergeben. Mit diesem Geld sollte den Armen geholfen werden. Die beiden gehörten einer hohen Kaste an. Und als bekannt wurde, dass sie ihr gespartes Geld für die Armenspeisung einer christlichen Nonne gegeben hatten, gab es in Kalkutta einen Riesenskandal. Als das junge Paar wieder einmal vorbeischaute, fragte Mutter Teresa, warum sie das getan hätten. Ihre Antwort war: »Wir lieben uns so sehr, dass wir unser gemeinsames Leben damit beginnen wollten, Menschen in Not zu helfen.« Sie konnten ihre Liebe nicht für sich behalten. Sie mussten andere daran teilhaben lassen. Wer Gottes Liebe erfährt, kann sie nicht für sich behalten, der muss davon weitergeben.

Ohne Clubkarte

Es war bei einem Besuch in den Vereinigten Staaten. Jackson D. Magenau hatte uns – damals noch Studenten – zum Abendessen eingeladen. Wir hatten ihn kennengelernt in der Kirche in Erie. Er war Kirchenältester und Leiter der Sonntagsschule. Mit viel Freude diskutierte er hier mit Jugendlichen. Darüber hinaus war er Rechtsanwalt und Teilhaber einer Bierbrauerei. Ein vornehmer und zugleich sehr einfacher Mann. Er und seine Frau hatten uns also zum Abendessen eingeladen. Wir kleideten uns schlicht. Und dann waren wir sehr erstaunt, als er uns abholte. Wir fuhren nicht zu ihm nach Hause, sondern in einen besonderen Club. Hier kam man nur mit Mitgliedskarte hinein. Befrackte Kellner hofierten uns. Der Speiseraum war festlich eingerichtet. Der Tisch, zu dem wir geführt wurden, war schon gedeckt. Wir waren erst mal überfordert: bei den vielen Gläsern, Tellern und Bestecken fanden wir uns nicht zurecht. Wir kamen in eine uns sehr fremde Welt, ein Hauch von High Society. Wir passten da eigentlich gar nicht hin. Und wäre Jackson D. Magenau nicht dabei gewesen in seiner freundlichen, liebevollen Art – wir wären erstens nie in diesen Club hineingekommen und wir hätten uns zweitens auch etwas unwohl gefühlt.

Vielleicht geht es manchem so beim Abendmahl. Vielleicht fühlen Sie sich auch so, wie wir in jenem feinen Club in Erie. Wir haben den Eindruck: Hier passen wir eigentlich gar nicht hin. Hier gehören wir nicht dazu. Unser Leben ist doch gezeichnet von Schuld und Versagen, von Fehlern und Schwächen. Und wir sollen Gottes Gäste sein? Hier hilft uns nicht Jackson D. Magenau mit seiner Clubkarte weiter. Hier nimmt uns ein anderer freundlich bei der Hand und lädt uns ein. »Kommt«, sagt Jesus Christus, »es ist alles bereit« (Lk 14,17). Er lädt uns ein. Er reicht uns Brot und Wein. Er will uns ganz nahe sein.

Jesus hat Lust

Im Konfirmandenunterricht hatte ich gefragt: »Wer darf zum Abendmahl kommen?« Vor vierzig Jahren hätten in unserer reformierten Kirchengemeinde noch alle wie aus der Pistole geschossen geantwortet: Die würdig sind. Nun taten sich unsere Konfirmanden mit der Antwort schwerer: Wer zur Gemeinde gehört, wer konfirmiert ist. Es sagten auch welche: alle. – Ich denke an Zachäus und das große Mahl in seinem Haus. Er war weder würdig noch konfirmiert, sondern aus der Gemeinde ausgeschlossen und galt als gottloser Mensch. Und doch hatte er einen großen Wunsch: Er wollte Jesus sehen. Und der ist zu ihm gekommen, und sie haben miteinander gegessen und getrunken. Jesus stellt keine Bedingung. Nur eins ist wichtig: Dass wir, so wie Zachäus, Jesus begegnen möchten.
Ein junger Erwachsener schrieb: »Ich hatte lange Zeit Probleme mit dem Abendmahl. Ich wusste nicht, ob die Teilnahme von meinem Bedürfnis oder meiner Würdigkeit abhängt. Mir haben zwei Entdeckungen geholfen: Zu Beginn des Abendmahlsberichtes heißt es: ›Jesus sprach: Mich hat herzlich verlangt, dieses Mahl mit euch zu halten‹ (Lk 22,15). Als ich das zum ersten Mal bewusst hörte, wurde mir klar: Jesus sehnt sich nach Gemeinschaft mit dir. Es geht nicht darum, ob du Lust hast teilzunehmen oder nicht – entscheidend ist, dass Jesus dich an seinem Tisch haben möchte. Und Gottes Zeichensprache wird mir immer wichtiger. Gott spricht nicht nur durch Worte zu uns, sondern auch durch Zeichen – im Abendmahl durch Brot und Wein. Wir sollen nicht nur hören, sondern auch riechen, schmecken, dass Gott gut zu uns ist. Wir sind als ganzer Mensch beteiligt. Und durch das Essen von demselben Brot und das Trinken aus demselben Kelch wird die Gemeinschaft der Christen als Leib Christi unübersehbar deutlich. Inzwischen gehe ich gern zum Abendmahl.«

31. AUGUST

Was mein Leben reicher macht

Jede Woche senden Leser/innen kleine Beiträge an eine Wochenzeitung, die dann unter der Rubrik »Was mein Leben reicher macht« veröffentlicht werden. Da schreibt ein Herr aus Wien: »Siebzehn Kleinstkinder steigen unter fürsorglicher Aufsicht zweier Kinderpädagoginnen in die U-Bahn ein. Die Mundwinkel sämtlicher (berühmt ›grantiger‹) Wiener Insassen bewegen sich aufwärts wie von Zauberhand.«
Haben Sie das auch schon mal erlebt? – In der Coronazeit konnten wir zwar das schöne Wetter im Garten genießen oder unterwegs auf dem Fahrrad. Doch die Kontaktbeschränkungen waren schon belastend. Wenn uns dann ein Videoanruf aus der Schweiz erreichte, wir unsere beiden kleinen Enkelinnen einen Augenblick live erleben konnten, geschah genau dasselbe: die Mundwinkel bewegten sich aufwärts wie durch Zauberhand. Und dann wurde der strenge Lockdown aufgehoben und wir konnten unsere vierjährige Enkelin mit ihren beiden großen Brüdern in der Nähe von Oldenburg zum Geburtstag besuchen. Nach Kaffee und Torte spielten wir draußen, ich schubste sie auf der Schaukel an. »Opa«, sagte sie, »du bist mein bester Freund.« Noch am Abend standen die Mundwinkel aufwärts. Und auch wenn unsere beiden Lausbuben aus der Nähe sich von ihrer stark gehandicapten kleinen Schwester mit einem Küsschen liebevoll verabschieden, geht uns das Herz auf. Klar, ich weiß, dass Kinder auch anstrengend sein können, Zeit und Geld kosten. Und doch sind sie ein Geschenk. »Siehe, Kinder sind eine Gabe des Herrn« (Ps 127,3). Ich freue mich über Kinder und Enkel, danke Gott immer wieder und bete für sie. Ich staune, wie sie meinen Horizont erweitern und mich bereichern. Und im Staunen erlebe ich genau das: wie sich die Mundwinkel wie durch Zauberhand nach oben bewegen.

Der Mächtigste

Vor vielen Jahren lebte in den Pyrenäen in einer Höhle ein Eremit namens Savinus. Ganz in der Nähe lag Bescos, ein zwielichtiger Ort, an dem es von Banditen, Schmugglern und Mördern nur so wimmelte. Der schlimmste war Ahab, der das ganze Umland unter Kontrolle hatte. Eines Tages verließ Savinus seine Höhle und bat, bei Ahab übernachten zu dürfen. Dieser lachte: »Bei einem Mörder?« »Trotzdem will ich bleiben«, entgegnete Savinus, »wenigstens diese Nacht.«. Die beiden kamen ins Gespräch und Ahab war von der Weisheit des Eremiten beeindruckt. Dennoch war er entschlossen, Savinus umzubringen, um zu zeigen, dass er der Mächtigste war. Er gab ihm einen Platz zum Übernachten und wetzte drohend sein Messer. Savinus schaute ihm eine Weile dabei zu, schloss seine Augen und schlief ein. Ahab wetzte sein Messer weiter – die ganze Nacht. Als Savinus erwachte, sah er den Verbrecher weinen. »Zum ersten Mal hat jemand bei mir eine Nacht verbracht, weil er geglaubt hat, dass ich ein guter Mensch sein könnte. Und deshalb habe ich Euch nichts getan.« – Von diesem Tag an gab Ahab sein verbrecherisches Leben auf. Damit veränderte sich auch die Gegend, und Bescos war nicht länger ein Grenzposten voller zwielichtiger Gestalten, sondern wurde zu einem wichtigen Umschlagplatz für den Handel zwischen zwei Ländern. – Was mich an Paulo Coelhos Geschichte beeindruckt: Savinus geht ein großes Risiko ein. Doch er ist sich gewiss, dass er in der Hand eines Mächtigeren steht. So gewinnt er seinen Gegner – mit einer entwaffnenden Liebe. Und Ahab gewinnt auch – und mit ihm das ganze Land! »Lass dich nicht vom Bösen überwinden, sondern überwinde das Böse mit Gutem« (Röm 12,21).

2. SEPTEMBER

Wer einen treuen Freund findet

Holger, Frank, Stefan und der kleine Uwe liefen durch den Wald. Sie kamen an einen Wassergraben, der breit und tief war. »Der ist aber breit!«, sagte Uwe. »Wir müssen umkehren.« »Kommt gar nicht infrage!«, sagte Holger sofort. »Wenn er nicht zu lang ist, könnten wir rechts oder links an ihm vorbei«, meinte Uwe. »Springen ist besser«, sagte Stefan. Er nahm Anlauf – schon war er drüben. Am leichtesten kam Holger hinüber. Er war der Größte. »Spring doch!« riefen die drei von drüben. Uwe traute sich nicht. Er war der Kleinste. »Wie ein Frosch siehst du aus!«, spottete Stefan. Er dachte: Vielleicht springt er, wenn ich ihn auslache. Frosch hat er gesagt, überlegte Uwe. Nie werde ich mich trauen. Da sagte Frank: »Wenn der Graben nicht so breit wäre, kämst du dann hinüber?« »Dann wohl«, sagte Uwe. Und Frank stellte gleich einen Fuß an den Grabesrand und streckte ihm eine Hand weit entgegen und sagte: »Hier – meine Hand ist der Rand!« Uwe schaute nur auf die Hand, nahm Anlauf, und schon war er drüben. Frank sagte: »Du warst besser als wir. Und meine Hand hast du gar nicht gebraucht.« Dann liefen sie weiter. Und Uwe dachte: Eins weiß ich bestimmt, dass Frank mein Freund ist. »Wer einen treuen Freund findet«, so heißt es im Buch Jesus Sirach (6,14–16), »der findet einen großen Schatz. Ein treuer Freund ist nicht mit Geld und Gut zu bezahlen. Ein treuer Freund ist ein Trost im Leben. Wer auf Gott hört, der bekommt so einen Freund.« Die Schule hat wieder begonnen. Viele Kinder und Jugendliche starten in ein neues Schuljahr – mit neuen Hoffnungen, aber auch Befürchtungen. Das wünsche ich allen, dass sie einen Freund oder eine Freundin finden – wie der Uwe den Frank.

Susi

Susi ist acht Jahre alt und kommt eines Tages weinend aus der Schule nach Hause. »Mutti, alle haben mich ausgelacht und verspottet, weil ich rote Haare habe!« Die Mutter nimmt Susi in den Arm, trocknet ihre Tränen und versucht, die Kleine zu trösten. »Ich habe dich ganz lieb, so wie du bist. Deine roten Haare sind wunderschön, und Gott hat sie für dich gemacht.« Da antwortet Susi unter Tränen: »Aber bei dem lassen wir nichts mehr machen, ja, Mutti?!«

Manchmal mag es uns so gehen wie der kleinen Susi. Dass uns dies oder jenes an uns nicht so ganz gefällt. Oder wir uns noch grundsätzlicher infrage stellen. So ging es Martin Luther. Da waren es nicht die anderen, die ihn auslachten, verspotteten oder kritisierten. Als Kind und Jugendlicher hatte er Angst vor Gott und seinem Urteil.

Da war er schon Student und kam in ein schweres Gewitter. Ganz in der Nähe schlug ein Blitz ein – und er wurde vom Luftdruck buchstäblich zu Boden geschleudert. Da schrie er zu Gott und versprach: »Ich will Mönch werden!« Später hat er dann entdeckt, dass Gott ein Gott ist, der uns Menschen liebt und für uns sorgt. Oder was Susis Mutter meinte: »Gott hat uns gemacht und gewollt. Und er hat uns lieb, so wie wir sind.«

»So spricht der Herr: Ich habe dich je und je geliebt, darum habe ich dich zu mir gezogen aus lauter Güte« (Jer 31,3).

4. SEPTEMBER

Ein starkes Team

Da erzählt einer: Als ich im letzten Sommer mit zwei Familien eine Bergwanderung machte, wurden wir von einem Gewitter überrascht: prasselnder Regen, Donner, grelle Blitze. Wir versuchten, vor allem die Kinder zu schützen. Das Kleinste, noch kein Jahr alt, saß im Reiserucksack seines Vaters. Wir Erwachsenen fürchteten uns und eilten, um in Sicherheit zu kommen. Als ich nach dem Kleinsten schaute, war er inmitten des Unwetters friedlich auf dem Rücken seines Vaters eingeschlafen. Was brauchte er sich auch ängstigen, wenn doch der Vater ihn trug?

Das brauchen auch die Kinder, die eingeschult werden und einen neuen Lebensabschnitt beginnen: dieses Grundvertrauen, dass sie keine Angst haben müssen, nicht alleinstehen und sich auf Eltern, Lehrer und Mitschüler verlassen können. In einem Gottesdienst zum Schulanfang betet eine Schülerin: »Lieber Gott, ich bin schon einige Jahre in der Schule und weiß: Wir sind hier nicht allein. Klar, als wir die Kleinen waren, waren wir oft unsicher und ängstlich. Wir waren froh, wenn uns die Großen geholfen haben. Jetzt wollen wir für die Neuen Hilfe sein, Freunde und Freundinnen, und ihnen immer wieder Mut machen.« Das ist gut, wenn die Neuen das erfahren: Wir stehen nicht allein. Und es ist gut, dass ihnen der Segen Gottes zugesprochen wird – und das heißt ja: Gott ist mir nah, geht mit mir auch in die Schule. Dann kann Vertrauen wachsen und Lernen gelingen. Bei allen Herausforderungen, die auf die Kinder zukommen, können sie sich geborgen wissen bei Gott. Und aufgenommen bei Lehrern und Mitschülern.

»Wir sind ein Team«, ist das Erfolgsrezept von Bundestrainer Jogi Löw, »das macht uns stark.« Und ich möchte ergänzen: Mit Gott sind wir ein starkes Team – in der Schule und überall. »Mit meinem Gott kann ich über Mauern springen« (Ps 18,30).

Beifall

Vielleicht erinnern Sie sich noch an das Champions-League-Finale 2018: Liverpool gegen Real Madrid. Mit Sergio Ramos in der Hauptrolle als böser Bube. Er hat ja nicht nur den Topspieler Mohamed Salah durch ein gemeines Foul aus dem Spiel genommen, sondern auch – ohne dass der Schiri es merkte – Loris Karius, den Torwart, gegen den Kopf geschlagen, sodass dieser mit leichter Gehirnerschütterung weiterspielte.
Das hatte zur Folge, dass er sich zwei böse Patzer leistete und Real gewann. Aus der Traum vom ersehnten Pokalsieg! Doch jetzt kommt's: Als die Liverpooler Mannschaft nach der Sommerpause zu einem Testspiel in der Anfield Road antrat und Karius in der zweiten Halbzeit eingewechselt wurde, erhoben sich die Zuschauer von ihren Sitzen und spendeten ihm lauten Beifall.
Sie pfiffen ihn nicht aus, sondern stellten sich solidarisch hinter ihn. Und genau das macht Gott. »Dir sind deine Sünden vergeben« (Mk 2,5). Fortan gilt: Du bist nicht, was Du leistest. Du bist auch nicht, worin Du versagst. Du bist zuerst und zuletzt mein Kind. Du kannst nachts schlafen gehen und sagen: Morgen ist ein neuer Tag mit Gott. Und jeden Morgen kannst Du aufwachen und Dir sagen: Heute ist Gottes Ja zu mir so neu und unverbraucht wie dieser Tag.

Künzelmann

Ein Nachbar hatte böse Gerüchte über Künzelmann verbreitet. Künzelmann stellte ihn zur Rede. »Ich nehme alles zurück, was ich über Sie erzählt habe und es wird bestimmt nicht wieder vorkommen.« Künzelmann erwiderte mit ernstem Blick: »Es gibt keinen Grund, warum ich Ihnen nicht verzeihen sollte. Aber jede böse Tat verlangt ihre Sühne.« »Ich würde alles tun«, sagte der Nachbar zerknirscht. Künzelmann erhob sich, ging in sein Schlafzimmer und kam mit einem Kopfkissen zurück. »Tragen Sie dieses Kissen in Ihr Haus«, sagte er. »Dann schneiden Sie ein Loch in das Kissen und kommen wieder zurück. Dabei werfen Sie unterwegs immer eine Feder nach rechts, eine Feder nach links. Das ist der erste Teil der Sühne.« Der Nachbar machte sich sofort auf den Weg. Als er wieder vor Künzelmann stand und ihm die leere Kissenhülle überreichte, fragte er: »Und der zweite Teil meiner Buße?« »Gehen Sie zurück und sammeln Sie alle Federn wieder ein.« Der Nachbar stammelte verwirrt: »Das ist unmöglich! Inzwischen hat der Wind sie in alle Himmelsrichtungen geweht.« Künzelmann nickte ernst: »Das wollte ich hören! Genauso ist es mit den Gerüchten. Wenn man sie einmal ausgestreut hat, hat man keine Kontrolle mehr. Wie kann man sie also einfach wieder zurücknehmen?« (Jo Hanns Rösler zugeschrieben)
So eine Wirkung haben unsere Worte! Einmal ausgesprochen, haben sie gesessen. Sie lassen sich nicht wieder zurücknehmen. Sie bohren weiter und setzen ihr zerstörerisches Werk fort. Und sie können viel zerstören: Würde und Ehre eines Menschen, eine Familie, ja, sogar das Leben eines Menschen. »Du sollst nicht falsch Zeugnis reden wider deinen Nächsten« (2. Mose 20,16). Und das heißt auch, dass ich meines Nächsten »Ehre und Glimpf nach meinem Vermögen rette und fördere« (Frage 112 des Heidelberger Katechismus).

Zivilcourage

Es stand vor einigen Jahren in der Zeitung: »Braunschweig. Trotz zahlreicher Passanten ist ein geistig Behinderter in der Braunschweiger Innenstadt hilflos dem Angriff Jugendlicher ausgesetzt gewesen. Nach Polizeiangaben vom Dienstag beleidigten mindestens zwei junge Männer den verängstigten 46-Jährigen, spuckten ihn an und warfen ihm Feuerwerkskörper zwischen die Beine. Erst die anonym alarmierte Polizei setzte den Schikanen ein Ende.

Anschließend stellte sich niemand als Augenzeuge gegen die 16 und 18 Jahre alten Peiniger zur Verfügung. ›Laut um Hilfe rufen oder zum Telefonhörer greifen, verlangt kein Heldentum‹, klagte Polizeisprecher Klaus Buhlmann über die mangelnde Zivilcourage.«

»Tu deinen Mund auf für die Stummen und für die Sache derer, die verlassen sind« (Spr 31,8). Wer schweigt, wer nur zusieht und dann wegguckt, macht sich mitschuldig. Das war damals so, das ist heute so. Wir dürfen nicht weghören, wenn hasserfüllte Parolen gegrölt werden. Wir dürfen nicht weggucken, wenn Menschen wegen einer Behinderung bedroht oder wegen ihrer Herkunft durch die Straßen gejagt werden.

Hans-Jürgen Netz hat zu diesem Thema ein schönes Lied verfasst (»Öffne ein Fenster zum Himmel«), in dem er uns ermutigt, unseren Mund für die Stummen aufzutun und für alle, die verlassen sind. Und nach jeder Strophe: »Öffne ein Fenster zum Himmel, verleih der Hoffnung Flügel, sei ihr Wind.«

8. SEPTEMBER

Ein wackerer Entschluss

Niania, die Kinderfrau, ist mit Sonja und Petja, einem 5-jährigen Mädchen und einem 6-jährigen Jungen, auf dem Heimweg. In einem Dorf bricht das Rad der Kutsche. Während der Kutscher es repariert, geht die Kinderfrau mit den beiden in die nächste Bauernhütte, um Brot und Milch zu sich zu nehmen. Sie war schmutzig, der Ofen ohne Rauchfang, in einer Ecke hing ein Heiligenbild. Zwei ärmlich wirkende Kinder waren dort, und ein einjähriges Mädchen weinte ganz herzzerreißend. »Warum schreit sie denn so?«, fragte Sonja. »Sie hat Hunger«, sagte die Mutter. »So geben Sie ihr doch etwas.« »Das würde ich gerne, doch ich habe nichts.« Sonja und Petja fordern von ihrer Kinderfrau, dass sie etwas abgibt. Doch die weigert sich: »Das hängt eben von Gott ab, der dem einen mehr gibt als dem andern.« »Warum hat er denn denen nichts gegeben?« »Das geht uns nichts an – wie Gott will.« Sie goss aber doch ein wenig Milch in eine Tasse und gab diese schließlich der Bauersfrau. Das Kind trank und beruhigte sich. Die beiden Kinder aber beruhigten sich nicht. »Wie Gott will!? Er ist ein böser Gott, ich werde nie wieder zu ihm beten.« Plötzlich ertönte vom Ofen herab eine heisere, vom Husten unterbrochene Stimme. »Kinderchen, Kinderchen, ihr seid liebe Kinderchen, aber ihr redet Unsinn. Gott ist gut. Er hat alle Menschen lieb. Nein, die Menschen haben es so eingerichtet, weil sie ihn vergessen haben. Und so leben die einen im Überfluss und die anderen in Not und Elend. Würden die Menschen nach Gottes Willen leben, dann hätten alle, was sie nötig haben.« »Was soll man aber tun, damit alle Menschen alles Nötige haben?«, fragte Sonja. »Man soll Gottes Wort befolgen. Gott befiehlt, man soll alles in zwei Teile teilen« (nach Leo Tolstoi). – »Brich dem Hungrigen dein Brot« (Jes 58,7).

Für den Frieden ein Lied

Am 9. September 2000 wurde der größte deutsche Soldatenfriedhof St. Petersburg-Sologubowka der Öffentlichkeit übergeben. Über 1000 Menschen aus Deutschland und Russland setzten gemeinsam ein Zeichen für Versöhnung und Frieden. In seiner Rede sagte Karl-Wilhelm Land, Präsident des Deutschen Volksbundes, unter anderem: »Nun läutet nach über sechs Jahrzehnten wieder eine Kirchenglocke in Sologubowka. Es ist eine Glocke der Erinnerung. Jeder Schlag gilt einem der hier ruhenden 80.000 Gefallenen. Es ist eine Glocke der Versöhnung. Jeder Schlag mahnt uns und alle Völker, nicht nachzulassen in unserer noch unvollendeten Arbeit für den Frieden.«

Und sie mahnt auch uns – in einer Zeit, in der sich auch in unserem Land wieder Leute treffen, sich schulen lassen mit nationalsozialistischem Gedankengut, Hass schüren und Gewalt säen. Faschismus ist keine Meinung unter vielen – sondern führt ins Verbrechen. Von bösen Worten bis zum Werfen von Molotow-Cocktails auf Geflüchtetenunterkünfte ist es nur ein kleiner Schritt. Von Hassparolen bis zum Krieg nur ein kurzer Weg.

Dietmar Fischenich schreibt darüber eindrücklich in einem Lied. »Hebt eure Augen mit Hoffnung nicht auf das Visier des Gewehrs, singt der Liebe ein Lied und nicht den Kriegen.« Er fordert uns auf, nicht auf den Tag zu warten, an dem Frieden herrschen wird, sondern diesen Tag selbst herbeizubringen. Dieser Frieden muss kein Traum bleiben: »auf allen Plätzen singt für den Frieden ... mit einem lauten Schrei.«

»So wird der Gott der Liebe und des Friedens mit euch sein« (2. Kor 13,11).

10. SEPTEMBER

Gefunden

Mit 15 Jahren«, erinnert sich Madeleine Delbrêl, »war ich strikt atheistisch und fand die Welt von Tag zu Tag absurder.« Doch als sie mit sechzig starb, entdeckte man in ihr plötzlich das Modell einer Christin der Zukunft. Denn Madeleine Delbrêl brachte ganz unbefangen das ursprüngliche Evangelium in einer glaubenslosen Umgebung zum Leuchten, als Sozialarbeiterin in Ivry, der ersten kommunistisch verwalteten Stadt Frankreichs. »Gott im 20. Jahrhundert war absurd«, notierte sie als Studentin, »unvereinbar mit einer gesunden Vernunft.« Intellektuell hochbegabt, beginnt sie bereits mit 16 Jahren an der Sorbonne Philosophie und Sozialwissenschaften zu studieren. Ihre kühle Selbstsicherheit kann sie freilich ebenso wenig befriedigen wie die Bewunderung eines großen Freundeskreises, frühe Liebeserfahrungen und beachtliche Erfolge ihres dichterischen Talents. Sie glaubt zu wissen und fragt doch ständig weiter. Sie zerbricht sich den Kopf über den Sinn der menschlichen Existenz und der Weltgeschichte. Am Ende kreist all ihr Grübeln um den unfassbaren Tod, der jedes Glück zerbricht, jedes Vertrauen in die Zukunft zerstört. Als sie 20 ist, verabschiedet sie sich mit einem Schlag von dieser Traurigkeit. Niemand hat je erfahren, wie es zu der radikalen Kehrtwende kam. »Seitdem habe ich lesend und nachdenkend Gott gefunden. Aber betend habe ich geglaubt, dass Gott mich gefunden hat, dass er die lebendige Wahrheit ist, die man lieben kann, wie man eine Person liebt.«

Martin Luther hat einmal gesagt: »Glaube ist eine lebendige, verwegene Zuversicht auf Gottes Gnade. Und solche Zuversicht macht fröhlich, trotzig und lustig gegen Gott und alle Kreaturen, das wirkt der Heilige Geist im Glauben.« »Es ist aber der Glaube eine feste Zuversicht auf das, was man hofft, und ein Nichtzweifeln an dem, was man nicht sieht« (Hebr 11,1).

Wann ist endlich Frieden

Die Bilder vom 11. September 2001 stehen vielen noch vor Augen: die zusammenstürzenden Türme des World Trade Centers in New York. Menschenverachtend wurden Flugzeuge in Waffen verwandelt und Tausende in den Tod gerissen. Wut und Angst machten sich breit. Der Ruf nach Vergeltung wurde laut und verständlich. Doch so lässt sich die Kette von Hass und Gewalt nicht sprengen. Wolf Biermann fragt in seinem bekannten Song: »Wann ist endlich Frieden?« Und kommt zum Ergebnis: »Die Welt ist so zerrissen und ist im Grund so klein. Wir werden sterben müssen. Dann wird Friede sein.« Muss es so weit kommen? Nein! Jesus zeigt uns einen anderen Weg: »Ich aber sage euch: Liebet eure Feinde und bittet für die, die euch verfolgen« (Mt 5,44). Und Jesus hat das getan: seine Feinde geliebt. Doch wir können das nicht: so lieben wie er. Aber eins können wir: Uns von seiner Liebe anstecken lassen. Klar, wir brauchen Polizisten und Gerichte, um das Leben der Menschen zu schützen und die Drahtzieher der Terroranschläge zur Rechenschaft zu ziehen? Die Fragen lassen sich nicht glatt beantworten. Doch Jesu Worte lassen uns nicht los, immer wieder zu fragen, wie seine Liebe an die Macht kommen kann. Jeden Freitagnachmittag stehen die Frauen in Schwarz auf einem der größten Plätze in Jerusalem, schwarz gekleidet, und schweigen, Frauen jeder Altersstufe, aus unterschiedlichen gesellschaftlichen Schichten, palästinensische und jüdische. Aber in einem sind sie sich einig: Schluss mit dem Terror. Schalom, Salam, Frieden – steht auf ihren Plakaten. Manchmal werden sie bespuckt, verflucht, mit Eiern beworfen. Doch sie lassen sich nicht entmutigen. In einer Welt voller Hass und Krieg treten sie für den Frieden ein. Wann wird endlich Frieden? Wenn viele Menschen es den Frauen in Schwarz gleichtun und es wagen, sich auf Jesus und sein Gebot der Feindesliebe einzulassen.

Tag des offenen Denkmals

Und sie sammelten Steine, große Steine, zwölf Steine gegen das Vergessen und errichteten ein Denkmal in Gilgal, der ersten Lagerstatt im verheißenen Land (Josua 4). – Bei »Denkmal« fällt mir immer Hans Meyer ein, ehemaliger Fußballtrainer, ein echtes Original. Er hat mal den Spruch losgelassen: »Im Fußball baut man dir schnell ein Denkmal, aber genauso schnell pinkelt man es an.« Weil man eben die Erfolge und Verdienste genauso schnell wieder vergisst.

Und das soll mit den zwölf Steinen am Jordan eben nicht geschehen. Denn hier geht es um ein ganz anderes Denkmal. Es erinnert nicht an Erfolg und Ruhm von Menschen. Es erinnert an Gott, der sie errettet und bewahrt hat, der sie aus der Sklaverei in das verheißene Land geführt hat. Steine gegen das Vergessen!

Am »Tag des offenen Denkmals« sind auch viele Kirchen geöffnet, besondere Bauwerke – so unterschiedlich sie auch sind. Schauen Sie nur auf die mächtigen Gewölbe der einzelnen Kirchenschiffe. Sie sind Abbilder des Himmels, Ahnungen von Gottes neuer Welt. Und jeder Turm ragt wie ein mächtiger Finger nach oben, erinnert die Menschen seit Generationen an Gott. Und vielerorts ruft uns jeden Tag mittags um zwölf und abends um sechs eine kleine Glocke zu: Halte inne und denk mal nach: Wer hat dir das Leben geschenkt, dich in diese Welt hineingestellt, ja, Himmel und Erde ins Sein gerufen? Denk mal nach und danke!

Forever young

Forever young – so heißen ein Theaterstück, ein Liebesfilm, verschiedene Songs. Unter dieser Überschrift gibt es Bücher, Diäten und Fitnessprogramme. Dahinter steckt eine Sehnsucht nach Leben, nach dem Jungbrunnen, nach ewiger Jugend. Doch »jung« ist nicht eine Frage des Alters. Es gibt junge Leute, die sind schon ganz alt, weil sie so festgelegt sind in ihrem Denken, so eng in ihren Ansichten, so unbeweglich, wenn Neues kommt. Und es gibt Alte, die sind so fit und jung, haben noch Wünsche und Träume, können so schön lachen und sich freuen. Franz Kafka meinte: »In der Jugend ist man glücklich, weil man die Fähigkeit hat, das Schöne zu sehen. Wer diese Fähigkeit bewahrt, wird niemals alt.« Und Albert Schweitzer, der Urwaldarzt aus Lambarene, notierte: »Du bist so jung wie deine Zuversicht.« Jugend sieht er nicht als einen Lebensabschnitt, sondern als einen Geisteszustand. Niemand würde alt, weil er eine Anzahl Jahre hinter sich gebracht habe. »Man wird nur alt, wenn man seinen Idealen Lebewohl sagt. Mit den Jahren runzelt die Haut, mit dem Verzicht auf Begeisterung aber runzelt die Seele.« Die Sehnsucht nach dem Wunderbaren wohne im Herzen jedes Menschen, unabhängig von seinem Alter. Ebenso das Staunen beim Anblick der Sterne und »die unersättliche kindliche Spannung, was der nächste Tag bringen möge, die ausgelassene Freude und Lebenslust.« Das sagt einer, der über 90 Jahre alt wurde – und immer jung geblieben ist! Forever young. »Lobe den Herrn, meine Seele, und vergiss nicht, was er dir Gutes getan hat ..., der deinen Mund fröhlich macht und du wieder jung wirst wie ein Adler« (Ps 103,2.5). Forever young – so heißt auch ein Song von Bob Dylan. Immer wieder der Refrain: »Für immer jung, für immer jung. Mögest du für immer jung bleiben.«

Die Heuschrecke

Vor vielen Jahren ist es geschehen. Ein Londoner Kaufmann saß lange über seinen Büchern, aber alles Rechnen führte immer wieder zu demselben Ergebnis: er stand vor dem Bankrott. Er meinte, die Schande nicht überleben zu können, verließ verzweifelt sein Haus und ging schweren Schrittes durch die alten, winkligen Straßen zum Fluss, um seinem Leben ein Ende zu machen.

Da sah er plötzlich eine kleine Heuschrecke, die durch das Gewühl der Menschen und Wagen ihren Weg suchte. Wundersam, wie sie an all den Gefahren und Hindernissen vorbeihüpfte. Der Kaufmann vergaß sein Elend und folgte in gespannter Aufmerksamkeit dem Tierchen. Wirklich, es fand seinen Weg bis hin zu einer großen Rasenfläche, in der es zu Hause war. Geborgen.

Wenn der große Gott der winzigen Heuschrecke den Weg bahnte, sollte er nicht auch für ihn Hilfe finden? Tief bewegt kehrte er heim. Zu Hause fand er einen Brief vor, der ihm einen bedeutenden Auftrag brachte, sodass sein Geschäft gerettet war. Er wurde ein reicher Mann. Aber nie konnte er den kleinen Gottesboten vergessen. Kurz vor seinem Tod erwirkte er die Erlaubnis, über der Bank von England das Bild der Heuschrecke aufrichten zu lassen.

»Alle eure Sorge werfet auf ihn, denn er sorgt für euch« (1. Petr 5,7). Das hat dieser Kaufmann an einer kleinen Heuschrecke entdeckt. Und das soll auch unsere Erfahrung sein. Gott sorgt für uns. Die Sorgenfabrik unseres Herzens kann dichtmachen, Konkurs anmelden. Gott sorgt für uns. Und wir können gespannt sein, was Gott noch mit uns vorhat und welchen Weg er uns führen wird.

Der größte Schatz

Einst hörte der König, dass vor den Toren seiner Stadt ein weiser Mann lebte, der große Dinge täte. Dem schickte er einen kostbaren Edelstein und ließ ihm sagen: »Es heißt, Gott hätte dich reich bedacht; so wird es dir ein Leichtes sein, meinen Knecht reicher beschenkt zu mir, deinem König, zurückzusenden, als ich ihn zu dir sandte!« Der Knecht kam zurück und sprach ein Gebet, das der Weise ihn gelehrt hatte. Zornig schickte der König abermals Knechte hinaus und ließ den Weisen vor sich rufen: »Habe ich dir nicht meinen größten Schatz gesandt und du speist mich ab mit leerem Geschwätz?« Der aber sprach: »Entscheide selbst, was wertvoller ist: Du hast mir etwas geschickt, das ich behüten muss – ich aber sandte dir etwas, das dich behüten wird.«

Und genau über dieses wertvolle Geschenk staunt Josua: »Denn der Herr, unser Gott, hat uns behütet auf dem ganzen Weg, den wir gezogen sind« (Jos 24,17). Eine starke Szene: Josua steht am Ende seines Lebens und hat noch einmal alle zusammengerufen, das ganze Volk. Sie haben das Ziel erreicht. Sie wohnen im verheißenen Land. Und bevor er abtritt, hält er eine bewegende Rede, schaut zurück auf den Weg, den sie gegangen sind, oder besser: schaut dankbar zurück, wie wunderbar Gott sie geführt hat. Er hat sie errettet vor dem sicheren Tod in Ägypten. Er hat sie geschützt, verteidigt, bewahrt – immer wieder – auf dem langen Weg durch die Wüste. Dass sie leben, dass sie das Ziel erreicht haben – es ist alles Gottes Geschenk! – Deshalb singt Joachim Neander: »Lobe den Herren, der alles so herrlich regieret, der dich auf Adelers Fittichen sicher geführet, der dich erhält, wie es dir selber gefällt; hast du nicht dieses verspüret?« (EG 317,2).

Don Quijote

Sieh dort die monströsen Riesen!«, rief der Ritter. »Sie kommen mir gerade gelegen. Denen werde ich zeigen, was ein Ritter ohne Furcht und Tadel ist. Und schon haben wir die erste fette Beute, kaum dass wir richtig unterwegs sind.« »Meint Ihr die Windmühlen?«, fragte der verdutzte Knappe. Doch statt einer Antwort gab der Ritter seinem Gaul die Sporen und jagte los ... »O Schreck! O Entsetzen! Was ist mit meinem Herrn los?« Voller Grausen wandte sich der gute Sancho ab.

Ja, wer kennt sie nicht, die lustig komische Geschichte des Ritters in trauriger Gestalt. Übrigens, nach der Bibel das meistverkaufte Buch weltweit! Und das zu Recht! Denn es ist mehr als ein Buch voller Klamauk und Witz. Wenn man Cervantes genauer liest, fragt man sich: In was für einer Welt lebe ich. »Die Freiheit, Sancho, ist eine der köstlichsten Gaben, die der Himmel den Menschen verliehen hat.« So sagt Don Quijote. Ein Plädoyer der Freiheit gegen Machtbesessenheit und Besitzstreben, auch gegen Inquisition und die Verfolgung von Andersdenkenden durch die damalige Kirche.

Miguel de Cervantes entwirft ein anderes Ideal: das des fahrenden Ritters, der sich der Hilfe Bedürftiger verpflichtet weiß. »Bien predica quien bien vive.« Ein gutes Leben ist die beste Predigt. Und seine Reden sind kleine Predigten. »Zu den größten Sünden gehört zwar, wie einige behaupten, der Stolz, ich aber sage, dass es die Undankbarkeit ist, indem ich mich auf den gewöhnlichen Ausdruck berufe, dass die Hölle voller Undankbarer sei.« Dann spricht er über das, was wir Menschen Gott verdanken, und sagt: »... und so ist Gott über alle erhaben, denn er gibt allen ...« »Alle gute Gabe und alle vollkommene Gabe kommt von oben herab, von dem Vater des Lichts« (Jak 1,17).

Saatgut

Einst wanderte ein Mann durch einen dichten, schwer zu durchdringenden Wald. Zufällig stieß er auf eine große Scheune. Da ein Gewitter heranzog, suchte er darin Schutz. Nachdem sich seine Augen an die Dunkelheit gewöhnt hatten, entdeckte er eine Reihe von Säcken, die alle Saatgut enthielten. Daran waren seltsame Aufschriften angebracht: Zorn, Neid, Macht, Geiz und vieles mehr. Da erkannte der Mann, dass es sich bei dieser Scheune um etwas Besonderes handelte. Es war die Vorratskammer, die der Teufel gebrauchte, um das Saatgut des Bösen aufzubewahren, bevor er es in die Herzen der Menschen streute. Auffällig waren dabei die Säcke mit der Aufschrift »Unzufriedenheit«. Von diesen gab es viel mehr und sie waren viel größer als alle anderen. Gerade als der Wanderer dies entdeckte, kam auch schon ein Diener Satans herein, um sich mit frischem Saatgut zu versorgen. »He«, fragte der Mann, »warum gibt es hier so einen großen Vorrat an Samenkörnern für Unzufriedenheit?«
Keineswegs irritiert von der Gegenwart des Eindringlings antwortete der Dämon: »Weil sie so fruchtbar sind und so überaus leicht Wurzeln schlagen.« »Und Kamerad, sage mir weiter, wachsen sie überall?« Bei dieser Bemerkung wurde der Diener Satans missmutig. Grimmig blickte er den Wanderer an und spuckte auf den Boden. »Nein«, gab er voll Verachtung zurück, »sie wachsen nicht überall. In einem dankbaren Herzen finden sie keinen Nährboden. Dort gedeihen sie leider überhaupt nicht.«
In einem dankbaren Herzen findet die Unzufriedenheit keinen Nährboden! Deshalb »ermuntert einander mit Psalmen und Lobgesängen und geistlichen Liedern, singt und spielt dem Herrn in eurem Herzen und sagt Dank Gott, dem Vater, allezeit für alles, im Namen unseres Herrn Jesus Christus« (Eph 5,19–20).

18. SEPTEMBER

Frei sein

Im Konfirmandenunterricht singen wir wie immer zu Anfang ein Lied. Die Jugendlichen sind eher leise und zurückhaltend. Manche schauen ein wenig verlegen. Andere haben Angst, sich zu blamieren. Was mögen die anderen sagen und denken. Singen ist nicht unbedingt cool. Seltsam, wir leben in Freiheit. Wir können kaufen, was wir wollen. Wir haben die Wahl zwischen zehn Sorten Toilettenpapier, zwanzig verschiedenen Müslis und unzähligen Schokoriegeln. Und doch sind wir nicht wirklich frei, sondern abhängig von den Urteilen der anderen und oft genug ausgebremst von Sorgen und Ängsten.

Genau das hat Paulus erlebt. Er meinte, Gottes Sache zu vertreten, und kämpfte gegen die Christen und ihren Glauben. Bis ihm Christus erschien, dort vor den Toren von Damaskus. Und dann begriff er Stück für Stück, dass Gott Augen öffnet, frei macht von allem Feinddenken und in Bewegung setzt im Auftrag seiner Liebe. »Wo aber der Geist des Herrn ist, da ist Freiheit« (2. Kor 3,17). Keine Freiheit gegen andere oder auf Kosten von anderen. Sondern eine Freiheit, sich Gottes Liebe zu verschreiben und aus Dankbarkeit zu leben.

Als Nelson Mandela nach Jahrzehnten der Gefangenschaft entlassen wurde, sagte er: »Als ich aus der Zelle durch die Tür in Richtung Freiheit ging, wusste ich, dass ich meine Verbitterung und meinen Hass zurücklassen musste, oder ich würde mein Leben lang gefangen bleiben.« Und er setzte sich mit aller Kraft für die Versöhnung der Menschen in seinem Land ein. Gottes Geist schenkt Freiheit von den üblichen Verhaltensmustern und eröffnet eine neue Zukunft.

Heilig

Ein bayrischer Politiker ist mächtig stolz. Er wird vom Papst in Privataudienz empfangen. Auf dessen Frage, ob er einen besonderen Wunsch habe, antwortet er: »Heiliger Vater, wenn es möglich wäre, würde ich mich gern von Euch heiligsprechen lassen.« Der Papst wehrt milde ab: »Dazu müssten Sie ja erst einmal gestorben sein, und ich wünsche Ihnen noch ein langes Leben. Wenn Sie sich aber scheintot stellen, spreche ich Sie gern scheinheilig.«

Mit dem Wort »heilig« haben wir unsere Probleme. Wohl kennen wir berühmte Heilige, besonders Fromme, häufig Märtyrer. Doch wir? Sind wir heilig? Oder scheinheilig? Paulus nennt die Christen »Heilige«: Menschen, die zu Gott gehören, sich zu ihm bekennen. Dietrich Bonhoeffer schrieb aus dem Gefängnis an seinen Freund: »Ich erinnere mich eines Gespräches, das ich vor 13 Jahren mit einem jungen französischen Pfarrer hatte. Wir hatten uns die Frage gestellt, was wir mit unserem Leben eigentlich wollten. Da sagte er: ich möchte ein Heiliger werden. Trotzdem widersprach ich ihm und sagte ungefähr: ich möchte glauben lernen. – Später erfuhr ich und ich erfahre es bis zur Stunde, dass man erst in der vollen Diesseitigkeit des Lebens glauben lernt. Wenn man völlig darauf verzichtet hat, aus sich selbst etwas zu machen, dann wirft man sich Gott ganz in die Arme, dann nimmt man nicht mehr die eigenen Leiden, sondern das Leiden Gottes in der Welt ernst, dann wacht man mit Christus in Gethsemane, und ich denke, das ist Glaube; und so wird man ein Mensch, ein Christ.«

Ein schönes Bild: dann wirft man sich Gott ganz in die Arme. Und so haben wir Anteil an seiner Heiligkeit, sind wir sein heiliges Volk. »Und ihr sollt mir ein Königreich von Priestern und ein heiliges Volk sein« (2. Mose 19,6).

20. SEPTEMBER

Denn du bist bei mir

Ein Stamm amerikanischer Ureinwohner hatte ein besonderes Training für einen jungen Krieger: An seinem 13. Geburtstag wurde er mit verbundenen Augen in einen dichten Wald gebracht, um dort eine Nacht allein zu verbringen. Bis dahin hatte er nie die Sicherheit seines Stammes verlassen. Als es dunkel wurde, nahm man ihm die Augenbinde ab und ging. Es war eine schreckliche Nacht: Jedes Heulen eines Tieres und jedes Knacken eines Zweiges ließen ihn ängstlich aufhorchen. Nach einer scheinbaren Ewigkeit wurde es endlich hell. Der Junge sah Bäume, Pflanzen und den ausgetretenen Pfad, den er gekommen war. Dann bemerkte er aber, dass ein paar Meter von ihm entfernt ein Mann mit Pfeil und Bogen stand: Es war sein Vater. Er war die ganze Nacht bei ihm gewesen!

»Und ob ich schon wanderte im finsteren Tal«, sagt der Psalmbeter, »fürchte ich kein Unglück. Denn du bist bei mir. Dein Stecken und Stab trösten mich« (Ps 23,4). Dieselbe Erfahrung! Auch wenn es dunkel um mich ist, auch wenn ich nichts sehe, auch wenn Angst und Sorgen mich packen – ich bin nicht allein. Er ist bei mir wie jener Vater. Er wacht über mich. Der Stecken – das ist die Keule des Hirten, um gefährliche Tiere in die Flucht zu schlagen. Der lange Stab, am Ende leicht gebogen, hilft ihm gerade auf gebirgigen Pfaden, Tiere vor dem Absturz zu bewahren und vorsichtig zurückzuführen.

So ist er bei mir wie jener Vater des Jungen. So nah, dass er mich sieht und mich hört. »Du«, sagt der Psalmbeter hier zum ersten Mal: »Du bist bei mir.« Das tröstet, gibt Mut zum nächsten Schritt durch das Dunkel – an seiner Seite. »Wo ich bin, hält Gott die Wacht, führt und schirmt mich Tag und Nacht; über Bitten und Verstehn muss sein Wille mir geschehn« (EG 408,3).

Der kleine Heilige

Es war einmal ein kleiner Heiliger, so erzählte Albert Schweitzer, der hatte viele Jahre ein glückliches und zufriedenes Leben geführt. Als er eines Tages in der Klosterküche beim Geschirrabwaschen war, kam ein Engel zu ihm und sprach: »Der Herr schickt mich zu dir und lässt dir sagen, dass es an der Zeit für dich sei, in die Ewigkeit einzugehen.« »Ich danke dem Herrgott, dass er sich meiner erinnert«, erwiderte der kleine Heilige. »Aber du siehst ja, was für ein Berg Geschirr hier noch abzuwaschen ist. Ich möchte nicht undankbar erscheinen, aber lässt sich das mit der Ewigkeit nicht noch so lange hinausschieben, bis ich hier fertig bin?« Der Engel blickte ihn nach Engelsart weise und huldvoll an, sprach: »Ich werde sehen, was sich tun lässt«, und verschwand. Der kleine Heilige wandte sich wieder seinem Geschirrberg zu und danach auch noch allen möglichen anderen Dingen.
Eines Tages machte er sich gerade mit einer Hacke im Garten zu schaffen, da erschien wieder der Engel. Der Heilige wies mit der Hacke auf den Garten: »Sieh dir das Unkraut hier an! Kann die Ewigkeit nicht noch ein bisschen warten?« Der Engel lächelte und verschwand abermals. Der Heilige jätete den Garten fertig, strich die Scheune, pflegte die Kranken im Hospital. Als er sich an diesem Abend in seine Klosterzelle zurückzog und auf sein hartes Lager sank, sann er über den Engel nach und mit einem Mal fühlte er sich schrecklich alt und müde, und er sprach: »O Herr, könntest du deinen Engel doch jetzt noch einmal schicken, er wäre mir sehr willkommen.« Kaum hatte er geendet, stand der Engel schon da. »Wenn du mich noch nimmst«, sagte der Heilige, »so bin ich nun bereit, in die Ewigkeit einzugehen!« Der Engel blickte den Heiligen nach Engelart weise und huldvoll an und sprach: »Was glaubst du wohl, wo du die ganze Zeit gewesen bist?« Jesus spricht: »Denn siehe, das Reich Gottes ist mitten unter euch« (Lk 17,21).

Das einzige Glück

»Wer unter euch groß sein will, der sei euer Diener« (Mt 20,26). Ein Mensch, der dieser Aufforderung ganz unmittelbar folgte, war Albert Schweitzer – und er warf dabei gleich zwei glänzende Karrieren weg. Auf der Orgel war er bereits als Jugendlicher ein musikalisches Ausnahmetalent. Seine Vorliebe galt Bach. Er lernte bei großen Musikern seiner Zeit und gab schließlich europaweit Konzerte. Die Musik war sein Tröster und wichtigstes Hobby. Nach der Schule wandte er sich aber der Philosophie und Theologie zu, studierte in Straßburg unter den bedeutendsten Lehrern seiner Zeit und erlangte schließlich in beiden Fächern einen Doktortitel.

Im Rückblick notiert er: »Ja, ich habe alles gekannt, die Wissenschaft, die Kunst, die Freuden der Wissenschaft, die Freuden der Kunst, ich kenne das erhebende Gefühl des Erfolgs, und mit wahrem Stolz habe ich meine Antrittsvorlesung mit 27 Jahren gehalten. ... Ich habe immer klarer erkannt, dass die einzige Wahrheit und das einzige Glück darin besteht, unserem Herrn Jesus Christus dort zu dienen, wo er uns braucht.« Und das heißt für ihn konkret: im Kongo. Doch die Pariser Missionsgesellschaft will ihn als Missionar nicht haben. Seine theologischen Ansichten sind ihnen zu liberal. Am 11. Oktober 1905 teilt Albert Schweitzer dem Missionsdirektor Alfred Boegner mit, dass er sich entschieden habe, Medizin zu studieren. Damit war der Weg frei. – So hat Schweitzer den Ruf Jesu verstanden: Am Ogowe in Lambarene sollst du dienen und nirgendwo sonst, wenn nicht als Missionar, dann als Arzt. Diesem Ruf ist Albert Schweitzer 1913 mit seiner Frau Helene, die er im Juni 1912 geheiratet hatte, gefolgt, und diesem Ruf ist er bis an sein Lebensende trotz vieler Schwierigkeiten treu geblieben. »Wer unter euch groß sein will, der sei euer Diener.«

Einfach Mensch werden

Hat Albert Schweitzer in Lambarene gefunden, was er suchte? »Ich gehe dorthin, um bei Jesus zu sein …« In seinem Tagebuch schreibt er von einem Patienten, den er operiert hatte. Er überwachte dessen Aufwachen in der Schlafbaracke. Als der Mann wieder bei Besinnung war, rief er wieder und wieder »Ich habe ja nicht mehr weh, ich habe ja nicht mehr weh!« Er fasste Schweitzer an der Hand und wollte ihn gar nicht mehr loslassen. Schweitzer erzählte ihm und den anderen, die dabeisaßen, dass es Jesus war, der ihm und seiner Frau geboten hatte, an den Ogowe zu kommen und dass sie von weißen Menschen in Europa unterstützt werden, um hier für die Kranken da zu sein.

Daraufhin folgten viele Fragen, wer diese Menschen seien und woher sie wüssten, dass die Eingeborenen so viel unter Krankheiten leiden. »Durch die Kaffeesträucher hindurch scheint die afrikanische Sonne in die dunkle Hütte. Wir aber, Schwarz und Weiß, sitzen untereinander und erleben es: ›Ihr aber seid alle Brüder.‹ Ach, könnten die gebenden Freunde in Europa in einer solchen Stunde dabei sein!« Hier wird wahr, worüber Paulus jubelt: »Hier ist nicht Jude noch Grieche, hier ist nicht Sklave noch Freier, hier ist nicht Mann noch Frau; denn ihr seid allesamt einer in Christus Jesus« (Gal 3,28). »Zuletzt wurde mir klar, dass dies mein Leben sei, nicht Wissenschaft, nicht Kunst, sondern einfach Mensch werden und im Geiste Jesu irgendetwas Kleines tun«, beschreibt Schweitzer später diese letzte Station seines Lebens. Zwar kehrt er immer wieder nach Europa zurück, spielt Orgelkonzerte und verfasst theologische Bücher. Doch hier in Afrika fühlt er sich angekommen.

Das bist du

Nachts, wenn alles schlief, saß Albert Schweitzer beim Schein einer altmodischen Petroleumfunzel auf seinem Hocker, schrieb Bücher und Briefe. In seiner Autobiografie erzählt er, wie man ihn zu einer Patientin rief, die 200 km von Lambarene entfernt lebte. Mit dem Dampfboot ging es den Ogowe hinauf.
Sie kamen nur sehr langsam voran, da sie sich in dieser trockenen Jahreszeit mühsam zwischen den Sandbänken hindurchtasten mussten. Schweitzer saß auf dem Deck des Schleppkahns und rang in Gedanken um »den elementaren und universellen Begriff des Ethischen«. Viele Blätter beschrieb er und konzentrierte sich ganz auf das Problem. Und schließlich: »Am Abend des dritten Tages, als wir bei Sonnenuntergang gerade durch eine Herde Nilpferde hindurchfuhren, stand urplötzlich, von mir nicht geahnt und nicht gesucht, das Wort *Ehrfurcht vor dem Leben* vor mir. Nun war ich zu der Idee vorgedrungen, in der Welt- und Lebensbejahung und Ethik miteinander enthalten sind!«
Das heißt: »Ich bin Leben, das leben will, inmitten von Leben, das leben will.« Verantwortlich handelt der Mensch erst dann, wenn er nicht nur seinesgleichen achtet, sondern »wenn ihm das Leben als solches, das der Pflanze und das des Tieres wie das des Menschen, heilig ist, und er sich dem Leben, das in Not ist, helfend hingibt.«
Oder noch kürzer: »Überall, wo du Leben siehst – das bist du!«
»Und Gott der Herr nahm den Menschen und setzte ihn in den Garten Eden, dass er ihn bebaute und bewahrte« (1. Mose 2,15).

Die Karawanserei

Ein vom Äußeren her streng und unnachsichtig wirkender Sufi erschien vor den Toren des Palastes. Niemand wagte ihn aufzuhalten, als er geradewegs auf den Thron zuschritt, den Ibrahim ben Adam innehatte. »Was wünschst du?«, fragte der König. »Einen Platz, um in dieser Karawanserei zu schlafen.« »Das ist keine Karawanserei. Das ist mein Palast.« »Darf ich fragen, wem dieser Ort vor Euch gehörte?« »Meinem Vater. Er ist tot.« »Und wem gehörte er vor diesem?« »Meinem Großvater. Er ist auch tot.« »Und dieser Ort, den Menschen eine kurze Weile bewohnen und dann weiterziehen – sagtet Ihr wirklich, er sei keine Karawanserei?«
Manchmal geht es uns wie dem König. Wir haben uns hier gut eingerichtet. Und denken: So wird es für immer bleiben. Doch der König täuscht sich. Er wohnt nur für eine kurze Zeit hier. Dann muss auch er fort – wie sein Vater und Großvater. »Wir sind Gäste und Fremdlinge ...« (1. Chr 29,15) »Wir haben hier keine bleibende Stadt, sondern die zukünftige suchen wir« (Hebr 13,14). Nein, ich will nicht, dass wir weltfremd sind. Ich will nicht das Schöne verachten, das uns geschenkt ist. In schwerer Zeit dichtet Paul Gerhardt: »Ach, denk ich, bist du hier so schön und läßt du's uns so lieblich gehn auf dieser armen Erden: was will doch wohl nach dieser Welt dort in dem reichen Himmelszelt und güldnen Schlosse werden!« (EG 503,9). – Gerade, wenn wir pilgern, wird uns das bewusst: Wie schön diese Erde ist. Was für großartige Begegnungen wir erleben. Aber auch, dass wir unterwegs sind und auf ein Ziel zusteuern. Meine Großeltern sangen jeden Abend: »Ein Tag, der sagt dem andern, mein Leben sei ein Wandern zur großen Ewigkeit. O Ewigkeit, so schöne, mein Herz an dich gewöhne, mein Heim ist nicht in dieser Zeit.«

26. SEPTEMBER

Fremde – eine Bereicherung

»Bei uns herrscht Frieden.« Jedes Wort dieses Satzes war glücklich, ein Teil davon zu sein. »Bei« war dankbar, dass sie alle gemeinsam leben konnten. »uns« sagte zu seinen Freunden: »Ich bin froh, dass ich alles zusammenfüge.« Die anderen stimmten ihnen zu und sie waren ein fröhliches Team. Eines Tages jedoch trafen sie auf zwei neue Wörter, die sie bisher noch nie gesehen hatten. Sie hießen »for ever«. Die Einheimischen ekelten sich: »Das sind ja Fremdwörter.« »Frieden« rümpfte die Nase. »Bei« fand, dass sie auch ganz anders aussehen. »So welche brauchen wir nicht!«, sagte »uns«. »Wir müssen sie höflich, aber bestimmt verabschieden«, meinte »herrscht«. Sie kamen also zusammen, um die Fremden loszuwerden. Und während sie noch so überlegten und scheinheilige Gründe anführten und dabei von ihren Plätzen weggingen, besetzten andere Wörter heimlich ihre Stelle: Die Wohnung von »Bei« wurde von »Gegen« eingenommen, im Appartement von »uns« wohnte nun »alle«. »Herrscht« wurde ausquartiert von seinem Großvater »wütet«, und bei »Frieden« hielt »Hass« Einzug. Die ehemals schöne Satzstraße war auf einmal grässlich verzerrt: »Gegen alle wütet Hass!« Sie brachen in Tränen aus und erkannten, wie viel reicher sie gewesen wären, wenn sie die Fremdwörter aufgenommen hätten: »Bei uns herrscht Frieden, for ever!« (nach Peter Spangenberg).

Das stimmt: Wenn wir Menschen abweisen, verarmen wir. Andere nicht mehr als Bedrohung, sondern als Bereicherung sehen, dazu will uns auch die »Interkulturelle Woche« ermutigen. »Gastfrei zu sein vergesst nicht; denn dadurch haben einige ohne ihr Wissen Engel beherbergt« (Hebr 13,2).

Die Würde des Menschen

Die Würde des Menschen ist unantastbar.« So steht es gleich zu Anfang im Grundgesetz unseres Landes. Und dieser Satz aus Artikel 1 Absatz 1 ist Grundlage und Ausgangspunkt der jährlich stattfindenden »Interkulturellen Woche«. Auf unserer Sommerfreizeit sangen die Jugendlichen immer wieder gern »Vergiss es nie« von Jürgen Werth (siehe 11.8.). Und dann kommt im Refrain die schöne Zeile: »Du bist ein Gedanke Gottes, ein genialer noch dazu ...« Darin besteht unsere Würde: Wir sind ein genialer Gedanke Gottes! Wir – das heißt, jeder Mensch: der Kluge, der Einfältige, der Hübsche, der eher Unscheinbare, der Strahlemann, der Schwarzseher, der Einheimische, der Ausländer ... Jeder Mensch – ein genialer Gedanke Gottes!

Die »Interkulturelle Woche« soll ein Anstoß sein, uns darüber zu freuen und das ernst zu nehmen. Auch jene, die uns fremd vorkommen sind ein genialer Gedanke Gottes. Sie sind von ihm gewollt und geliebt. Deshalb können wir in ihnen keine Belastung, sondern nur eine Bereicherung sehen. Mit ihnen zu leben ist eine Chance. Denn dann nehmen wir schon jetzt ein Stück Zukunft vorweg, dann leben wir, was einmal sein wird. Davon singt Fritz Baltruweit: »Die Stadt Gottes kennt keine Fremden. In ihr sind sich alle nah. Aus Süd und Nord, aus Ost und West haben dort alle ein Lebensrecht und sind füreinander da.« Das begreifen und erleben Kinder und Erwachsene. »Die Angst verfliegt, wenn man sich sieht« – ein Leben, das alle satt macht – der Reichtum der Stadt. Und Gott? »Und ab und zu, wenn sich's ergibt, kommt er vorbei und schaut bei dir rein und du hast ein Lächeln für ihn«. So wird es sein – und so kann es heute schon ein Stück weit werden. Weil wir wissen, dass Gott in jeden Menschen eine besondere Würde gelegt hat.

28. SEPTEMBER

Offene Tür

Es war Heiligabend. Wir saßen unterm Tannenbaum und hatten Bescherung. Da klingelt es. Gerade jetzt! Ich gehe zur Tür. Da steht ein Konfirmand. Ich atme auf. Er will nur wissen, wann im neuen Jahr der Unterricht wieder beginnt. Ich gebe Auskunft, verabschiede ihn und setze mich in die feierliche Runde am Tannenbaum. Erst später kommen mir Fragen: Warum kommt er am Heiligabend? Wollte er wirklich nur wissen, wann der Konfirmandenunterricht beginnt? Oder suchte er ganz was anderes? Gab es vielleicht zu Hause Krach? Doch ich war froh, dass er schnell wieder weg war. Wir lassen uns nicht gern stören, gerade nicht in unserer weihnachtlichen Besinnlichkeit. – Aber wenn wir uns so »abschotten«, haben wir dann noch Platz für den, der zu uns kommen will: in unser Leben, in unser Haus? Haben wir dann noch Platz für Jesus? Er sagt: »Ich bin Fremder gewesen, und ihr habt mich nicht aufgenommen« (Mt 25,43). Eine Erfahrung, die Jesus immer wieder gemacht hat.

So war es nicht nur damals in Bethlehem, als die Menschen ihre Türen zuließen, und Maria und Josef in einen schmutzigen Stall ausweichen mussten. Immer wieder wurde Jesus abgewiesen und auf Distanz gehalten. Wer sich aber von ihm stören ließ, machte eine große Entdeckung. Dessen Leben bekam Sinn und Ziel. Dessen Leben veränderte sich. Wie bei Zachäus, der Jesus in sein Haus aufnahm – und Heil erfuhr! – Der Dichter Werner Bergengruen berichtet von einem Erlebnis aus Russland, als er dort 1919 auf der Flucht in einem Dorf nach Lebensmitteln suchte. Eine Bäuerin sagte zu ihm: »Ich habe einen Sohn in deutscher Gefangenschaft, von dem ich nichts weiß. Ich werde jetzt denken, du bist dieser Sohn.« Und dann umarmte sie ihn und beschenkte ihn reichlich. »Ich bin ein Fremder gewesen und ihr habt mich aufgenommen?« (Mt 25,35).

Gott der Fremden

Denn ich bin ein Gast bei dir, ein Fremdling wie alle meine Väter« (Ps 39,13). Es ist gut, wenn wir uns immer wieder mal vor Augen halten, dass auch wir Fremdlinge sind auf dieser Erde. Um 150 n. Chr. schrieb ein Lehrer der Kirche: »Die Christen wohnen in ihrem Vaterland, aber doch wie Gäste. Sie genießen ihr Bürgerrecht, aber doch wie Fremdlinge. Jede Fremde ist ihnen Heimat, jede Heimat ist ihnen Fremde.«

Diese Erde ist unser wunderbares, aber nur vorübergehendes Zuhause – und sie ist auch nicht unser Besitz. Das Land, in dem wir wohnen, ist nicht unser Eigentum. Ja, unser Leben, alles, was wir sind und haben, gehört nicht uns – es ist uns nur geliehen, auf Zeit, zur treuen Verwaltung. Wer sich das vor Augen hält, wird nicht weltfremd, sondern im Gegenteil: ganz dieser Welt und den Menschen zugewandt. Wer sich das vor Augen hält, wird sensibel für Fremde in unserem Land und ihre Situation. Wer sich das vor Augen hält, wird solidarisch mit denen, die Leid, Flucht und Angst erfahren haben und immer noch erfahren. Denn unser Gott ist ein Gott der Fremdlinge.

Das unterstreicht auch der Apostel Paulus: »Nehmt einander an, gleichwie Christus uns angenommen hat« (Röm 15,7). Bei jedem Taufgottesdienst hören wir das in unserer Gemeinde. So wollen und sollen wir ein neues Gemeindeglied aufnehmen, ganz gleich, ob Kind oder Erwachsener, der durch die Taufe Mitglied unserer Gemeinde wird. Ein großartiges Motto für das Miteinander in der Kirche.

»Nehmt einander an, gleichwie Christus uns angenommen hat.« Das ist nun auch eine Aufforderung, die Menschen aufzunehmen und anzunehmen, die durch Flucht und Vertreibung zu uns kommen. Ganz gleich, ob sie Christen sind oder nicht. Sie sind Fremdlinge – wie wir.

30. SEPTEMBER

Die Tasche

Eine Frau, in der Kirchengemeinde engagiert, holt sich in einem Schnellrestaurant eine Suppe, trägt den dampfenden Teller an einen freien Stehtisch, hängt ihre Handtasche darunter und geht noch einmal, einen Löffel zu holen. Als sie zu dem Teller zurückkehrt, sieht sie einen dunkelhäutigen Mann, der seelenruhig ihre Suppe löffelt. Ich setze mich nun wirklich für Integration ein, denkt sie verärgert, aber das geht zu weit! Sie stellt sich neben ihn, sieht ihn strafend an und taucht auch ihren Löffel in die Suppe. Wortlos leeren sie den Teller. Dann holt der Mann ihr tatsächlich einen Kaffee und verabschiedet sich höflich. Da hat meine Demonstration tatsächlich sein Gewissen berührt, denkt sie zufrieden, bis sie plötzlich merkt, dass ihre Handtasche nicht mehr unter dem Tisch hängt. Jetzt hat er mich übers Ohr gehauen, denkt sie entsetzt, man kann diesen Leuten eben doch nicht trauen. Enttäuscht schaut sie durch den Raum und erstarrt: Am Nebentisch hängt ihre Tasche, darüber steht ihr voller Teller Suppe, nicht angerührt und ohne Löffel.

Die Moral von der Geschichte: Selbst gutwillige Leute haben Vorurteile. Unsere engagierte Frau setzt sich ja wohl für Integration ein. Doch jetzt macht sich der böse Gedanke breit: Solchen Leuten kann man eben nicht trauen. Dabei sind Missverständnisse oft hausgemacht. Die Dame hat sich schlicht und ergreifend geirrt und an den falschen Tisch gestellt. Und hinterher wird sie sich geschämt haben. Der Mann hat sie einfach so aus seinem Teller mitessen lassen und ihr sogar einen Kaffee spendiert. Sie ist total verblüfft. »Verdamme niemanden, ehe du die Sache untersucht hast; denke erst nach und tadle dann. Du sollst nicht urteilen, ehe du die Sache gehört hast, und lass die Leute erst ausreden« (Sirach 11,7–8).

Die größte Kraft des Lebens

Eine Familie, irgendwo in Deutschland. Eltern und drei Kinder, und eigentlich sind alle gesund. Nur, dass der jüngste Sohn nicht sprechen lernen will, bereitet den Eltern Sorgen. Da helfen keine Untersuchungen, Besuche bei den verschiedensten Ärzten bleiben ergebnislos. Inzwischen ist der Junge fünf Jahre alt, doch kein Wort kommt über seine Lippen. Eines Tages sitzt die Familie bei Tisch. Der Vater spricht ein Tischgebet. Das Essen wird ausgeteilt. Da bricht es aus dem Kind heraus: »Bäh, die Suppe schmeckt nicht!« Die Eltern sind außer sich vor Freude: »Er kann sprechen! Er kann sprechen!« »Klar kann ich sprechen«, sagt darauf der Kleine. Die Mutter staunt: »Aber warum hast du es dann bisher nie getan?« Die Antwort des Kindes: »Warum sollte ich? Bisher hat die Suppe doch immer geschmeckt.« Natürlich handelt es sich um eine erdachte Geschichte. Aber sie ist so typisch, dass sie fast wahr sein könnte.

Wann schweige ich? Wozu öffne ich den Mund? Wer nur Kritik äußert, hat keinen Platz für Dank. Und wo der Dank verstummt, verschwindet auch die Freude. »Ein Krieger des Lichts«, schreibt Paulo Coelho, »vergisst niemals, dankbar zu sein.« Und Hermann Bezzel hat mal gesagt: »Die größte Kraft des Lebens ist der Dank.« Und genau darum geht es auch am Erntedankfest: dass wir staunen, danken und uns freuen. Deshalb »danket dem Herrn, denn er ist freundlich und seine Güte währet ewiglich« (Ps 106,1).

Fußball für das Leben

Ein Jugendlicher, der etliche Jahre beim Altpapier mitgeholfen hatte, drückte mir einen Fünfeuroschein in die Hand. Den hatte er als Dankeschön von jemandem bekommen, wollte ihn aber selbst nicht behalten. »Mir geht es gut«, sagte er. »Ich habe alles, was ich brauche. Das soll für Menschen sein, die es nötig haben.«

Francisco Gaminez (13 Jahre) wohnt in einem Elendsviertel von San José in Costa Rica. »Hier«, erzählt er, »leben viele Menschen, die keine Arbeit haben. Seit mein Vater uns verlassen hat, wohne ich mit meiner Mutter, meinen zwei Brüdern und meiner Schwester in einer Blechhütte ohne Wasseranschluss und Strom. Geld ist bei uns knapp. Meine Mutter hat keine feste Arbeit. Ich bin mal drei Jahre zur Schule gegangen, das hat mir aber keinen besonderen Spaß gemacht. Viele meiner Freunde gehen auch nicht in die Schule. Vor ein paar Wochen habe ich von einer Fußballschule hier in der Nähe gehört. Das Programm heißt ›Fußball für das Leben‹. Dort kann man kostenlos trainieren. Ich bin sofort hingegangen und wurde aufgenommen. Mein Trainer hat gesagt, dass es wichtig ist, zur Schule zu gehen, damit ich später einen guten Job finde. Jetzt gehe ich wieder zur Schule. Wir sind 45 Jugendliche in der Klasse. Ich finde meinen Lehrer nicht besonders nett. Er schreit uns oft an. Aber ich will weitermachen.« Das ist ein Projekt der evangelischen Kirche in Costa Rica, gefördert von »Brot für die Welt«.

Toll, wenn viele, wie der Jugendliche, sagen: »Mir geht es gut. Ich habe alles, was ich brauche. Das soll für Menschen sein, die es nötig haben.« »Es werden allezeit Arme sein im Lande; darum gebiete ich dir und sage, dass du deine Hand auftust deinem Bruder, der bedrängt und arm ist« (5. Mose 15,11).

Anders leben

Wir waren die ganze Nacht mit dem Zug gefahren und waren nun am frühen Morgen in Nagpur, der bekannten Drehscheibe Indiens. Ich saß in einem überfüllten Abteil der dritten Klasse. Uns gegenüber auf dem anderen Gleis hielt ein Wagen der ersten Klasse. Ein wohlgenährter Herr saß nahe dem geöffneten Fenster und frühstückte. Als er sein Frühstück beendet hatte, warf er durch das geöffnete Fenster die Reste seiner Mahlzeit hinaus. Darunter war ein schönes, rundes ›Chappatti‹, eine Art Brotkuchen, das Universal-Nahrungsmittel Nordindiens. Wie schade, das Brot wegzuwerfen! Als ich mich noch darüber ärgerte, sah ich zwei Lebewesen danach rennen: einen kleinen Jungen, nackt, abgemagert, schmutzig, mit struppigen, verfilzten Haaren – und einen Hund. Wer würde das Chappatti erwischen? Es war der Junge. Freudig hielt er es empor. Traurig schaute der Hund zu ihm auf. Doch nun setzte sich der Junge mit untergeschlagenen Beinen auf den schmutzigen Boden und lud mit einer Handbewegung den Hund zum Sitzen ein. Dann teilte er das Brot in zwei Hälften und gab die eine dem Hund – die andere war für ihn, und beide aßen. Unser Zug fuhr an, das Erlebte bewegte mich sehr und ließ mich nicht los. Armut und Reichtum sind in einem Land wie Indien so nah beieinander, hautnah miteinander in Berührung.«

Dieser etwas andere Reisebericht wird mir zum Gleichnis. Gott wirft uns nicht nur irgendwelche Reste zu. Er beschenkt uns täglich aus der Fülle seines Reichtums. »Du machst das Land voll Früchte ... Du lässt Gras wachsen für das Vieh und Saat zu Nutz den Menschen, dass du Brot aus der Erde hervorbringst, dass der Wein erfreue des Menschen Herz ...« (Ps 104,13–15). Staunen und freuen – dazu leitet uns das Erntedankfest an. Und teilen – wie der kleine indische Junge.

Gott gibt

Aller Augen warten auf dich, und du gibst ihnen ihre Speise zur rechten Zeit« (Ps 145,15). Ein altes Gebet. Und vielleicht schüttelt mancher ärgerlich den Kopf und denkt: So kann man doch heute nicht mehr reden und beten! »Du gibst ihnen ihre Speise zur rechten Zeit.« Das stimmt nicht! Viele Menschen und Tiere hungern täglich. Sie schauen vergeblich nach Hilfe und Rettung. Und umgekehrt: Viele Menschen, die satt werden, warten und hoffen gar nicht auf Gott. »Aller Augen warten auf dich.« Nein, wer genug hat, nimmt, was er will, und wartet nicht erst auf Gott.

Ein altes Gebet. Scheinbar wirklichkeitsfern und überholt. Doch mich bewegen die Worte dieses Psalms. Da spricht einer nicht nur ein kurzes Gebet – schnell und pflichtbewusst. In 21 Versen lobt und dankt er Gott. Er bemüht das ganze Alphabet. Jede Zeile beginnt mit einem neuen Buchstaben. Ein Dank von A bis Z! Albert Schweitzer, der bekannte Urwaldarzt, hat einmal gesagt: »Wer Gott von Herzen dankt, der erlebt etwas: Er wird selber reich.« Indem wir Gott danken, werden wir reich. Wir entdecken, dass uns so viel geschenkt wird: Dass wir leben, dass wir Luft zum Atmen haben, dass es Menschen gibt, denen wir wichtig sind ...

Paul Gerhardt ist das so ergangen. Er dichtet 1653 in Zeiten wirtschaftlicher Not: »Was sind wir doch, was haben wir auf dieser ganzen Erd, das uns, o Vater, nicht von dir allein gegeben werd?« (EG 324,3). Gott gibt. Er beschenkt uns reichlich. Wer anfängt zu danken, entdeckt für sich diesen Reichtum, er wird selber reich. Es stimmt, wir leben nicht in einer heilen Welt. Menschen und Tiere hungern täglich. Es ist gut, dass wir auch an die denken, die mit leeren Händen dastehen, und für BROT FÜR DIE WELT sammeln. Wir geben nur weiter, was Gott uns in Fülle schenkt.

Wasser

Wasser ist Leben. Ohne Wasser gäbe es kein Leben auf dieser Erde. Der bekannte französische Dichter Antoine de Saint-Exupéry war während des Zweiten Weltkrieges als Kurier- und Aufklärungsflieger eingesetzt. Auf einem seiner Flüge musste er in einer verlassenen Wüstengegend Afrikas notlanden und wäre fast verdurstet. Nomaden fanden ihn und retteten sein Leben. Damals schrieb Exupéry in sein Tagebuch: »Wasser, du hast weder Geschmack noch Farbe. Man kann dich nicht beschreiben. Es ist nicht so, dass man dich zum Leben braucht, du selber bist das Leben! Durch dich kehren uns alle Kräfte zurück ... Dank deiner Segnung fließen in uns wieder alle bereits versiegten Quellen der Seele. Du bist der köstlichste Besitz dieser Erde ... Du schenkst uns ein unbeschreiblich einfaches und großes Glück.« So wertvoll, so kostbar ist Wasser!

Doch mehr als 1,2 Milliarden Menschen haben keinen Zugang zu sauberem Trinkwasser. An den Folgen von verunreinigtem Wasser sterben mehr als 6000 Menschen täglich. Einige meinen, eine Lösung aus der Wasserkrise gefunden zu haben: die Privatisierung der Wasserversorgung. Damit wird aber das Wasser zur Handelsware, die sich die Ärmsten oft nicht mehr leisten können. Mit der Kampagne »Wasser ist ein Menschenrecht« setzt sich »Brot für die Welt« dafür ein, dass Wasser als Lebensmittel Nummer 1 für alle Menschen zugänglich wird.

In der Bibel ist Wasser ein Bild für Fülle und Heil: »Ihr werdet mit Freuden Wasser schöpfen aus dem Heilsbrunnen« (Jes 12,3). Wer aus diesem Brunnen schöpft, der löscht nicht nur vorübergehend seinen Durst. Wer von diesem Wasser trinkt, so sagt Jesus im Gespräch mit der Samariterin, für den wird es zur Quelle des Wassers werden, das in das ewige Leben quillt (Joh 4,14).

6. OKTOBER

Ein großer Kuchen

Eine Frau hat ihr ganzes Leben für ihre zwölf Kinder eingesetzt. Zu einem Festtag lädt sie alle ihre Kinder ein, backt einen großen Kuchen und sagt: »Teilt ihn unter euch.« Dann geht sie hinaus. Sofort nehmen sich die beiden Stärksten drei Viertel des Kuchens. Die anderen streiten sich um den Rest und geraten sich dabei in die Haare. Als die Mutter wieder ins Zimmer kommt, wird sie traurig. Der Kuchen reichte für alle. Jetzt aber ist Streit. Auf ihr Zureden erklären sich die beiden Stärksten bereit, von den drei Vierteln des Kuchens, ein Viertel wieder abzugeben. »Freiwillig«. Die Hälfte jedoch behalten sie für sich. Der Streit wird weitergehen.

Das fürchte ich auch. Und das ist nachweislich unsere Realität. Wir haben mehr als genug. Gleichzeitig ereilen uns Schreckensmeldungen aus aller Welt. Wie gehen wir damit um? Was tun wir für eine gerechte Teilung des großen Kuchens, damit alle satt werden?

In der Kirche feiern Kindergartenkinder Erntedank. Es wird selbst gebackenes Brot mitgebracht und verteilt. »Teilt es gerecht!« Wir Erwachsenen achten darauf, dass alle das Gleiche erhalten. Aber die austeilenden Kinder machen das anders, sie geben so, dass jeder das bekommt, was er braucht. Einer nimmt nur ein kleines Stück – der isst immer so wenig. Ein anderes Kind langt zweimal zu. Sie zelebrieren hier eine Gerechtigkeit, die nicht einfach nur jedem nach Maß zuteilt, sondern fragt, was der andere braucht. Genau das haben Mose und seine Leute in der Wüste erlebt: »Sie sammelten aber alle Morgen, so viel ein jeder zum Essen brauchte« (2. Mose 16,21). Und der große »Manna-Kuchen« reichte für alle! – Gott schenkt uns mehr als wir brauchen: einen großen »Kuchen«, der alle satt macht.

Komm

Seit vielen Jahren hatte Gregor Schuhe geflickt. Nun war er alt und gebrechlich. Als an Weihnachten viele Menschen hinauf zu der kleinen Kirche auf dem Hügel gingen, konnte er nicht mehr mit ihnen gehen. Er lauschte dem Glockenklang und schlief darüber ein. Er träumte von einem Engel, der ihn fragte: »Was wünschst du dir, Gregor?« »Ich kann nicht mehr mit den anderen zum Haus Gottes gehen, deshalb bitte ich, dass das Christuskind mich in meinem Haus besuchen möge.« Gregor erwachte beim Morgengrauen. Als alles bereit war, setzte er sich wieder an sein Ladenfenster und blickte die Straße hinauf und hinab. Da kam jemand! Sollte das ...? Nein, das war nur der kleine Sohn des Blinden. Er humpelte barfuß durch den Schnee. »Warum weinst du denn, Kind?« »Wegen der Frostbeulen an meinen Füßen!« »Warum läufst du denn barfuß im Schnee?« »Meine Schuhe sind mir zu klein.« »Komm her, Kind! Stell deinen Fuß auf dieses Stück Leder! So, heute erwarte ich einen Gast, aber morgen fertige ich dir ein Paar Sandalen an. Dann komm! Nein, du brauchst kein Geld mitbringen.« So ging es den ganzen Tag. Ständig kamen bedürftige Menschen, denen Gregor half. Bald wurde es Abend. Traurig flüsterte er in die Dunkelheit: »Warum bist du nicht gekommen, Herr?« Da sagte eine Stimme: »Aber ich bin doch gekommen! Und was für einen fürstlichen Empfang hast du mir bereitet!« Auf einmal schienen überall um ihn herum Stimmen zu singen, und er hörte die Worte: »Ich war das Kind mit den blutenden Füßen. Ich war die Witwe, die auf der Straße weinte. Ich war der Fremdling, der um Brot bat.« – Jesus Christus spricht: »Wahrlich, ich sage euch: Was ihr einem von diesen meinen geringsten Brüdern getan habt, das habt ihr mir getan« (Mt 25,40).

Staunen

Es war in der Grundschule. Die Lehrerin wollte mit den Kindern über den Weg vom Korn zum Brot sprechen und fragte: »Wisst ihr, woher das Brot kommt?« Einer meldete sich und sagte: »Meine Mama kauft das immer beim Bäcker.« Das stimmt. Und der Kleine weiß es – noch – nicht besser. Brot können wir kaufen. Dass es einen langen Weg zurückgelegt hat, das ist uns oft gar nicht bewusst. Alles ist selbstverständlich. Fast alles ist verfügbar. Nicht nur das Brot. Wir kaufen Äpfel und Bananen, Erdbeeren, Apfelsinen und Birnen – nicht nur zur Erntezeit. In den Obstabteilungen der Kaufhäuser liegen sie – fast immer – für uns bereit. Matthias Claudius erinnert uns, dass Brot mehr ist als das Ergebnis menschlicher Arbeit und mehr als ein Industrieprodukt: »Wir pflügen und wir streuen den Samen auf das Land, doch Wachstum und Gedeihen steht in des Himmels Hand: der tut mit leisem Wehen sich mild und heimlich auf und träuft, wenn heim wir gehen, Wuchs und Gedeihen drauf. Alle gute Gabe kommt her von Gott dem Herrn, drum dankt ihm, dankt, drum dankt ihm, dankt und hofft auf ihn« (EG 508). Und in der zweiten Strophe heißt es sehr schön: »... es geht durch unsre Hände, kommt aber her von Gott.« Sein Lied ist eine Anleitung zum Staunen. Und das wünsche ich uns, dass wir offene Augen bekommen für Gott, für sein geheimnisvolles Walten und Wirken, dass wir staunen und merken: Alles, was wir sind und haben, ist sein Geschenk. »Du krönst das Jahr mit deinem Gut« (Ps 65,12). Krönung – das ist immer etwas Besonderes, Außergewöhnliches, Großartiges. Dass das Korn reift, dass wir Obst und Gemüse ernten, dass wir zu essen und zu trinken haben – das ist nicht selbstverständlich, sondern Gottes »Krönung«. »Drum dankt ihm, dankt und hofft auf ihn!«

Zählen

Im Englischen gibt es die Redewendung »You can count your blessings«. Normalerweise wird das übersetzt mit: »Da kannst du von Glück sagen«. Viel schöner finde ich die wörtliche Übersetzung: »Du kannst deine Segnungen zählen.« Deshalb: tu das mal, zähle alles Gute, alles, was dir an Segen zuteilwurde. In einem englischen Lied heißt es – ich sage es gleich auf Deutsch: »Wenn du voll Angst bist und nicht schlafen kannst, dann zähle nicht Schäfchen, sondern zähle deine Segnungen. Und du wirst friedlich in den Schlaf sinken beim Denken an all dieses Gute.«
Vielleicht sollten wir uns jeden Tag ein paar Minuten Zeit nehmen und das ganz praktisch tun: Count your blessings – zähle deine Segnungen. Das ist eine gute und heilsame Übung. Nicht nur dann, wenn man vor Angst, Sorgen oder Unzufriedenheit nicht schlafen kann, sondern jeden Abend oder einfach mal so zwischendurch: alles aufzählen, was mir heute an Gutem widerfahren ist, was schön war, was gut geklappt hat, was mich gefreut hat, alles, wofür ich danken kann. Dann wird deutlich, dass ich das meiste nicht mir selbst zuzuschreiben habe, sondern anderen Menschen verdanke, und natürlich auch Gott. Und dann kann ich nicht mehr darauf pochen, dass alles, was ich habe, mir gehört, geschweige denn, dass es mir selbstverständlich zusteht. Und das hilft mir, auch mal etwas herzugeben und loszulassen.
So kann das Zählen meiner Segnungen einen heilsamen Kreislauf in Gang setzen von Empfangen, Staunen, Danken, Teilen, Geben und Gönnen. Friedrich von Bodelschwingh sagte einmal: »Da wird es hell in einem Menschenleben, wo man für das Kleinste danken kann.« »Es ist ein köstlich Ding, dem Herrn danken und lobsingen deinem Namen, du Höchster« (Ps 92,2).

10. OKTOBER

Die Lederhose

Frank zeigt der Lehrerin stolz sein Bild vom Paradies. »Das hast du aber schön gemacht«, lobt die Lehrerin. »Die vielen bunten Blumen, die Bäume, der blaue Himmel, die strahlende Sonne. Und das sind Adam und Eva?« Frank nickt. »Aber wer ist hier der Mann in Lederhose?« »Das ist der liebe Gott«, erklärt Frank. »Und warum hat er Lederhosen an?« »Meine Mama hat gesagt, die halten ewig.«

Große Klasse, der kleine Frank. Er malt Gott in Augenhöhe mit Adam und Eva. Und mit Lederhose – für ihn das Kennzeichen des Haltbaren und Verlässlichen. Und beides stimmt hundertprozentig. Gott ist mit uns auf Augenhöhe. Und ist absolut verlässlich. »Denn es sollen wohl Berge weichen und Hügel hinfallen, aber meine Gnade soll nicht von dir weichen, und der Bund meines Friedens soll nicht hinfallen, spricht der Herr, dein Erbarmer« (Jes 54,10).

Genau darum geht es auch in der Taufe: Gott verspricht den Täuflingen, dass er ihr himmlischer Vater sein will und mit ihnen durch dick und dünn geht. Absolut verlässlich und ganz nah. Oder biblisch gesprochen: Er schließt mit ihnen einen Bund des Friedens. Oft singen wir im Taufgottesdienst:

»Mein treuer Gott, auf deiner Seite
bleibt dieser Bund wohl feste stehn;
wenn aber ich ihn überschreite,
so lass mich nicht verloren gehn;
nimm mich, dein Kind, zu Gnaden an,
wenn ich hab einen Fall getan« (EG 200,4).

Michelangelo

Ich halte fest, dass heute, am 10. Tag des Mai 1508, ich, Michelangelo, Bildhauer, von der Heiligkeit unseres Herrn, Papst Julius II., 500 Dukaten erhalten habe ... als Anzahlung für das Gemälde an der Decke der Kapelle des Papstes Sixtus, an dem ich heute zu arbeiten beginne.« Diese kurze Anmerkung enthält eine provozierende Spitze. Der Künstler nennt sich bewusst einen »Bildhauer«, um damit der Nachwelt seinen vergeblichen Protest gegen die Beauftragung zu dieser monumentalen Freskomalerei mitzuteilen. Immer und immer wieder hatte Michelangelo versucht, Papst Julius II. davon zu überzeugen, dass er für die Ausmalung der Sixtinischen Kapelle nicht der Richtige sei.

Er hatte sogar vorgeschlagen, seinen Konkurrenten Raffael zu berufen. Doch alle Versuche waren vergeblich. Je mehr der »Bildhauer« sich zierte, desto energischer bestand der Papst auf seiner Wahl. Die Art und Größe des Auftrags hat Michelangelo in den folgenden Jahren bis an die Grenzen belastet. Die Angst vor Überforderung ist sein ständiger Begleiter gewesen. Vielleicht aber auch zunehmend der Gedanke, doch von Gott und nicht nur durch päpstliche Sturheit an diesen Ort gestellt zu sein. Denn entstanden ist in jenen Leidensjahren schließlich eines der großartigsten Werke der Kunstgeschichte: die »Erschaffung Adams«.

Ja, manchmal geraten wir an unsere Grenzen. Aber dann bekommen wir auch wieder Kraft. Das hat auch der Psalmbeter erfahren. Und deshalb ist er froh, dass er sagen kann: »Gelobt sei der Herr täglich! Er trägt uns, der Gott, der unsere Hilfe ist« (Ps 68,20, eigene Übersetzung). Das ist seine Erfahrung: Ich bin mit meiner Last nicht allein. Da ist einer, der stellt sich an meine Seite und der hilft mir auch tragen.

12. OKTOBER

Ich kann nicht mehr

Da schreibt eine junge Witwe in ihr Tagebuch: »Geld verdienen – wozu? Staub wischen – wozu? Blumen in die Vasen stellen – wozu? Mich pflegen – wozu? Weiterleben – wozu? Ich kann nicht mehr!« – Da hockt ein Jugendlicher auf der Treppe, den Kopf in seine Hände gegraben. Nach dem 8. Schuljahr musste er abgehen. »Aus«, murmelt er, »ist doch alles sinnlos! Ich kann nicht mehr!« Oder da ist der alte Mann: »Ach, mir wird die Zeit lang!« Und dann erzählt er vom Tod seiner Frau und dem Tod seiner beiden Söhne. »Ich kann nicht mehr!« – Und vielleicht haben Sie das auch schon einmal erfahren. Da haben sich Pläne und Hoffnungen zerschlagen. Sie waren am Ende Ihrer Kraft: »Ich kann nicht mehr!«

So stöhnt auch Elia, der Prophet. Langsam schleppt er sich dahin. Heiß ist der Wüstensand, anstrengend jeder Schritt. Die Nacht bricht herein. Erschöpft legt er sich unter einen Ginsterstrauch. »Es ist genug, so nimm nun, Herr, meine Seele. Ich bin auch nicht besser als meine Väter« (1. Kön 19,4). Er hat gekämpft für Gottes Sache – scheinbar umsonst. Nun will er schlafen, vergessen, sterben. Und er schläft. Wie lange schon? Da schreckt er auf. »Steh auf und iss!« Er schaut um sich. Niemand zu sehen. Doch da ist Brot und ein Krug Wasser. – Gott lässt seine Leute nicht allein. Er schickt einen Boten. Er gibt dem Ausgehungerten zu essen, dem Kraftlosen Kraft, dem Verirrten ein Ziel.

Ob wir wohl auch Engel Gottes sein und werden können? Ich denke an jene junge Witwe. Mitten in ihrer Verzweiflung bekam sie einen Anruf von einer Frau, die Anteil nahm an ihrem Schicksal. Und von da an rief sie täglich durch, morgens und abends. Das war nicht viel, Wasser und Brot. Es gab aber Kraft und half ein Stück weiter.

In der Tiefe

Denn in seiner Hand sind die Tiefen der Erde, und die Höhen der Berge sind auch sein« (Ps 95,4). Was es heißt, dass er auch die Tiefen der Erde besitzt, wurde bei dem Grubenunglück in Chile im Jahr 2010 deutlich. 33 Bergleute waren 69 Tage lang in 700 Metern Tiefe eingeschlossen. Was sie aufrecht hielt, war die Gewissheit: Es wird alles dafür getan, dass wir aus diesem Gefängnis befreit werden. Da oben wird fieberhaft gearbeitet.

Und zugleich der Glaube: Wir sind auch hier unten nicht allein. Regelmäßig haben sie Gottesdienst gefeiert, gebetet, gesungen. Als der 19-jährige Jimmy Sanchez der Rettungskapsel entstieg, sagte er, er glaube, es sei Gottes Wille gewesen, dass er eine Weile unter Tage bliebe, um darüber nachzudenken, wie er sein Leben ändern könne. »Und ich werde eine Menge ändern«, ergänzte der junge Vater eines vier Monate alten Babys.

Als die Bergleute endlich nacheinander gerettet wurden, berichteten die Medien Folgendes: »Jede Ankunft wurde von den Familien gefeiert. Dabei spielten sich bewegende Szenen ab. Viele Kumpel dankten Gott für ihre Rettung und trugen T-Shirts mit den Worten »Gracias Señor, thank you, Lord«. Dann folgte ein Auszug aus Psalm 95 der Bibel: »In seiner Hand sind die Tiefen der Erde, sein sind die Gipfel der Berge« und zum Schluss: »Ihm gehören Ehre und Ruhm.«

Die Kumpel sagen nicht: Da haben wir aber Glück gehabt. Sie sagen auch nicht: Nur die gute Technik aus Deutschland hat uns geholfen. Sie danken und loben Gott. Ob in 600 m Tiefe oder 8000 m Höhe: Gott ist da! Ihm gehört alles. Er lässt uns nicht im Stich. Das ist Grund zur Anbetung.

Kuss Gottes

Wann wurden Sie das letzte Mal freundlich angelächelt? Wann hat jemand Sie ermutigt, in den Arm genommen oder vielleicht sogar geküsst? Solche Liebeszeichen sind etwas Schönes, etwas Persönliches, etwas ganz Besonderes. Und genau darum geht es auch, wenn wir Abendmahl feiern. »Das Brot, das wir brechen«, schreibt der Apostel Paulus, »ist das nicht die Gemeinschaft des Leibes Christi?« (1. Kor 10,16). Vielleicht denkt mancher: »Gemeinschaft mit dem Leib Christi« – was ist das denn? Die Jünger, die haben seinen Leib gesehen, die haben Jesus gesehen. Die hatten mit ihm Gemeinschaft. Aber wir?

Für Paulus ist die Gemeinschaft unter Christen etwas anderes als ein Verein. Im Fußballverein treffen sich Menschen, die Fußball spielen wollen. Im Angelsportverein treffen sich Menschen, die gern angeln. Ein gemeinsames Interesse verbindet sie alle. Kirche oder Gemeinde aber ist keine Zweck- oder Interessengemeinschaft. Die christliche Gemeinde gibt es nicht, weil sich Menschen überlegt haben, wir wollen ein wenig fromm sein, also gründen wir die Kirche. Nicht ein gemeinsames Interesse verbindet uns, sondern ein gemeinsamer Gott. Weil Jesus Christus uns eingeladen hat, sind wir im Gottesdienst und beim Abendmahl. Nicht wir machen die christliche Gemeinde, sondern er baut sie. Es ist nicht unsere Initiative, sondern seine Liebe. Und genau das umschreibt Paulus mit dem Wort »Leib Christi«. Das sind Menschen, die zu Christus gehören. Ja, mehr noch: Leib Christi – das ist nicht nur einfach die Anzahl aller Christen auf dieser Erde. Das ist Jesus Christus, der in seiner Liebe Menschen einlädt, sammelt, verändert, ermutigt. Darum geht es: Er kommt uns ganz nah. Er reicht uns Brot und Wein. Er streckt uns seine Hand entgegen. Er lächelt uns freundlich an. Er schließt uns in seine Arme. Das Abendmahl – ein Liebeszeichen unseres Herrn, ein Kuss Gottes.

Und lächelt wieder

Wolfgang Borchert erzählt von einem Mann und einer Frau. Ihre Liebe ist längst an den toten Punkt gekommen. Seitdem er nichts mehr verdient und sie nichts mehr zu essen hat, ist es ganz aus. Leer und hungrig sind sie. Ewig hungrig sitzen sie sich gegenüber, wenn er abends heimkommt. Und er sagt: »Gib Brot!«, und sie: »Gib Geld!« Sie denkt: »Wenn er doch endlich ginge!« Aber er geht nicht.

Er geht auch an dem Abend nicht, als sie ihn anschreit, dass er nichts tauge. Er geht in die Küche, und sie denkt, er esse das letzte Stück Brot. Als sie in die Küche kommt und triumphierend sagt: »Hat's geschmeckt?«, liegt das Brot noch da und ist schön hergerichtet. Das ist für sie so gewaltsam und so plötzlich, so wie ein Blitz am Nachthimmel, dass sie weint und sich fragt: »Warum weint man, wenn man in einer großen Finsternis plötzlich Licht sieht?«

»Komm, du musst etwas essen«, sagt er. »Ich habe keinen Hunger mehr; ich werde nie mehr Hunger haben«, erwidert sie und schiebt ihm die Schnitte hin. Sie stehen sich eine Weile regungslos gegenüber und sehen sich an. Sie starren sich in die Gesichter, wie Schiffbrüchige nach ihrer Rettung in die Sonne starren. Und sie beginnt zu verstehen: Sie sieht dann, wie er das Brot bricht. Sie sieht, wie er die halbe Schnitte in den Mund schiebt. Sie nimmt die andere Hälfte und isst und lächelt wieder.

Und genau das erleben wir im Abendmahl. Unsere Liebe wird neu entfacht. Die Liebe zu Gott. Und die Liebe zu dem neben mir. Wir teilen das Kostbarste, das wir haben. Wir reichen uns das Brot, essen davon, schauen uns an und können einander zulächeln. »Lasst uns lieben, denn er hat uns zuerst geliebt« (1. Joh 4,19).

16. OKTOBER

Teilen

Eine Ordensschwester kam hungrig und müde in einem Flüchtlingslager im Nordsudan an, in dem äthiopische Flüchtlinge vorübergehend Zuflucht gefunden hatten. Am Lagerfeuer schob ein junger Sudanese Wache; er war fast noch ein Kind, schmächtig und blass. Er sorgte für das ordnungsgemäße Öffnen und Schließen des Tores.

Nachdem die Lagerbehörde die Papiere der Nonne untersucht hatte, setzte sich diese an den Straßenrand – einfach um ein wenig auszuruhen. Da kam der junge Sudanese auf sie zu, kramte in seinem Stoffbeutel und holte ein Stückchen Brot hervor. Er setzte sich neben die Ordensfrau in den Sand und reichte ihr das Brot. Diese brach einen Bissen ab und gab ihm den Rest zurück – in der Annahme, dass sein Hunger noch größer sei als der ihre.

Während sie so dasaß, sich über die wunderschöne Geste des Brotbrechens freute und ihr Gebetsbuch aus der Tasche zog, kam auch der Junge wieder, hockte sich neben die Schwester und legte ein paar Koranblätter vor sich hin. Er verstand kein Wort Englisch und die Schwester kein Wort seines Heimatdialekts. Aber, so erzählte sie später, das Teilen des Brotes und das Teilen des Gebetes – das war ein Stück gemeinsamen Weges, ein Stück Unterwegssein hin zur Mitte des Lebens.

Und genau das erleben wir beim Abendmahl. Unser Hunger wird gestillt. Unsere Müdigkeit uns genommen. Wir kommen zur Ruhe. Und wir geben einander weiter, was uns geschenkt wird: sein Brot. Die Gemeinschaft des Leibes Christi. »Gutes zu tun und mit anderen zu teilen vergesst nicht, denn solche Opfer gefallen Gott« (Hebr 13,16).

Spar deinen Wein nicht auf morgen

Es war einmal ein reicher Mann, der sehr stolz auf seinen Weinkeller und auf all den Rebensaft darin war, vor allem aber auf ein Fass eines erlesenen Jahrgangs. Diesen Wein, den besten, bewahrte er für einen ganz besonderen Anlass auf. Eines Tages besuchte ihn der Regent des Landes, doch nach reiflicher Überlegung sagte sich der Mann: »Dieses Fass werde ich nicht für einen Regenten aufmachen.« Bei anderer Gelegenheit kam der Bischof seiner Region zu Besuch, aber wieder dachte der Mann bei sich: »Nein, ich werde das Fass nicht öffnen. Der Bischof weiß den Wert dieses Weines ja gar nicht zu schätzen, kann sein Aroma nicht angemessen genießen.« Sogar der Prinz des Königreichs setzte sich eines Tages für eine Mahlzeit an seine Tafel, aber der Mann dachte: »Mein Wein ist viel zu majestätisch für einen einfachen Prinzen.« Und als sein Neffe heiratete, sagte er sich: »Nein, dieses Fass wird nicht für seine Gäste aufgemacht.« Die Jahre verstrichen, und eines Tages starb der Mann. Am Tag nach seiner Beerdigung wurden seine Fässer unter den Nachbarn verteilt, das mit dem speziellen Wein genau wie alle anderen. Und niemandem fiel auf, dass es sich um einen besonderen Rebensaft handelte. Für sie war eben alles Wein, Hauptsache man konnte es trinken.
Schade, der Mann hat die große Gelegenheit für immer verpasst! »Spar deinen Wein nicht auf für morgen«, singt Gerhard Schöne. »Sind Freunde da, so schenke ein! Leg, was du hast, in ihre Mitte. Durchs Schenken wird man reich allein.« Das stimmt! Wer gibt, der empfängt. Oder wie es Paulus schreibt: »Wer da kärglich sät, der wird auch kärglich ernten; und wer da sät im Segen, der wird auch ernten im Segen« (2. Kor 9,6).

18. OKTOBER

Auf hohem Niveau

Ein ehemaliger Klassenkamerad ist zu Besuch. Seit vier Jahrzehnten lebt er in Australien, hat als Physikprofessor Karriere gemacht und durch verschiedene Forschungsprojekte viel von der Welt gesehen. Wir fragen ihn nach seinen Eindrücken auch von Deutschland, wie er die augenblickliche Situation wahrnimmt. Er zögert ein wenig. Dann sagt er offen und ehrlich: »Hier wird viel geklagt auf hohem Niveau.« – Und in der Tat, in der »Weltkarte des gefühlten Glücks« steht Costa Rica (15.) noch vor Deutschland (17.) und den USA. Dabei geht es uns doch ziemlich gut: Wir leben in Frieden, haben unser Auskommen. Es gibt viele Möglichkeiten, den Alltag zu gestalten. Ob ich glücklich bin oder klage – das ist nicht eine Frage des Wohlstands, sondern der Einstellung. Nehme ich alles als selbstverständlich hin oder kann ich danken und mich freuen. In Jesus Sirach 50,24–25 heißt es: »Nun danket alle Gott, der große Dinge tut an allen Enden, der uns von Mutterleib an lebendig erhält und uns alles Gute tut. Er gebe uns ein fröhliches Herz ...«

Zwei Lieder entspringen diesem schönen Text: »Nun danket alle Gott« von Martin Rinckart und »Nun danket all und bringet Ehr« von Paul Gerhardt. Beide entstanden in der dunklen Zeit des Dreißigjährigen Krieges. Und darin sind sich die Liederdichter einig: Trotz Leid und Unsicherheit – sie wollen zuerst staunen und danken über »alles Gute«, was Gott für uns tut. Sie freuen sich über jeden neuen Tag. Sie danken, dass Gott uns am Leben erhält und uns oft bewahrt hat. In seinem Testament schreibt Paul Gerhardt: »Ich danke Gott zuvörderst für alle seine Güte und Treue, die er mir von meiner Mutter Leibe an bis auf die jetzige Stunde an Leib und Seele und an allem, was mir gegeben, erwiesen hat.« Er klagt nicht auf hohem Niveau. Sondern er dankt auf höchstem Niveau. Und das möchte ich auch. Heute und jeden Tag.

Die MasterCard

Kennen Sie die besondere MasterCard? Da ist in großen Buchstaben eingraviert: »Der Herr ist meine MasterCard.« Er eröffnet mir Möglichkeiten, von denen ich nie geahnt hätte. Und dazu muss ich weder 18 sein noch über ein regelmäßiges Einkommen verfügen – und Gebühren zahlen auch nicht. Mit der besonderen MasterCard habe ich Zugang zu den größten Reichtümern dieser Welt, die ich nicht mit Geld bezahlen könnte: »Ihr kennt die Gnade unseres Herrn Jesus Christus: Obwohl er reich ist, wurde er doch arm um euretwillen, damit ihr durch seine Armut reich würdet« (2. Kor 8,9).

Gott wird arm. Er gibt alles auf, was er hat: alle Macht, alle Herrlichkeit. Er wird Mensch – wie wir. Er geht den untersten Weg der Krippe bis zum Kreuz. – Und was hat das mit mir zu tun? Wieso ist das mein Reichtum? Indem Jesus Christus alles aufgibt, stellt er sich an meine Seite. Er vergibt mir alles Dunkle in meinem Leben. Er reicht mir seine Hand. Und noch eins: Er stellt mein Leben unter ein neues Programm. Nein, nicht nur in der Theorie, sondern ganz praktisch. Der Apostel Paulus bittet die Christen in Korinth um eine Kollekte für die Gemeinde in Jerusalem, die sich um viele Bettler und Arme kümmerte. Ein römischer Philosoph stellt staunend fest: Die Christen »wandeln in aller Demut und Freundlichkeit, Lüge wird bei ihnen nicht gefunden. Sie lieben einander. Die Witwen missachten sie nicht. Die Waisen befreien sie von dem, der sie misshandelt. Wer hat, gibt neidlos dem, der nicht hat ... Und ist unter ihnen irgendein Armer oder Dürftiger, und sie haben keinen überflüssigen Bedarf, so fasten sie zwei bis drei Tage, damit sie den Dürftigen ihren Bedarf an Nahrung decken.«

Eine MasterCard, die mich und diese Erde verwandelt!

20. OKTOBER

Ich bin für dich da

Vielleicht wäre sie damals gesprungen. Sie stand auf der großen Brücke. Es war einfach alles zu viel: Das Studium ohne Perspektive, vergebliche Versuche, eine Liebe zu retten, finanzielle Schwierigkeiten – und dann dieser nachtdunkle Fluss tief unter ihr, der endlich Ruhe verhieß. Vielleicht wäre sie gesprungen, wenn ihr nicht mitten in all dem inneren Chaos leise diese Worte im Ohr geklungen hätten: »Wenn dir die Sorgen über den Kopf wachsen, wenn du denkst, es geht nicht mehr weiter, bitte, ehe du etwas Unüberlegtes tust, komm zu mir. Ich bin für dich da – und wenn es nachts um drei ist.« Wie sie von der Brücke heruntergekommen ist, welcher Autofahrer sie mitnahm, weiß sie nicht mehr. Sie sah das vertraute Haus und das leicht geöffnete Schlafzimmerfenster im Parterre. Sie stieg ein wie eine Diebin und ließ sich fallen in die Arme ihrer Mutter. – »Ich bin für dich da.« Es waren diese Worte, die dort auf der Brücke in ihrem Ohr geklungen und sie vor Bösem bewahrt haben.

»Wer zu mir kommt«, hat auch Jesus gesagt, »den werde ich nicht hinausstoßen« (Joh 6,37). Ich bin für dich da, wo du auch gerade steckst. – Vielleicht fragt mancher: Was heißt das für mich praktisch? Wie kann ich zu Jesus kommen? Die Menschen damals hatten es leicht. Doch wie geht das heute: zu Gott kommen? Ich falte die Hände und bete. Ich spreche einfach alles aus und lade ab, was mich bedrängt und mir Mühe macht. – Und wem das zu schwer ist, wer Schwierigkeiten hat, sich das vorzustellen oder selbst ein Gebet zu formulieren, der kann Sonntag in den Gottesdienst gehen mit der Erwartung: Ich darf zu Gott kommen – mit meinen Schwierigkeiten und Zweifeln, so wie ich bin. Er stößt mich nicht hinaus. So wie ich die anderen in der Kirche sehe, so ist er da, näher als ich ahne. Er reicht mir seine Hand. Er ist für mich da.

Fahrstuhl

Ein junger Familienvater erzählt: Endlich mal ein Wochenende, an dem ich mich ganz der Familie gewidmet habe. Heute Nachmittag habe ich mit meiner Tochter gespielt. Die Kleine – zwei Jahre alt ist sie vor zwei Wochen geworden – war sehr zum Schmusen aufgelegt. Immer wieder wollte sie auf meinen Arm, legte ihre kleinen Arme um meinen Hals und drückte ihren Kopf fest an meinen Kopf.

Zwischendurch nahm ich sie unter den Armen und hob sie zur Zimmerdecke hoch. »Fahrstuhl« nannte ich dieses Spiel. Übermütig geworden, hob ich sie nicht nur hoch, sondern warf sie hoch, sodass sie ein Weilchen durch die Luft flog; dann fing ich sie wieder auf. Immer wieder. Und immer jauchzte sie hell auf, wenn sie meine Hände verließ, bis sie nach kurzer Zeit wieder gefangen wurde.

Dieses Spiel faszinierte mich selbst. Ich überlegte mir, warum das Kind jauchzte. Es konnte ja gar nicht wissen, dass ich es fangen würde. Eigentlich hätte es schreien müssen vor Angst. Doch es jauchzte vor Freude. Mir scheint, als hätten Kinder ein eingebautes Vertrauen, dass in der Nähe des Vaters nichts passieren kann. Weil es in seinem unbegrenzten Vertrauen weiß, dass es aufgefangen wird, ist es selbst in einer bedrohlichen Situation voller Glück.

Genau darüber freut sich der Psalmbeter und staunt: »Denn du bist mein Helfer, und unter dem Schatten deiner Flügel frohlocke ich. Meine Seele hängt an dir; deine rechte Hand hält mich« (Ps 63,8–9).

22. OKTOBER

Pfui

Es war einmal ein alter Mann, dem waren die Augen trüb geworden, die Ohren taub, und die Knie zitterten. Wenn er nun bei Tische saß und den Löffel kaum halten konnte, schüttete er Suppe auf das Tischtuch, und es floss ihm auch etwas wieder aus dem Mund. Sein Sohn und dessen Frau ekelten sich davor, und deswegen musste sich der alte Großvater hinter den Ofen in die Ecke setzen, und sie gaben ihm sein Essen in ein hölzernes Schüsselchen und noch dazu nicht einmal satt; da sah er betrübt nach dem Tisch, und die Augen wurden ihm nass. Wie sie da so sitzen, trägt der Enkel von vier Jahren auf der Erde Brettlein zusammen. »Was machst du da?«, fragte der Vater. »Ich mache ein Tröglein«, antwortete das Kind, »daraus sollen Vater und Mutter essen, wenn ich groß bin.« Da sahen sich Mann und Frau eine Weile an, fingen endlich an zu weinen, holten sofort den alten Großvater an den Tisch und ließen ihn von nun an immer mitessen, sagten auch nichts, wenn er ein wenig verschüttete.

»Du sollst deinen Vater und deine Mutter ehren, auf dass du lange lebest in dem Lande, das dir der Herr, dein Gott, geben wird« (2. Mose 20,12). Wie ein Kommentar zu diesem Gebot erscheint mir das Märchen der Gebrüder Grimm. Durch sein Spiel erinnert das Kind seine Eltern: Auch ihr werdet einmal alt sein und auf die Jüngeren angewiesen. Da wird die Gemeinschaft wiederhergestellt, alle essen an einem Tisch, und der Großvater erhält die notwendige Achtung. – »Und zu den Eltern sei gut!«, heißt es übrigens auch sehr schön im Koran. »Ist eines von ihnen oder sind beide in deinem Hause alt und gebrechlich, so sag nicht Pfui zu ihnen. Senke über sie in Barmherzigkeit den Flügel der Demut und sprich: Herr, erbarm dich über sie, wie sie mir barmherzig gewesen sind, da ich klein war.« Eine gute Anleitung auch für uns.

Schön, dass du da bist

Vor einigen Jahren feierten meine Schwiegereltern diamantene Hochzeit. Auch meine Mutter war geladen. Sie war damals schon im Seniorenheim und demenzkrank. Sie saß neben unserem ältesten Enkel, der gerade sieben Jahre alt war. »Schön, dass du da bist, Uroma Inge«, begrüßte sie der Kleine freundlich und erzählte ihr munter und unbefangen von der Schule und vom Fußball. Und Mutter war mitten drin.

Übrigens, auch in Altenzentren und Seniorenresidenzen hat man gute Erfahrungen gemacht, wenn Kindergruppen zu Besuch kommen und dort Nachmittage mit den Bewohnern gestalten und verbringen.

Das jedenfalls wünsche ich mir für unsere Gemeinden: Alle Generationen haben in ihnen Platz: Kinder ebenso wie Erwachsene, Junge ebenso wie Alte. Es kann nicht ausreichen, dass jede Gruppe ihre Nische hat: Die Kinder den Kindergottesdienst, die Jugendlichen den Teenyabend oder die Freizeit, die tatkräftigen Erwachsenen den Kirchenrat und die Senioren den Altennachmittag.

Wir sollten es einüben, über die Generationen hin aufeinander zuzugehen und miteinander Erfahrungen zu sammeln. Jedes Alter hat seinen Platz und seinen Wert, seine Möglichkeiten und Defizite. Da kann einer für den anderen einstehen. So kann für alle etwas erfahrbar werden von der befreienden Kraft des gegenseitigen Annehmens: »Einer trage des anderen Last, so werdet ihr das Gesetz Christi erfüllen« (Gal 6,2).

24. OKTOBER

Megaglücklich

Vor einigen Jahren berichtete die Zeitung vom 15-jährigen Raphael Müller: Die einzige Verbindung zu seiner Umwelt liegt auf dem Tisch vor ihm. Ohne das Tablet, in das er seine Gedanken eintippt, verschwände er wieder hinter der Nebelwand, die ihn sieben Jahre lang umgab. So lange hatte der hochbegabte 15-Jährige aus dem schwäbischen Aichach keine Möglichkeit gehabt, mit seinen Mitmenschen zu kommunizieren. Wegen eines vorgeburtlichen Schlaganfalls ist er Autist, Epileptiker und lebenslang auf einen Rollstuhl angewiesen. Er kann weder sprechen noch gestikulieren. Hoffnung, dass Raphael jemals mit anderen Menschen kommunizieren würde, gab es kaum.

Lange wusste niemand, dass er bereits im Vorschulalter lesen und rechnen konnte. Erst mit sieben Jahren fand er mit dem sogenannten gestützten Schreiben eine Möglichkeit, sich mitzuteilen. Dabei hilft ihm eine zweite Person, die Tasten zu bedienen, sodass er schreiben kann. Inzwischen geht Raphael aufs Gymnasium und hat ein Buch mit seiner bewegenden Geschichte verfasst. Er besucht Veranstaltungen an der Augsburger Uni und tauscht sich mit Dozenten und Studenten über das Thema Inklusion aus. »Ich will nicht in einem Getto leben«, betont er. Er hat er auch schon einen Brief an Angela Merkel geschrieben. Für Raphael ist der Glauben eine wichtige Stütze. Vor allem an schlechten Tagen, an denen epileptische Anfälle und Schmerzen das gestützte Schreiben unmöglich machen. Der Gedanke an Gott gebe ihm großen Halt, erklärt er. »Gut, dass man mit Gott auch stumm kommunizieren kann.« »Ich sitze oder stehe auf, so weißt du es; du verstehst meine Gedanken von ferne« (Ps 139,2). In seinem Lebenslauf steht der Satz: »Noch bin ich ledig, und wenn ich in 50 Jahren über meine Enkel berichten darf, dann bin ich megaglücklich, und es steht fest, dass Gott auch heute noch Wunder tut.«

Geht und sagt, was ihr gesehen und gehört habt

Bist du es, der da kommen soll, oder sollen wir auf einen anderen warten?« So lässt Johannes der Täufer fragen. Immer noch liegt er auf einem Bündel Stroh im Gefängnis des Herodes. Immer noch wartet er auf den Messias, das Reich Gottes – und seine Befreiung. Doch nichts geschieht. Seine Schüler überbringen seine verzweifelte Frage. Und Jesus antwortet: »Geht hin und sagt Johannes wieder, was ihr hört und seht: Blinde sehen und Lahme gehen, Aussätzige werden rein und Taube hören, Tote stehen auf und Armen wird das Evangelium gepredigt« (Mt 11,3–5).

Geht und sagt, was ihr gesehen und gehört habt. Und sie tun's, nicht nur die Johannesjünger damals. Auch Menschen heute. Wolfgang Huber zum Beispiel, ehemaliger Ratsvorsitzender der EKD, berichtet von seinen Erfahrungen in Südafrika. Er verbrachte einige Tage und Nächte in Mamelodi, dem Township für Schwarze am Rande von Pretoria. Dort lernte er die dürftigen Wohnheime kennen, in denen die Wanderarbeiter auf engstem Raum leben. Zur Armut kommt die Entwürdigung: »Man hat ein Gefühl, als würde einem der Boden unter den Füßen weggezogen, als stürze der Himmel dessen, woran man glaubt, über einem ein.«

Doch dann berichtet er von einem Gottesdienst. »Mitten in diesen Bauwerken der Unmenschlichkeit feiern wir. Der Rhythmus der Lieder springt von einem zum andern über. Zwei stehen auf, erzählen von der Verwandlung ihres Lebens durch das Wort Jesu: dass einer unsere Ohnmacht auf sich nahm. Himmel und Erde werden vergehen, aber meine Worte nicht; er redet mit leiser Stimme. Sie gibt Zutrauen zum Wort. Sie gibt uns die Kraft, der Zukunft standzuhalten.« Geht und sagt, was ihr gesehen und gehört habt. Von Erfahrungen, die Türen öffnen. Erfahrungen der heilenden Nähe Gottes.

26. OKTOBER

Die Freude an Gott

Am 26. Oktober 1608 starb Philipp Nicolai: Kämpfer für die reine Lehre, Prediger und Liederdichter. Wir können heute kaum noch nachvollziehen, wie er, ein frommer und strenger Lutheraner, am laufenden Band Streit- und Schmähschriften gegen Katholiken und Reformierte verfasste. Doch das alles wurde völlig nebensächlich, als er 1596 nach Unna in Westfalen kam und dort ein Jahr später erlebte, wie der »Würgeengel«, die Pest, wütete. 1400 Menschen starben in der Stadt. An seinen Bruder schreibt er: »... ich bin durch Gottes Gnade noch ganz gesund, wenn ich gleich von Häusern, die von der Pest angesteckt sind, fast umlagert bin und auf dem Kirchhof wohne, wo täglich bald 24, 27, 29, 30 Leichen der Erde übergeben werden.« Und einige Monate später: »Die Pest hat zu wüten aufgehört, und durch Gottes Gnade bin ich recht wohl. Während der ganzen Zeit der Pest habe ich aber unter Hintansetzung aller Streitigkeiten mit Gebeten hingebracht und mit dem löblichen Nachdenken über das ewige Leben ...«

In dieser Zeit dichtet er die Lieder »Wie schön leuchtet der Morgenstern« (EG 70) und »Wachet auf, ruft uns die Stimme« (EG 147). Lieder voller Hoffnung, die weiter schauen, über alle Alltäglichkeiten und Streitereien nach vorn gerichtet sind, auf den Gott, der kommt und Leben verheißt. – Was hat das mit uns zu tun? Wenn es hart auf hart kommt, wird vieles völlig nebensächlich. Scheinbar Wichtiges – wir können darauf verzichten. Nur eins zählt: dass ich eine Hoffnung habe, die weiter reicht, eine Kraft, die mich trägt und mit Mut erfüllt. – Mit den Worten Nicolais: »Kein Aug hat je gespürt, kein Ohr hat je gehört solche Freude. Des jauchzen wir und singen dir das Halleluja für und für« (EG 147,3; vgl. Offb 21,21).

Pharisäerin

Wir waren an jenem Morgen früh losmarschiert. Vor uns lag eine Strecke von achtzehn Kilometern. Der Weg schnurgerade. Kein Wald, kein Schutz. Aber ein scharfer Wind von vorn. Nach drei harten Stunden kamen wir erschöpft und verfroren in ein kleines Dorf. Wir setzten uns in eine Bar, wärmten uns bei einem Kaffee und überlegten, wie es weitergehen sollte. Die nächsten sechs Kilometer führten direkt an der sehr befahrenen Landstraße entlang. Und der Wind hatte nicht nachgelassen. Wir fragten den Wirt, ob es einen Bus gäbe bis zu unserem Etappenziel. Ja, erklärte er uns und zeigte uns den Weg zur Haltestelle. Da trat sie auf uns zu, eine Mitpilgerin. Sie fragte, scheinbar hilfsbereit, ob wir alles verstanden hätten. Dann rief sie laut: »Die haben's verstanden. Sie fahren mit dem Bus.« Und sie nahm ihren Rucksack: »Ich mache mich jetzt auf den Weg – zu Fuß.« Da merkten wir: Sie hatte gar nicht aus Sorge oder Interesse nachgefragt. Sie brauchte uns, um sich selbst besser darzustellen. Sie wollte sich selbst und anderen beweisen, dass sie die bessere Pilgerin war, die nicht auf den Bus zurückgriff, sondern alles zu Fuß bewältigte. Vielleicht dachte sie sogar, sie würde so vor Gott besser dastehen.
»Der Pharisäer stand für sich und betete so: Ich danke dir, Gott, dass ich nicht bin wie die anderen Leute, Räuber, Betrüger, Ehebrecher oder auch wie dieser Zöllner. Ich faste zweimal in der Woche und gebe den Zehnten von allem, was ich einnehme. Der Zöllner aber stand ferne, wollte auch die Augen nicht aufheben zum Himmel, sondern schlug an seine Brust und sprach: Gott, sei mir Sünder gnädig! Ich sage euch: Dieser ging gerechtfertigt hinab in sein Haus, nicht jener« (Lk 18,9–14).

Kochen

Wer mich bekennt vor den Menschen, den will ich auch bekennen vor meinem himmlischen Vater« (Mt 10,32). Was heißt das praktisch für uns: Christus bekennen? Es geht darum, dass wir zu dem stehen, der zu uns »Ja« sagt und uns liebt. Es geht darum, dass wir nicht feige kneifen, wenn wir gefordert sind, Farbe zu bekennen.

Eine Jugendliche erzählte: Wir hatten in der Schule zum ersten Mal Kochen. Alle, die sich mit mir in der Gruppe befanden, hielten vom Glauben an Gott nicht viel. Das wusste ich wohl. Doch nachdem wir gekocht hatten, und alles auf dem Tisch stand, fragte ich freundlich: »Wollen wir beten?« Alle schauten mich verwundert an. Eigentlich hatten sie schon zu essen anfangen wollen. Nun aber meinten sie: »Na gut; aber du musst es tun!« Wir falteten die Hände, und ich betete, und dann traute ich meinen Ohren kaum, als jemand vorschlug: »Das wollen wir jetzt jedes Mal so machen!« Das haben wir dann auch beibehalten.

Das finde ich stark. Unter Gleichgesinnten treu zu sein, ist nicht schwer. In der Kirche die Hände zu falten, ist kein Kunststück. Aber in der Schule, an der Arbeitsstelle, unter Freunden? Viele geben ihr Christsein dann wie einen Mantel an der Garderobe ab. Der Glaube ist für sie ein Kleid, das man wechseln kann. Doch diese Jugendliche macht da nicht mit. Freundlich fragt sie ihre Mitschüler: »Wollen wir beten?« – und findet Zustimmung. Wir haben einen Gott und Vater, der uns liebt und zu uns steht. Deshalb will ich nicht feige kneifen, sondern mutig und fröhlich zu dem stehen, der die Haare auf meinem Kopf gezählt hat. Er ist ja da. Darum fürchtet euch nicht! (Vergleiche Mt 10,30–31).

Nachtwächter

Stadtführungen in historischen Gewändern sind »in«. Vor einigen Jahren war ich in Wittenberg und habe mit viel Freude im Zentrum für evangelische Predigtkultur an einer Fortbildung teilgenommen. An einem Abend wurden wir dann sehr eindrücklich von Martin Luther höchstpersönlich durch die Altstadt geführt und in die Zeit der Reformation versetzt. Unterwegs begegneten wir einer anderen Gruppe, angeführt von Katharina von Bora. Es kam – ich will nicht sagen zu Streit, aber – lautem Austausch der Eheleute. – Auch in anderen Städten gibt es ähnliche Führungen – sogar bei Dunkelheit und mit Nachtwächtern bzw. Nachtwächterinnen – die allerdings schon nach kurzer Zeit beendet sind. Damals war er von zehn Uhr abends bis vier Uhr morgens im Einsatz. Eine Laterne in der Hand leuchtete ihm den Weg durch finstere Gassen. Wenn die Turmuhr zur vollen Stunde schlug, sang er sein Lied. Eins begann so:

»Hört, ihr Herrn, und lasst euch sagen, unsre Glock' hat zehn geschlagen: Zehn Gebote setzt Gott ein; dass wir sollen glücklich sein. Hört, ihr Herrn, und lasst euch sagen, unsre Glock' hat elf geschlagen. Elf der Jünger blieben treu, einer trieb Verräterei. Hört, ihr Herrn, und lasst euch sagen, unsre Glock' hat zwölf geschlagen: Zwölf, das ist das Ziel der Zeit; Mensch bedenk die Ewigkeit. Hört, ihr Herrn, und lasst euch sagen, unsre Glock' hat eins geschlagen: Ist nur ein Gott in der Welt, ihm sei alles anheimgestellt.« Und nach jeder Strophe sang er den Refrain: »Menschenwachen kann nichts nützen, Gott wird wachen, Gott wird schützen. Herr, durch Deine Güt' und Macht, schenk uns eine gute Nacht.«

So stellt er alles Gott »anheim« – wie der Beter des 31. Psalms (V.16a.17): »Meine Zeit steht in deinen Händen. Lass leuchten dein Antlitz über deinen Knecht; hilf mir durch deine Güte!«

Köstlich

Dienet dem Herrn mit Freuden« (Ps 100,2). Das konnte Martin Luther zunächst überhaupt nicht. Nicht die Freude, sondern die Angst vor Gott prägte sein Leben. Große Angst. Doch dann kam er Stück für Stück zu der reformatorischen Erkenntnis, dass Gott uns befreit und unser Leben mit Freude erfüllt. Das hat der Kurprinz Johann Friedrich genial zusammengefasst in einem Siegelring, den er Martin Luther 1530 auf der Veste Coburg überreichte. Luther selbst nennt ihn:

»Ein Merkzeichen meiner Theologie. Das erste sollte ein Kreuz sein, schwarz im Herzen, das seine natürliche Farbe hätte, damit ich mir selbst Erinnerung gäbe, dass der Glaube an den Gekreuzigten mich selig macht. Denn so man von Herzen glaubt, wird man gerecht. Solch Herz aber soll mitten in einer weißen Rose stehen, anzeigen, dass der Glaube Freude, Trost und Friede gibt. Darum soll die Rose weiß und nicht rot sein; denn weiße Farbe ist der Geister und aller Engel Farbe. Solche Rose steht im himmelfarbenen Feld, dass solche Freude im Geist und Glauben ein Anfang ist der himmlischen Freude zukünftig. Und um solch Feld einen goldenen Ring, dass solche Seligkeit im Himmel ewig währet und kein Ende hat und auch köstlich ist über alle Freude und Güter, wie das Gold das edelste, köstlichste Erz ist.«

Mit diesem Siegelring, der sogenannten Lutherrose, hat der Reformator Schriften und Briefe unterzeichnet – und damit zugleich angezeigt, was er glaubt und vertritt. Später wurde die Lutherrose noch mit dem Zusatz »vivit« versehen: er lebt. Ein Hinweis auf den auferstandenen Christus. Ein köstliches Markenzeichen der Theologie, ein köstlicher Glaube. Solche Freude – ein Anfang der himmlischen Freude. Deshalb »dienet dem Herrn mit Freuden«.

Die Wittenberger Nachtigall

So nannte Hans Sachs, Schuhmacher und Poet aus Nürnberg, Martin Luther. Und in der Tat, Luther singt. Er singt im Schülerchor und zieht mit seinen Kameraden in Festzeiten von Haus zu Haus, um sich mit seinen lateinischen und volkstümlich-deutschen Weisen einen Teil seines Lebensunterhalts zu erbetteln. Er spielt die Querpfeife. Während einer Krankheit bringt er sich das Lautenspiel bei. Auf dem Weg zum Reichstag in Worms 1521 beobachtet Johannes Cochläus, wenig später sein erbitterter Gegner, wie Luther mit seinem Gesang zur Laute die Menschen auf der Straße und im Wirtshaus begeistert. Halb abfällig, halb bewundernd nennt er ihn einen »zweiten Orpheus, obschon er noch Tonsur und Kutte trug«. Luther singt!
»Denn Evangelium ist ein griechisch Wort und heißt auf Deutsch: gute Botschaft, gute Mär, gute Neuzeitung, gut Geschrei, davon man singet, saget und fröhlich ist.« Außerdem kann das Lied Menschen zum Glauben verhelfen, sie verändern, prägen. Eine mündige Gemeinde lauscht nicht nur dem Gesang des Priesters oder Chores. Sie singt selbst. Und im Singen festigt und bekennt sie ihren Glauben. Und so sammelt und dichtet Martin Luther Lieder zum Kirchenjahr und zum Glauben. Und er selbst singt auch, musiziert vor und nach dem Essen. Gute Komponisten seiner Zeit zählen zu seinen Freunden. »Ich gebe der Musik den ersten Platz nach der Theologie.« Sie ist ein Geschenk Gottes, dem Wort Gottes wesensverwandt. Musik ist eine Trösterin, sagt Martin Luther, »weil sie die Seelen fröhlich macht, weil sie den Teufel verjagt, weil sie unschuldige Freude weckt.« Heute ist Reformationstag. Feiern Sie und singen Sie mit Luther: »Nun freut euch, lieben Christen g'mein, und lasst uns fröhlich springen, dass wir getrost und all in ein mit Lust und Liebe singen, was Gott an uns gewendet hat und seine süße Wundertat; gar teu'r hat er's erworben« (EG 341).

Hassprediger

»Was wäre, wenn es keinen Gott gäbe«, überlegen wir im Konfirmandenunterricht. Die Jugendlichen denken nach, suchen Antworten: »Es gäbe keinen Glauben.« »Es gäbe keine Kirchen.« »Es gäbe keine Pastoren.« »Es gäbe kein Konfi.« Gelächter. »Es gäbe auch keine Religionskriege«, sagt eine Jugendliche und schaut mich fragend an.

Wir sprechen darüber, dass es in vielen Religionskriegen nicht um Glauben, sondern um Macht ging. Wir halten uns vor Augen, dass fast alle Religionen das Gebot der Nächstenliebe kennen und Gewalt verurteilen. Wir erinnern uns an Jesus, der niemanden ausschloss und sogar auch seine Feinde liebte.

Erneuter Einwand: »Und trotzdem gibt es Hassprediger!« Das stimmt leider. In anderen Religionen und auch in der christlichen Kirche: Menschen, die durch ihre Worte andere niedermachen, ihnen ihre Würde und ihren Wert absprechen – und so den Boden bereiten für Verachtung, Hass und Gewalt.

Doch sie können sich nicht auf den Gott der Bibel berufen. Erich Kästner sagte einmal: »Es gibt nichts Gutes, außer man tut es.« Der Verfasser des Jakobusbriefs bringt es auf den Punkt (4,17): »Wer das Gute tun kann und es nicht tut, der sündigt.« Das Gute tun, das heißt für mich, fragen: Was würde Jesus dazu sagen? Und was würde Jesus tun? Das ist die Richtschnur für unser Reden und Handeln. – C. F. Gellert hat dazu ein sehr schönes Lied gedichtet (EG 412): »So jemand spricht ›Ich liebe Gott‹ und hasst doch seine Brüder, der treibt mit Gottes Wahrheit Spott und reißt sie ganz darnieder. Gott ist die Lieb und will, dass ich den Nächsten liebe gleich als mich.«

Das Netz

Auf einer kleinen felsigen Insel im Mittelmeer galt vor langer Zeit das Gesetz, dass jede Frau, die des Ehebruchs überführt worden war, vom Schwarzen Felsen zu Tode gestürzt wurde. Eines Tages ging ein Unbekannter mit seinem Schiff im Hafen der Insel vor Anker. Als er nach einigen Tagen den Hafen wieder verließ, zeigten Nachbarn die junge Frau eines Fischers wegen Ehebruchs an. Sie leugnete nicht. Mit halblauter Stimme gestand sie vor dem Richter: »Er hat mich umgarnt. Wie in einem Netz hat er mich gefangen.« Das Urteil über jene Frau lautete: Todessturz vom Schwarzen Felsen. Am anderen Morgen wird sie zum Abhang hingeführt. Ihr werden die Fesseln abgenommen. Dann erhält sie einen Stoß und fällt in die Tiefe. Sie stürzt – nicht in den Tod, sondern in die Netze, die ihr Mann in der Nacht in unermüdlicher Arbeit ausgespannt hat, um das Leben seiner Frau zu retten. Ein Netz von Schmeicheleien hatte sie zu Fall gebracht. Ein Netz der Liebe hat ihr Leben gerettet. (Nach Werner Bergengruen)
»Wer seinem Nächsten schmeichelt, der spannt ihm ein Netz über den Weg« (Spr 29,5). Gott ist anders. Er spannt kein gefährliches Netz der Schmeichelei über uns. Er sagt uns, wie es wirklich um uns steht. Immer wieder werden wir schuldig vor Gott und unseren Mitmenschen. Aber er sagt zu uns auch: »Ich mag dich! Nicht weil du so gut und großartig bist, sondern weil ich dich lieb habe.« So baut Gott ein Netz der Liebe. Mit Netzen der Liebe versuchen auch wir, die aufzufangen, die gestrauchelt sind.

3. NOVEMBER

Stille

Ein Kaufmann, so erzählen die Gebrüder Grimm, hatte auf einer Messe gute Geschäfte gemacht und reiste heim. Er setzte sich auf sein Pferd und ritt fort. Mittags machte er in einer Stadt Rast. Als er aufbrechen wollte, sagte der Stallknecht: »Herr, am linken Hinterfuß fehlt ein Nagel im Hufeisen.« »Lass ihn fehlen«, erwiderte der Kaufmann, »in sechs Stunden bin ich zu Hause. Ich habe große Eile.« Plötzlich fing das Pferd an zu hinken, dann stolperte es und schließlich brach es zusammen. »An allem Unglück«, sprach der Kaufmann zu sich selbst, »ist nur der verfluchte Nagel schuld.« Ist jener Kaufmann nicht typisch für unseren Lebensstil? »Ich habe große Eile.« So sagt er und reitet hektisch weiter. Zeit ist Geld, und deshalb hetzt er ohne Rücksicht auf das Tier weiter. »Keine Zeit!« Wie oft hören wir das! Und wie oft sagen wir es selbst. Nur Corona hat es geschafft, uns mal auszubremsen! Ansonsten eilen und hetzen wir und kommen nicht zur Ruhe.
Ganz anders, fremd für unsere Ohren, klingen die Worte aus dem 62. Psalm: »Meine Seele ist stille zu Gott, der mir hilft« (Ps 62,2). Ich denke an eine Jugendliche, die ein großes Problem hatte. Immer, wenn sie allein war, überfiel sie die Angst, Angst über die Zukunft ihres Lebens, Angst vor Krankheit, Angst vor dem Verlust ihr nahestehender Menschen. Deshalb konnte sie gar nicht stille sein. – Dietrich Bonhoeffer hat in einer Predigt gesagt: »Wir haben Angst vor der Stille … Wir haben nicht nur Angst vor uns selbst, uns selbst zu entdecken und zu entlarven, sondern noch vielmehr haben wir Angst vor Gott …« Der Psalmbeter weist uns einen Weg aus Hektik und Hast, einen Weg der Stille. Er macht uns Mut abzuschalten, still zu werden, auf Gott zu hören, der uns hilft.

Zugvögel

Sende dein Licht und deine Wahrheit, dass sie mich leiten und bringen zu deinem heiligen Berg und zu deiner Wohnung« (Ps 43,3) Hier spricht ein Mensch aus tiefer Not zu Gott. Wir kennen weder Namen noch Umstände. Nur das ist deutlich: Er leidet an böser Krankheit, hat Angst vor dem, was auf ihn zukommt, fühlt sich verlassen. Er klammert sich an Gott, den er nicht sieht, und bittet ihn: »Sende dein Licht und deine Wahrheit, dass sie mich leiten ...«

In einer Schweizer Zeitung las ich folgenden Bericht: »Chur. Mit einer Lichterkette hat die Polizei des Schweizer Kantons Graubünden einen Zugvogelschwarm durch den San-Bernardino-Straßentunnel gelotst. Die Beamten fanden am frühen Morgen in dem 6,6 Kilometer langen Tunnel einen Schwarm von etwa 200 Staren. Die Vögel waren von der Nordeinfahrt kommend drei Kilometer weit in den Tunnel geflogen, wo sie im Dunkel stecken blieben. Die Polizei lockte die Vögel Richtung Süden, indem sie etappenweise die Tunnelbeleuchtung vor dem Schwarm voll einschaltete und hinter ihm wieder ausschaltete. In einer Viertelstunde erreichten die Stare das Südportal, wo sie in die Freiheit entschwanden.«

Diese Notiz hat mich fasziniert. Nicht nur wegen der Tierliebe der Polizeibeamten, sondern weil sie ein Bild für unser Leben sein kann. Da steckt ein Mensch wie im dunklen Tunnel und weiß nicht mehr weiter. Doch dann macht Gott vor ihm das Licht an, er findet den Weg nach vorne, hinter ihm bleibt das Dunkel zurück. So geht es Schritt für Schritt. »Sende dein Licht und deine Wahrheit ...« »Wahrheit« gibt nur teilweise das hebräische Wort wieder. Seine Wahrheit ist seine Treue, die uns auch dann noch umhüllt, wenn wir nichts sehen und spüren. Gottes Treue ist wie ein Mantel, in dem wir uns bergen können.

5. NOVEMBER

Mein Vater

Beim Propheten Micha stehen die Worte: »... und sie werden hinfort nicht mehr lernen, Krieg zu führen« (Mi 4,3). – Mein Vater war 15, als er lernen musste, Krieg zu führen. Er war 16, als er mit vielen anderen Jugendlichen an die Ostfront geschickt wurde. Er war 17, als er, schwer verwundet, den Grauen des Todes gerade noch entkam. Er war 18, als er ohne Ausbildung und mit leeren Händen dastand und sein Leben neu ordnen musste.

Meinem Vater habe ich viel zu verdanken. Über den Krieg hat er mit uns nie geredet. Doch wir wussten, dass diese Jahre ihre Spuren hinterlassen hatten. Manchmal hörten wir ihn nachts laut aufschreien, gerade aus einem bösen Traum erwacht. Wenige Jahre vor seinem Tod hat er uns und unseren Kindern etwas erzählt, leise und stockend, die Schrecken wieder in den Augen. Wie sie vor den herannahenden sowjetischen Truppen flohen und die eigenen Kameraden aufgehängt am Baum wiederfanden, ein Pappschild um den Hals mit der Aufschrift »Feiglinge«. Parteigenossen hatten ganze Arbeit geleistet. Oder wie er im Schützengraben schwer verwundet wurde, Lungensteckschuss. Die Kugel, dicht an der Wirbelsäule eingeschlagen, hat er bis ans Lebensende behalten. Im Kugelhagel haben Kameraden ihn in einer Schubkarre in vorläufige Sicherheit geschleppt.

Lernen, Krieg zu führen, heißt: Gewalt lernen, töten müssen, sich und der Mitwelt ein Stück Hölle bereiten. – Jesus ist einen anderen Weg gegangen, einen neuen Weg. Er hat nicht gelehrt, Kriege zu führen, sondern Liebe zu üben. In seiner Spur haben Menschen ein Stück Himmel erfahren. Wir haben eine große Hoffnung. Wer Jesus vertraut, wird nicht mehr lernen, Krieg zu führen, sondern seine Liebe weiterzutragen, eine Liebe, die uns und die Welt verwandelt. Dazu braucht Gott Sie und mich.

Gute Nachrichten …

Sind schlechte Nachrichten. Jedenfalls für viele Verleger und Journalisten. Sie verkaufen sich nicht so gut. Trotzdem gibt es Radiosender, Zeitungen und Internetportale, die regelmäßig gute Nachrichten präsentieren. Auch Rudolf Otto Wiemer träumt in seinem Gedicht davon, dass die Zeitungen gute Nachrichten ausrufen, dass kein Krieg mehr erklärt wird, keine Schüsse mehr abgefeuert werden und keiner mehr im Zorn ein Messer zur Hand nimmt. »Die Generale haben sich zum Golfspielen entschlossen. Die Rasse ist nichts als ein Unterschied in der Farbe der Haut. In den Folterkammern wird Brot gebacken. Galgen und Henkerbeil ziehen sich zurück ins Museum.« In diesem Traum haben Gespräche über den Frieden Aussicht auf Erfolg. Er sieht offene Grenzen und geschlichteten Streit. Menschen, die die Wahrheit sagen und ihren Gegner zu Wort kommen lassen. »Man schließt Kompromisse. Man lächelt über sich. Man fängt an.«

Und das wäre schön, wenn es nicht nur Zukunftsmusik bliebe, wenn wir heute schon anfingen! – Frieden verlangt Hände, die zupacken. Und Füße, die sich in Bewegung setzen. Im Gedicht heißt es treffend: Man fängt an, die Wahrheit zu sagen, den Gegner zu Wort kommen zu lassen, Kompromisse zu schließen, Andersdenkende zu achten. Und ich will ergänzen: Fremde zu schützen und sie aufzunehmen.

Gott hat den ersten Schritt getan. Er macht sich auf den Weg zu uns. Er verließ den Himmel, das Reich des Friedens, und endete am Kreuz. Ohne Gegenwehr, ohne zurückzuschlagen, ohne Finger am Abzug, ohne Legionen von Engeln. Und warum? Damit wir Frieden haben und selbst Frieden stiften. In Psalm 34,15 heißt es: »Wende dich ab vom Bösen und tue Gutes. Suche Frieden und jage ihm nach.«

Dann einmal

Dann einmal«, ein Lied voller Hoffnung von Hans-Jürgen Netz. So hat der Jugendchor im Gottesdienst von der Gerechtigkeit gesungen, die in der Welt Wirklichkeit sein wird. Dann wird uns nichts mehr von dieser Gerechtigkeit zurückhalten und Neid und Macht werden zerfallen. »Dann einmal leben wir die Gerechtigkeit als Wirklichkeit der Welt.« Doch wann ist »Dann einmal«? In ferner Zukunft? Irgendwann? Nein, wenn Menschen anfangen, Gott beim Wort zu nehmen. Wenn wir anfangen, Gott ernst zu nehmen, uns von seinem Frieden anstecken lassen, von seiner Liebe, von seiner Gerechtigkeit.

Dann einmal – nicht irgendwann, heute schon! Albert Einstein, der große Physiker, schrieb in einem Brief an Sigmund Freud, dass es genug Geld, genug Arbeit und genug zu essen gäbe, wenn die Reichtümer der Welt richtig verteilt würden, »statt uns zu Sklaven starrer Wirtschaftsdoktrinen oder -traditionen zu machen.« Vor allem wollte er sich nicht für die Vorbereitung eines neuen Krieges missbrauchen und von konstruktiver Forschungs- und Friedensarbeit ablenken lassen. Er teilte die Meinung des Amerikaners Benjamin Franklin, der gesagt hatte: »Es hat niemals einen guten Krieg und einen schlechten Frieden gegeben ... Ich will für den Frieden kämpfen.«

Da benutzt der einstige Nobelpreisträger klare Worte. Und klare Worte spricht auch der Prophet Hosea: »Säet Gerechtigkeit und erntet nach dem Maß der Liebe! Pflüget ein Neues, solange es Zeit ist, den Herrn zu suchen, bis er kommt und Gerechtigkeit über euch regnen lässt« (Hos 10,12). Lassen wir uns von Gott bei der Hand nehmen und für den Frieden kämpfen, heute schon die Gerechtigkeit als Wirklichkeit der Welt leben.

Ein Bild ging um die Welt

In vielen Zeitungen wurde es gedruckt. Damals gegen Ende des Vietnamkriegs. Im Hintergrund: Die dunklen Wolken eines Napalm-Angriffs. Dann sieht man eine Reihe Soldaten mit vorgehaltenen Gewehren. Und vorn laufen Kinder, schreiend, weinend, ein kleines Mädchen ohne Kleidung mit ausgebreiteten Armen.
Das ist Krieg, Ergebnis einer Weisheit, die nicht nach Gott fragt, einer Weisheit, die ohne Rücksicht auf Verluste die eigenen Machtinteressen durchsetzt, einer Weisheit, die im Frevel endet. Dagegen setzt der Verfasser des Jakobusbriefs eine ganz andere Weisheit: »Die Weisheit aber von oben her ist zuerst lauter, dann friedfertig, gütig, lässt sich etwas sagen, ist reich an Barmherzigkeit und guten Früchten, unparteiisch, ohne Heuchelei. Die Frucht der Gerechtigkeit aber wird gesät in Frieden für die, die Frieden stiften« (Jak 3,17–18).
Übrigens, jenes schreiende Mädchen auf dem Bild hat den Krieg überlebt. Heute sagt sie: »Wenn ich mit dem Piloten sprechen könnte, der die Bombe abwarf, würde ich ihm sagen, dass wir die Geschichte nicht ändern können. Wir sollten versuchen, für den Frieden zu arbeiten – für unsere Gegenwart und Zukunft.«
Frieden, »Schalom«. Diethard Zils hat darüber einen ermutigenden Liedtext geschrieben. Er wünscht diesen Schalom für »Dorf und Stadt, Schalom für das, was Atem hat. Die Nachtigall mit ihrem Lied, der Mensch, der bald den Morgen sieht.« Denn das ist es, was Gott will in seiner neuen Welt, in die er uns einlädt.
Das ist Gottes Wille. Das ist Weisheit, die von oben kommt. Diese Weisheit soll auch unser Handeln bestimmen – für unsere Gegenwart und Zukunft.

Ein Lichtstrahl

Es war 1961 während des Eichmannprozesses. Ein Überlebender erzählte von Anton Schmid, einem Feldwebel in Litauen, der 300 Juden das Leben rettete. Die Sache kam heraus und er wurde von einem Kriegsgericht verurteilt und erschossen.

Hannah Arendt berichtet von diesem Prozess. Eindrücklich beschreibt sie die Stille, die über dem Gerichtssaal lag, während Kovner, damals ein jüdischer Widerstandskämpfer, von der Hilfe des deutschen Feldwebels erzählte. Es sei gewesen, als habe die Menge spontan beschlossen, die üblichen zwei Minuten des Schweigens zu Ehren des Mannes Anton Schmid einzuhalten.

Diese zwei Minuten seien wie ein Lichtstrahl in der Finsternis gewesen, und plötzlich erhob sich vor ihrem inneren Auge ein Bild »wie vollkommen anders alles heute wäre, in diesem Gerichtssaal, in Israel, in Deutschland, in ganz Europa, vielleicht in allen Ländern der Welt, wenn es mehr solche Geschichten zu erzählen gäbe.«

Ein Einziger brachte einen Lichtstrahl in die undurchdringliche Finsternis. Einer, der nicht zuguckte, nicht mitschwamm. Einer, der über Volk und Nation hinwegsah und den Verfolgten half. Es ist nicht auszudenken, wie vollkommen anders alles heute wäre, wenn es mehr solcher Geschichten zu erzählen gäbe.

»Zum Frieden hat euch Gott berufen« (1. Kor 7,15).

Christus in den Anden

Eher sollen diese Berge der Anden in Staub zerfallen, als dass die Völker von Argentinien und Chile den Frieden brechen, den sie zu Füßen ihres Erlösers zwischen sich aufgerichtet haben.« Diese Inschrift steht auf einem sechs Meter mächtigen Granitsockel, der eine fast sieben Meter hohe Christusstatue trägt, in der einen Hand das Kreuz, die andere zum Segen erhoben. Und darunter wurde noch ein lateinischer Text eingraviert: »Er ist unser Friede, der aus beiden eins gemacht hat« (Eph 2,14).

Der brasilianische Bildhauer Mateo Alonso hat diese Bronzeskulptur erstellt. Und dann wurde sie auf dem Paseo de la Cumbre, einer Passhöhe in den Anden (3832 m), aufgerichtet. – Ein bewaffneter Konflikt zwischen Chile und Argentinien stand kurz bevor. Die Armeen waren bereits aufgeboten. Vorausgegangen war ein Streit über den Grenzverlauf. Alle Zeichen standen auf Krieg.

Auf kirchliche Initiative kam es 1902 zum Friedensschluss – und am 13. März 1904 trafen sich dreitausend Chilenen und Argentinier unter der Christusstatue und freuten sich über den verhinderten Krieg und die neu gewonnene Freundschaft. Hundert Jahre später gab es ein feierliches Jubiläum, an dem die Präsidenten beider Länder teilnahmen und die Freundschaft der Länder bekräftigten.

»Er ist unser Friede.« Wer Krieg betreibt, rebelliert gegen Gott. Der Christus in den Anden reckt sein Kreuz in die Höhe. Wer ihm nachfolgt, muss die Waffe fallen lassen. Zu seinen Füßen hört Streit auf, und Friede wird möglich.

Ein Bauer aus Dänemark

Es war in den Sechzigerjahren. Ein Bauer in Dänemark hatte seine Wiese vermietet für ein Zeltlager von 120 Jungen aus Deutschland. Eines Abends erzählte er am Lagerfeuer seine Geschichte:

Er war im Widerstand gewesen. Einige seiner besten Freunde waren von Deutschen erschossen worden, sein Bruder war im KZ, ihm selber hatte die Gestapo bei Verhören die Fingernägel heruntergerissen, um ihn zu zwingen, seine Freunde zu verraten.

Als der Mann das erzählte, verwandelte die Erinnerung sein Gesicht. Es war gezeichnet von Schmerz. Auf die Frage, warum dann ausgerechnet er seine Wiese an Jugendliche aus Deutschland vermietet habe – und das gegen den Widerstand der Nachbarn –, antwortete er: »Das will ich euch sagen. Das tue ich um Christi willen. Irgendwann muss es ja mal aufhören mit dem Hass.«

Weil in Jesus Christus Gott allen Hass und alle Sünde durchkreuzt hat – im wahrsten Sinne des Wortes –, muss es damit aufhören. So lasst uns um Christi willen wie jener Bauer aus Dänemark Schritte zum Frieden tun, Versöhnung üben – und damit bei uns anfangen. Auch wenn um uns herum Streit und Krieg geführt wird – wir wollen unserem Herrn nachfolgen, seinem Auftrag getreu Friedensstifter sein. Irgendwann muss es ja mal aufhören mit dem Hass! Jesus verheißt uns:

»Selig sind, die Frieden stiften, denn sie werden Gottes Kinder heißen« (Mt 5,9).

Ein Brief

So spricht Gott der Herr: Siehe, ich will eure Gräber auftun und hole euch, mein Volk, aus euren Gräbern herauf ... Und ihr sollt erfahren, dass ich der Herr bin« (Hes 37,12.13a). Genau das hat Max-Ulrich Graf von Drechsel erfahren. Er war Hauptmann und hatte sich der Widerstandsbewegung um Stauffenberg angeschlossen. Am 4. September 1944, wenige Stunden vor seiner Hinrichtung in Berlin-Plötzensee, schrieb der 32-Jährige an seine Eltern: »Liebe Eltern! Das Urteil ist gesprochen, nur kurze Zeit trennt mich noch von der Vollstreckung. Seid nicht traurig, wenn Ihr an mich denkt, sondern fröhlich ... Ach, ich vergesse schon alles Irdische und sehe schon Gott vor mir, wie er liebreich die Arme ausbreitet, um mich aufzunehmen. Er hat mir die Gnade der vollkommenen Reue gegeben; voll Vertrauen zu Ihm, dem allgütigen Richter, trete ich nun den Weg an. Möge er Euch allzeit beschirmen. Es sei Euch ein friedlicher Lebensabend beschieden, ein gutes Sterben und dann die ewige Glückseligkeit. Dort werden wir uns dann nach Gottes Willen wiedersehen. Grüßt nochmals Alles, die heißgeliebte Heimat; seid innigst umarmt von Eurem dankbarsten Sohn Max.«

Starke Worte! Trost für seine Eltern und Ermutigung für uns. Wenn wir auf diesen Herrn schauen, der einmal die Gräber öffnen wird und sein Volk aus den Gräbern zusammenrufen wird, dann bekommt unser Leben einen unbedingten Maßstab: Nicht für eine Idee, nicht für eine Politik, nicht für ein Volk, nicht für eigenen Wohlstand lohnt es sich zu leben, sondern allein für den Herrn dieser Welt, den Herrn aller Nationen und Völker. Und das heißt ein Leben für den Frieden: für den Frieden der Menschen untereinander und für den Frieden der Menschen mit Gott.

13. NOVEMBER

Niemals vergessen

Harold Nash, Anfang 20, ist Navigator in einem britischen Bomber. Gerade hat er seine todbringende Last über Hannover abgeladen. Das Flugzeug ist auf dem Weg zurück nach England. Plötzlich: Einschüsse. Er kann nur noch einen letzten Blick auf den Piloten werfen, dann muss er mit dem Fallschirm aus der abstürzenden Maschine springen. Er landet bei Celle, schlägt sich vier Nächte lang durch, wird schließlich bei Bielefeld gefangen genommen. Von da aus wird er mit dem Zug nach Frankfurt gebracht. Zusammen mit seinem Bewacher sitzt er in einem Abteil mit drei Frauen in Trauerkleidung. Er ist ungewaschen und an seiner Uniform eindeutig als Mitglied einer britischen Bomberbesatzung zu erkennen. Die Frauen tuscheln. Er hat Angst. Sie fahren durch eine Gegend, die letzte Nacht bombardiert wurde. Von seinen englischen Kameraden. Plötzlich greift eine der Frauen in ihre Tasche, holt ein Stück Brot heraus und bietet es ihm an. »Sie haben in mir plötzlich den Sohn einer Mutter gesehen, das hat mein Leben verändert«, sagt Harold Nash heute. Er verbrachte danach über zwei Jahre in einem Kriegsgefangenenlager in Litauen. Nach dem Krieg wird er Dolmetscher und Lehrer für Französisch und Deutsch. Einige Zeit später hörte er in seiner Kirche einen Satz von Jesus: »Wenn dich jemand auf deine rechte Wange schlägt, dem biete die andere auch dar« (Mt 5,39). Ihm fiel die Geschichte von den Frauen wieder ein – und er wurde Pazifist. Noch im hohen Alter sprüht er vor Energie, Lebenskraft und Lebensfreude, ist in Deutschland und England unermüdlich unterwegs. Er erzählt seine Geschichte, besucht Schulen, Universitäten und wirbt im Fernsehen für Frieden und Versöhnung. »Damit wir niemals vergessen« ist seine Losung. Und der frühere Soldat und überzeugte Christ fügt hinzu: »Ich kann nicht vergessen, was ich getan habe. Nur Gott kann mir vergeben.«

Wenn der Frieden zerbricht

Wenn der Frieden zerbricht, verwüstet Brand das Leben. Wenn der Frieden zerbricht, herrschen Armut, Angst und Not. Wenn der Frieden zerbricht, zählt keiner mehr die Opfer. Wenn der Frieden zerbricht, blüht uns Krieg, blüht uns Tod.« So sang am Volkstrauertag der Jugendchor in unserer Kirche. Und jeder hatte dabei Bilder vor Augen. Und es sind nicht nur Bilder der Vergangenheit. Nach wie vor werden Menschen in vielen Teilen der Welt Opfer von Krieg, Verfolgung, Terror und Gewalt.

Umso wichtiger sind andere Bilder und Erinnerungen. Die Theologin Dorothee Sölle erzählte, dass sie einmal einen alten Mann danach fragte, was er unter Gnade verstehe. Er antwortete ihr mit einer kleinen Geschichte davon, wie er als Soldat und auch nach dem Krieg als Gefangener in Russland war. Er arbeitete bei einem Bauern, dessen zwei Söhne von den Deutschen erschossen worden waren. Nachts durfte er sogar mit der Familie auf dem warmen russischen Ofen schlafen. »Sie ertrugen es, dass ich sie manchmal berührte. Das war für mich Gnade.« Die russische Familie, deren Söhne ermordet worden waren, behaftete den Kriegsgefangenen nicht damit, was er war: Deutscher und Angehöriger einer feindlichen Armee. Sie teilte mit ihm, was sie hatten: ihre Wärme und ihre Menschlichkeit. Darum bitten wir Gott nicht nur am Volkstrauertag, dass er auch uns den Mut gibt, Wärme und Menschlichkeit weiterzugeben.

So endete das Lied des Jugendchores mit dem Refrain: »Kyrie eleison (Herr, erbarme dich), Christus, unser Licht, schenk uns deinen Frieden, der uns nicht zerbricht. Kyrie eleison.« »Ach Herr, du Sohn Davids, erbarme dich unser« (Mt 20,30).

15. NOVEMBER

Selig sind die Friedensstifter

Im Konfirmandenunterricht schrieb ich »Angst« an die Tafel und bat die Jugendlichen, auf Papier zu bringen, was ihnen dazu einfiel. Anonym haben wir ihre Äußerungen zusammengestellt. Jeder kannte Angst: vor dem Versagen in der Schule, vor böser Krankheit, vor Trennung der Eltern, vor dem Tod. Doch was am häufigsten genannt wurde: Angst vor Krieg. Dabei leben wir seit vielen Jahrzehnten in Frieden, kennen den Krieg fast nur aus dem Fernsehen. Und doch spüren gerade Kinder und Jugendliche, wie nah und wie wirklich das ist. Rund 20 Millionen Mädchen und Jungen sind weltweit vor Krieg und Gewalt auf der Flucht. Rund 250.000 Kinder werden als Soldaten missbraucht. Einer von ihnen war Samuel aus Angola. »Irgendwann sind Schüsse ganz normal«, sagt Samuel. Was bleibt und nie zur Normalität wird, ist die Angst. »Ich hatte Angst, getötet zu werden, Angst, dass meine Freunde sterben. Am meisten befürchteten wir, dass uns die Rebellen schnappen«, sagt Samuel. »Die manipulieren dich total oder sie zwingen dich, deine Familie vor ihren Augen zu erschießen – als Beweis, dass du ein richtiger Kämpfer bist.«

Vielleicht kennen Sie das eindrückliche Bild, das Otto Pankok 1950 gemalt hat: Christus zerbricht das Gewehr. Ein seltsamer Christus, der auf alle Zeichen von Macht und Gewalt verzichtet und ein Gewehr zerbricht. Ein Strahlen geht von ihm aus, ein Christus des Friedens: »Selig sind die Friedensstifter« (Mt 5,9). Ein Konfirmand hat zu diesem Bild ein Gebet geschrieben: »Sehr geehrter Herr, bringe den Menschen Frieden bei. Gewöhne ihnen das Gewaltsame ab. Mach, dass die Menschheit in Gemeinschaft und Frieden lebt. Ich finde es sehr beeindruckend, wie Du das Gewehr zerbrichst. Amen.«

(K)ein Plan für den Frieden

Es stand im Jahr 2004 in der »Jerusalem Post«. Arnon Sofer, Dozent für Geografie an der Universität in Haifa, erläutert seinen Trennungsplan für den Gazastreifen: »Wenn 2,5 Millionen Menschen im abgesperrten Gaza leben, wird es zu einer menschlichen Katastrophe kommen. Diese Leute werden dank eines wahnsinnigen Islam immer mehr zu wilden Tieren, noch mehr, als sie es heute schon sind. Der Druck auf die Grenze wird furchtbar. Es wird zu einem schrecklichen Krieg kommen. Wenn wir also am Leben bleiben wollen, werden wir töten müssen und töten und töten. Den ganzen Tag, jeden Tag. Wenn wir nicht töten, werden wir aufhören zu existieren. Die einzige Sache, die mir Sorge macht, ist, wie kann garantiert werden, dass die Jungs und Männer, die dieses Töten durchführen müssen, in der Lage sein werden, zu ihren Familien nach Hause zu kommen und normale Menschen zu sein.« – Das sind schreckliche Worte! Der Gazastreifen – ein großes Massenlager! Die Vernichtung von Menschen soll dem eigenen Überleben und der eigenen Sicherheit dienen. Töten für den Frieden. Unser deutsches Volk hat das Gegenteil erfahren. Vernichtungslager, Gewalt und Krieg haben nicht nur Leid über andere, sondern auch über uns selbst gebracht. Krieg, Terror und Vernichtung bringen niemals Frieden und Sicherheit – für keinen. »Suche den Frieden und jage ihm nach!« (Ps 34,15).

»Gib Frieden, Herr, wir bitten! Du selbst bist, was uns fehlt. Du hast für uns gelitten, hast unsern Streit erwählt, damit wir leben könnten, in Ängsten und doch frei, und jedem Freude gönnten, wie feind er uns auch sei« (EG 430,3). Und das ist ein Frieden, der anderen das Leben zugesteht, ein Frieden, der Versöhnung sucht, ein Frieden, den Gott will – für Israelis und Palästinenser, für uns und für alle Welt.

17. NOVEMBER

Heute schon

Es wird kein Volk wider das andere das Schwert erheben, und sie werden hinfort nicht mehr lernen, Krieg zu führen. Ein jeder wird unter seinem Weinstock und Feigenbaum wohnen, und niemand wird sie schrecken ... Ein jedes Volk wandelt im Namen seines Gottes, aber wir wandeln im Namen des HERRN, unseres Gottes, immer und ewiglich!« (Mi 4,3b–5). Eine unerhörte Hoffnung pflanzt dieses Prophetenwort heute in unser Leben. Und doch, vielleicht denkt so mancher: Alles nur ein Traum? Ich brauche nur die Nachrichten von gestern Abend zu wiederholen – und die Brennpunkte stehen uns vor Augen. Doch Gottfried Keller (1819–1890) dichtet:

»Es wandert eine schöne Sage wie Veilchenduft auf Erden um,
wie sehnend eine Liebesklage geht sie bei Tag und Nacht herum.
Das ist das Lied vom Völkerfrieden und von der Menschheit
letztem Glück, von goldner Zeit, die einst hienieden,
der Traum als Wahrheit, kehrt zurück.
Wo einig alle Völker beten zum Einen König, Gott und Hirt:
Von jenem Tag, wo den Propheten ihr leuchtend Recht gesprochen
wird. Dann wird's nur eine Schmach noch geben,
nur Eine Sünde in der Welt: Des Eigen-Neides Widerstreben,
der es für Traum und Wahnsinn hält. Wer jene Hoffnung gab
verloren und böslich sie verloren gab, der wäre besser ungeboren:
Denn lebend wohnt er schon im Grab.«

Nein, wir wollen und müssen diese Hoffnung nicht aufgeben. Denn sie hat einen Namen: Jesus Christus. Er hat den Traum des Propheten gelebt. In ihm ist es Wirklichkeit geworden – mitten in unserer Welt. Noch kommen die Völker nicht. Noch gibt es Leid und Krieg. Doch wir, angesteckt von unserem Herrn, wandeln heute schon in seinem Namen, leben in seinem Frieden, geben seine Liebe weiter, richten seine Hoffnung auf.

Die Mandoline

Der englische Schriftsteller Malachi Whitaker erzählt, wie in England während des Krieges an einem Novembermorgen zwei Menschen, ein wachhabender Vorarbeiter und ein deutscher Kriegsgefangener, sich einem Bauerngehöft nähern. Sie kommen mit einem sonderbaren Anliegen. Der Vorarbeiter bittet das alte Bauernehepaar um eine Mandoline. Ein Kamerad des Deutschen, der selbst Klavier spielt, soll am nächsten Sonntag bei einem Konzert der Kriegsgefangenen auf der Mandoline spielen. Nachdem der Wachhabende die Bitte vorgetragen hat, lässt er den Deutschen mit den Bauern allein. Es folgt eine lange, wortlose Stille. Schließlich fragt der Bauer den jungen Soldaten: »Was tun Sie in Deutschland?« »Ich bin Lehrer.« »Mein Sohn will – wollte auch Lehrer werden.« »Der, der Mandoline spielte«, fällt die Frau ein. »Unser Godfrey.« »Ihr Sohn?« fragt der Deutsche. »Ja. Er ist gefallen«, sagt der Bauer, »in Deutschland.« Wieder ein langes Schweigen. Dann fordern die alten Leute den Gefangenen auf, ins Wohnzimmer zu kommen. Dort steht ein Klavier, Noten darauf, ein Walzerpotpourri von Strauß. »Spielen Sie das«, fordert die Frau ihn auf. Und zögernd, mit Fehlern, beginnt er, Seite um Seite aus dem Notenbuch abzuspielen. Die Bauersfrau macht ihm Kaffee. »Da, trinken Sie. – Sie werden auf Godfreys Mandoline gut achtgeben? Er spielte sie. Er spielte auch Klavier. Aber jetzt ist er tot: Der Krieg!« Der Bauer hat inzwischen den schwarzen Kasten vom Obergeschoss geholt und übergibt ihn dem Kriegsgefangenen. Der bedankt sich für den Kaffee, das Klavier und die Mandoline. »Kommen Sie wieder Klavier spielen«, sagt die Frau.

»Friede soll mit euch sein, Friede für alle Zeit! Nicht so, wie ihn die Welt euch gibt, Gott selber wird es sein« (EG 671). Diesen Frieden haben jene Bauersleute weitergegeben – mitten im Krieg. Diesen Frieden wünsche ich auch uns.

19. NOVEMBER

Wofür lohnt es sich zu kämpfen?

»Mein Freund ist nicht vom Schlachtfeld zurückgekommen, Sir. Erbitte Erlaubnis, ihn zu suchen und hereinzuholen.« »Abgelehnt«, sagte der Offizier, »ich möchte nicht, dass Sie Ihr Leben aufs Spiel setzen für einen Mann, der wahrscheinlich tot ist.« Der Soldat machte sich trotzdem auf die Suche und kam eine Stunde später tödlich verwundet zurück, in den Armen seinen verstorbenen Freund. Der Offizier tobte. »Ich habe Ihnen gesagt, er sei tot. Nun habe ich Sie beide verloren. Was hat es nun gebracht, hinauszugehen, um eine Leiche zurückzubringen?« Der sterbende Mann antwortete: »Es hat sich gelohnt, Sir. Als ich ihn fand, lebte er noch. Und er sagte zu mir: ›Ich wusste, Jack, dass du kommen würdest.‹«

Lohnt es sich? Oder lohnt es sich nicht? Der Offizier tobt. Jetzt hat er zwei seiner Männer verloren. Der Soldat stirbt und sagt: »Es hat sich gelohnt.« Warum? »Als ich ihn fand, lebte er noch. Und er sagte zu mir: Ich wusste, Jack, dass du kommen würdest.«

Im Konfirmandenunterricht haben wir uns diese Frage gestellt: Wofür lohnt es sich zu kämpfen, sein Leben aufs Spiel zu setzen? Die Jugendlichen haben Antworten gesucht. Hier ein kleiner Auszug: um zu gewinnen, um zu beschützen, für ein Ziel, das man vor Augen hat, für Beruf und Ausbildung, für Freunde, für die große Liebe, für eine gerechte Welt, dass alle zusammenhalten als Gemeinschaft, für Gleichberechtigung, Freiheit und Frieden, für den Glauben an Gott.

Wenn ich das richtig verstehe, dann geben sie nicht dem Offizier recht, sondern jenem Soldaten. »Für Freunde« – dieses Stichwort fiel in ihren Stellungnahmen nicht nur einmal, sondern immer wieder: für Freunde. »Jesus Christus spricht: Niemand hat größere Liebe als die, dass er sein Leben lässt für seine Freunde« (Joh 15,13).

Wunderbar geborgen

Von guten Mächten wunderbar geborgen« – genau das hat Dietrich Bonhoeffer trotz aller Anfechtung selbst immer wieder so erfahren. In dem Film »Die letzte Stufe« sehen wir Bonhoeffer und andere Gefangene in einen Lastwagen steigen, einen Holzvergaser, der dampft und qualmt. Die Luft im Laderaum ist unerträglich. »Sie glauben wirklich an Gott«, sagt Payne Best, ein britischer Offizier, »und das in diesen Zeiten? In dieser gottverlassenen Todesfalle?« Bonhoeffer antwortet ganz ruhig: »Ja, in dieser gottverlassenen Todesfalle.« Dann landen sie schließlich in Schönberg, Bayern. Während sie schon die amerikanischen Flieger hören, bitten ihn die Mitgefangenen um eine Morgenandacht. Bonhoeffer spricht über den Lehrtext des Tages: »Gelobt sei Gott, der Vater unseres Herrn Jesus Christus, der uns nach seiner großen Barmherzigkeit wiedergeboren hat zu einer lebendigen Hoffnung durch die Auferstehung Jesu Christi von den Toten« (1. Petr 1,3). Plötzlich wird die Tür aufgerissen: »Gefangener Bonhoeffer, fertig machen und mitkommen.« »Das ist das Ende – für mich der Beginn des Lebens« – die letzten Worte, die uns Payne Best überliefert. Am Abend erreicht der Lkw mit Bonhoeffer Flossenbürg. Im Morgengrauen des Montags vollzieht sich die Hinrichtung. Vom Lagerarzt ist folgender Bericht überliefert: »Durch die halb geöffnete Tür eines Zimmers im Barackenbau sah ich vor der Ablegung der Häftlingskleidung Pastor Bonhoeffer in innigem Gebet mit seinem Herrgott knien. Die hingebungsvolle und erhörungsgewisse Art des Gebetes dieses außerordentlich sympathischen Mannes hat mich auf das Tiefste erschüttert. Auch an der Richtstätte selbst verrichtete er noch ein kurzes Gebet und bestieg dann mutig und gefasst die Treppe zum Galgen. Der Tod erfolgte nach wenigen Sekunden. Ich habe in meiner fast 50-jährigen ärztlichen Tätigkeit kaum je einen Mann so gottergeben sterben sehen.«

Ganz bei Trost

Du bist wohl nicht ganz bei Trost!« Das bedeutet so viel wie: Du bist verrückt. Dir fehlt wohl der Verstand. Wurden Sie auch schon mal so abgekanzelt? Doch was heißt schon: ganz bei Trost sein? Gerade dann, wenn ich traurig bin, wenn der Boden unter meinen Füßen wankt, wenn ich keinen Mut mehr habe – wenn mir der Trost fehlt? Im Buch Jesaja lesen wir: »Ich will euch trösten, wie einen seine Mutter tröstet« (Jes 66,13). Ein starkes Bild: Wie eine Mutter das weinende Kind auf den Schoß nimmt und tröstet, so wendet sich Gott uns zu. Vielleicht denkt mancher: Eine Mutter – das kann ich mir vorstellen. Aber Gott? Wie soll Gott mich trösten?

Der November war immer der schlimmste Monat. Grau und regnerisch. Alles erschien ihr trostlos, der Frau, die selbst grau geworden war. Und in der Trostlosigkeit des Novembers wurden ihre Erinnerungen wach. Damals war es auch November, als es an der Tür klingelte. Der Polizeibeamte sagte nur: »Wir müssen Ihnen eine traurige Mitteilung machen.« Auf dem nassen Laub war das Motorrad ins Schleudern gekommen. Keine Chance mehr für ihren Sohn. Im November ging sie oft an sein Grab. Im Dezember ging es dann etwas besser. Die Kerzen, etwas Licht, sie baute den Stall auf mit Krippe und Kind. Da kam der Gemeindebrief mit einem Bericht über »Brot für die Welt«. Sie las, was man alles tun kann, damit es Kindern dort besser geht. Und es wurde ihr klar: Ich kann meinen kleinen Beitrag leisten für mehr Licht in dieser Welt. Heute macht sie sich stark für Kinder in der »Einen Welt«, engagiert sich auch bei der Hausaufgabenhilfe für ausländische und benachteiligte Kinder in ihrer Gemeinde. Manche sagen: Jetzt bist du wohl heilig geworden. Und dann sagt sie: Das sicher nicht. Aber jetzt weiß ich, wofür ich da bin. Das Kind in der Krippe hat mir Mut gemacht. Und dabei geht ein Strahlen über ihr Gesicht.

Leben auf einen neuen Anfang hin

Sie war todkrank, und sie wusste es. Sie wusste, dass ihre Tage gezählt waren. Und sie wartete – nicht auf den Tod, so sagte sie, sondern auf das Leben. Aus ihrem Glauben hatte sie die Zuversicht gewonnen, die das Übliche umkehrte. Sie lebte nicht einfach zum Ende hin. Sie lebte auf einen neuen Anfang hin.

Leben auf einen neuen Anfang hin. Jesus gebraucht zwei Bilder, um das zu unterstreichen: »Lasst eure Lenden umgürtet sein und eure Lichter brennen« (Lk 12,35). Sich umgürten – dabei denkt er an das lange Obergewand, das die Menschen damals trugen. Bei der Arbeit wurde es mit einem Gürtel gerafft und hochgezogen. So konnte man zupacken. Auf Jesus warten, auf den neuen Himmel und die neue Erde warten – das heißt nicht: Däumchen drehen, sondern arbeiten, auf diesen Anfang hinarbeiten. Heute schon leben und im Leben zeigen: Jesus ist der Herr.

Ein zweites Bild nimmt Jesus auf: »... und lasst eure Lichter brennen.« Das machen wir doch auch: Wenn wir abends Besuch erwarten, dann ist unsere Außenlampe an. Dann können die Gäste den Weg zur Tür leichter finden. Auf Jesus warten – das heißt: Sich freuen auf den Herrn, der kommt. Das ist kein hektisches, angsterfülltes Warten. Es ist auch nicht das gespannte Warten eines Rennfahrers auf den Start bei laufendem Motor.

Es ist eher das Warten eines Kindes auf Weihnachten. Ein Warten, das seine Schatten vorauswirft. Ein Warten voller Vorfreude, ein Warten auf den großen Tag, dem man voller Spannung entgegenlebt.

Wir sind Bettler

In ihrem Roman »Gösta Berliner« erzählt Selma Lagerlöf auch von einem alten Bauern, der im Sterben liegt. Die Familie und die Hausangestellten sind bei ihm. Er schaut zurück: »Ich bin ein fleißiger Arbeiter und ein guter Hausvater gewesen. Ich habe keine Marksteine verrückt. Ich habe die Pferde nicht angetrieben, wenn es bergauf ging.« Die Umstehenden bestätigen: Er war ein rechter Mann!

Unbemerkt ist ein Wanderer eingetreten, der zuhört – und nicht ins Loblied mit einstimmt. Mutig sagt er: »Freund, Freund! Hast du bedacht, wer der Herr ist, vor dessen Angesicht du bald treten wirst? Die Mächtigen der Erde sind wie ausgedroschenes Stroh in seiner Scheune. Du darfst dich nicht mit ihm messen. Beuge dich! Erfasse den Saum seines Mantels wie ein hilfloses Kind!«

Es ist bewegend, dass erst diese Worte den Alten den Frieden finden und in Ruhe sterben lassen. »Herr, du bist unsere Zuflucht für und für«, staunt der Beter des 90. Psalms (90,1). Und bittet dann: »Lehre uns bedenken, dass wir sterben müssen, auf dass wir klug werden« (Ps 90,12).

»Wir sind Bettler, das ist wahr!« ist der letzte von Martin Luther zu Papier gebrachte Satz. Man fand diese sechs Worte am Morgen nach dem Tod des Reformators auf dessen Schreibpult liegen. »Wir sind Bettler, das ist wahr!«

Begrenzt

»Lass mich begreifen, Herr, dass mein Leben begrenzt ist« (Ps 39,5a, NGÜ). Wer begreift, dass sein Leben begrenzt ist, bekommt eine andere Perspektive. Ein Arzt berichtete von einer jungen Frau. Sie hatte Krebs und nach menschlichem Ermessen noch höchstens 2 Jahre zu leben. Er teilte ihr behutsam seine Prognose mit. Da geschah das Überraschende: Die Patientin stand auf, brachte ihre Verhältnisse in Ordnung und konnte noch etwas sein für ihre Angehörigen. Sie lebte noch ein Jahr. Der Arzt erklärte, die Patientin hätte vermutlich nicht die Kraft besessen, aufzustehen, wenn er nicht gewagt hätte, ihr seine Prognose mitzuteilen. Sie verstand, dass ihre Tage begrenzt waren, und gestaltete sie ganz bewusst.

Wer begreift, dass sein Leben begrenzt ist, lebt anders, geht anders mit sich und seiner Mitwelt um. Da ist es zum Beispiel nicht mehr egal, wie wir Auto fahren: risikoreich oder behutsam. Und dann lässt es uns nicht kalt, dass im 20. Jahrhundert 187 Millionen Menschen ihr Leben bei militärischen Konflikten verloren haben. Nach dem Besuch einer Kriegsgräberstätte notierte ein Schüler: »Die Gefallenen fordern uns auf, den Weg der Liebe, nicht den des Hasses zu gehen. Der Weg der Liebe ist oft ein Weg des Opfers und der Leiden. Heute, da an allen Ecken der Welt Kriege entflammen, tut es besonders not, dass die Menschen Ehrfurcht und Bewunderung vor dem Wunder unserer Welt wiederfinden. Dass wir umkehren und den Weg der Liebe einschlagen, das sind wir den Toten schuldig.« Wer begreift, dass sein Leben begrenzt ist, wird nicht ängstlich oder verkrampft. Im Gegenteil, das Leben weitet sich. Denn der Tod ist nicht das Ende, sondern der Anfang eines unvergleichlichen neuen Lebens. Deshalb »lass mich begreifen, Herr, dass mein Leben begrenzt ist«.

Die Knochenhand

Ein altes Lied beginnt mit den Worten: »Mitten wir im Leben sind mit dem Tod umfangen.« – Was das heißt, wurde mir durch einen jungen Mann klar, den ich durch einen meiner Söhne kennenlernte. Dieser junge Mann trägt eine merkwürdige Tätowierung: Auf seiner Wade hat er eine große Knochenhand. Als ich das zuerst sah, habe ich den Kopf geschüttelt, und dann gestaunt, als ich seine Geschichte hörte. Er hatte auf einem Fest gefeiert, tüchtig, bis zum nächsten Morgen um fünf. Dann hat er sich ins Auto gesetzt und geschlafen. Gegen acht wurde er wach, fühlte sich einigermaßen und fuhr los. In einer lang gezogenen Kurve ist er eingeschlafen und gegen einen Baum geknallt. Schwer verletzt kam er ins Krankenhaus. Im Blut waren auch noch viel zu viel Promille. Damals im Krankenhaus hat er viel Zeit gehabt zum Nachdenken, auch über sein Leben und sein Sterben. Als er rauskam, ließ er sich tätowieren. Diese Knochenhand sollte ihn immer daran erinnern, dass der Tod nach ihm gegriffen hat – und er noch einmal davongekommen ist: »Mitten wir im Leben sind mit dem Tod umfangen.«

Dieses Lied war in seiner Frühform lateinisch und stammt aus dem 11. Jahrhundert. Und man kann sich gut vorstellen, wie es in einem romanischen Kreuzgang von Mönchen gesungen wurde. In drastischen Bildern wird die Nähe des Todes beschrieben. Martin Luther hat in diesem alten Gesang seine Fragen wiedergefunden: »Wer ist es, der uns Hilfe bringt, dass wir Gnad erlangen?« Und die Antwort: »Das bist du, Herr, alleine« (EG 518). »Stricke des Todes hatten mich umfangen, des Totenreichs Schrecken hatten mich getroffen; ich kam in Jammer und Not. Aber ich rief an den Namen des Herrn: Ach, Herr, errette mich! Denn der Herr ist gnädig und gerecht, und unser Gott ist barmherzig« (Ps 116,4–5).

Wir kommen gern

Vor Jahren wurde ich in ein Trauerhaus gerufen. Die Witwe war fassungslos. Ganz plötzlich war ihr Mann verstorben. Er war doch nie krank gewesen. Gerade kamen sie aus dem Urlaub – und der nächste war schon geplant. Im vergangenen Jahr hatten sie groß ihre goldene Hochzeit gefeiert. Viel Schönes hatten sie miteinander erlebt – und noch viel Schönes vor. Ja, sie waren beide über siebzig, aber daran, dass sie einmal sterben müssen, haben sie nicht gedacht. – Ich erinnere mich an meine Großeltern. Wir standen mit der Einladungskarte zu unserer Hochzeit vor ihnen – und wollten sie natürlich auch gern dabeihaben: in der Kirche, auf dem Fest. Sie waren schon betagt, hatten bereits ihre eiserne Hochzeit erlebt und gingen nicht gern feiern. Doch sie freuten sich mit uns: »Wir kommen gern«, sagten sie, fügten aber gleich hinzu: »So der Herr will und wir leben.«

»So der Herr will und wir leben ...« Natürlich, wir müssen planen, auch langfristig. Doch immer wieder erfahren wir, dass auch ganz plötzlich Krankheit und Tod nach uns greifen und alle Pläne über den Haufen werfen. Erst recht im vergangenen Jahr, als das Coronavirus viele persönliche Pläne zum Scheitern brachte. »Wohlan nun, die ihr sagt: Heute oder morgen wollen wir in die oder die Stadt gehen und wollen ein Jahr dort zubringen und Handel treiben und Gewinn machen –, und wisst nicht, was morgen sein wird. Was ist euer Leben? Dunst seid ihr, der eine kleine Zeit bleibt und dann verschwindet. Dagegen solltet ihr sagen: Wenn der Herr will, werden wir leben und dies oder das tun« (Jak 4,13–15). Wer an Gott glaubt, schaut offen nach vorn, kann Ja sagen zu dem, was uns – manchmal auch ganz überraschend – widerfährt. Und noch mehr: weiß sich in allem geborgen und gehalten.

27. NOVEMBER

Licht kommt

Von zwei Menschen will ich erzählen, die genau das erfahren haben: es wird hell. – Der Erste lebt nur in meiner Vorstellung: ein alter Mann, ein frommer Jude, Zeitgenosse des Propheten, der den letzten Teil des Jesajabuches verfasste. Wir schreiben ungefähr das Jahr 530 vor Christus. Nathan ist enttäuscht: Mit großer Hoffnung war er aus dem babylonischen Exil nach Jerusalem zurückgekehrt. Aber da sah es trostlos aus – der zerstörte Tempel, überall verfallene Häuser, die zerborstene Stadtmauer. Seine ganze Hoffnung war zusammengebrochen: Mit Gott kann man wohl doch nicht rechnen, sagte er sich, und die Menschen sind auch nicht besser geworden. Unrecht und dunkle Geschäfte greifen um sich. Doch eines Tages hörte Nathan, wie am Tempel jemand rief: »Mache dich auf, werde licht; denn dein Licht kommt, und die Herrlichkeit des HERRN geht auf über dir! Denn siehe, Finsternis bedeckt das Erdreich und Dunkel die Völker; aber über dir geht auf der HERR, und seine Herrlichkeit erscheint über dir« (Jes 60,1–2). Und plötzlich ist Nathan klar: Dieser Mann spricht Gottes Wort; Gott hat uns nicht im Stich gelassen. Wir können uns freuen. Und voll neuer Hoffnung hilft er mit, den Tempel wieder aufzubauen.
Und genau das hat auch der blinde Bartimäus erfahren. Er konnte nicht mehr viel vom Leben erwarten. Zusammengekauert saß er am Straßenrand und hielt seine Hand auf. Als er Jesus kommen hörte, rief er, so laut er konnte, verzweifelt und dennoch hoffend: »Jesus, du Sohn Davids, erbarm dich über mich!« Die Leute bedrohten ihn, waren ärgerlich, dass er sie aufhielt, wollten ihn zum Schweigen bringen. Sie wollten doch weiter nach Jerusalem. Sie schnauzten ihn an. Doch er schrie umso lauter: »Jesus, du Sohn Davids, erbarm dich über mich!« Und Jesus bleibt stehen, ruft ihn zu sich, macht sein Leben hell: »Geh hin«, sagt er, »dein Glaube hat dir geholfen.«

Adventszeit – Wartezeit

Warten« ist ganz schön anstrengend: egal, ob ich im Wartezimmer des Arztes sitze, auf dem Bahnhof stehe oder auf einen wichtigen Anruf warte. Immer wieder der Blick zur Uhr. Diese Warterei! Adventszeit ist Wartezeit. Und damit uns das Warten nicht zu schwerfällt, haben wir einen Adventskranz. Vier Wochen noch bis Weihnachten. Für Kinder eine harte Zeit. Für uns Erwachsene oft auch. Warten wir eigentlich? Und worauf warten wir?

»Worauf wartest du hier am Tor?«, fragte der Prophet den Wachposten. »Auf den Feind!«, entgegnete dieser. »Man muss jede Stunde auf ihn gefasst sein. Vielleicht sammelt er gerade seine Mannschaften. Vielleicht denkt er sich in diesem Augenblick eine Kriegslist aus, um uns zu überfallen. Wenn ich die Schilde des Feindes blinken sehe oder das Lärmen der Waffen höre, dann muss ich schreien, bis die ganze Stadt gerüstet ist, den Feind zu empfangen.« Der Prophet schwieg und schaute lange vor sich hin. Dann sagte er: »Die Stadt ist gerüstet, den Feind zu empfangen, mag sein. Aber ist sie auch gerüstet, einen Freund zu empfangen? Einen Retter und Helfer, der nicht gegen die Mauern anrennen will, um die Stadt zu stürmen; und der uns nicht Krieg bringt, sondern Frieden? Ist diese Stadt auch gerüstet für einen Freund?«
(nach Khalil Gibran)

Adventszeit – Wartezeit. Worauf warten wir? Sind wir gerüstet für einen Freund? Sind wir darauf eingestellt, dass Gott kommt, zu uns, in diese Welt? Warten wir auf ihn? – Georg Weissel, Liederdichter, ermuntert uns (EG 1,1): »Macht hoch die Tür, die Tor macht weit; es kommt der Herr der Herrlichkeit, ein König aller Königreich, ein Heiland aller Welt zugleich, der Heil und Leben mit sich bringt; derhalben jauchzt, mit Freuden singt: Gelobet sei mein Gott, mein Schöpfer reich von Rat.«

Whitney Cundey

Whitney Cundey erzählt, wie sie in den Keller gegangen ist. »Dann geschah es.« Sie wurde zu Boden geschleudert, die Erde bebte. Die Kellerwände zitterten. Es krachte überall. Es war ein kurzes, heftiges Beben, typisch für Kalifornien. Sie lag zwischen Geröll und Beton eingekeilt, aber sie lebte, fast unverletzt. Es glich einem Wunder. »Die Betonklötze waren so über mir zusammengestürzt, dass sie mich nicht erdrückten, doch meine Arme und meine Beine waren wie in einen Schraubstock gezwängt.« Erst erschien ihr das nicht so schlimm, doch nach Stunden juckten ihr Nase und Hals. Schlimmer war die Dunkelheit, in der sie jede Orientierung verlor. Sie wusste nicht mehr, ob es Tag oder Nacht war. Todesangst machte sich breit. Dazu kamen Hunger und Durst. »Ich weinte und konnte meine Tränen nicht abwischen. Man gibt sich allmählich auf.« Aber plötzlich hörte sie Geräusche. Mit ihnen kam die Hoffnung zurück! Sie schrie! Da fiel ein dünner Lichtstrahl in ihre Dunkelheit, »ein Zeichen des Lebens«. Da dachte sie an ihren Vater: »Am ersten Adventssonntag verdunkelte er immer das Zimmer. Wir verharrten stets schweigend einige Minuten in völliger Finsternis. Dann erst zündete er die erste Kerze auf dem Kranz an. Dazu sagte er immer: ›Licht kommt in eine dunkle Welt, das Licht Gottes.‹ ... Wie gut verstand ich jetzt, dass Licht Leben bedeutet. Jeder Stein, der beiseitegeräumt wurde, war wie jede weitere Kerze, die man ansteckte. Als das Sonnenlicht ungehindert zu mir strömte, überstrahlte es jeden Weihnachtsbaum.« – Eine Erfahrung, die man nie vergisst. Und für mich ein großartiges Gleichnis: »Siehe, dein König kommt zu dir, ein Gerechter und ein Helfer« (Sach 9,9). Er kommt in unsere Dunkelheit, unsere Verlorenheit, in unser Gefangen- und Eingezwängtsein – um uns zu befreien!

Licht der Menschen

»Wenn die Fischer in früheren Zeiten hinaus aufs Meer fuhren, stellten ihre Familien daheim eine Kerze ins Fenster«, schreibt Armin Kaupp. Wenn es dann noch dunkel war, oder die Sonne schon untergegangen war, konnten die Männer auf dem Meer sehen, wohin sie fahren mussten, um nach Hause zu gelangen. Sie waren noch auf See, konnten aber schon erkennen, wo Ruhe, Geborgenheit und Liebe auf sie wartete. An diese Seemänner und ihre Geschichte muss Armin Kaupp immer denken, wenn er nachts durch den dunklen Ort spaziert. Dann setzt er sich auf eine Bank unter einer alten Eiche, »von der aus der Blick zwischen den Häusern hindurch auf den sanften Hügel fällt, auf dem der Friedhof der Gemeinde angelegt ist. Nachts leuchten die Grablichter sanft in die Dunkelheit und es ist, als hätte Gott, der Herr, Lichter in die Fenster seiner Wohnung gestellt.« – In dieser Zeit zünden wir wieder Kerzen an: am Adventskranz, vielleicht auch in den Fenstern. Kerzen sind Wegweiser zur Ruhe, zur Sicherheit, Geborgenheit und Liebe. Die vielen Lichter weisen auf das eine große Licht der Liebe hin: Gott wird Mensch. Ein großartiges Weihnachtslied stimmt der Evangelist Johannes gleich in seinem 1. Kapitel an: »Am Anfang war das Wort« (Joh 1,1). Und dann heißt es: »In ihm war das Leben, und das Leben war das Licht der Menschen« (Joh 1,4). Dieses Wort wird Mensch, das hilflose Kind in der Krippe. So weit beugt Gott sich in seiner Liebe zu uns herab. Er wird verletzbar, angreifbar, einer wie wir. Und in seiner Nähe wird es hell, selbst mitten in der Nacht. Das haben die Hirten damals erfahren. Und nach ihnen unzählige Menschen. Schön, dass auch uns die Kerzen durch die dunkle Jahreszeit geleiten. Und wenn ich eine Kerze entzünde, will ich an das eine Wort denken, das am Anfang war: »In ihm war das Leben, und das Leben war das Licht der Menschen.«

1. DEZEMBER

Jauchzen

Vor mir liegt ein Foto: Eine junge Mutter und ihr Kind strahlen mich an. Witzig, wie der Kleine schaut, mit der Zunge schnalzt und sich vertrauensvoll festhält. Freude und Glück strahlen mir entgegen. – Jetzt blicke ich auf meinen Bibeltext: »Jauchzet, ihr Himmel, freue dich Erde! Lobet, ihr Berge, mit Jauchzen! Denn der Herr hat sein Volk getröstet und erbarmt sich seiner Elenden« (Jes 49,13). Statt des kleinen Kinderzimmers ein weiter Horizont: Himmel, Erde, Berge. Lauter Jubel. Dieser Aufruf scheint nicht zu den Menschen zu passen, die der Prophet hier anspricht. Das Volk lebte in Gefangenschaft im Zweistromland. Die Menschen klagten und weinten. Sie waren am Ende. Ein Blick nach vorn – dazu waren sie zu verzweifelt. Doch genau das mutet ihnen der Prophet zu. Denn »der Herr hat sein Volk getröstet«. Gott hat sie nicht vergessen. Gott handelt an ihnen und an der ganzen Welt. Deshalb müssen die Himmel jauchzen, die Erde sich freuen und die Berge jubeln! Und die Menschen werden erleben, dass Gott einen Weg für sie hat – durch die Wüste nach Hause.

Haben wir Grund zum Jauchzen? Oft fällt es uns schwer. Es brennt an vielen Stellen unserer Erde: Krieg, Terror und Katastrophen, Flucht. Die Auswirkungen der Corona-Pandemie. Wie geht es weiter? »Denn der HERR hat sein Volk getröstet.« Sichtbar und spürbar. Er ist Mensch geworden, ein hilfloses Flüchtlingskind. So kommt Gott in unsere Welt! – Ich schaue noch einmal auf das Foto, lasse mich anstrahlen von Mutter und Kind. Genau das haben die Hirten und Weisen auch erlebt: wie das Kind sie anstrahlte. Und sie erfuhren, wie der Herr tröstet und sich der Elenden erbarmt. Mit Beginn der Adventszeit freuen wir uns, dass Gott kommt, und gehen ihm entgegen.

Die Wüste lebt

Die Wüste lebt«, heißt ein alter Dokumentarfilm. Er zeigt lebendige Tiere, die optimal angepasst sind an die Verhältnisse der Wüste. Er zeigt Pflanzen, die mit minimaler Feuchtigkeit auskommen, Biotope des Lebens in lebensfeindlicher Umgebung. Die Wüste lebt. Schon jetzt! Und wenn der Regen kommt, verwandelt sich die Dürre, wird aus dem Wadi ein Fluss, Pflanzen wachsen und Oasen entstehen. – Wüste und Steppe sind Bilder für das, was wir erleben: Bedrohung, Angst, lebensfeindliche Mächte, Tod. Doch das ist die Nachricht vom Advent: »Die Wüste und Einöde wird frohlocken, und die Steppe wird jubeln und wird blühen wie die Lilien« (Jes 35,1). Nicht erst in ferner Zukunft. Heute schon. Denn wir gehen auf Weihnachten zu, freuen uns auf das Kind in der Krippe. Und der damals gekommen ist, wird wiederkommen in Herrlichkeit. Wer das ernst nimmt, der wird nicht nur verhalten den Mund aufmachen. Der wird voller Freude singen und jubeln!

»Hänssler, du verdirbst mir den ganzen Chor!« Mit diesen Worten warf der Lehrer einst Friedrich Hänssler aus der Klasse. Doch nachdem der Junge zum Glauben an Gott gefunden hatte, wurde vieles anders. Er komponierte, spielte im Posaunenchor, studierte als Autodidakt Musik, gründete einen Chor und heiratete seine beste Sängerin. Das erste Kind musste das Paar beerdigen. Nach drei Jahren starb auch die geliebte Frau. Der Bruder fiel im Ersten Weltkrieg. Wüstenerfahrungen blieben ihm nicht erspart. Gerade in schweren Zeiten komponierte er intensiv, bezeichnend der Titel des ersten Liedes: »Dich preisen will ich, Herr, durch meine Lieder.« – Und auch wir haben allen Grund dazu – nicht nur im Advent: »Die Wüste und die Einöde wird frohlocken und die Steppe wird jubeln und wird blühen wie die Lilien.«

Gott kommt auf die Erde

Seht, die gute Zeit ist nah, Gott kommt auf die Erde, kommt und ist für alle da, kommt, dass Friede werde. Hirt und König, Groß und Klein, Kranke und Gesunde, Arme, Reiche lädt er ein, freut euch auf die Stunde« (EG 18,1.2). Ein fröhliches Adventslied und eine tänzerische Melodie! Auch der Text hat es in sich: »Seht!« So werden wir aufgerufen. Haltet inne! Schaut auf! Warum? »Die gute Zeit ist nah.« Warum ist diese Zeit gut? Vielleicht erfahren manche jetzt auch »böse Zeit«, eine traurige Zeit. »Gott kommt auf die Erde!« Weil er kommt, deshalb sollen wir innehalten, deshalb ist diese Zeit »gut«. Gott kommt und »ist für alle da«. In der 2. Strophe wird das unterstrichen: »Hirt und König, Groß und Klein, Kranke und Gesunde, Arme, Reiche lädt er ein« – niemand ist ausgenommen. In diesem »und« steckt ein Friede, der wohltut. In seiner Nähe gehören wir zusammen. In seiner Nähe wachsen Gemeinschaft, Verantwortung füreinander, Frieden. Und genau das ist das Ziel seines Kommens: Frieden auf Erden – und nicht nur im Himmel. Deshalb folgt auch am Ende ein erneuter Aufruf zur Freude: »Freut euch auf die Stunde!«

Dieses Lied stammt aus Mähren, einer oft verfolgten Kirche. Den Text gestaltete Friedrich Walz. Er war als Pfarrer lange Zeit in der Jugend- und Studentenarbeit tätig. Sein Herz schlug für die Musik. 1984, kurz vor seinem 52. Geburtstag, starb er an einem heimtückischen Tumor. Einer, der ihn im Krankenhaus besucht hatte, schrieb: »In seiner Nähe wurde einem das Glauben leichter.« Und er selbst hatte einmal gesagt: »Trost heißt: die Gegenwart Gottes glauben.« Und genau darum geht es in unserem Adventslied, das uns helfen kann, die Gegenwart Gottes zu glauben. So singen wir, weil Gott da ist. »Der Herr ist nahe« (Phil 4,5).

Der Adventskranz

Der Spieß lässt die Soldaten antreten und brüllt: »Gefreiter Schulze, was tun Sie, wenn ich sage: Freiwillige vortreten?« »Herr Hauptmann, dann trete ich zur Seite, damit die Freiwilligen Platz haben, vorzutreten.« Das ist auch eine Haltung. Ich trete zur Seite und gucke zu, wie andere sich engagieren. Das konnte Johann Hinrich Wichern nicht! Als er fünfzehn Jahre alt ist, stirbt sein Vater. Er muss das Gymnasium verlassen, die Familie unterstützen und wird Hilfslehrer in einem Knabenpensionat. Dank freundlicher Förderer kann er die Schule abschließen und Theologie studieren. Doch weil es in Hamburg zu viele Pfarrer gibt, engagiert er sich in einer Sonntagsschule für Arbeiterkinder und entdeckt eine unbeschreibliche Not. »Die Liebe hat das scharfe Auge, alles zu sehen.« Und so gründet er das Raue Haus, eine Einrichtung für fünf- bis achtzehnjährige Streuner, die hier wie in einer Familie leben, unterrichtet und ausgebildet werden. »Hier ist keine Mauer, kein Graben, kein Riegel, nur mit einer schweren Kette binden wir dich hier, du magst wollen oder nicht, du magst sie zerreißen, wenn du kannst, diese heißt Liebe und ihr Maß ist Geduld.«

In der Vorweihnachtszeit 1839 will Wichern seiner Hausgemeinde die Vorfreude auf die Geburt Christi veranschaulichen. Zur Andacht am ersten Advent lässt er im Betsaal ein Wagenrad für alle Tage bis zum 24. Dezember mit Kerzen bestücken, vier große, weiße für die Sonntage und kleine rote für den Alltag. Täglich wird eine Kerze mehr entzündet, bis am Christfest alle Lichter »wie ein Strahlenkranz« das »Lob des Herrn« umleuchten. Und so beginnt die Geschichte unseres Adventskranzes. – Nein, nicht Zuschauer wollte Wichern sein, sondern »vortreten« und im Dienste dessen stehen, der uns »berufen hat von der Finsternis zu seinem wunderbaren Licht« (1. Petr 2,9).

5. DEZEMBER

Der Mann mit dem Guck

Kopf hoch!« das ist eine wichtige Parole im Advent. »Stärket die müden Hände und macht fest die wankenden Knie! Saget den verzagten Herzen: Seid getrost, fürchtet euch nicht! Seht, da ist euer Gott! ... Die Erlösten des HERRN werden wiederkommen und nach Zion kommen mit Jauchzen; ewige Freude wird über ihrem Haupte sein; Freude und Wonne werden sie ergreifen, und Schmerz und Seufzen wird entfliehen« (Jes 35,3.4.10). Ein Mutmachlied in trauriger Zeit, vermutlich das 5. Jahrhundert vor Christus. Viele waren aus der Gefangenschaft in Babylon schon heimgekehrt. Das Leben war ein täglicher Kampf. Was die Toten Hosen singen, trifft die Stimmung der Menschen damals: »Wenn du mit dir am Ende bist und du einfach nicht weiter willst, weil du dich nur noch fragst warum und wozu und was dein Leben noch bringen soll ...« Und genau jetzt erhebt jener Prophet seine Stimme, singt sein Lied: »Stärket die schlaffen Hände und die erschöpften Knie festigt!« Das wünscht er, dass sie aufstehen und nach vorn schauen – voller Freude und Erwartung. Doch wann wird das wahr?

Zwei Chassidim, zwei Fromme, debattierten über die seherischen Kräfte ihrer Rabbinen. »Unser Rabbi hat schon im Voraus gewusst, dass am Sabbat die Sonne scheinen wird, obgleich es die Woche regnete.« »Nicht schlecht«, gesteht der Zweite, »doch unser Rabbi hat gesehen, dass am Passah in Berdischew eine neue Synagoge stehen würde.« »Ich war Passah dort. Man betet nach wie vor in der alten, baufälligen Schule«, protestiert sein Gegenüber. »Das ist unwichtig. Was zählt, ist der Guck. Unser Rabbi weiß, dass Berdischew eine neue Schule braucht, und er tut alles, dass sie kommt.« Der Mann mit dem Guck sieht die Welt als Werdewelt Gottes, eine Welt in Arbeit. Deshalb: »Seht, da ist euer Gott!«

Nikolaus ist ein guter Mann

Wirklich? Ich kenne zumindest einen kleinen Jungen, dem nicht so ganz wohl ist bei dem Gedanken, dass er in der Nacht Besuch bekommt. Sicher, es ist schön, dass am nächsten Tag der Teller gefüllt ist. Doch mit diesem Fremden für ein paar Augenblicke ganz allein sein müssen? Und er empfindet richtig. Nikolaus ist nicht nur der gute Mann, der wahllos Geschenke verteilt. Er kommt auch, um Gutes zu belohnen und Untaten zu bestrafen. Ich denke an die drastische Szene aus dem Struwwelpeter: Ludwig, Kasper und Wilhelm lachen den »kohlpechschwarzen Mohr« aus. Da kommt der Nikolaus und ermahnt die drei. Doch sie scheren sich nicht drum, »und lachten ärger als zuvor über den armen, schwarzen Mohr«. Und dann heißt es: »Der Niklas wurde bös und wild.« Er packt die drei und steckt sie bis über Kopf ins Tintenfass. »Da siehst du hier wie schwarz sie sind, viel schwärzer als das Mohrenkind.« Der Nikolaus ist nicht nur ein lieber guter Mann. Er straft. Und er schützt und achtet die Würde gerade der Menschen, die verlacht werden und bedroht sind. Nicht zufällig ist er der Schutzpatron der Kinder und auch der Armen und Hungernden.

Der Nikolaus ist ein Vorbild. Viele Eltern ahmen ihn nach und sorgen dafür, dass die Teller ihrer Kinder gefüllt sind. Und die Kleinen staunen, wie der geheimnisvolle Mann wieder so unbemerkt an sie gedacht hat. Dazu lädt uns der Nikolaus(tag) ein: Ihn nachzuahmen, der selbst Nachahmer seines Herrn ist: nicht nur in der Nacht vom 5. auf den 6. Dezember, sondern immer, indem wir die Würde aller Menschen achten und uns derer annehmen, die Schutz und Hilfe bedürfen. Nicht zufällig schließt in etlichen Kirchengemeinden die Empfehlung der Kollekte mit den bekannten Worten: »Wohlzutun und mitzuteilen vergesset nicht; denn solche Opfer gefallen Gott wohl« (Hebr 13,16, Luther 1912).

7. DEZEMBER

Mit Gott Schokoriegel gegessen

Es war einmal ein kleiner Junge, der Gott kennenlernen wollte. Da es ein weiter Weg sein würde, packte er Schokoriegel und einen Sechserpack Limonade in sein Köfferchen und brach auf. Als er drei Häuserblocks weit gegangen war, traf er auf eine alte Frau. Sie saß auf einer Parkbank und sah den Tauben zu. Der Junge setzte sich neben sie und öffnete sein Köfferchen. Da fiel ihm auf, wie hungrig die alte Frau aussah, und so bot er ihr einen Schokoriegel an. Sie nahm ihn dankbar entgegen und lächelte den Jungen an. Ihr Lächeln war so entzückend, dass der Junge ihr auch eine Flasche Limonade anbot. Wieder lächelte sie ihm zu. Wie sich der Junge freute! Sie saßen den ganzen Nachmittag nebeneinander, aßen und lächelten und sprachen kein Wort. Als es dunkel wurde, wollte der Junge nach Hause. Doch nach ein paar Schritten rannte er zu der alten Frau zurück und umarmte sie. Da schenkte sie ihm ihr allerschönstes Lächeln. Als der Junge wenig später nach Hause kam, wunderte sich seine Mutter, warum er so glücklich aussah. »Was hast du heute gemacht, dass du so strahlst?« »Ich habe mit Gott zu Mittag gegessen. Weißt du was? Sie hat das schönste Lächeln, das ich je gesehen habe!« Mittlerweile war auch die alte Frau zu Hause angelangt. Auch sie war überglücklich. Ihr Sohn wunderte sich: »Mutter, was hast du heute gemacht, dass du dich so freust?« »Ich habe im Park gesessen und mit Gott Schokoriegel gegessen. Weißt du was? Er ist viel jünger, als ich dachte!« – Eine schöne Geschichte von Julie A. Manhan: Der Junge und die alte Frau haben etwas erlebt. Sie sind Gott begegnet. Natürlich kann man einwenden: Ich sehe nur einen Jungen und eine alte Frau. Und das war's. Nein, das war's nicht! Da war die Freude, das Glück, die Veränderung. In dem anderen, hinter ihm, wurde Gott sichtbar. Beide bekennen wie einst Jakob: »Aber Gott war mit mir« (1. Mose 31,5).

Eine Kerze

Ein Ritter war mit vielen anderen ins Heilige Land aufgebrochen. Kreuzzug nannte man das damals. Man wollte die Ungläubigen vertreiben und den Weg für christliche Pilger sicher machen. Und jener Ritter hatte einen Schwur geleistet. Wenn ich Jerusalem lebend erreiche, will ich zum Grab Christi gehen und dort an der heiligen Flamme eine Kerze entzünden und sie unversehrt in meine Heimatstadt Florenz bringen. Er erreichte das Ziel. Er entzündete die Kerze. Und dann begann ein schweres Unternehmen: die Lichtflamme auf dem langen Weg zu bewahren. Ein Unternehmen, das ihn zu einem neuen Menschen machte und den Kriegsmann in einen Mann des Friedens verwandelte. Als er unterwegs von Räubern überfallen wird, setzt er sich nicht zur Wehr. Er gibt ihnen freiwillig, was sie wollen, wenn sie ihm nur sein Licht nicht auslöschen. Sie nehmen seine Rüstung, sein Pferd, seine wertvollen Waffen und sein Geld. Alles nehmen sie ihm weg – bis auf sein Licht. Und einen elenden Klepper lassen sie ihm zurück. Auf dem reitet er nach vielen bestandenen Abenteuern in seine Heimatstadt Florenz ein. Rücklings sitzt er auf dem Pferd, um mit seinem Körper die Lichtflamme gegen den Wind zu schützen. Als die Straßenjungen ihn sehen, halten sie ihn für einen Verrückten und versuchen, sein Licht auszulöschen. Nur durch ein Wunder bleibt die Flamme bewahrt, sodass er endlich damit die Kerze im Dom entzünden kann.

Eine großartige Geschichte von Selma Lagerlöf! Eine Kerze hat den Ritter verändert. Aus einem Kriegsmann wird ein Mann des Friedens. Jesus hat gesagt: »Ich bin das Licht der Welt. Wer mir nachfolgt, der wird nicht wandeln in der Finsternis, sondern das Licht des Lebens haben« (Joh 8,12). Der Ritter hat's erlebt. Darum geht es an Weihnachten. Daran erinnern die Kerzen. Und auch wir können dieses Licht des Lebens haben und es weitertragen.

Den laden wir auch ein

Es war in der Grundschule im Religionsunterricht. Der Lehrer hatte den Kindern anschaulich die Geschichte von der Hochzeit zu Kana erzählt. Von der Verlegenheit des Brautpaares, als der Wein zur Neige ging, und wie Jesus das Fest gerettet hat. Er hat aus Wasser Wein gemacht, sechs steinerne Krüge, 600 Liter Wein. »Was, meint ihr«, fragte der Religionslehrer, »haben da die Gäste gesagt?« Fritzchen meldet sich, und es kommt wie aus der Pistole geschossen: »Den laden wir auch ein!« – Das ist der Punkt. Und so habe ich als kleiner Junge gelernt, dass wir vor dem Essen die Hände falteten und bei uns gebetet wurde: »Komm, Herr Jesus, sei du unser Gast und segne, was du uns bescheret hast.« Und genau darum geht es in unseren Adventsfeiern. »Komm« – das ist ein Hauptwort im Advent. In Liedern, Gedichten, Bibeltexten – immer wieder heißt es »komm« und »kommen«.

»Macht hoch die Tür, die Tor macht weit, es kommt der Herr der Herrlichkeit ...« Er kommt. Nicht irgendwer. »Machet die Tore weit und die Türen in der Welt hoch, dass der König der Ehre einziehe« (Ps 24,7). Wo hat es das je gegeben, dass ein König zu uns käme? Und bei uns einzieht! Und nun kommt er. Nicht irgendein König. Sondern der Herr über Himmel und Erde, der diese Welt geschaffen und auch uns gewollt hat – der kommt zu uns. Unbegreiflich! Nicht mit einem großen Prachtstaat. Nicht in das feinste und teuerste Hotel. Nicht zu dem größten und mächtigsten Regenten. Er wird ein hilfloses Kind, kommt in einen schmutzigen Stall. Kein Raum in der Herberge. Gott kommt in unsere Welt. Er kommt zu uns. Er wird Mensch. Da in der Krippe sehen wir seine ganze Liebe zu uns, spüren wir, wie nahe er uns sein will, wie wichtig wir ihm sind. Gottes unbegreifliches Geschenk an uns. Und nur eins ist nötig: Dass wir innehalten und uns dem Kind zuwenden. Oder wie es Fritzchen sagte: »Den laden wir auch ein!«

Ein Klopfen und ein Hämmern

Vielleicht denkt mancher unter uns: Wie passt das zusammen, die schönen Lieder und die traurige, dunkle Zeit? Wie passt das zusammen, »Freue dich Welt« und der Terror in vielen Ländern, Naturkatastrophen und Corona? – Dietrich Bonhoeffer hat in einer Predigt einen schönen Vergleich gebracht: Ihr wisst, was ein Grubenunglück ist. Über den Männern, die täglich in den tiefen Schacht der Erde einfahren, schwebt die fortwährende Gefahr, dass eines Tages einer der Gänge einstürzt, dass eine unterirdische Explosion sie verschüttet. Dann ist der Augenblick da, vor dem auch dem mutigsten Bergmann lang gegraut hat. Da hilft kein Schreien. Da hilft es nicht, wie rasend gegen die Wand anzurennen. Da bleibt es stumm um ihn herum. Und er weiß: Da oben laufen jetzt die Leute zusammen. Da weinen Frauen und Kinder. Aber ihm ist der Weg versperrt. Ihm bleibt nichts als das Ende. Er weiß auch: Da oben arbeiten sie jetzt fieberhaft. Da wird alles versucht, vielleicht auch der eine oder andere gefunden und gerettet. Aber hier in der tiefsten Tiefe, im letzten Schacht ist keine Hoffnung. Es bleibt nur ein qualvolles Warten und Sterben. Und dann hört er auf einmal ein leises Geräusch, wie ein Klopfen, ein Hämmern, ein Brechen von Steinen. Dann hört er leise Stimmen, weit weg. Dann wird das Arbeiten und Rumoren immer lauter. Dann hört er die Stimme eines befreundeten Kollegen, wie sie seinen Namen ruft: Wo bist du? Und er richtet sich auf. Hier bin ich! Aber ich kann nicht raus. Ich halte durch, bis ihr kommt! – Dann hört er sie arbeiten, Schlag für Schlag. Und dann endlich ist es so weit: Ein letzter Schlag. Sie sind da. Und er ist frei. Das ist Advent. Gott kommt. Er kommt wie die Rettungsmannschaft in das Bergwerk, kommt in unsere dunkle Welt, mitten hinein in Krieg, Katastrophen und Krankheiten, um uns zu erlösen. »Seht auf und erhebt eure Häupter, weil sich eure Erlösung naht« (Lk 21,28).

Nun werde ich frei sein

Sie werden den Menschensohn kommen sehen in der Wolke mit großer Macht und Herrlichkeit« (Lk 21,27). Der Menschensohn, geboren in Bethlehem, gestorben am Kreuz vor Jerusalem, gelebt und gekämpft für die Menschen. Dieser – und kein anderer – wird kommen und das letzte Wort behalten. Denn er kommt mit großer Macht und Herrlichkeit auf einer Wolke, ein uraltes Zeichen der Gegenwart Gottes. Auf dem langen Weg durch die Wüste zog sie dem Volk voran. Und der Auferstandene entschwindet den Augen der Jünger in einer Wolke. Und wenn er kommt, dann können wir uns aufrichten und voller Hoffnung nach vorn schauen.

Fritz Grünzweig (1914–1989), Pfarrer aus Württemberg, erzählte von seinen Eltern und dem französischen Kriegsgefangenen Jules, wie sie an einem Vormittag im April 1945 am Zimmerfenster standen, nach dem Wetter sehen und die Arbeit auf dem Hof einteilen wollten. Da hörten sie plötzlich in der Ferne ein Donnern. Zog da ein Frühlingsgewitter auf? Nein, jetzt hörten sie es ganz deutlich: Es war der Geschützdonner der heranziehenden französischen Truppen. Sie hatten den Schwarzwald überwunden und kamen näher.

Die drei Menschen, die hier beieinanderstanden, empfanden ganz unterschiedlich. Die Eltern erschraken sehr: »Nun kommt der Krieg auch zu uns. Was wird aus uns werden?« Jules dagegen war ganz aufgeregt und voller Freude, zeigte sie jedoch aus Rücksicht auf die Grünzweigs nicht. Er wusste: »Nun kommen meine Landsleute. Nun werde ich frei. Nun darf ich heim.« So werde ich mich freuen, wenn Christus wiederkommt. Deshalb ist diese Botschaft des Advents wichtig, die Gewissheit, ja, die Freude, dass der Gekommene wiederkommt.

Roadies gesucht

Wissen Sie, was ein Roadie ist? Kein Rowdy, sondern ein Roadie! Stellen Sie sich vor, eine berühmte Rockband tritt in der Nordseehalle in Emden auf. Da muss viel auf der Bühne aufgebaut werden: Lautsprecher, Verstärker, Instrumente, Lichtanlage. Dafür zuständig sind Roadies. Sie bereiten alles perfekt vor für den großen Auftritt der Stars am Abend. Wollen Sie so ein Roadie sein? Nicht Roadie von irgendeiner berühmten Rockband, sondern Roadie vom Herrn der Welt? Beim Propheten Jesaja steht der Aufruf: »Bereitet dem Herrn den Weg; denn siehe, der Herr kommt gewaltig.« (40,3.10). Roadies gesucht, Roadies für den Herrn der Welt, Menschen, die für den großen Auftritt Gottes alles vorbereiten. Einer, der diesen Aufruf gehört hat, war Johannes der Täufer. Er wollte nichts anderes als Vorbereiter sein. Deshalb ging er an den Rand der Wüste. Deshalb predigte er die »Taufe der Buße zur Vergebung der Sünden« (Lk 3,3). Deshalb stellte er sein ganzes Leben in den Dienst des kommenden Herrn.

Roadie sein, für den Herrn der Welt – wie sieht das heute aus? Das ist nur eine kleine Nebenrolle. Da stellen wir uns nicht selbst ins Rampenlicht. Da zeigen wir mit unseren Worten und Taten auf den, der kommt, der uns und diese Welt verändert. Ich stelle mich ihm zur Verfügung: meine Zeit, meine Kraft, meine Fantasie ... Ich bin mir für »Drecksarbeit« nicht zu schade, Arbeit, die nicht groß auffällt, aber getan werden muss: Besuch eines einsamen Menschen, Spende für Brot für die Welt, eine Unterschrift für die Bleiberechtslösung im Zuwanderungsgesetz. Es gibt viele Möglichkeiten. Nur eine Nebenrolle. Eine spannende Rolle. Eine Rolle voller Abenteuer. Eine Rolle, die erfüllt, die unser Leben reich macht. Advent. Wartezeit. Warten auf den großen Auftritt unseres Herrn. Nicht tatenloses Warten. Er sucht und braucht Roadies, die ihm den Weg bereiten. Wollen Sie nicht mithelfen?

13. DEZEMBER

Dunkel reißt auf

Durch die herzliche Barmherzigkeit unseres Gottes wird uns besuchen das aufgehende Licht aus der Höhe, damit es erscheine denen, die sitzen in Finsternis und Schatten des Todes, und richte unsere Füße auf den Weg des Friedens« (Lk 1,78–79). Zacharias singt. Denn er hat hautnah den erfahren, der alles verändert, sein Leben und die Weltgeschichte. Er sieht einen Lichtstreif am Horizont. Oder genauer: ein Kind. – Ein Kind, das alles verändert? Vielleicht schütteln Sie den Kopf. – Es geschah in einem Dorf im Niemandsland während des 2. Weltkrieges zwischen Russen und Deutschen. Sie begegneten sich völlig überraschend in einer zerschossenen Kirche. Der Deutsche war auf der Suche nach Essbarem und wollte jetzt noch für das Ende des verdammten Krieges beten. Da sah er hinter dem Altar eine Treppe, die nach unten führte, öffnete eine Tür – und vor ihm stand der Russe, Zeigefinger auf den Lippen. Und er wies auf einen der Steinsärge. Ein Kind lag dort – tief und fest schlafend. Beide standen lange so, ganz still. Der Deutsche steckte die Pistole weg, der andere schob die Waffe auf den Rücken. Sie schauten in den steinernen Trog. Der Deutsche zündete einen Kerzenrest an und stellte ihn auf den Rand. Dann kam die Frau. Ohne Angst nahm sie das Kind aus Decken und Lumpen und bettete es in ihre Arme. Die beiden Soldaten legten nieder, was sie hatten. Dann gingen beide zur Tür und tauchten draußen im weißen Nebel unter. – Das Kind, das verfeindete Parteien zusammenbringt. Mit einem Kind kann ein neuer Kreislauf beginnen. Nicht so sehr, wenn wir das Kind an die Hand nehmen, sondern wenn wir uns von dem Kind an die Hand nehmen lassen. Besonders das eine Kind, in dem Gott uns besucht, das aufgehende Licht aus der Höhe, dass er uns erscheine, die wir in der Finsternis sitzen, und unsere Füße auf den Weg des Friedens richte.

Gar nicht komisch

Die Menschen damals meinen es wirklich ernst. Deshalb gehen sie hinaus zum Jordan und lassen sich von Johannes taufen, »die Taufe der Buße zur Vergebung der Sünden« (Lk 3,3). Und wer sich darauf einlässt, wird anders leben. Wie sagte mal Spurgeon: »Wenn wir bekehrt sind, muss es die Kuh im Stall merken.« Ein solches Leben ist Wegbereitung für den Herrn und hat ganz praktische Konsequenzen.

»Wer zwei Hemden hat, der gebe dem, der keins hat« (Lk 3,11). Das waren andere Zeiten, arme Zeiten. Da gab es Menschen, die froren, weil sie kein Hemd hatten. Menschen, die hungerten, weil ihnen das Nötigste fehlte. Teilen, sagt Johannes. Uns mag das zu einfach klingen. Und doch, wie schwer ist das! Da sagt einer zu seinem Freund: »Wenn du fünf Fernsehgeräte hättest, würdest du mir eines schenken?« – »Klar.« – »Wenn du fünf Autos hättest, würdest du mir eins schenken?« – »Klar.« – »Wenn du fünf Hemden hättest, würdest du mir eins schenken?« Der Gefragte schüttelt den Kopf. »Warum nicht?« – »Ich habe fünf Hemden.«

Teilen, Abgeben – eine schwere Sache. Doch anders können wir nicht Wegbereiter sein, Roadies (siehe 12.12.) des Gottes, der kommt, der nicht nur teilt, sondern alles aufgibt. Teilen – nicht nur Geld, sondern auch Zeit, Liebe, Nähe, Freude und Leid. Teilen und nicht mehr nehmen, als dir zusteht, sagt Johannes dem Zöllner. Und der Soldat möge mit seinem Sold zufrieden sein und nicht Menschen erpressen oder berauben (Lk 3,14). – Uns mag das wenig erscheinen. Doch fangen wir an. Bereiten wir dem Herrn den Weg. Nicht nur in Gedanken. Nicht nur mit Worten. Sondern mit unserem ganzen Leben.

15. DEZEMBER

Engel

Ein Pfarrer macht Hausbesuche. Er klingelt. Aus der Sprechanlage ruft eine männliche Stimme: »Bist du es, mein Engelchen?« Der Pastor ist etwas verwirrt, aber dann antwortet er schlagfertig: »Nicht direkt, aber ich bin von der gleichen Firma.« Ich weiß nicht, ob der gute Mann über diesen Tausch so glücklich war. Anstatt seines heiß ersehnten Engelchens nun der Pastor. – Steckt dahinter nicht der Urtraum des Menschen: Wenn es anklopft, möchte es doch ein Engel sein, der mit Liebe und Wärme, Schutz und Fürsorge in mein Leben tritt? Engel! Könnte nicht auch so mancher von uns eine Geschichte erzählen, in der ihm ein Engel begegnet ist oder der Schutzengel ihm das Leben gerettet hat? Da hat einer schlicht die Zeit verpasst. Die Gondel zur Sternwarte schwebt ohne ihn los – und stürzt ab. Niemand überlebt. Da bleibt einer stehen, obwohl die Ampel Grün zeigt, und Sekunden später jagt ein Amokfahrer über die Kreuzung. – Oder Kurt Wolff, evangelischer Religionslehrer, der schon einige Bücher über Engel und Engelserfahrungen geschrieben hat, erzählt von seinem Schutzengel, der eingriff, als er vier war. Da fiel ein Starkstromkabel auf ihn herab, aber eine unsichtbare Kraft riss ihn zurück.

Engel heißt auf Deutsch: Bote. Und das sind sie: Boten Gottes, stehen in seinem Auftrag, handeln in seinem Namen und auf sein Geheiß. Und gerade zu Weihnachten erleben wir sie in Aktion. Wenn Gottes Welt in unsere hereinbricht, wenn das Unvorstellbare geschieht, dass er sich erniedrigt, als kleines Kind in der Krippe, dann müssen Engel zur Stelle sein. Die Engel müssen vorbereiten, ankündigen und besingen. Und dabei dürfen wir auf keinen Fall fehlen: »Mit den Engeln will ich singen, Gott zur Ehre soll es klingen, von dem Frieden, den er gibt jedem Herzen, das ihn liebt« (EG 544,2). »Und alsbald war da bei dem Engel die Menge der himmlischen Heerscharen, die lobten Gott« (Lk 2,13).

Friede

Vor der Predigt wird das Lied »Tochter Zion« gesungen. Bürgermeister Schwarz ist das wohl vertraut. Aber diesmal erscheint es ihm wie neu. Er bleibt an zwei Worten hängen: Friedefürst und Friedensthron. Das, wonach er sich am meisten sehnt. Zu Beginn seiner Amtszeit war er fest davon überzeugt gewesen, dass er etwas verändern könnte. Dass er Frieden in den zerstrittenen Stadtrat bringen könnte und sie bahnbrechende Entscheidungen miteinander fällen würden. Jetzt ist er einfach nur erschöpft. Der Stadtrat streitet sich weiter, die Coronakrise hat alle Vorhaben zunichtegemacht – und vor lauter Arbeit ist sogar der Frieden bei ihm zu Hause ziemlich belastet.

Herr Schwarz seufzt. Und plötzlich lächelt er. Er muss an eine Stelle aus dem Roman »Die Buddenbrooks« denken, eins seiner Lieblingsbücher. Dass ihm das nicht gleich vorhin beim Lied eingefallen ist! Die Weihnachtsfeier beginnt dort ja mit dem Gesang »Tochter Zion«! Und da ist genau das beschrieben, was er sich heute und jetzt von diesem Friedefürst Jesus erhofft: die Chorknaben, »die eben noch da draußen so hörbare Allotria getrieben, dass der Senator sich einen Augenblick an die Tür hatte stellen müssen, um ihnen Respekt einzuflößen – sie sangen nun ganz wunderschön. Diese hellen Stimmen ... zogen aller Herzen mit sich empor, ließen das Lächeln der alten Jungfern milder werden und machten, dass die alten Leute in sich hineinsahen und ihr Leben überdachten, während die, welche mitten im Leben standen, ein Weilchen ihre Sorgen vergaßen.« Das ist die Botschaft des Friedefürsten.

»Sieh, dein König kommt zu dir, ja, er kommt, der Friedefürst. Tochter Zion, freue dich, jauchze laut, Jerusalem« (EG 13,1).

17. DEZEMBER

Was – für mich?

Ein Polizist berichtet: Immer an Heiligabend! Auf der Polizeiwache ist es ruhig. Aber gegen 20 Uhr kommt der Anruf eines Nachbarn: »Der alte Huber steht wieder auf der Straße, brüllt sinnlos umher und stört den weihnachtlichen Frieden!« Wir fuhren hin und gingen auf den durchgeknallten Feldwebel a. D. zu, der militärische Kommandos über die Straße schrie. Wir konnten doch diesen schwerhörigen Sturkopf nicht gewaltsam einsperren oder in eine geschlossene Abteilung einweisen! Also redeten wir beschwichtigend auf ihn ein und bewogen ihn, wieder ins Haus zurückzukehren. Wir ahnten, dass der Friede noch nicht gesichert sei. Und richtig: Kaum waren wir zurück, da klingelte das Telefon wieder: »Bitte, kommen Sie noch einmal, jetzt schreit er noch wilder und lauter!« Wir steckten die Köpfe zusammen und hatten eine Idee: Wir packten Plätzchen, Schokolade und eine Flasche Glühwein zu einem Paket zusammen. Kaum sah er uns kommen, rastete er wieder aus. Aber wir gingen lächelnd auf ihn zu, überreichten ihm das Päckchen und sagten: »Wir sind noch einmal zurückgekommen, um Ihnen frohe Weihnachten zu wünschen.« Die Reaktion bleibt uns unvergesslich: Er stammelte: »Was, was – für mich?« Dabei traten Tränen in sein strahlendes Gesicht. Und langsam ging er glücklich in sein Haus zurück. Wir haben nie mehr etwas vom alten Huber gehört.

»Die Gewalt ist stark. Stärker ist die Güte«, schreibt Heinrich Mann in seinem Roman »Die Jugend des Königs Henri Quatre«. Das ist nach wie vor aktuell, auch heute. »Stärker ist die Güte.« Geben auch wir diesem Satz eine Chance? Das wäre auch in unseren Tagen eine große Hoffnung. »Lasst alle Menschen eure Güte erfahren« (Phil 4,5).

Ja

Vom niederländischen Maler Rembrandt stammt eine großartige Radierung. Er hat den Augenblick festgehalten, in dem sich das Leben der jungen Maria total verändert hat. Gewaltig steht der Engel in der Mitte des Bildes. Seine großen Flügel deuten an: In die kleine Welt der Maria platzt Gottes große Welt. In der armseligen Höhlenwohnung des Bergdorfes Nazareth steht der Bote des Herrn über Himmel und Erde. Nein, er steht nicht nur da, nicht distanziert, befehlend. Er ist ganz nahe an Maria herangetreten. Er beugt sich herab. Es sieht so aus, als ergreife er ihren Arm. Und er sagt ihr Worte, die sie nie gehört hat: »Sei gegrüßt, du Begnadete! Der Herr ist mit dir« (Lk 1,28). Maria schaut weg. Ihre ganze Haltung drückt Angst und Abwehr aus. Es scheint, als rutsche sie vom Stuhl. Dass der Fremde plötzlich da ist und sie, eine junge Frau, anspricht, ist schon seltsam genug. Und dann diese Worte: »Sei gegrüßt, du Begnadete!« Das heißt doch: Gottes Gnade hat dich ausgesucht. Mit dir hat Gott etwas Besonderes vor. »Siehe, du wirst schwanger werden und einen Sohn gebären, und du sollst ihm den Namen Jesus geben« (Lk 1,31). Gott kommt zu uns. Er setzt sich in Bewegung. Er macht sich klein, gering, verletzlich. Gott wird Mensch, von einer Frau geboren. Und Maria, die Verlobte des Josef, soll diese Frau sein. Noch wendet sie sich erschrocken ab. Doch schon bald wird sie sagen: »Siehe, ich bin des Herrn Magd; mir geschehe, wie du gesagt hast« (Lk 1,38). Vor Maria liegt ein schwerer Weg. Doch sie wird diesen Weg gehen im Schatten mächtiger Flügel des himmlischen Boten.

Und wir? Gott will auch uns gebrauchen. Unser Dienst ist anders als Marias. Zu uns muss auch kein Engel kommen. Gott spricht zu uns durch sein Wort. Er fragt uns, ob wir ihm vertrauen und folgen wollen. Er verheißt uns nicht unbedingt einen leichten Weg, aber einen Weg im Schatten seiner Flügel.

19. DEZEMBER

Mit fester Freude

Freuet euch in dem Herrn allewege, und abermals sage ich: Freuet euch! Der Herr ist nahe« (Phil 4,4.5b). Eigentlich gibt es für Paulus keinen Grund zum Lachen. Er sitzt im Gefängnis. Vor ihm liegt eine Gerichtsverhandlung. Und es ist möglich, ja sogar wahrscheinlich, dass man ihn zum Tod verurteilt. Man will es nicht länger dulden, dass die Christen sich Jahr für Jahr weigern, eine Prise Weihrauch zu opfern und dabei zu sagen: Der Kaiser ist der Herr. Man will Paulus hart bestrafen, damit ein für alle Mal klar ist, wer das Sagen hat. So sitzt er im Gefängnis. Da brennt kein Adventskranz. Es ist Nacht um ihn herum. Er wird die Christen in Philippi wohl nie wiedersehen. Und trotzdem schreibt er ihnen: »Freuet euch in dem Herrn allewege, und abermals sage ich: Freuet euch!« Freuet euch »in dem« Herrn. Nicht »am« Herrn, sondern »im« Herrn. Eine seltsame Formulierung. Vielleicht hilft uns ein Vergleich weiter. Ich stelle mir vor, es ist Sommer, so richtig heiß. Ich habe eine Badehose an, vor mir liegt ein See. Da ist es ein Unterschied, ob ich mich nur am kühlen Wasser des Sees erfreue oder in dem Wasser. Im ersten Fall schaue ich zu, vom Ufer aus, ahne vielleicht etwas von der Erfrischung. Im zweiten Fall bin ich selbst mitten drin im See, schwimme und spüre die Erfrischung. Meine Freude ist leibhaftig. Davon singt Hanns Dieter Hüsch ein schönes Lied:

»Mit fester Freude lauf ich durch die Gegend, mal durch die Stadt, mal meinen Fluss entlang. Jesus kommt, der Freund der Kinder und der Tiere. Ich gehe völlig anders. Ich grüße freundlich, möchte alle Welt berühren. Mach dich fein, Jesus kommt ... Mein Herz schlägt ungemein, macht Sprünge. Mein Auge lacht und färbt sich voll mit Glück. Jesus kommt. Alles wird gut.«

Lenja, der Engel

Ein Kollege erzählt von Lenja: Sie hat hundert kleine Perlen im Haar. Mama hat sie ihr eingeflochten. Damit sie auch wirklich wie ein Engel aussieht. Beim Krippenspiel. Auch ohne Perlen würde Lenja sofort als Engel durchgehen. Sie hat so was Fliegendes, sie schwebt. Wie eine Feder. Und wenn sie redet, singt sie. Im Sommer kommt sie in die Schule. Das hat sie mir beim ersten Üben erzählt. »Und dann lerne ich die Noten lesen und kann selber Querflöte spielen. Wie Mama.« Ihre Mutter hat am letzten Sonntag beim Weihnachtskonzert die Kirche mit diesen Engelstönen verzaubert. Lenja lebt seit dem Unfall vor vier Jahren mit ihrer Mama allein. Sie kann sich an ihren Papa kaum noch erinnern. Es war Glatteis auf der B 6. Ein Laster konnte nicht mehr bremsen. Ihre Mama ist davongekommen. Vier Monate lag sie in der Klinik in Hannover. Ein paar Narben sind geblieben. Im Gesicht und an den Beinen. Und die große Wunde in der Seele. Lenja war in der Zeit bei ihren Großeltern.

Die anderen Kinder haben abgestimmt: »Wer soll der Verkündigungsengel sein?« Einstimmig: Lenja! Ihre Mutter wollte erst nicht. »Singen? Meine Tochter? Vom Himmel hoch, das halte ich nicht aus.« Doch sie hat es ausgehalten. Das Üben. Und noch mehr hat sie gewagt. Für sich. Die Querflöte wieder in die Hand nehmen. Spielen. Vor Publikum. »Es ist der Herr Christ, unser Gott, der will euch führ'n aus aller Not« (EG 24,3). Und alle in der Kirche haben nicht nur die Musik gehört. Sie haben das Schreien der Seele, das Beten ihres Herzens in die Stille hineingenommen, bevor der riesige Beifall losbrach.

»Denn es wird nicht dunkel bleiben über denen, die in Angst sind« (Jes 8,23a).

21. DEZEMBER

Ihr seid die Richtigen

Als Josef mit Maria auf dem Weg nach Bethlehem war – so erzählt eine alte Weihnachtslegende –, rief ein Engel die Tiere heimlich zusammen, um einige auszuwählen, der Heiligen Familie im Stalle zu helfen. Als Erster meldete sich natürlich der Löwe: »Nur ein König ist würdig, dem Herrn der Welt zu dienen«, brüllte er, »ich werde jeden zerreißen, der dem Kind zu nahekommt.« »Du bist mir zu grimmig«, sagte der Engel. Darauf schlich sich der Fuchs näher. Mit unschuldiger Miene meinte er: »Ich werde sie gut versorgen. Für das Gotteskind besorge ich den süßesten Honig und für die Wöchnerin stehle ich jeden Morgen ein Huhn.« »Du bist mir zu verschlagen«, sagte der Engel. Da stelzte der Pfau heran. Rauschend entfaltete er sein Rad und glänzte in seinem Gefieder. »Ich will den armseligen Schafstall köstlicher schmücken als Salomo seinen Tempel!« »Du bist mir zu eitel«, sagte der Engel. Es kamen noch viele und priesen ihre Künste an. Vergeblich. Zuletzt blickte der strenge Engel noch einmal suchend um sich und sah Ochs und Esel draußen auf dem Felde dem Bauern dienen. »He, was habt ihr anzubieten?« »Nichts«, sagte der Esel und klappte traurig die Ohren herunter, »wir haben nichts gelernt außer Demut und Geduld. Denn alles andere hat uns immer noch mehr Prügel eingetragen!« Und der Ochse warf schüchtern ein: »Aber vielleicht könnten wir dann und wann mit unseren Schwänzen die Fliegen verscheuchen!« Da sagte der Engel: »Ihr seid die Richtigen!«

Da mag der Löwe dumm geguckt, der Fuchs geschmollt und der Pfau sich verlegen gedreht haben. Ochs und Esel – das sind die Richtigen. Sie stehen im Stall, sind Empfangskomitee des Gottessohnes. Maria singt: »Meine Seele erhebt den Herrn, und mein Geist freut sich über Gott, meinen Heiland. Denn er hat seine Magd in ihrer Niedrigkeit angesehen« (Lk 1,46–48).

Weihnachten verloren

Paul Watzlawick (1921–2007) erzählt von einem Mann, der unter einer Straßenlaterne steht und ganz offensichtlich etwas sucht. Zufällig kommt ein Polizist vorbei und fragt, ob er was verloren habe. »Ja, meinen Schlüssel!« Nun suchen beide, aber leider ohne Erfolg. »Sind Sie denn sicher, dass Sie den Schlüssel wirklich hier verloren haben?« »Nein, nicht hier, sondern dort hinten – aber da ist es viel zu finster.«

Eine Geschichte zum Schmunzeln. Und doch, es ist schon schlimm, wenn man seinen Schlüssel verliert. Und noch schlimmer, wenn man Weihnachten verliert. »Ach, wissen Sie«, sagte mir eine Frau, etwas über 70, »eigentlich ist mir nicht nach Weihnachten. Als mein Mann noch lebte, da haben wir zusammengesessen und sind zur Kirche gegangen. Das war schön. Aber wenn jetzt Weihnachten ist, dann muss ich immer daran denken, wie es früher war, und dann bin ich eigentlich nur traurig. Ich habe Angst vor Weihnachten.« Das ist bitter. Sie hat Weihnachten mit ihrem Mann verloren. Aber was kann ihr helfen, Weihnachten wiederzufinden? Paul Watzlawick gibt einen wichtigen Hinweis: Die Suche lohnt nur dort, wo ich den Schlüssel auch tatsächlich verloren habe. Und das ist mit Weihnachten ganz genauso. Diese Frau wird Weihnachten nur wiederfinden, wenn sie es dort sucht, wo sie es verlor: Beim Tod ihres Mannes. Das sind schwere Erinnerungen. Ja, da ist es für sie sehr finster. Doch »Gott will im Dunkel wohnen«, heißt es im Adventslied von Jochen Klepper (EG 16,5). Und Jesus lädt ein: »Kommt her zu mir, alle, die ihr mühselig und beladen seid; ich will euch erquicken« (Mt 11,28). Gerade für Menschen, die Weihnachten verloren haben, ist er gekommen. Für die Traurigen. Für die, die keine Hoffnung haben. Für all jene, die sich eigentlich auf nichts mehr freuen können. Für die Menschen, die krank sind an Leib und Seele. Für alle, die Gott verloren haben.

Das Wichtigste an Weihnachten

Was ist das Wichtigste an Weihnachten? Darüber diskutierten einmal die Tiere. Sie stritten, was wohl die Hauptsache an Weihnachten sei. »Na klar, Gänsebraten«, sagte der Fuchs, »was wäre Weihnachten ohne Gänsebraten!« »Schnee«, sagte der Eisbär, »viel Schnee!« Und er schwärmte verzückt: »Weiße Weihnachten feiern!« Das Reh sagte: »Ich brauche aber einen Tannenbaum, sonst kann ich nicht Weihnachten feiern.« »Aber nicht so viele Kerzen«, heulte die Eule, »schön schummrig und gemütlich muss es sein. Stimmung ist die Hauptsache!« »Aber mein neues Kleid muss man sehen«, sagte der Pfau. »Wenn ich kein neues Kleid kriege, ist für mich kein Weihnachten.«
»Und Schmuck«, krächzte die Elster, »jede Weihnachten kriege ich was: einen Ring, ein Armband, eine Brosche oder eine Kette, das ist für mich das Allerschönste.« »Na, aber bitte den Stollen nicht vergessen«, brummte der Bär, »das ist doch die Hauptsache, wenn es den nicht gibt und all die süßen Sachen, verzichte ich lieber auf Weihnachten.« »Mach's wie ich«, sagte der Dachs, »pennen, pennen, das ist das Wahre an Weihnachten, mal richtig ausschlafen!« »Und saufen«, ergänzte der Ochse, »mal richtig einen saufen und dann pennen«, dann aber schrie er »Aua«, denn der Esel hatte ihm einen gewaltigen Tritt versetzt: »Du Ochse, denkst du denn nicht an das Kind?«
Da senkte der Ochse beschämt den Kopf und sagte: »Das Kind, ja das Kind, das Kind ist die Hauptsache.« »Übrigens«, fragte der Esel: »Wissen das auch die Menschen?« (Fabel von Johannes Hildebrandt). Übrigens, genau das fragt sich auch der Prophet Jesaja. In Kapitel 1, Vers 3 lesen wir: »Ein Ochse kennt seinen Herrn und ein Esel die Krippe seines Herrn; aber Israel kennt's nicht und mein Volk versteht's nicht.«

Krippenspiel

Freuen Sie sich auch schon auf das Krippenspiel? Zu Heiligabend gehört es einfach dazu. In einem Jahr fanden sich in unserer Gemeinde für diese aufwendige Aktion weder Mitarbeiter/innen noch Kinder und Jugendliche. Schnell verbreitete sich die schlechte Nachricht: Das Krippenspiel fällt aus. Da meldete sich völlig überraschend die Mutter eines Konfirmanden. Das ginge ja gar nicht. Sie hätte schon mit Jugendlichen in der Nachbarschaft gesprochen und sie hätte große Lust, die Verantwortung zu übernehmen. Und so feierten wir auch in jenem Jahr einen großartigen Heiligabendgottesdienst mit Krippenspiel!
Von einer ganz besonderen Aufführung möchte ich erzählen. Kinder aus einer Grundschule hatten sie unter Anleitung einer Lehrerin vorbereitet. Dabei war auch Ben aus der zweiten Klasse. Er spielte den Wirt. Und dann kam die entscheidende Szene. Maria und Josef klopften und baten um Unterkunft. Ben schaute böse und entschlossen – wie einstudiert – und rief: »Nein, alles belegt! Schert euch fort!« »Bitte«, versuchte es Josef noch einmal, »meine Frau ist hochschwanger. Und wir sind so müde.« »Nein«, rief Ben und ließ sich auf keine Diskussionen ein. Traurig zogen Maria und Josef weiter. Und Ben stand da, ging weder vor noch zurück, Tränen traten in seine Augen. Und plötzlich rief er laut: »Halt, wartet!« Ein Strahlen ging über sein Gesicht. »Ihr könnt mein Zimmer haben.«
Ein unerwartetes Ende. Manche waren ärgerlich, andere begeistert. Auf jeden Fall hat Ben zweierlei begriffen: Menschen in Not kann ich nicht einfach wegschicken. Und für Maria und das Kind gibt er sogar sein eigenes Zimmer her. »Wie viele ihn aber aufnahmen, denen gab er Macht, Gottes Kinder zu werden« (Joh 1,12).

Der liebe Gott ist aber klein

Lobt Gott, ihr Christen alle gleich« (EG 27) – ein großartiges Lied, von der ersten bis zur letzten Zeile ein Aufruf zum Lob, zum Gotteslob. Und der Anlass der Freude? Gott wird Mensch! – Es war an einem Heiligabend. Ein kleiner Junge besucht mit seiner Großmutter den Gottesdienst. Anschließend gehen sie nach vorn, um die aufgebaute Krippe zu sehen. Der Stall, die Hirten, Maria und Josef, Ochse und Esel, die Weisen aus dem Morgenland. Plötzlich entdeckt der Junge das winzige Kind in der Krippe und ruft laut: »Oma, der liebe Gott ist aber klein!« Ja, Gott macht sich klein! Gott wird Mensch. Friedrich von Bodelschwingh hat das einmal so ausgedrückt:

»Das ist das Wunder der heiligen Weihnacht,
dass ein hilfloses Kind unser aller Helfer wird.
Das ist das Wunder der Heiligen Nacht,
dass in die Dunkelheit der Erde die helle Sonne scheint.
Das ist das Wunder der Heiligen Nacht,
dass ganz traurige Leute
ganz fröhlich werden können.
Das ist das Wunder der Heiligen Nacht:
Das Kind nimmt unser Leben in seine Hände,
um es nie wieder loszulassen.«

Wer auf das Kind in der Krippe schaut, der kann nicht anders, der muss staunen ein Leben lang, eine Ewigkeit lang, dass Gott so klein wird, der singt und jubelt wie schon die Hirten: »Und die Hirten kehrten wieder um, priesen und lobten Gott für alles, was sie gehört und gesehen hatten« (Lk 2,20).

Der Stern

Schon Abraham schaute auf zum Sternenhimmel und glaubte Gottes Versprechen: »So zahlreich sollen deine Nachkommen sein« (1. Mose 15,5). Und der Seher Bileam staunte: »Ich sehe einen Stern, der geht im Hause Jakob auf« (4. Mose 24,17). Mitten in Krieg und Terror rief der Prophet Jesaja: »Das Volk, das im Finstern wandelt, sieht ein großes Licht, und über denen, die da wohnen im finstern Lande, scheint es hell« (Jes 9,1). Und dann sahen ihn die Sterndeuter aus dem Osten, ließen alles stehen und liegen und folgten seiner Spur. Nach langem, gefährlichem Weg kamen sie endlich an, fanden den Stall von Bethlehem, über dem er leuchtete, eine unbändige Freude erfüllte sie. Sie gingen hinein, fielen vor dem kleinen Kind nieder und beteten es an: den Retter und Befreier der Welt.

Und immer noch leuchtet er in den Herzen der Menschen, damit alle den Weg zu ihm finden. Einer von ihnen ist der Friedensnobelpreisträger Denis Mukwege. Der christliche Arzt und Sohn eines Pfarrers aus der Demokratischen Republik Kongo kämpft gegen sexuelle Gewalt und Gruppenvergewaltigung. In seinem 1999 gegründeten Krankenhaus in Bukowa haben er und sein Team schon mehr als 50.000 Opfer behandelt. Mukwege: »Wir sind nicht hier, um die Bibel neu zu schreiben, sondern um die Glaubwürdigkeit des Evangeliums im 21. Jahrhundert zu leben, die Gnade wirken zu lassen, die wir erhalten haben, indem wir die Kirche zu einem Licht machen, das leuchtet in dieser Welt der Finsternis.« – Das wünsche ich uns, dass der Weihnachtsstern auch in unserem Leben strahlt und Hoffnung ausströmt – und auch wir ein Licht sind, das leuchtet in der Welt der Finsternis.

Der Räuber Horrificus

Als Maria und Josef auf der Flucht nach Ägypten rasteten, stürzte sich der Räuber Horrificus (auf Deutsch »der Fürchterlichste«) auf seine Opfer. Sieben Dolche steckten in seinem Gürtel, und seinen Säbel schwang er mächtig in seiner Hand: »Ha!«, schrie er. Maria reagierte als Erste: »Guten Abend!«, sagte sie freundlich, »sei bitte nicht so laut, das Kind schläft!« Der Räuber war entsetzt und geriet völlig aus der Fassung, denn sonst liefen alle fort vor ihm und warfen ihre Kostbarkeiten von sich. Er schrie: »Ich habe schon tausend Menschen umgebracht, und kleine Kinder brate ich am Spieß!« »Schlimm«, sagte Maria, »aber noch schlimmer ist, dass du lügst!« Maria ahnte, dass dieser Räuber in seinem Herzen weich war wie Wachs. – Das stimmte, aber schon bei seiner Geburt hatten sich die Leute über ihn entsetzt und gesagt: »Sieht er nicht wie ein Räuber aus?« Und alle waren ihm später aus dem Weg gegangen. Dem Räuber tat es in der Seele wohl, dass er jetzt endlich jemand gefunden hatte, der ihn nicht fürchtete, und er sagte: »Ich möchte deinem Kind etwas schenken, aber ich habe nichts als gestohlenes Zeug in der Tasche. Doch ich werde vor deinem Kind tanzen!« Und dann tanzte er, wie noch nie ein Mensch einen solchen Tanz gesehen hatte: Seine Beine bewegte er so schnell, dass niemand sie mehr zählen konnte. Er schleuderte alle sieben Dolche in die Luft. Aber das Tolle war: Die Tiere der Wüste schlichen herbei und klopften mit ihren Schwänzen den Takt dabei in den Sand. Und es sprach sich schnell herum: »Er hat ja ein weiches Herz!« »Und er hat vor dem Kind getanzt!« Und keiner fürchtete ihn mehr. (nach Karl Heinrich Waggerl). Genau das ist der Punkt: Weil ihm Maria mit Liebe begegnet war und sicher auch das kleine Jesuskind dabei eine Rolle spielte, veränderte sich der Räuber. Wo die Liebe hinfällt, da sind Wunder möglich! »Und er wird der Friede sein« (Mi 5,4).

Der Wolf

In der Gegend von Bethlehem lebte ein gieriger Wolf, der sich in der Heiligen Nacht näher schlich. Als die Hirten sich verabschiedet hatten und Maria und Josef eingeschlafen waren, witterte er seine Chance. Auf leisen Pforten schlich er sich an die Krippe. Nur das Kind war noch wach und sah ihn kommen. Als der Wolf seinen Rachen weit öffnete und seine Zunge heraushing, war er schrecklich anzusehen. Gerade wollte er zuschnappen, da berührte ihn das Kind liebevoll. Es streichelte zärtlich sein hässliches, struppiges Fell und sagte: »Wolf, ich liebe dich!« – So eine Stimme hatte der Wolf noch nie in seinem Leben vernommen. Es geschah plötzlich etwas Unvorstellbares: Im dunklen Stall von Bethlehem platzte die Tierhaut des Wolfes – und heraus stieg ein Mensch. Er sank in die Knie, küsste die Hände des Kindes und betete es an. Und wenn er später einen Menschen traf, dann sagte er: »Dieses Kind kann dich erlösend berühren.« (Huub Oosterhuis zugeschrieben)

Wovon lasse ich mich anrühren? Ich will – gerade auch in dieser Weihnachtszeit – mich nicht von denen bewegen lassen, die zu Streit und Krieg aufrufen, Bosheit und Gewalt auf ihre Fahnen geschrieben haben. Ich will mir das Kind vor Augen halten: »O seht in der Krippe im nächtlichen Stall ...« Gott kommt zu uns, beugt sich in seiner ganzen Liebe zu mir herab. Er ist da, streichelt auch zärtlich mein struppiges Fell und sagt zu mir: Ich liebe dich. Dieses Kind kann dich erlösend berühren! Wenn wir noch Wölfisches und Räuberisches in uns spüren: Weihnachten ist eine Chance, dass der Friede Gottes zum Zug kommt, mich erreicht und Sie und die ganze Welt. »Denn uns ist ein Kind geboren, ein Sohn ist uns gegeben, und die Herrschaft ruht auf seiner Schulter; und er heißt Wunder-Rat, Gott-Held, Ewig-Vater, Friede-Fürst« (Jes 9,5).

29. DEZEMBER

Kein Schnee von gestern

Die Times berichtete, was sich Weihnachten 1914 im 1. Weltkrieg auch ereignete: Die Front der kämpfenden Deutschen und Engländer war bei Ypern nur 25 Meter auseinander. Von den deutschen Linien kamen die Klänge »Stille Nacht, Heilige Nacht.« Am Ende riefen sie: »Komm, Tommy, jetzt bist du dran!«, und die Briten antworteten mit ihren Weihnachtsliedern. So gingen die Lieder hin und her, bis eine deutsche Stimme wieder rief: »Komm, Tommy, steh auf!« Aber kein Brite wagte es, sich zu erheben, weil überall Scharfschützen lauerten. Bis sie plötzlich die Umrisse eines Deutschen vor dem eisigen Winterhimmel bemerkten. Er schwenkte einen Weihnachtsbaum und sang »Stille Nacht«. Eine Falle? Mit verständlicher Vorsicht krochen jetzt beide Seiten aus ihren Gräben. Der bunte Haufen von Feinden versammelte sich mitten in einem Granattrichter. Fotos wurden geschossen, selbst in den schnauzbärtigen Gesichtern strenger Offiziere sah man ein Lächeln. Der unheimliche Waffenstillstand weitete sich ungefähr auf zwei Meilen entlang der Front aus. Es fand sogar ein Fußballspiel statt, in dem die Sachsen die Angelsachsen 3:2 schlugen. In einzelnen Abschnitten dauerte der Waffenstillstand bis zum neuen Jahr. Nur die Oberkommandos reagierten wütend. Jegliche weitere Verbrüderung wurde untersagt.

Schade! Und doch bleibt ein Staunen und Fragen: Was für eine Macht hat das Kind, dessen Geburt wir an Weihnachten gefeiert haben? Soldaten singen »Christ, der Retter ist da!« Sie spürten: Weihnachten ist kein Schnee von gestern. Wer das ernst nimmt, lebt anders und wird erfüllt von einer großen Hoffnung: das Kind in der Krippe verändert – uns, unser Leben, diese Welt. »Friede, Friede denen in der Ferne und denen in der Nähe, spricht der Herr; ich will sie heilen« (Jes 57,19).

Wie Licht durchbricht

Im Jugendkreis berichtete eine Frau von ihrem oft schweren Lebensweg und sagte: Hier in unserer Gemeinde habe sie erfahren, dass es etwas gibt, was stärker ist als alle Kräfte, die uns lähmen. Hier habe sie das Gefühl von Heimat erlebt, ja, eine Familie gefunden. In der Gemeinde bekäme sie Kraft zum Glauben und Leben. »Mache dich auf, werde licht; denn dein Licht kommt und die Herrlichkeit des Herrn geht auf über dir« (Jes 60,1). Ein Lichtzeichen im Alltag unserer Gemeinde. Und nicht nur eins. Wir müssen nur richtig hinschauen. Dann sehen wir, wie die Finsternis weicht.

Und auch in der großen Weltgeschichte. Es war an jenem 11. September 2001, als die Flugzeuge das World Trade Center zum Einsturz brachten. Usman Farman, ein 22-jähriger Moslem pakistanischer Herkunft, arbeitete im Gebäude 7 des World Trade Centers. Sein Büro war einen Katzensprung von den Zwillingstürmen entfernt. Nach dem Einschlag des zweiten Flugzeugs rannte er die 27 Treppen runter auf die Straße. Er war erst zwei oder drei Querstraßen gelaufen, als der erste Turm einstürzte. »Das Nächste, woran ich mich erinnere«, sagt er, »ist die schwarze Trümmerwolke. Ich rannte, stürzte, es wurde finster. Menschen liefen an mir vorbei.« Da kam Hilfe. »Ich trage einen Anhänger um den Hals, darauf steht ein arabisches Gebet«, sagt Farman. »Ein chassidischer Jude kam zu mir, sah den Anhänger, las den Text. Und dann sagte er: ›Bruder, nimm meine Hand, und dann nichts wie weg von hier.‹« »Bruder«, sagte jener chassidische, also strenggläubige Jude zu dem Moslem, »nimm meine Hand.« Ein Lichtstrahl inmitten der Finsternis des Terrors und der Gewalt. Und nicht nur hier. Wir müssen nur richtig hinschauen. Dann sehen wir, wie die Finsternis weicht. Dann sehen wir, wie sein Licht heute schon hereinbricht in unsere Dunkelheit.

Das Schlüsselloch

Wieder zog das Krippenkind in der Adventszeit durch Häuser und Familien in Stapelmoor und Umgebung (siehe 5. Januar). Enorm, welche Reaktionen dieses Kind erneut auslöste. Nur eine kleine Puppe – und doch ein Symbol für viel mehr. Viele erzählen davon in Bildern, Fotos, Geschichten und Gedichten. Torben, 6 Monate alt, schreibt – oder doch seine Eltern: »Da habe ich gerade die tollen Geschenke bewundert, die der Nikolaus gebracht hat, schon klingelt es an der Haustür. Bekomme ich noch mehr Geschenke oder bekommen wir Besuch? Tatsächlich, das Jesuskind kommt mich für einen Tag besuchen. Es ist kaum zu glauben, der ist ja noch nicht einmal so groß wie ich. Ich schließe ihn sofort in mein Herz ein, schenke ihm ein Lächeln. In der Nacht habe ich dann gesehen, dass dieses Baby in meinem Bett schläft. Wahrscheinlich der Grund, weshalb ich in dieser Nacht länger schlafe. Mama und Papa finden es auch gut, nicht schon wieder um 4.30 Uhr mit mir aufstehen zu müssen. Schade, dass das Jesus-Kind nicht bleiben konnte.«

»Auch bei uns ist das Jesuskind eingekehrt«, schreibt eine junge Familie »und wir durften einen Tag mit ihm verbringen. Es war ein ganz besonders bewegendes Erlebnis. Es saß mit uns am Esstisch, und das Tischgebet ›Komm, Herr Jesus, sei du unser Gast‹ bekam für uns eine neue Bedeutung.« – »Ich bin dankbar für diesen Augenblick und wünsche jedem, der das Jesuskind in der Adventszeit beherbergen darf, die Möglichkeit, sich Zeit zu nehmen für die wirklich wichtigen Dinge im Leben«, schreibt eine junge Mutter. »Advent und Weihnachten ist ein Schlüsselloch, durch das auf unseren dunklen Erdenweg ein Schein aus der Heimat fällt« (Friedrich von Bodelschwingh). Dass dieser Schein Sie auch im neuen Jahr bestrahle, wünsche ich Ihnen. »Denn die Finsternis vergeht und das wahre Licht scheint jetzt« (1. Joh 2,8).

Bibelstellenregister

Altes Testament

Sprüche

Jesaja

Jakobus

1. Petrus

1. Johannes

Offenbarung

Apokryphen
Jesus Sirach

Stichwortregister

Copyrightnachweise

17.4.: nach Inge Nestle in: Neukirchener Kalender 2004, Neukirchener Kalenderverlag, Neukirchen-Vluyn (21.02.2004)
1.5.: Text und Mel. Aus Portugal, Übertragung: Dietmar Zils: Mein Liederbuch 2, B 219. © tvd-Verlag, Düsseldorf, 2002
5.6.: Hanns Dieter Hüsch: Was den Heiligen Geist betrifft (gekürzt) aus: Hanns Dieter Hüsch/Uwe Seidel Ich stehe unter Gottes Schutz, Seite 63, 2018/16 © tvd-Verlag Düsseldorf, 1996
12.6.: Hannelore Frank, Theologin und Pastorin (1927–1973)
26.6.: Krause, Burghard: Auszug aus dem Schneckenhaus. Praxis-Impulse für eine verheißungsorientierte Gemeindeentwicklung. © 1996 Aussaat-Verlag, Neukirchen-Vluyn
8.7.: gekürzt nach Paul Coelho: Der Dämon und Fräulein Prim. © 2013 Diogenes, Zürich
1.9.: gekürzt nach Paul Coelho: Der Dämon und Fräulein Prim. © 2013 Diogenes, Zürich
19.9.: Dietrich Bonhoeffer: Widerstand und Ergebung. © 1970 Siebenstern TB, Gütersloh, 6. Auflage
26.9.: nach Peter Spangenberg: Der Stein der tanzenden Fische. © 1976 GTB, Gütersloh
27.9.: Fritz Baltruweit: Meine Lieder, Nr. 171. © tvd-Verlag, Düsseldorf, 1996
3.10.: aus: Schule & Mission 1/1987, hg. v. Kindermissionswerk ›Die Sternsinger‹
28.11.: nach Khalil Gibran: Der Prophet. © 1923, dtv Sachbuch, München, 13. Auflage 2020
29.11.: gekürzt nach: Heribert Haberhausen: Geschichtenbuch Religion Band 1: Grundschule. © 1999 Patmos, Düsseldorf, S. 301–303. Rechte beim Autor.
16.12.: Thomas Mann: Buddenbrooks. © 1901 S. Fischer, Frankfurt a. M., 46. Auflage 1999
19.12.: Hanns Dieter Hüsch: Dezemberpsalm (gekürzt) aus: Hanns Dieter Hüsch/Marc Chagall Das kleine Weihnachtsbuch, Seite 6, 2021/19 © tvd-Verlag Düsseldorf, 1997

20.12.: Gekürzt nach: Ralf Meister, Hg.: Fünf Minuten mit Gott.

28.12.: Huub Oosterhuis zugeschrieben, Quelle unbekannt

Trotz größtem Bemühen war es nicht in allen Fällen möglich, die Rechteinhaber ausfindig zu machen. Wir bitten um Kontaktaufnahme zur Neukirchener Verlagsgesellschaft, sollten Rechte nicht oder nicht ausreichend angegeben sein.

20.12.: Gekürzt nach: Ralf Meister, Hg.: Fünf Minuten mit Gott.

28.12.: Huub Oosterhuis zugeschrieben, Quelle unbekannt

Trotz größtem Bemühen war es nicht in allen Fällen möglich, die Rechteinhaber ausfindig zu machen. Wir bitten um Kontaktaufnahme zur Neukirchener Verlagsgesellschaft, sollten Rechte nicht oder nicht ausreichend angegeben sein.